CW01314441

Made in the USA
Columbia, SC
22 December 2018

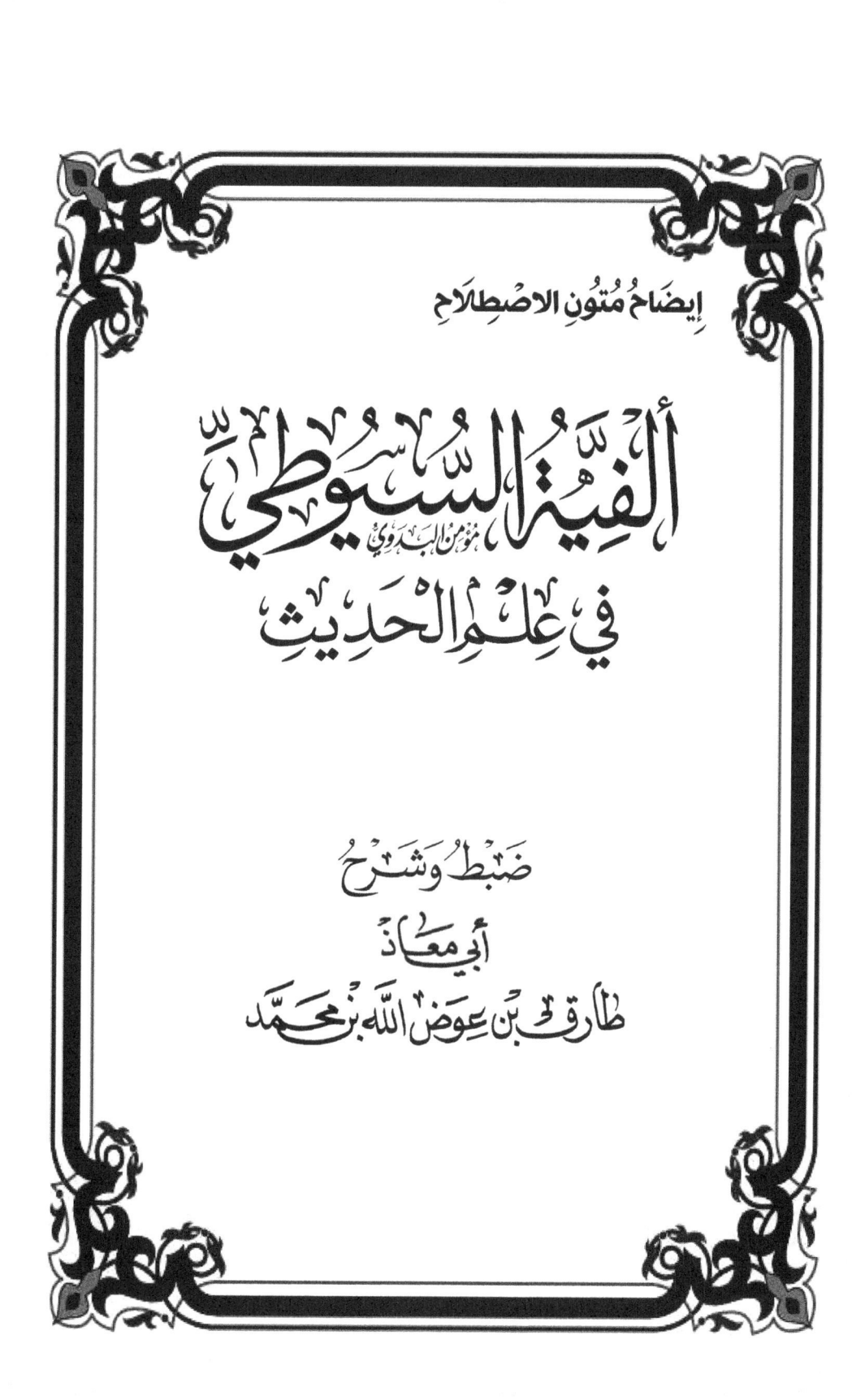

إيضاح متون الاصطلاح

ألفية السيوطي في علم الحديث

مؤمن البدوي

ضبط وشرح

أبي معاذ

طارق بن عوض الله بن محمد

بِسْمِ اللهِ الرَّحْمَنِ الرَّحِيمِ

إِنَّ الحَمْدَ لله، نَحْمَدُهُ وَنَسْتَعِينُهُ وَنَسْتَغْفِرُهُ، وَنَعُوذُ بِاللهِ مِنْ شُرُورِ أَنْفُسِنَا وَمِنْ سَيِّئَاتِ أَعْمَالِنَا، مَنْ يَهْدِهِ اللهُ فَلَا مُضِلَّ لَهُ، وَمَنْ يُضْلِلْ فَلَا هَادِيَ لَهُ، وَأَشْهَدُ أَنْ لَا إِلَهَ إِلَّا اللهُ، وَحْدَهُ لَا شَرِيكَ لَهُ، وَأَشْهَدُ أَنَّ مُحَمَّدًا عَبْدُهُ وَرَسُولُهُ.

أَمَّا بَعْدُ؛

فَإِنَّ أَصْدَقَ الحَدِيثِ كِتَابُ اللهِ تَعَالَى، وَخَيْرَ الهَدْيِ هَدْيُ مُحَمَّدٍ ﷺ، وَشَرَّ الأُمُورِ مُحْدَثَاتُهَا، وَكُلَّ مُحْدَثَةٍ بِدْعَةٌ، وَكُلَّ بِدْعَةٍ ضَلَالَةٌ، وَكُلَّ ضَلَالَةٍ فِي النَّارِ.

فَهَذِهِ حَلْقَةٌ جَدِيدَةٌ فِي سِلْسِلَةِ: «إيضاح متون الاصطلاح»، الَّتِي قَصَدْتُ مِنْهَا: شَرْحَ وَبَيَانَ وَتَوْضِيحَ المُتُونِ العِلْمِيَّةِ فِي عِلْمِ الحَدِيثِ وَمُصْطَلَحِهِ؛ مَا كَانَ مِنْهَا مُخْتَصَرًا، وَمَا كَانَ مِنْهَا مَبْسُوطًا.

وَمَنْهَجِي فِي شَرْحِ هَذِهِ المُتُونِ: الجَمْعُ بَيْنَ شَرْحِ أَلْفَاظِهِ، وَفَكِّ رُمُوزِهِ، وَكَشْفِ غَوَامِضِهِ، وَحَلِّ مُشْكِلِهِ مَعَ شَيْءٍ مِنَ التَّفْصِيلِ وَالتَّمْثِيلِ بِمَا يَتَنَاسَبُ وَطَبِيعَةَ كُلِّ مَتْنٍ، وَالمَرْحَلَةَ الدِّرَاسِيَّةَ الَّتِي يُنَاسِبُهَا، وَالفِئَةَ المُخَاطَبَةَ بِهِ؛ مُرَتَّبًا كُلَّ هَذَا تَرْتِيبًا يُسَهِّلُ تَحْصِيلَهُ، مُنَسِّقًا إِيَّاهُ تَنْسِيقًا يُبْرِزُ تَفْصِيلَهُ.

وَهَذِهِ الحَلْقَةُ خَاصَّةٌ بِشَرْحِ «أَلْفِيَّةِ الحَدِيثِ» لِلْإِمَامِ السُّيُوطِيِّ، الَّتِي جَمَعَ فِيهَا كَثِيرًا مِنَ الفَوَائِدِ المُتَنَاثِرَةِ فِي كُتُبِ الحَدِيثِ، وَزَادَ فِيهَا عَلَى «أَلْفِيَّةِ العِرَاقِيِّ»

أَشْيَاءَ كَثِيرَةٍ، أَغْلَبُهَا مِمَّا اسْتَفَادَهُ مِنْ تَحْرِيرَاتِ الحَافِظِ ابنِ حَجَرٍ العَسْقَلَانِيِّ، مَعَ بَرَاعَةِ الإِيجَازِ وحُسْنِ السِّيَاقَةِ وحَلَاوَةِ النَّظْمِ وسُهُولَتِهِ وسَلَامَتِه مِنَ الحَشْوِ والتَّطْوِيلِ، كَمَا قَدْ أَشَارَ هُوَ فِي أَوَائِلِهَا بِقَوْلِهِ:

فَائِقَــــةٌ أَلْفِيَّــــةَ العِــــرَاقِي فِي الجَمْــــعِ وَالإِيجَــــازِ وَاتِّــــسَاقِ

وَفِي خَاتِمَتِهَا بِقَوْلِهِ:

نَظْـمٌ بَـدِيعُ الوَصْـفِ سَـهْلٌ حُلْـوُ لَــيْسَ بِــهِ تَعَقُّــدٌ أَوْ حَــشْوُ

وَإِذَا كَانَتْ «أَلْفِيَّةُ السُّيُوطِيِّ» تَمَيَّزَتْ بِهَذِهِ المَيْزَاتِ، فَكَمْ لِـ«أَلْفِيَّةِ العِرَاقِيِّ» مِنَ المَيْزَاتِ وَأَسْبَابِ التَّقْدِيمِ، وَمِنْ أَبْرَزِ ذَلِكَ: عَزْوُ العِرَاقِيِّ الأَقْوَالَ إِلَىٰ أَصْحَابِهَا بِأَسْمَائِهِمْ غَالِبًا، دُونَ الإِشَارَةِ إِلَيْهِمْ بِمِثْلِ: «وَقِيلَ، وَقَالَ بَعْضُ العُلَمَاءِ»، أَوْ بِطَوْيِ القَوْلِ فِي مِثْلِ قَوْلِهِ: «ثَالِثُهَا» فَيَذْكُرُ قَوْلًا فِيهِ تَفْصِيلٌ، طَاوِيًا قَوْلَيْنِ مُطْلَقَيْنِ الجَوَازَ وَعَدَمَ الجَوَازِ، كَمَا هِيَ طَرِيقَةُ السُّيُوطِيِّ غَالِبًا، وَإِنَّمَا يَلْجَأُ إِلَىٰ مِثْلِ هَذا لِلاخْتِصَارِ، وَلِيَتَّسِعَ النَّظْمُ لِأَنْ يَحْتَوِيَ عَلَىٰ فَوَائِدَ كَثِيرَةٍ زَادَهَا عَلَىٰ العِرَاقِيِّ.

وَإِذَا كَانَ السُّيُوطِيُّ قَدْ شَرَعَ فِي شَرْحِ «أَلْفِيَّتِهِ» إِلَّا أَنَّ المَنِيَّةَ سَبَقَتْهُ فَلَمْ يُتِمَّهُ، وَقَدْ شَرَحَهَا بَعْدَهُ عُلَمَاءُ أَجِلَّاءُ، كَالعَلَّامَةِ مُحَمَّدِ بْنِ عَبْدِ اللهِ التِّرْمِسِيِّ، والشَّيْخِ أَحْمَدَ مُحَمَّدِ شَاكِرٍ، والشَّيْخِ مُحَمَّدِ مُحْيِي الدِّينِ عَبْدِ الحَمِيدِ، والشَّيْخِ مُحَمَّدِ عَلِيِّ آدَمَ الأَثْيُوبِيِّ؛ فَإِنَّ «أَلْفِيَةَ العِرَاقِيِّ» قَدْ شَرَحَهَا كِبَارُ الحُفَّاظِ، فَالحَافِظُ العِرَاقِيُّ نَفْسُهُ شَرَحَهَا شَرْحًا مُتَوَسِّطًا، ولِلحَافِظِ ابنِ حَجَرٍ نُكَتٌ عَلَيْهِ أَمْلَاهَا فِي مَجَالِسَ، وقَدَ جَمَعَهَا بُرْهَانُ الدِّينِ البُقَاعِيُّ فِي «النُّكَتِ الوَفِيَّةِ بِمَا فِي شَرْحِ الأَلْفِيَّةِ»، وَشَرَحَهَا أَيْضًا الحَافِظُ السَّخَاوِيُّ فِي «فَتْحِ المُغِيثِ بِشَرْحِ أَلْفِيَّةِ

الحَدِيثِ»، وهُوَ شَرْحٌ حَافِلٌ، مِنْ أَجْمَعِ كُتُبِ «عُلُومِ الحَدِيثِ»، وغَيْرُ ذَلِكَ مِنَ الشُّرُوحِ؛ وهَذَا بِلَا شَكٍّ مِمَّا يُمَيِّزُ «أَلْفِيَّةَ العِرَاقِيِّ»، وإِنْ كَانَ طَالِبُ الحَدِيثِ لَا يَسْتَغْنِي عَنْ أَيٍّ مِنَ «الأَلْفِيَّتَيْنِ»؛ فَكُلٌّ مِنْهُمَا مُكَمِّلَةٌ لِلأُخْرَىٰ.

هَذَا؛ وَقَدْ لَخَّصْتُ شَرْحِي هَذَا مِنْ كُتُبِ «عُلُومِ الحَدِيثِ»، مَعَ أَشْيَاءَ التَقَطْتُهَا مِنَ كَلَامِ أَهْلِ العِلْمِ المُتَنَاثِرِ فِي غُضُونِ المُطَوَّلَاتِ والمُخْتَصَرَاتِ غَيْرِ المُتَخَصِّصَاتِ فِي «عُلُومِ الحَدِيثِ»، كَكُتُبِ العِلَلِ والرِّجَالِ وشُرُوحِ السُّنَّةِ وغَيْرِهَا.

وقَدْ أُشِيرُ فِي مَوَاضِعَ إِلَىٰ كَوْنِ النَّاظِمِ جَانَبَهُ الصَّوَابُ فِيهِ، وذَلِكَ بِأَخْصَرِ عِبَارَةٍ وأَلْطَفِ إِشَارَةٍ، وأَحْيَانًا أَقُولُ: «قَالَ النَّاظِمُ» دُونَ تَعْلِيقٍ، إِشَارَةً إِلَىٰ أَنَّ قَوْلَهُ هَذَا إِمَّا أَنَّنِي غَيْرُ مُوَافِقٍ لَهُ عَلَيْهِ، وإِمَّا أَنَّنِي لَمْ أُحَرِّرْهُ التَّحْرِيرَ الَّذِي يَجْعَلُنِي أَشْرَحُهُ عَلَىٰ أَنَّهُ مُسَلَّمٌ بِهِ، عَلَىٰ أَنَّنِي - بِحَمْدِ اللهِ- قَدْ فَصَّلْتُ القَوْلَ فِي هَذِهِ المَوَاضِعِ وَغَيْرِهَا فِي مَوَاضِعَ أُخْرَىٰ.

وكَذَلِكَ أُشِيرُ إِلَىٰ رُجْحَانِ قَوْلٍ بِعِبَارَةٍ مُخْتَصَرَةٍ دُونَ إِسْهَابٍ فِي ذِكْرِ دَلِيلِ التَّرْجِيحِ، وَأَيْضًا أُشِيرُ إِلَىٰ خَطَإِ مَنْ شَرَحَ مَوْضِعًا مِنَ النَّظْمِ بِخِلَافِ الصَّوَابِ مُكْتَفِيًا بِشَرْحِهِ دُونَ تَعَرُّضٍ لِشَرْحِ مَنْ شَرَحَهُ بِخِلَافِ ذَلِكَ، ويُعْلَمُ خَطَأُ مَنْ أَخْطَأَ عِنْدِي بِمُقَارَنَةِ شَرْحِي بِشَرْحِهِ.

وَاللهُ مِنْ وَرَاءِ القَصْدِ، وَهُوَ حَسْبِي وَنِعْمَ الوَكِيلُ.

وَصَلَّىٰ اللهُ عَلَىٰ نَبِيِّنَا مُحَمَّدٍ، وَعَلَىٰ آلِهِ وَصَحْبِهِ وَسَلَّمَ.

وكتبه

أبو معاذ طارق بن عوض الله بن محمد

بسم الله الرحمن الرحيم

لِلهِ حَمْـدِي، وَإِلَيْـهِ أَسْـتَنِدْ وَمَـا يَنُـوبُ فَعَلَيْـهِ أَعْتَمِـدْ
ثُـمَّ عَلَى نَبِيِّـهِ مُحَمَّـدِ خَـيْرُ صَـلَاةٍ وَسَـلَامٍ سَرْمَـدِ
وَهَـذِهِ أَلْفِيَّـةٌ تَـحْكِي الدُّرَرْ مَنْظُومَـةٌ ضَـمَّنْتُهَا عِلْـمَ الأَثَـرْ
فَائِقَـةٌ أَلْفِيَّـةَ العِـرَاقِي فِي الجَمْـعِ وَالإِيجَـازِ وَاتِّـسَاقِ
وَاللهُ يُجْـرِي سَـابِغَ الإِحْـسَانِ لِي وَلَهُ وَلِذَوِي الإِيمَـانِ

حَدُّ الحَدِيثِ وَأَقْسَامُهُ

«عِلْمُ الحَدِيثِ»: ذُو قَـوَانِينَ تُـحَدّْ يُـدْرَى بِـهَا أَحْـوَالُ مَـتْنٍ وَسَـنَدْ
فَذَانِكَ «المَوضُوعُ»، وَ«المَقْصُودُ»: أَنْ يُعْـرَفَ المَقبُـولُ وَالمَـرْدُودُ

عِلمُ الحديثِ: علمٌ بقوانينَ يُعرفُ بِها أحوالُ السَّندِ والمَتن.

ومَوضوعُ علمِ الحديثِ: هو السَّندُ والمتنُ. والغايةُ المقصودةُ مِنه: هو مَعرفةُ المقبولِ مِن الأخبارِ فيُعمَلُ به، والمَردودِ فلا يُعمَلُ به.

وَ«الـسَّنَدُ»: الإِخْبَـارُ عَـنْ طَرِيـقِ مَـتْنٍ، كَـ«الإِسْـنَادِ» لَدَى الفَرِيـقِ

والسَّنَدُ: الإخبارُ عن طَريقِ المتنِ. و(السَّندُ) و(الإسنادُ) سواءٌ عندَ عامَّةِ المحدِّثينَ. ومَن فرَّقَ بينَهما؛ فبحسبِ المعنىٰ اللُّغويِّ، لا الاصطِلاحيِّ.

وَ«المَتْنُ»: مَا انْتَهَى إِلَيْهِ السَّنَدُ ... مِنَ الكَلَامِ، وَ«الحَدِيثَ» قَيَّدُوا

بِمَا أُضِيفَ لِلنَّبِيِّ قَوْلًا اوْ ... فِعْلًا وَتَقْرِيرًا وَنَحْوَهَا حَكَوْا

وَقِيلَ: لَا يَخْتَصُّ بِالمَرْفُوعِ ... بَلْ جَاءَ لِلْمَوْقُوفِ وَالمَقْطُوعِ

فَهْوَ عَلَى هَذَا مَرَادِفُ «الخَبَرْ» ... وَشَهَّرُوا رِدْفَ «الحَدِيثِ» وَ«الأَثَرْ»

والمَتنُ: هو ما ينتَهي إليهِ غايةُ السَّندِ مِن الكلامِ. سواءٌ انتَهىٰ إلىٰ رسولِ اللهِ ﷺ أو إلىٰ غيرِه، وسواءٌ كانَ قوليًّا أو فِعليًّا، وسواءٌ كانَ الكلامُ مؤلَّفًا مِن جملةٍ واحدةٍ أو مِن عَددٍ مِن الجمَلِ.

والحديثُ: قيل: هو ما يُضافُ إلىٰ النبيِّ ﷺ؛ قولًا أو فِعلًا، أو تَقريرًا، أو وَصْفًا. وقيلَ: لا يَخْتصُّ (الحَديثُ) بالمَرْفوعِ إلَىٰ النَّبيِّ ﷺ، بلْ يَعُمُّه وغَيْرَه، فإنَّه جاءَ إطْلَاقُه عَلىٰ المَوْقوفِ- وهُو ما أُضيفَ إلَىٰ الصَّحابيِّ- وعَلىٰ المَقْطُوعِ- وهُو ما أُضِيفَ إلَىٰ التَّابعيِّ-، فـ(الحَديثُ)- عَلىٰ هَذا- مُرادِفُ (الخبَرِ). وقَد شَهَّرَ العُلَماءُ تَرادُفَ (الحَديثِ) و(الخبَرِ) و(الأَثَرِ).

تَنْبِيهٌ: فِي نُسْخَةٍ: (وَشَهَّرُوا شُمُولَ هَذَيْنِ الأَثَر).

وَالأَكْثَرُونَ قَسَّمُوا هَذِي السُّنَنْ ... إِلَى صَحِيحٍ، وَضَعِيفٍ، وَحَسَنْ

أكثَرَ العُلماءِ قَسَّموا الأحادِيث إلىٰ: صحيحٍ وضعيفٍ وحسنٍ. ومِنهم مَنْ قَسَّمها إلىٰ: صحيحٍ وضعيفٍ فقط، وجَعَل الحسنَ مُندَرِجًا فِي الصَّحيحِ.

الصَّحِيحُ

حَدُّ «الصَّحِيحِ»: «مُسْنَدٌ بِوَصْلِهِ ... بِنَقْلِ عَدْلٍ ضَابِطٍ عَنْ مِثْلِهِ

وَلَمْ يَكُنْ شَذَّ وَلَا مُعَلَّلَا» ... وَالحُكْمُ بِالصِّحَّةِ وَالضَّعْفِ عَلَى

ظَـاهِرِهِ لَا القَطْـعِ؛ إِلَّا مَـا حَـوَى كِتَـابُ مُـسْلِمٍ أَوِ الجُعْـفِي؛ سِـوَى
مَا انْتَقَدُوا، فَـابْنُ الـصَّلَاحِ رَجَّحَـا قَطْعًـا بِـهِ، وَكَـمْ إِمَـامٍ جَنَحَـا
وَالنَّـوَوِي رَجَّـحَ فِي «التَّقْرِيـبِ» ظَنًّـا بِـهِ، وَالقَطْـعُ ذُو تَـصْوِيبِ
وَلَـيْسَ شَرْطًـا عَـدَدٌ، وَمَـنْ شَرَطْ رِوَايَـةَ اثْنَـينِ فَـصَاعِدًا غَلَـطْ

شُرُوطُ الحَديثِ الصَّحِيح خَمسَةٌ: اتِّصالُ السَّند، وعَدالَةُ رُواتِه، وضَبطُهم، وعدَمُ الشُّذُوذِ، وعدَمُ العِلَّةِ، فإذا تَحقَّقتْ هَذه الشُّرُوطُ كانَ صَحِيحًا.

وإذَا قِيلَ: (هَذا الحَديثُ صَحيحٌ) فمَعْناهُ أنَّه اتَّصلَ سَندُه معَ باقي الشُّروطِ المَذْكورَةِ، فيَجبُ العَملُ به عَملًا بظاهِرِ الإسْنادِ، وإذا قيلَ: (هَذا الحَديثُ ضَعيفٌ) فمَعْناهُ أنَّه لَم يَصِحَّ سَندُه علىٰ الشُّرُوطِ المَذْكُورةِ، فلَا يُعملُ بِه، وليسَ المُرادُ أنَّه كذلكَ فِي نَفْسِ الأَمْرِ. لكن يفيدُ القَطْعَ إن كَانَ الحديث فِي «صَحيح البُخارِي» أو «صَحيحِ مُسْلمٍ»، إِلَّا الأحاديثَ التي انتقَدَهَا عَليهما العلماءُ الأثباتُ كالدارَقُطْنيِّ وغيرِه، ذهبَ إلىٰ ذلكَ ابنُ الصَّلاحِ وكَثيرٌ مِن الأئمَّةِ، وصوَّبَه النَّاظمُ. وقيل: لا يفيدُ إِلَّا الظنَّ ما لم يَتَواتَر، ولو أخرجَه الشَّيخَانِ، وهُوَ الذي رَجَّحَه النوويُّ ونقلَه عن المحقِّقينَ وأكثرِ العلمَاءِ.

وليسَ تعدُّدُ الرُّواةِ شرطًا فِي صِحَّة الحَديثِ، بل المُعْتَبر فِيه هي الشُّرُوطُ الخَمْسةُ المتقدِّمةُ، سَواءٌ رواهُ واحدٌ أو أكثرُ. ومَن اشترطَ فِي صحَّةِ الحديثِ أن يَرْويَه اثنانِ أو أكثرُ فقَدْ غَلِطَ.

وَالوَقْفُ عَنْ حُكْمٍ لِمَتْنٍ أَوْ سَنَدْ بِأَنَّـهُ أَصَـحُّ مُطْلَقًـا أَسَـدّْ
وَآخَـرُونَ حَكَمُـوا فَاضْـطَرَبُوا لِفَـوْقِ عَـشْرٍ ضُـمِّنَتْهَا الكُتُـبُ

المُخْتارُ أنَّه ليسَ مِنَ الصَّوابِ أنْ يُقالَ عن إسنادٍ مَا: «إِنَّه أصحُّ الأسانِيدِ» مطلقًا، كَمَا لَا يجوزُ له أنْ يُقالَ عن متنٍ ما: «إِنَّه أصحُّ حديثٍ» مطلقًا.

وذلك كأن يُقَيَّدَ الإسنادُ بالصَّحابيِّ أو بالبَلَدِ كَما سَيأْتِي؛ لأَنَّ تفاوُتَ مراتبِ الصحَّةِ مُرَتَّبٌ عَلَىٰ تمكُّنِ الإسنَادِ من شروطِ الصحةِ، ويعِزُّ وجودُ أعلىٰ درجَاتِ القبولِ فِي كلِّ واحدٍ واحدٍ من رجَالِ الإسنَادِ. وكَأنْ يُقَيَّدَ أَصَحِّيَّةُ المتنِ بباب معين؛كأن يُقالَ: «أصحُّ حديثٍ فِي بابِ الوضوءِ مما مَسَّته النارُ»؛ مثلًا.

ومعَ ذلكَ؛ فمِن العلماءِ مَن وقعَ فِي كَلامِهم الحُكْمُ عَلَىٰ إسنادٍ بأنَّه «أصحُّ الأَسَانيدِ» مطلقًا. ثُمَّ اختَلَفُوا: فكلُّ فريقٍ منهم رَجَّحَ بحسَبِ مَا قَوِيَ عندَه.

فَمَالِكٌ عَنْ نَافِعٍ عَنْ سَيِّدِهْ ... وَزِيدَ مَا لِلشَّافِعِي فَأَحْمَدِهْ

وَابْنُ شِهَابٍ عَنْ عَلِيٍّ عَنْ أَبِهْ ... عَنْ جَدِّهِ، أَوْ سَالِمٍ عَمَّنْ نَبِهْ

أَوْ عَنْ عُبَيدِ اللهِ عَنْ حَبْرِ البَشَرْ ... هُوَ ابنُ عَبَّاسٍ وَهَذَا عَنْ عُمَرْ

وَشُعْبَةٌ عَنْ عَمْرِو ابْنِ مُرَّهْ ... عَنْ مُرَّةٍ عَنِ ابْنِ قَيْسٍ كَرَّهْ

أَوْ مَا رَوَى شُعْبَةُ عَنْ قَتَادَهْ ... إِلَى سَعِيدٍ عَنْ شُيُوخٍ سَادَهْ

ثُمَّ ابْنُ سِيرِينَ عَنِ الحَبْرِ العَلِي ... عَبِيدَةٍ بِمَا رَوَاهُ عَنْ عَلِي

كَذَا ابْنُ مِهْرَانَ عَنِ ابْرَاهِيمَ عَنْ ... عَلْقَمَةٍ عَنِ ابْنِ مَسْعُودِ الحَسَنْ

وَوَلَدُ القَاسِمِ عَنْ أَبِيهِ عَنْ ... عَائِشَةٍ. وَقَالَ قَوْمٌ ذُو فِطَنْ:

لَا يَنْبَغِي التَّعْمِيمُ فِي الإِسْنَادِ ... بَلْ خُصَّ بِالصَّحْبِ أَوِ البِلَادِ

فذَهَبَ البخارِيُّ إلىٰ أنَّ أصحَّ الأسانيدِ: «مالكُ بنُ أنسٍ عن نافعٍ مولىٰ ابنِ عمرَ عن سيدِهِ ابنِ عمرَ». وهذِهِ الترجمةُ معروفةٌ بـ«سلسلةِ الذهَبِ».

ويترتبُ عَلَىٰ هَذَا القولِ: أنَّ أجل أسانيده: إِذَا رَوَاهُ عن مَالِكٍ: الشافعيُّ؛ لأَنَّه أجلُّ مَنْ رَوَىٰ عن مالكٍ. فإذا رَوَاهُ عن الشافعيِّ أحمدُ بنُ حنبلٍ لم يزدَدْ إِلَّا شَرَفًا.

وقَالَ أبو بكرِ بنُ أبي شيبةَ وعبدُ الرزاقِ: أَصَحُّها: «ابنِ شهابٍ الزهرِيُّ عن زينِ العابدِينَ عليِّ بنِ الحسينِ بنِ عليِّ بنِ أبي طالبٍ عن أبيهِ عن جدِّهِ».

وقالَ أحمدُ وابنُ راهَوَيهِ: أصحُّها: «الزهريُّ عن سالمِ بنِ عبدِ اللهِ بن عمرَ عن أبيهِ».

فقَولُه: «أَوْ» حرفُ عاطفٌ، وقولُه: «سَالِم» معطوفٌ عَلَىٰ قوله «عَليٍّ» فِي صَدرِ البيتِ، وتَقْدِيرُ الكلامِ: «أو ابنُ شهابٍ عن سالمٍ عمَّن نَبِهَ»، وقوله: «نَبِهَ» معناهُ اشتَهَر بسببِ ذكرِهِ فِيمَا تقدَّمَ، والذي نَبِهَ هُوَ ابنُ عمرَ.

وقَالَ النسائيُّ: أقوىٰ الأَسَانِيدِ وأصحُّها: «عبيدُاللهِ بنُ عبدِ اللهِ بنِ عُتبةَ بنِ مسعودٍ عن عبدِ اللهِ بنِ عباسٍ عن عمرَ بنِ الخطابِ».

وقال وكيعٌ: أصحُّها: «شعبةُ بنُ الحجَّاجِ، عن عمرِو بنِ مُرَّةَ عن مُرَّةَ الطيب، وهُو ابنُ شَراحِيل الهَمْدانِي عن أبي موسىٰ عبدِ اللهِ بنِ قيسٍ الأشعريِّ».

وقالَ حجَّاجِ بن الشَّاعِرِ: أصحُّها: «شعبةُ عن قتادَةَ بن دِعَامةَ السَّدُوسيِّ عن ابنِ المسيبِ، عن السَّادَةِ مِنْ شيوخِهِ كعامرٍ أخي أمِّ سلمةَ عن أمِّ سلمةَ».

وقالَ عليُّ بنُ المدينيِّ وعمرُو بنُ عليِّ الفلَّاسُ وسليمان بن حرب: أصَحُّها: «محمدُ بنُ سيرينَ عن عَبيدَةَ السَّلْمَانِيِّ عن عليِّ بنِ أبي طالبٍ».

وقالَ يحيىٰ بنُ معينٍ: أصحُّها: «سليمانُ بنُ مِهْرَانَ الأعمشُ عن إبراهيمَ بنِ يزيدَ النَّخَعِي عن عَلْقَمةَ بنِ قيسٍ عن عبدِ اللهِ بنِ مسعودٍ».

ويُروىٰ عن ابنِ معينٍ أيضًا: أَصَحُّها: «عبدُ الرحمنِ بنُ القاسِمِ بنِ محمدِ بنِ أبي بكرٍ الصديقِ عن أبيهِ عن عمتِهِ أمِّ المؤمنينَ عائشةَ».

أمَّا المُحقِّقونَ، فألزمُوا تقييدَ الأصحيَّةِ فِي «الإسناد» بالصحابيِّ أو بالبلدِ، فيقالُ: «أصحُّ إسنادٍ عن عمرَ» أو «أصحُّ إسنادٍ عن أبي بكرٍ»؛ مثلًا؛ أو يقيَّدُ بالبلدِ فيُقالُ: «أصحُّ أسانيدِ أهلِ مصرَ» أو «أصحُّ أسانيدِ أهلِ المدينةِ»؛ مثلًا.

فَـأَرْفَعُ الإسْـنَادِ لِلـصِّدِّيقِ: مَـا ... ابْـنُ أَبِي خَـالِدٍ عَـنْ قَـيْسٍ نَمَـا
وَعُمَـرٍ: فَـابْنَ شِـهَابٍ بَـدِّهِ ... عَـنْ سَـالِمٍ عَنْ أَبِـهِ عَـنْ جَدِّهِ
وَأَهْلِ بَيْتِ المُصْطَفَى: جَعْفَـرُ عَـنْ ... آبَائِـهِ إِنْ عَنْـهُ رَاوٍ مَـا وَهَـنْ
وَلأَبِي هُرَيْـرَةَ: الزُّهْـرِيُّ عَـنْ ... سَعِيدٍ، اوْ أَبُـو الزِّنَـادِ حَيْـثُ عَنّْ
عَـنْ أَعْـرَجٍ، وَقِيـلَ: حَمَّـادٌ بِمَـا ... أَيُّـوبُ عَـنْ مُحَمَّـدٍ لَهُ نَمَـا

فأصحُّ الأسانيدِ إلىٰ أبي بكرٍ الصديقِ: «إسماعيلُ بنُ أبي خالدٍ عن قيسِ بنِ أبي حازمٍ عن أبي بكرٍ الصديقِ».

وأصحُّ الأسانيدِ إلىٰ عمرَ بنِ الخطَّابِ: «ابنُ شهابٍ الزهريُّ عن سالمِ بنِ عبدِ اللهِ ابنِ عمرَ عن أبيهِ عن جدِّهِ عمرَ بنِ الخطابِ».

وأصحُّ أسانيدِ آلِ بيتِ النبي ﷺ: «جعفرُ الصادِقُ ابنِ زينِ العابدِينَ عليِّ بنِ الحسين بنِ عليِّ بنِ أبي طالبٍ عن أبيهِ عن جَدِّه عن عليِّ بنِ أبي طالبٍ».

وأصحُّ الأسانيد إلىٰ أبي هريرةَ: قيلَ: «الزهريُّ عن ابنِ المسيبِ عنه». **وقيلَ:** «أبو الزنادِ عبدُ اللهِ بنُ ذكوانَ المدنيُّ عن الأعرجِ عبدِ الرحمنِ بنِ هُرمز عنه». **وقيلَ:** «حمادُ بنُ زيدٍ عن أيوبَ السَّختيانِيِّ عن محمدِ بنِ سيرينَ عنه».

لِمَكَّـةٍ: سُـفْيَانُ عَـنْ عَمْـرٍو، وَذَا ... عَـنْ جَـابِرٍ، وَلِلْمَدِينَـةِ خُـذَا:
ابْـنَ أَبِي حَكِـيمِ عَـنْ عَبِيـدَةِ ... الحَـضْرَمِيِّ عَـنْ أَبِي هُرَيْـرَةِ
وَمَـا رَوَى مَعْمَـرُ عَـنْ هَمَّـامِ عَـنْ ... أَبِي هُرَيْـرَةَ؛ أَصَـحُّ لِلْـيَمَنْ
لِلـشَّامِ: الأَوْزَاعِيُّ عَـنْ حَـسَّانَا ... عَـنِ الـصِّحَابِ فَـائِقٌ إِتْقَانَـا
وَغَـيْرُ هَـذَا مِـنْ تَـرَاجِمٍ تُعَـدّْ ... ضَـمَّنْتُهَا شَرْحِيَ عَنْهَـا لَا تُعَـدْ

وأصحُّ أسانيدِ أهلِ مكةَ: «سفيانُ بنُ عيينةَ الهلاليُّ عن عمرِو بنِ دينارٍ عن جابرِ ابنِ عبدِ اللهِ الأنصاريِّ».

وأصحُّ أسانيدِ أهلِ المدينةِ: «إسماعيلُ بنُ أبي حَكيمٍ عن عَبِيدَةَ بنِ سفيانَ بنِ الحارثِ الحضرميِّ عن أبي هريرةَ».

وأصحُّ أسانيدِ أهل اليمنِ: «معمرُ بنُ راشدٍ عن همامِ بن مُنبِّهٍ عن أبي هريرةَ».

وأصحُّ أسانيدِ أهلِ الشامِ: «أبو عمرٍو عبد الرحمن بن عمرو الأوزاعيُّ عن حسانَ بنِ عطيةَ عن الصحابةِ رَضِيَ اللَّهُ عَنْهُمْ».

مَسْأَلَةٌ

أَوَّلُ جَامِعِ الحَدِيثِ وَالأَثَرْ ... ابْنُ شِهَابٍ؛ آمِرًا لَهُ عُمَرْ

وَأَوَّلُ الجَامِعِ لِلأَبْوَابِ ... جَمَاعَةٌ فِي العَصْرِ ذُو اقْتِرَابِ

كَابْنِ جُرَيْجٍ، وَهُشَيمٍ، مَالِكِ ... وَمَعْمَرٍ، وَوَلَدِ المُبَارَكِ

عَلَىٰ رأسِ المائةِ الثانيةِ من الهجرةِ، وفِي عَهْدِ أميرِ المؤمنينَ عمرَ بنِ عبدِ العزيزِ، خَافَ أهلُ البصر- وعلَىٰ رأسِهِم أميرُ المؤمنينَ- دُرُوسَ العلمِ بموتِ أهلِهِ، فكَتَبَ أميرُ المؤمنينَ إلىٰ أبي بكرِ بنِ حزمٍ: «انظُرْ مَا كَانَ مِنْ حديثِ الرسولِ ﷺ فَاكتُبْه؛ فإنِّي خِفْتُ دُروسَ العلمِ وذَهَابَ العلماءِ». ثم أمرَ أميرُ المؤمنينَ ابنَ شهابٍ الزهريَّ بكتابتِه، فكَانَ أولَ مَنْ كَتَبَ شيئًا من الحديثِ.

ثم جَاءَ مِنْ بعدِ ذلكَ طبقةٌ من العلمَاءِ فِي عصرٍ واحدٍ، لَايُعلمُ أيُّهم أسبقُ، فصنَّفَ كلُّ واحدٍ منهم كتابًا جَمَعَ فِيهِ أبوابًا من الحديثِ، لكنها ممزوجةٌ بأقوالِ الصحَابَةِ وفتاوىٰ التابعينَ: منهم عبدُ الملِكِ بنُ عبد العزيز بنِ جُريجٍ فِي مكةَ، وهُشيمُ ابنُ بشيرٍ بواسِطٍ، ومالكُ بن أنس أو محمدُ بنُ إسحاقَ بالمدينةِ، ومعمرُ بنُ راشدٍ باليمنِ، وعبدُ الله بنُ المباركِ بخُرَاسَانَ، والربيعُ بنُ صَبيحٍ أو سعيدُ بنُ أبي عروبةَ

أو حمادُ بنُ سلمةَ بالبصرةِ، وسفيانُ الثوريُّ بالكوفةِ، والأوزاعيُّ بالشامِ، وجريرُ بنُ عبدِ الحميدِ بالرَّيِّ، وغيرُ هؤلَاءِ.

وَأَوَّلُ الجَامِعِ بِاقْتِصَارِ عَلَى الصَّحِيحِ فَقَطِ البُخَارِي
وَمُسْلِمٌ مِنْ بَعْدِهِ، وَالأَوَّلُ عَلَى الصَّوَابِ فِي الصَّحِيحِ أَفْضَلُ
وَمَنْ يُفَضِّلْ مُسْلِمًا فَإِنَّمَا تَرْتِيبَهُ وَوَضْعَهُ قَدْ أَحْكَمَا

ثمَّ جاء مِنْ بعدِ هذِهِ الطبقةِ: الإمامُ محمدُ بنُ إسماعيلَ البخاريُّ، وتلميذُه الإمامُ مُسلمُ بنُ الحجَّاجِ، فَصنَّفَا «صحيحيهما»، وجَرَّدا فِيهما صِحَاحَ الأَحاديثِ، فكانا بِذلك العَملِ أَوَّل مَنْ صنَّفَ فِي الصحيحِ المُجَرَّدِ عن غَيرِه؛ صنَّف البخاريُّ أوَّلًا. ثمَّ صنَّف بعدَه مُسلمٌ.

والإِجماعُ منعقدٌ عَلَىٰ أنَّ «كِتابَيْهما» أَصحُّ الكُتبِ المُصنفةِ، وإنَّما الخلافُ فِي أيِّهما أصحُّ؟ **فقيلَ**: هُما سواءٌ. **وقيلَ**: «صَحيحَ البُخاريِّ» أَصحُّ وأنفعُ؛ لمَا فيه منَ الاستنباطاتِ الفقهيةِ، والنُّكتِ الحُكمية، وهَذَا رأيُ جَمهرةِ المُحدثينَ. **وقيلَ**: «صحيح مسلم» أفضلُ، وهَذَا قولُ المغَاربةِ.

لكنَّ الَّذينَ فضَّلُوا «صَحِيحَ مُسْلِمٍ» لم يَقصدوا أنَّه أصحُّ؛ إذْ لم يُصرِّحُوا بذلك، ولو أَنَّهم صَرَّحُوا به لناقَضَهم الواقعُ، ورَدَّتهُم المشاهدةُ، وإنَّما غَرضُهم أنَّه جيدُ الوَضْعِ، حسنُ السِّياقِ، محكمُ التَّبويبِ، متقنُ التَّرتيبِ، لأنَّه يجمعُ طُرُقَ الحديثِ فِي مَوْضعٍ واحدٍ بأَسَانيدِه المتعددةِ، وأَلْفاظِه المختلفةِ، فَسَهُلَ لذلك تناوُلُه وقَرُبَ مأْخذُه. بخلافِ البخاريِّ؛ فإنَّه يُقطِّعُ الأَحاديثَ ويُفرِّقُها فِي الأَبوابِ بسببِ استِنْباطِه الأَحكامَ منها، وكثيرًا مَا يذكرُ الحديثَ فِي غيرِ مظنِته، فيَعيا الباحثُ فيهِ، ويعجزُ دونَ الوُصولِ إليه.

تَنْبِيهٌ: فِي نُسْخَةٍ: (وَصُنْعَهُ) بَدَلَ: (وَوَضْعَهُ).

وَانْتَقَدُوا عَلَيْهِمَا يَسِيرَا فَكَمْ تَرَى نَحْوَهُمَا نَصِيرَا

وقدِ انتقدَ جَمَاعةٌ منَ الحُفَّاظِ: منهمُ الدارقطنيُّ وأبو مَسْعودٍ الدمشقيُّ، بعضَ أحاديثِ «الصَّحيحينِ». لكنَّ الكثيرَ مِنَ الحُفاظِ المتقنين لَمْ يُوافِقوا هؤلاء، وقالوا: إنَّ الشيخين أسبقُ أَهْلِ عصرِهما فَمَنْ بَعْدَهُ إلىٰ معرفةِ الصَّحيحِ والمُعلِّ، وقد ذكرَا أنَّ مَا فِي «كتابيهما» صحيحٌ، فلا يَخلو الحالُ من أَنْ يكونَ مَا فيهما لَا علةَ لَهُ أَوْ له علةٌ غيرُ قادحةٍ، وكلاهما صحيحٌ.

وَلَيْسَ فِي الْكُتْبِ أَصَحُّ مِنْهُمَا بَعْدَ الْقُرَانِ، وَلِهَذَا قُدِّمَا

مَرْوِيُّ ذَيْنِ، فَالْبُخَارِيِّ، فَمَا لِمُسْلِمٍ، فَمَا حَوَى شَرْطَهُمَا

فَشَرْطَ أَولٍ، فَثَانٍ، ثُمَّ مَا كَانَ عَلَى شَرْطِ فَتًى غَيْرِهِمَا

وَرُبَّمَا يَعْرِضُ لِلْمَفُوقِ مَا يَجْعَلُهُ مُسَاوِيًا أَوْ قُدِّمَا

اتفقَ العلماءُ عَلَىٰ أنَّه ليس بعد كتابِ الله تعالىٰ كتابٌ أصحُّ من كتابي البخاريِّ ومسلمٍ. وقد رَتَّبَ العلماءُ الأحاديثَ بالنظرِ إلىٰ صِحَّتِها ترتيبًا مَبْنِيًّا عَلَىٰ هَذَا الاتفاقِ، فقالوا:

أصحُّها مَا اتفقَ عَلَيه الشَّيخانِ. **ثُمَّ** مَا انفردَ به البخاريُّ. **ثُمَّ** مَا انفردَ به مسلمٌ. **ثُمَّ** مَا كَانَ عَلَىٰ شَرْطِهما ولم يُخَرِّجاهُ. **ثُمَّ** مَا كَانَ عَلَىٰ شَرْطِ البخاريِّ وَحْدَه. **ثُمَّ** مَا كَانَ عَلَىٰ شَرْطِ مسلم وَحْدَه. **ثُمَّ** مَا رواهُ غَيرُهما وليسَ عَلَىٰ شَرْطِهما ولا عَلَىٰ شرْطِ أَحدِهما، كـ«ابنِ خُزيمةَ» و«ابنِ حبانَ» و«الحَاكِم»؛ فالأقسامُ سبعةٌ، مرتبةٌ بحسَبِ دَرجَتِها منَ الصِّحةِ.

لكنَّ غرضَهم بِهذا التَّرتيبِ، إنَّما هُوَ بالنظرِ إلىٰ جملةِ مَا فِي الكُتبِ المذكورةِ، وليس هُوَ بالنَّظَرِ إلىٰ كلِّ حديثٍ مِنْ أحادِيثِها. فلعلَّ حديثًا رَوَاهُ غَيرُ البخاريِّ ومسلم عَلَىٰ شَرْطِهما قد احْتَفتْ بِهِ قرائنُ جعلَتْه أصحَّ مِنْ حَدِيثِهما.

وَشَرْطُ ذَيْنِ كَوْنُ ذَا الإِسْنَادِ لَدَيْهِمَا بِالجَمْعِ وَالإِفْرَادِ

معنىٰ قولِهم: «صحيحٌ عَلَىٰ شرطِ الشيخينِ»: أنْ يكون رجالُ الحديثِ قد ذُكِر كلُّ واحدٍ مِنْهم فِي «الصحيحينِ» جميعًا. **وإِذَا قيلَ:** «صحيحٌ عَلَىٰ شرطِ البخاريِّ»، فالغرضُ أنَّ كلَّ واحدٍ من رجاله مذكورٌ فِي «البخاريِّ». **وإِذَا قيلِ:** «صحيحٌ عَلَىٰ شرطِ مسلمٍ»، فمعناهُ أنَّ كلَّ راوٍ من رُواته قد ذُكِرَ فِي «مسلمٍ»، وذلك بعدَ اشتمالِه عَلَىٰ سائرِ شروطِ الصِّحة.

وقيلَ غيرُ ذلكَ، لكن هَذَا التفسيرُ هُوَ الذي ارْتَضاهُ الجماعةُ؛ فإِذَا كَانَ أحدُ الرواةِ قد ضُعِّفَ فِي شيخ وهُوَ فيمن عدَاهُ ثقةٌ ضابطٌ عدلٌ، وكانَ البخاريُّ يروي لَهُ عَمَّن وُثِّقَ فيهِ مثلًا؛ فلا يكونُ الحَديثُ عَلَىٰ شرطِه حتىٰ يكونَ روايتُه عمن وُثِّقَ فيه.

فمثلًا؛ هُشيم، هُوَ مِن رِجالِهما، وهُوَ ثقةٌ إِذَا رَوىٰ عن غيرِ «الزُّهريِّ»، و«الزهريُّ» مِن رِجالِهما أيضًا، وهما لَا يرويانِ «عن هشيمٍ عن الزهريِّ»، ولكنهما يرويانِ عن هشيمٍ عن غَيرِ الزهريِّ، ويرويان إلىٰ الزهريِّ بغيرِ هُشيمٍ، فإِذَا كَانَ الحديثُ من روايةِ هُشيمٍ عنِ الزهريِّ لم يكن عَلَىٰ شَرْطِهما.

وَعِدَّةُ الأَوَّلِ بِالتَّحْرِيرِ أَلْفَانِ وَالرُّبْعُ بِلَا تَكْرِيرِ

وَمُسْلِمٍ أَرْبَعَةُ الآلَافِ وَفِيهِمَا التَّكْرَارُ جَمًّا وَافِ

قالَ ابنُ حَجَر: «عدَدْتُ أحاديثَ (البخاريِّ) وحررتُها فبَلَغتْ بدونِ المُكرَّرةِ: (٢٥١٣) ألفين وخمسمائةٍ وثلاثة عشر حديثًا».

وقَالَ النوويُّ: «جملةُ مَا فِي (صَحيح مُسْلم) بإسقاطِ المُكرَّرِ نحو أَربعةِ آلافِ حَديثٍ». قَالَ العراقيُّ: «وهُوَ يزيدُ عَلَىٰ البخاريِّ بالمُكرَّرِ لكثرةِ طُرُقِه».

مِنَ الصَّحِيحِ فَوَّتَا كَثِيرَا وَقَالَ نَجْلُ أَخْرَمٍ: يَسِيرَا

مُرَادُهُ أَعْلَى الصَّحِيحِ فَاحْمِلِ أَخْذًا مِنَ الحَاكِمِ، أي: فِي «المَدْخَلِ»

النَّـوَوِي: لَـمْ يَفُـتِ الخَمْـسَةَ مِـنْ مَـا صَـحَّ إِلَّا الـنَّزْرُ؛ فَاقْبَلْـهُ وَدِنْ
وَاحْمِـلْ مَقَـالَ: «عُـشْرَ أَلْـفِ أَلْـفِ أَحْـوِي» عَلَى مُكَـرَّرٍ وَوَقْـفِ

مما لَا شكَّ فيه أنَّما لم يَسْتوْعِبا فِي «كِتابَيْهما» كلَّ مَا صحَّ؛ لكن اختلف العلماء: هلْ تَركا الأكثرَ أو الأقلَ؟. فالجمهرةُ؛ عَلَىٰ أنَّ الذي تَركاهُ مِنَ الصِّحاحِ أكثرُ مما رَوياهُ. وقال الحافظُ أبو عبدِ اللهِ محمدُ بنُ يعقوبَ بنِ أخرمَ النيسابوريُّ شيخُ الحاكمِ: «مَا تَركاهُ منَ الصَّحيحِ أَقلُّ ممَّا رَوياه». ولكن ذهبَ النَّاظمُ إلىٰ أنَّ مرادَه بالصَّحِيحِ أصحُّ الصَّحِيحِ لَا مطلقُ الصِّحاحِ، وهَذَا هُوَ الذي ذَكَره الحاكمُ فِي «المَدخلِ إلىٰ كتاب الإكليل».

تَنْبِيهٌ: فِي نُسْخَةٍ: «فَوْتُهُ» بَدَلَ: «فَوَّتَا».

وقال النوويُّ: «الصوابُ أنَّه لم يَفتِ الأُصولَ الخَمسةَ- وهي الصحيحانِ وسننُ أبي داودَ والترمذيِّ والنسائيِّ- من الأَحاديثِ الصِّحاحِ إلَّا القليل». وهَذَا هُوَ الذي اعْتَمَده النَّاظمُ، وأَمَرَ بالأَخذِ بهِ.

ورُوي عن الإمام البخاريِّ أنَّه قَالَ: «أحفظُ مائة ألفِ حديثٍ صحيحٍ، ومائتي ألفِ حَديثٍ غَيرِ صحيحٍ». وهذِهِ الكلمةُ فِي ظَاهِرها يخالفُ مَا أَسْلَفنا من أنَّ الذي فاتَ الأَصولَ منْ صِحاحِ الأَحاديثِ هُوَ النَّزْرُ القليلُ. لكنَّ عبارتَه تلك محمولةٌ عَلَىٰ أنَّ مرادَه بالأحاديثِ الصَّحيحةِ التي يَحْفَظُها مَا يشملُ المُكرَّرَ والمَوْقوفَ، فإنهم ربَّما عَدُّوا الحديثَ الواحدَ المرويَّ بإسْنادين حَدِيثين.

وَخُـذْهُ حَيْـثُ حَـافِظٌ عَلَيْـهِ نـصّْ وَمِـنْ مُـصَنَّفٍ بِجَمْعِـهِ يُخَـصّْ
كَـ«ابْنِ خُزَيْمَـةَ»، وَيَتْلُـو «مُـسْلِمَا» وَأَوْلِهِ «البُـسْتِيَّ»، ثُـمَّ «الحَاكِمَـا»
وَكَـمْ بِـهِ تَـسَاهُلٌ حَـتَّى وَرَدْ فِيـهِ مَنَـاكِرُ وَمَوْضُـوعٌ يُـرَدّْ

ثمَّ الأحاديثُ الصحيحةُ الَّتي لم يَرْوِها الشيخان ولا أحدُهما إنما تعرف بطريقين:

الأول: مَا نَصَّ عَلَىٰ صحَّتِه الحافظُ العَارفُ، ونُقِلَ عنه بإِسنادٍ صحيحٍ، كما فِي «سُؤالاتِ أحمدَ بنِ حنبلٍ» و«سؤالاتِ ابنِ معينٍ» وغيرِهما.

والثانِي: مَا يوجد فِي كتابٍ مُصنَّفٍ، يجمعُ الأَحاديثَ الصِّحاحَ فقط؛ كـ«صحيح ابنِ خزيمةَ» «صحيحِ ابنِ حبانَ»، و«صحيح ابنِ خزيمةَ» يتلو «صحيحَ مسلم» فِي الصحَّةِ، ويَفوقُ «صحيحَ ابنِ حبانَ»؛ وذلك لأَنَّ ابنَ خزيمةَ شديدُ التحري، حتىٰ إنَّه ليتوقفُ فِي التصحيحِ لأقلِّ كلامٍ فِي الإِسنادِ.

ويلي «صحيحَ ابنِ حبانَ» فِي المَرتبةِ: كتابُ «المُستدركِ» لأَبِي عبدِ اللهِ الحاكمِ النيسابوريِّ. لكن الحَاكِمَ تساهلَ كَثيرًا فِي التَّصحيحِ حتَّىٰ وَقَعَ فِي كتابِه المَناكيرُ الواهياتُ والمَوضوعاتُ التي لَا تَصحُّ، وَيَجِبُ أنْ تُردَّ.

وَابْنُ الصَّلَاحِ قَالَ: مَا تَفَرَّدَا فَحَسَنٌ، إِلَّا لِضَعْفٍ فَارْدُدَا
جَرْيًا عَلَى امْتِنَاعِ أَنْ يُصَحَّحَا فِي عَصْرِنَا كَمَا إِلَيْهِ جَنَحَا
وَغَيْرُهُ جَوَّزَهُ وَهْوَ الأَبَرّْ فَاحْكُمْ هُنَا بِمَا لَهُ أَدَّى النَّظَرْ

ذهبَ ابنُ الصَّلاحِ إلىٰ التَّوَسُّط فِي شأن «المستدرك»، فذهب إلىٰ أنَّ مَا تفرَّدَ الحَاكمُ بِتصْحِيحهِ ولم نجدْ ذلكَ التصحيحَ لغيرِه فلا نَعْتَبرهُ صَحيحًا؛ بل حَسَنًا، إِلَّا أنْ تظهرَ فيه علةٌ مُوجبةٌ لِضعْفِه، مقتضيةٌ لردِّه.

وقد أَرْجَع النَّاظمُ هُنا رأيَ ابنِ الصَّلاحِ هذا إلىٰ كونه جاريًا علىٰ مذهبه فِي منع الاستقلالِ بإدراك الصَّحِيح فِي الأعصارِ المُتأخِّرة، لضَعْفِ أَهْلِها عَن إدراكِ ذلكَ، كما نُسب ذلكَ المذهبُ إلىٰ ابنِ الصَّلاحِ مِن قِبَلِ غيرِ واحدٍ مِن العُلماءِ.

وقد ذهبَ النوويُّ إلىٰ أنَّه يجوزُ لِمن تمكَّن من هَذَا العِلمِ، وقَويتْ معرفتُه به أنْ يُصحِّحَ ويُضعِّفَ. وهَذَا القولُ هُوَ المرضيُّ عندَ الجُمهورِ.

لكنْ فِي نِسبَةِ هَذا المَذْهَبِ إلىٰ ابنِ الصَّلاحِ نَظَرٌ - بيَّنْتُه فِي مَوضع آخرَ -، كَما أنَّ فِي تَخْرِيجِ قَوْلِه هُنا عَلىٰ هَذا المَذْهبِ - عَلىٰ فَرْضِ صِحَّتِه عَنه - نَظرًا أيضًا.

مَـا سَـاهَلَ البُـسْتِيُّ فِي كِتَابِـهِ   بَـلْ شَرْطُـهُ خَـفَّ وَقَـدْ وَفَى بِـهِ

أشارَ النَّاظِمُ إلىٰ أنَّ الحافظَ ابنَ حِبَّان البُسْتيَّ لم يَتَساهلْ فِي كتابِهِ؛ بمَعْنىٰ أنَّه لم يناقضْ شَرْطَه، بل إنَّه إنما اشترطَ شرطًا أَخفَّ مِنْ شرطِ غَيرِه، وقَد وَفَىٰ بِه.

فإن من مذهبه: أَنَّ كلَّ راوٍ يكونُ شيخُه والراوي عنه ثقةً، ولم يأْتِ بحديثٍ مُنكرٍ؛ فهو عِندَه ثقةٌ. وهَذا مَذْهبٌ مُتَّسعٌ، خالَفَه فِيهِ الجُمْهُورُ.

وَاسْـتَخْرَجُوا عَلَى الـصَّحِيحَيْنِ بِـأَنْ   يَرْوِي أَحَادِيـثَ كِتَـابٍ حَيْـثُ عَـنّْ

لَا مِـنْ طَرِيـقِ مَـنْ إِلَيْـهِ عَمَـدَا   مُجْتَمِعًـا فِي شَـيْخِهِ فَـصَاعِدَا

منَ العُلماءِ مَنْ يَعْمِد إلىٰ كتابٍ مَا مِنْ كُتبِ الحديثِ، فيُخرِّجُ أحاديثَه بأسانيدَ لنفسِه، من غيرِ طريقِ صاحبِ الكتابِ، فيَجتَمِعُ مَعهُ فِي شيخِه أَوْ مَنْ فَوْقَه.

فممَّنْ اسْتَخْرَجَ عَلَىٰ «البخاريِّ»: أبو بكر الإِسْمَاعِيليُّ، وأبو بكر البَرْقانِيُّ. **وممَّن اسْتَخْرَجَ عَلَىٰ «مسلم»**: أبو عوانةَ الإِسْفِرائينيُّ. **وممَّن اسْتَخْرَجَ عليهما جميعًا فِي كتابٍ واحدٍ**: أبو بكرٍ ابنُ عبدانَ الشِّيرازيُّ. **وممَّن اسْتَخْرَجَ عَلَىٰ كلٍّ مِنْهما منفردًا**: أبو نُعيمٍ الأصفهانِيُّ، وأبو عبدِ اللهِ ابنُ الأَخرمِ، وأبو ذرٍّ الهَرويُّ.

فَرُبَّمَـا تَفَاوَتَـتْ مَعْـنًى، وَفِي   لَفْـظٍ كَثِـيرًا، فَاجْتَنِـبْ أَنْ تُـضِفِ

إِلَيْهِمَـا، وَمَـنْ عَـزَا أَرَادَا   بِـذَلِكَ الأَصْـلَ، وَمَـا أَجَـادَا

ولم يَلتزمْ واحدٌ مِنْ هؤلاء موافقةَ الكتابِ الأَصليِّ فِي ألفاظِ الحَديثِ؛ لأَنَّهم إنَّما يَروونَ اللفظَ الذي وَقعَ لَهُم، ولذا حَصَلَ التفاوتُ فِي الأَلفاظِ بينَ الكُتبِ المُستَخْرَجةِ والكُتبِ المُستَخْرَجِ عليها قليلًا، والتفاوتُ فِي المَعانِي نادرٌ.

ومن هُنا؛ لَا يَجوزُ نقلُ حديثٍ عن الكُتبِ المُستَخْرَجَةِ، ثم نسبتُه بِأَلفَاظِهِ هذِهِ إلىٰ الكتابِ الأَصْليِّ؛ إلَّا بأحدِ أمرين:

الأوَّل: مقابلتُه عَلَىٰ الكِتابِ الأَصْليِّ.

الثانِي: أنْ يكونَ صاحبُ المُستَخْرَجِ صرَّحَ بأنَّه استَخْرَجَه بلفظِهِ.

ومثلُ المُستَخْرَجاتِ: كِتابَا «السُّنَنِ الكُبرىٰ» وَ«مَعْرفةِ السُّنَنِ وَالآثارِ» كِلاهُما للبيهقيِّ، وكتابُ «شَرْحِ السُّنةِ» للبغويِّ؛ فإِنَّهما يَرْويانِ الحديثَ، ويَقُولانِ: «رواهُ البخاريُّ» أو «رَواه مسلمٌ» أو «رَوَياه»، ولايَلْتزِمَانِ لَفْظَهما، وإنَّما قَصَدا بعَزْوِ الحَديثِ لَهُما: أَصْلَه، لا تلكَ الأَلْفاظَ بِعَيْنِها، وهَذا الصَّنيعُ لا يَخْلُو مِن إِيهَامٍ.

وَاحْكُمْ بِصِحَّةٍ لِمَا يَزِيدُ ... فَهُوَ مَعَ العُلُوِّ ذَا يُفِيدُ

وَكَثْرَةَ الطُّرْقِ، وَتَبْيِينَ الَّذِي ... أُبْهِمَ، أَوْ أُهْمِلَ، أَوْ سَمَاعَ ذِي

تَدْلِيسٍ، اوْ مُخْتَلِطٍ، وَكُلُّ مَا ... أُعِلَّ فِي «الصَّحِيحِ» مِنْهُ سَلِمَا

وللمُستَخْرَجاتِ فوائدَ: **الأُولَىٰ**: صِحَّةُ زِياداتِها مِن أَلْفاظٍ أَو تتِمَّاتٍ أَو نَحوِ ذلكَ. قُلْتُ: وَذَلِكَ بِشَرْطِ سَلامَتِها مِن القادِحِ. **الثانيةُ**: عُلُوُّ الإسنادِ. **الثالثةُ**: كثرةُ الطُّرُقِ. **الرَّابعةُ**: تَبيينُ الرَّاوي المُبْهمِ فِي الأَصْلِ. **الخامسةُ**: تبيينُ الرَّاوي الذي أُهْمِلَ. **السادسةُ**: بيانُ المرادِ من عنعنة المدلسِ. **السَّابعةُ**: الكشفُ عَن المختلطِ هل رواه قبل اختلاطه أو بعده. **الثَّامِنةُ**: قال ابنُ حجرٍ: كلُّ حديثٍ أُعِلَّ مِنْ أحاديثِ (الصحيحين) جاء فِي الكُتبِ المُستَخْرَجَةِ عليهما خاليًا عن هذِهِ العِلَّةِ.

خَاتِمَةٌ

لِأَخْذِ مَتْنٍ مِنْ مُصَنَّفٍ يَجِبْ ... عَرْضٌ عَلَى أَصْلٍ، وَعِدَّةٍ نُدِبْ

وَمَنْ لِنَقْلٍ فِي الحَدِيثِ شَرَطَا ... رِوَايَةً، وَلَوْ مُجَازًا؛ غُلِّطَا

المعتمدُ عندَ الجمهورِ: أنَّه يَسوغُ لِمَنْ أرادَ العملَ بحَديثٍ أَو الاحتجاجَ بِهِ لِمذْهَبٍ أَنْ يَأْخُذَه مِنْ نسخةٍ مُعْتَمَدةٍ من كتب الحديث؛ بِشَرْطِ أَنْ يُقابِلَها هُوَ أو أحدُ الثقاتِ بِأُصولِ هذا الكتابِ الصَّحيحةِ.

ويَكْفِي المُقابلةُ بالنسخةِ الوَاحدةِ الموثُوقِ بِصِحَّتِها، ويُنْدَبُ المقابلةُ عَلَىٰ عِدَّةِ نُسَخٍ مُحققةٍ مُعتمدَةٍ، لكنَّه لَا يَجبُ، ومن أوجب المُقابلةَ علىٰ عِدَّةٍ نُسخٍ لم يُصِبْ.

وذَهَبَ أبو بكرٍ محمدُ بنُ خيرٍ الأَمَويُّ- بفتحِ الهَمْزةِ- الإشْبيليُّ إلىٰ أنَّه لَا يَصحُّ لمسلمٍ أنْ يقولَ: «قالَ رسولُ اللهِ ﷺ» حتىٰ يكونَ قَدْ رُوِّيَ هَذَا الحديثَ، ولو عَلَىٰ أقَلِّ وجوهِ الرِّوايةِ، ولا يكفِي الأَخذُ عَنْ أصل مَهْمَا يَكُنْ معتمدًا، وادَّعىٰ أنَّ ذلكَ إجماعٌ. وقد غَلَّطه العلماء فِي ذلك، وأبطلوا دَعْواهُ الإجماعَ.

الحَسَنُ

المُرْتَضَى فِي حَدِّهِ: «مَا اتَّصَلَا ... بِنَقْلِ عَدْلٍ قَلَّ ضَبْطُهُ، وَلَا

شَذَّ وَلَا عُلِّلَ»، وَلْيُرَتَّبِ ... مَرَاتِبًا، وَالِاحْتِجَاجَ يَجْتَبِي

الفُقَهَا، وَجُلُّ أَهْلِ العِلْمِ ... فَإِنْ أَتَى مِنْ طُرْقٍ اخْرَى يَنْمِي

إِلَى الصَّحِيحِ، أَيْ لِغَيْرِهِ، كَمَا ... يَرْقَى إِلَى الحُسْنِ الَّذِي قَدْ وُسِمَا

ضَعْفًا لِسُوءِ الحِفْظِ أَوْ إِرْسَالٍ اوْ ... تَدْلِيسٍ اوْ جَهَالَةٍ، إِذَا رَأَوْا

مَجِيئَهُ مِنْ جِهَةٍ أُخْرَى، وَمَا ... كَانَ لِفِسْقٍ أَوْ يُرَى مُتَّهَمَا

يَرْقَى عَنِ الإِنْكَارِ بِالتَّعَدُّدِ ... بَلْ رُبَّمَا يَصِيرُ كَالَّذِي بُدِي

عَرَّفَ أبو سليمانَ الخطابيُّ «الحسنَ» بأنَّه: «ما عُرِفَ مَخْرَجُهُ، واشْتهرَ رِجالُه».

واعْتُرِضَ بأنَّه صادقٌ عَلَىٰ الصَّحيحِ، وبأنَّه صادقٌ عَلَىٰ الضَّعيفِ أيضًا إذا عُرِفَ

مَخْرَجُه واشْتهرَ رِجَالُه بالضَّعفِ.

وعَرَّفَ الترمذيُّ «الحَسَنَ» بأنَّه: «ما لَا يكونُ فِي إِسنادِه مَنْ يُتهمُ بالكَذِبِ، ولا يكونُ شاذًّا، ويُروىٰ مِنْ غيرِ وجهٍ».

واعْتُرِضَ بأنَّه حَكَمَ عَلَىٰ أحاديثَ بالحُسْنِ، مَعَ أنها لم تُروَ إِلَّا مِنْ وَجْهٍ وَاحدٍ.

واختارَ ابنُ الصَّلاحِ تقسيمَ الحَسَن إلىٰ قِسمينِ:

أحدُهما: مَا لَا يَخْلُو إِسنادُه مِنْ مَستورٍ لَمْ تَتَحقَّق أهليتُه، وليس مُغَفَّلًا كثيرَ الخطإِ، ولا هُوَ مُتهمٌ بِالكذِبِ، ويكونُ متنُ الحَديثِ مع ذلكَ معروفًا بروايةِ مِثله، أَو نَحْوِه مِنْ وجهٍ آخرَ أَوْ أكثرَ؛ وكلامُ الترمذيِ يَتنزلُ عَلَىٰ هَذَا.

الثانِي: أَنْ يكونَ رَاوِيهِ مشهورًا بالصدقِ والأمانةِ، لكنْ لم يَبلغْ درجةَ الصَّحيحِ لِقُصُورِهِ عَنْ رواتِه فِي الحِفْظِ والإتقانِ، وهُوَ مع ذلكَ مَرتفعٌ عن حالِ من يعدُّ تَفرُّدُه مُنكرًا؛ وعلَىٰ هَذَا يتنزَّلُ كَلامُ الخَطَّابيِّ.

وعرَّفَه ابنُ حَجرٍ بأنَّه: «ما نَقلَهُ العدلُ الضابطُ ضبطًا أخفَّ مِنْ ضَبْطِ راوي الصَّحيحِ، وكانَ متصلَ السندِ غيرَ مُعللٍ ولا شاذٍّ».

فشركَ بينَ (الحَسَنِ) و(الصَّحيحِ) فِي جميعِ الشروطِ، وفرَّق بينهما فِي تمامِ الضَّبْطِ وخِفَّتِه فقط.

وهَذَا التعريفُ ارتضاهُ النَّاظمُ. وأَصْلُه القِسمُ الثَّانِي عندَ ابنِ الصَّلاحِ، وهُو (الحَسَنُ لِذاتِه)، والقِسمُ الأوَّلُ، وهُو (الحَسَنُ لِغيرِه) سيذكُرُه لاحِقًا.

و(الحسَنُ لِذاتِه) علىٰ مَراتبَ، كالصَّحِيح. فأعلَىٰ مَراتِبه: (بَهزُ بنُ حَكيمٍ عَن أبيهِ عَن جدِّه) و(عَمرُو بنُ شُعيبٍ عَن أبيه عَن جَدِّه)، وأمثالُ ذَلِكَ ممَّا قِيل: إنَّه صَحِيحٌ، وهُو أدنىٰ مَراتبِ الصَّحِيح. ثمَّ ما اختُلفَ فِي تَحْسِينِه وتَضْعِيفِه، كـ(حَدِيثِ حجَّاجِ بنِ أَرْطاةَ) ونَحْوِه. و(الحَسَنُ لِغَيرِه) أَدْنَىٰ مَراتبِ الحَسَنِ؛ وهُو بالضَّرُورَةِ أَدْنَىٰ مَراتِبِ المَقْبولِ، فَليسَ دُونَه إلَّا المَرْدودُ بمَراتِبه.

والحَسنُ لِذاتِه- وإن كَان قاصِرًا عن الصَّحِيحِ- هُو حُجةٌ عِنْد جماهيرِ أَهْلِ العِلْمِ، وهو عِنْدَ عامَّةِ المتقدِّمين نوعٌ مِن (الصَّحِيحِ)، يُدْرِجونه فِيه. حتَّىٰ مَن وَرَدَ عَنهُ ما يُوهِمُ عَدمَ احتجَّاجِه بِه؛ فعِبارَاتُه غيرُ صريحةٍ فِي ذَلِك؛ إذ يُمكِنُ حَمْلُها علَىٰ ما رَواه مَن (خَفَّ ضَبطُه)، لكِنْ وقعَ فِي روايتِه شُذوذٌ أو علَّةٌ.

وهذا القِسمُ مِن الحسَنِ إذا تعدَّدتْ طُرقُه ارتقَىٰ إلَىٰ الصَّحِيح ثانِيةً، وهو ما يُعبَّرُ عَنه بـ(الصَّحيحِ لغيرِه)؛ لأنَّ كثرةَ الطُّرقِ يُعطي قوةً تَجبُرُ القَدرَ الَّذِي قَصُر بِه ضبطُ راوي الحسَنِ عَن راوي الصَّحِيح؛ فيرتَفع إلَىٰ درجَة الصَّحِيحِ.

والقِسمُ الثَّانِي: (الحَسنُ لِغيرِه) هو الذي فِي إسْنادِه ضعْفٌ خفيفٌ، وانضَمَّ إليه مثلُه أو أقوىٰ مِنه، فانجَبَرَ به هذا الضَّعفُ، فصارَ الحديثُ حسنًا بالمجموعِ.

والضَّعفُ الخفيفُ، هو النَّاشئُ عن سوءِ حفظٍ أو إرسالٍ أو نحوِهما، وليس النَّاشئَ عن شُذوذِ الرِّوايةِ أو نكارتِها، أو فسقِ راويها، أو اتِّهامِه بالكذبِ، أو لكونِه مُغفَّلًا كثيرَ الخطإِ.

وقد ذهبَ الناظمُ إلَىٰ أنَّ ما كانَ ضَعفُه لفسقِ راويهِ أو تُهَمَتِه بالكذبِ يَرتقي عن كونِه منكَرًا بانضِمامِ مثلِه إليه، ويصيرُ بذلكَ ضعفُه خفيفًا، لو انضَمَّ إليه خفيفُ الضَّعفِ يرتقي به إلىٰ الحسنِ لغيرِه. وهذا القولُ ممَّا لَم يُسبَقْ إليهِ، ولا يوافَقُ عليه؛ فإنَّ تتابُعَ المتَّهَمينَ علىٰ روايةِ الحديثِ يُرجِّحُ عندَ النَّاقدِ الخبيرِ بُطلانَ الحديثِ وعدمَ صحَّتِه. واللهُ أعلمُ.

وَ«الكُتُبُ الأَرْبعُ» ثُمَّتَ «السُّنَنْ لِلدَّارَقُطْنِي» مِنْ مَظِنَّاتِ الحَسَنْ

الكتبُ التي هي مَظِنةُ وجودِ الحَسنِ، هي: «سننُ أبي داودَ والترمذيِّ والنسائيِّ وابنِ ماجَه والدارقطنيِّ». غيرَ أنَّ الدَّارقُطنيَّ كَثيرًا ما يُعبِّر عن الغَريبِ بلفظِ (الحَسنِ) فيقولُ: «إسْنادُه حسَنٌ»، يقصِدُ أنَّه غريبٌ، لا يقصِدُ الحسنَ الاصْطِلاحيَّ، وهو استعمالٌ سائغٌ، وقد وُجِدَ مِثلُه فِي كَلامِ غيرِه.

قَـالَ أَبُـو دَاوُدَ عَـنْ «كِتَابِـهْ»: ذَكَـرْتُ مَـا صَـحَّ وَمَـا يُـشَابِهْ
وَمَـا بِـهِ وَهْـنٌ أَقُـلْ، وَحَيْـثُ لَا فَـصَالِحٌ، فَـابْنُ الـصَّلَاحِ جَعَـلَا
مَـا لَـمْ يُـضَعِّفْهُ وَلَا صَـحَّ حَـسَنْ لَدَيْـهِ، مَـعْ جَـوَازِ أَنَّـهُ وَهَـنْ
فَـإِنْ يُقَـلْ: قَـدْ يَبْلُـغُ الـصِّحَّةَ لَهْ قُلْنَـا: احْتِيَاطًـا حَـسَنًا قَـدْ جَعَلَـهْ
فَـإِنْ يُقَـلْ: فَمُـسْلِمٌ يَقُـولُ: لَا يَجْمَـعُ جُـمْلَةَ الـصَّحِيحِ النُّـبَلَا
فَاحْتَـاجَ أَنْ يَـنْزِلَ لِلْمُـصَدَّقِ وَإِنْ يَكُـنْ فِي حِفْظِـهِ لَا يَـرْتَقِي
هَـلَّا قَـضَى فِي الطَّبَقَـاتِ الثَّانِيَـهْ بِالْحُسْنِ مِثْلَ مَا قَضَى فِي المَاضِيَهْ؟
أَجِـبْ: بِـأَنَّ مُـسْلِمًا فِيـهِ شَرَطْ مَا صَحَّ، فَامْنَعْ أَنْ لِذِي الْحُسْنِ يُحَطّْ

قالَ الإمامُ أبو داودَ فِي شأن «سُننِه»: «ذَكرتُ فِيه الصَّحِيحَ ومَا يُشبهُه ويُقاربُه. وما كَان فِيه وَهَنٌ شَديدٌ بَيَّنتُه. ومَا لَم أذْكُر فِيه شيئًا فهُو صالحٌ، وبعضُها أصحُّ مِن بعضٍ». وقال: «إذا كانَ فيه حديثٌ منكرٌ بيَّنتُ أنَّه منكرٌ».

فأمَّا الأحاديثُ التي بيَّنَ ما فيها مِن وَهَنٍ، فلا خِلافَ فِي أنَّها واهِيةٌ عِنْدَه، وأمَّا التي سَكتَ عَنها؛ فإمَّا أن تَكُونَ ممَّا فِي أحدِ «الصَّحِيحَيْن»، أو يكونُ أحدُ العلماءِ المُعتمَدِين قَد بيَّنَ درجتَها، وإمَّا ألَّا تَكُونَ واحِدًا مِن هذَيْن:

فإنْ كانَت فِي أحدِ «الصَّحِيحَيْن» فهي صحِيحةٌ، وإن بيَّنَها عالمٌ فهيَ علىٰ ما بيَّنَ، وإلا فَقَد اختلَفَ العلماءُ فِي دَرجتِها؛ أهيَ مِن الصَّحِيحِ أم مِن الحسَنِ؟ والواقعُ؛ أنَّ الخلَافَ فِي تفسيرِ قولِه: «فهو صالحٌ»:

فذهبَ ابنُ الصَّلاحِ إلَىٰ أنَّ ذلكَ حسَنٌ عند أبي داودَ، صَحِيحٌ؛ وذلكَ لأنَّ (الصَّالحَ) لا يَخلو مِن أنْ يكونَ صَحيحًا أو حَسنًا، فاعْتبَرَه مِن الثَّاني احتياطًا. وهذا

بصَرفِ النَّظرِ عن مذهبِ غيرِ أبي داودَ فِي هذا الحديثِ، فَسواءٌ صرَّحَ غيرُه بضعفِه أو كانَ شَرطُ غَيرِه يَقتضي ضعفَه، لا شأنَ لابنِ الصَّلاحِ بذلكَ؛ إذْ غَرضُه تَحريرُ رَأيِ أبي دَاودَ فِي تلكَ الأحاديثِ، لا رأيِ غَيرِه.

واعْتُرِضَ علىٰ ابنِ الصَّلاحِ؛ بأنَّ ما سَكتَ عَنه أبو داودَ قَد يكونُ عِنْدَه صحيحًا؛ لِقولِه: «ذَكرتُ فِيه الصَّحِيحَ ومَا يُشبِهُه ويُقارِبُه»، وإنْ لم يكن صحيحًا عِنْدَ غَيرِه، فكَيفَ حَكمتُم بأنَّه عِنْدَه حسنٌ؟!

والجَوابُ: أنَّ حُكمَ ابنِ الصَّلاحِ أَحوطُ، وهو المُتيقَّنُ؛ لأنَّ قولَه: (فهو صالحٌ) يَحتملُه، والحَملُ علىٰ أقلِّ الدَّرجاتِ التي يَحتمِلُها اللَّفظُ أَحوطُ وأولَىٰ.

واعْتُرِضَ أيضًا علىٰ ابنِ الصَّلاحِ بأنَّ أبا داودَ لَم يَرسُم شيئًا بالحَسنِ، وعَمَلُه فِي ذلكَ شَبيهٌ بعمَلِ الإمامِ مُسْلمٍ؛ حيثُ اجتنَبَ الضَّعيفَ الواهيَ، وأتىٰ بالقسمَيْن: الأوَّلِ الذي فِي أعلَىٰ درجاتِ القَبولِ، والثَّانِي الذي يَليه، فلِمَ جَعلتُم ما فِي «كتابِ مُسْلمٍ» مِن قَبيلِ الصَّحِيحِ، وما فِي «كتابِ أبي داودَ» - ممَّا سكتَ عَنه- مِن قَبيلِ الحسَنِ؟ وهلَّا أَجريتُم حُكمَهما علىٰ سَنَنٍ واحِدٍ؟

والجَواب: أنَّ مُسْلمًا التزَمَ الصَّحِيحَ، بل المُجمَعَ عليه، فلَيسَ لنا أن نَحكُمَ علىٰ حديثٍ خَرَّجَه بأنَّه حسنٌ عِنْدَه؛ لِما عُرفَ مِن قُصورِ الحَسنِ عن الصَّحِيحِ، وأبو داودَ قالَ: «إنَّ ما سَكتُّ عَنه فهو صَالحٌ»، و(الصَّالحُ) يشمَلُ (الصَّحِيحَ والحَسنَ)، فلا يَرتقي إلَىٰ الأوَّلِ إلَّا بيقينٍ.

فَإِنْ يُقَلْ: فِي «السُّنَنِ» الصِّحَاحُ مَعْ ضَعِيفِهَا، وَالبَغَوِيُّ قَدْ جَمَعْ

«مَصَابِحًا» وَجَعَلَ الحِسَانَ مَا فِي «سُنَنٍ»؟ قُلْنَا: اصْطِلَاحٌ يُنْتَمَى

جمَعَ البَغَويُّ كتابَه «مصابيحَ السُّنَّةِ»، وجعلَ أحاديثَه علىٰ قِسمَين: (صَحيحٍ وحَسنٍ)؛ فـ(الصَّحِيحُ) ما فِي «الصَّحيحَينِ»، و(الحسنُ) ما فِي «السُّنَنِ الثَّلاثِ». والأوَّلُ مُسَلَّمٌ، والثَّاني مُعارَضٌ؛ لأنَّ «السُّنَنِ» فيها الصَّحِيحُ والحسنُ والضَّعيفُ.

وَقَد اعْتَرَضَ ابنُ الصَّلاحِ والنَّوويُّ صَنيعَ البَغَويِّ، واعْتَبَراه غَيرَ مُوافِقٍ لاصطِلاحِ العلماءِ؛ لأنَّ «السنن» تَشتَمِلُ عَلَىٰ الأحاديثِ الضَّعيفةِ والواهيةِ أيضًا. وقد انتصرَ الناظم للبغويِّ؛ بأنَّه اصطلاحٌ خاصٌّ به.

ولكنَّ البَغَويَّ يُبيِّنُ فِي القِسمِ الثَّانِي- وهو الحَسَنُ- ما كَان مِنهُ غَرِيبًا أو ضعيفًا أو مُنكَرًا، فليسَ إذن فِي صَنيعِهِ ما يُعتَرَضُ عليه، إذ قَد ميَّزَ فِيه ما لا يكونُ مِن الحِسانِ، فكأنَّه- حيثُ جعلَ ما فِي «السُّنن» حَسنًا- أرادَ مِن حيثُ الغالِبُ. وبِهذا أجابَ التِّبْريزيُّ وابنُ حَجَرٍ، وهو الصواب. واللهُ أعلمُ.

يَـرْوِي أَبُـو دَاوُدَ أَقْـوَى مَـا وَجَـدْ ... ثُـمَّ الـضَّعِيفَ حَيْـثُ غَـيْرَهُ فَقَـدْ

وَالنَّسَئِي مَـنْ لَـمْ يَكُونُـوا اتَّفَقُـوا ... تَـرْكًا لَهُ، وَالآخِـرُونَ أَلْحَقُـوا

بِالخَمْسَةِ ابْـنَ مَاجَـةٍ، قِيـلَ: وَمَـنْ ... مَـازَ بِهِـمْ فَـإِنَّ فِيهِمُـو وَهَـنْ

تَـسَاهَلَ الَّذِي عَلَيْهَـا أَطْلَقَـا ... «صَـحِيحَةً»، وَالدَّارِمِي وَالمُنْـتَقَى

عادَ النَّاظِمُ إلىٰ بيانِ كُتبِ السُّننِ وشَرائطِ أَصْحابِها، فذكرَ: أنَّ أباداودَ يَروي فِي «سُننه» أقوىٰ مَا وَجَبَ قَبُولُه من الأحاديثِ إنْ وَجَدَ مَا هُوَ بِهذِه المَنزِلَةِ، فإِنْ لم يَجدْ فِي البابِ شيئًا منها رَوىٰ الضَّعيفَ.

وقالَ الإمامُ محمَّدُ بنُ سعدٍ الباوَرْديُّ: «كانَ مِن مَذْهَبِ أَبِي عَبْدِ الرَّحْمَنِ النَّسائيِّ أن يُخرِّجَ عن كُلِّ مَنْ لَم يُجْمَعْ علىٰ تَرْكِهِ».

وهَذا الظَّاهرُ- الذي يَتبادَرُ إِلَىٰ الذِّهنِ مِنهُ- أنَّ مذهَبَ الإمامِ النَّسائيِّ فِي الرِّجالِ مذهَبٌ مُتَّسِعٌ؛ وليسَ كذلكَ؛ فكمْ مِن رجلٍ أخرجَ له أبو داودَ والتِّرمِذيُّ، ومعَ ذلكَ تَجنَّبَ النَّسائيُّ إخراجَ حديثِهِ؛ مثلُ عَبدِ اللهِ بنِ لَهِيعةَ وأمثالِه، معَ احتياجِه لأَحَادِيثِهم فِي كتابِه، ولكونِ أَحَادِيثِهم عِنْدَه بعُلوٍّ.

بل تَجنَّبَ النَّسائيُّ إخراجَ حديثِ جَماعةٍ قَد خرَّجَ لَهُم البُخاريُّ ومُسْلمٌ فِي

«صحيحَيْهما»، حتَّىٰ قالَ سعدُ بنُ عليٍّ الزَّنْجانِيُّ: «إنَّ لأبي عبدِ الرَّحمَنِ -يَعْني النَّسائيَّ- شَرطًا فِي الرِّجالِ أشدُّ مِن شرطِ البُخاريِّ ومُسْلمٍ».

وأَلْحَقَ بعضُ متأخِّري المُحَدِّثينَ بـ(الأصولِ الخَمسةِ): «سُنَنَ ابنِ مَاجهْ القَزوينيِّ»، وأوَّلُ مَن ألحقَه بِها محمَّدُ بنُ طاهرٍ المَقدسيُّ، فتبعَه علىٰ ذلكَ أصحابُ الأطرافِ.

وطَريقتُه فِي «سُننِه» العِنايةُ بغَرائبِ أَحاديثِ كُلِّ بابٍ، فَلِهذا كَثُرَ عِندَه الرِّوايةُ عن الضُّعفاءِ والمَتْروكِينَ وبَعضِ الكذَّابين، وهَذه طَريقةٌ فِي التَّصْنيفِ معروفةٌ؛ ومِن ثَمَّ اعترَضَ أكثرُ العلماءِ عَلىٰ مَن أَدخلَ «سُنَنَه» فِي الأُصولِ.

ووُجدَ فِي إطلاقِ بَعضِ أَهْلِ العِلْمِ وَصفُ بَعضِ هذه الكُتبِ -كـ«سُننِ النَّسائيِّ وأبي داودَ وَالتِّرمِذيِّ»- بـ(الصِّحاحِ). وهذا الإطلاقُ قَد عابَه أكثَرُ أَهْلِ العِلْمِ؛ لأنَّ هذه الكُتبَ ليسَ كُلُّ ما فيها صَحيحٌ، بل فيها الصَّحِيحُ والضَّعيفُ.

لكن؛ يمكنُ أن يقالَ: إن كانَ مُطلِقُ هذه العِبارةِ يريدُ صحَّةَ كُلِّ الأَحاديثِ التي اشتَملتْ عليها هذه الكُتبُ؛ فهو إطلاقٌ غيرُ صحيحٍ ولا مَقبولٍ، وكذلكَ مَن جاءَ فِي عِبارتِه لفظُ (الصِّحاحُ السِّتَّةُ) ونحوُ ذلكَ. أَمَّا إن كَان الذي أطلقَ هذه العِبارةَ أرادَ صحَّةَ أصولِ أحاديثِ هذه الكُتبِ، لا صحَّةَ كُلِّ حديثٍ مِن أحاديثِها؛ فهو استعمالٌ سَائغٌ مَعروفٌ فِي الاصطِلاحِ. واللهُ أعلمُ.

و«مُسنَدُ الدَّارِميِّ» فيه مَوقوفاتٌ ومُرسَلاتٌ كثيرةٌ، بل ومُعضلاتٌ، ومعَ ذلكَ فقد أَلْحقَه العَلائيُّ وابنُ حَجرٍ بـ(الكتبِ الخَمسةِ)، وفضَّلَاه علىٰ «سننِ ابنِ ماجَهْ»؛ لقلَّةِ رجالِه الضُّعفاءِ، ونُدْرةِ أحاديثِه المُنكَرةِ والشَّاذَّةِ.

وأَلْحقَ بعضُهم بالأصولِ: كِتابَ «المُنتقَىٰ» لأبي مُحمَّدٍ ابنِ الجَارودِ النَّيسابُوريِّ. وقد ذَكرَ العلماءُ أنَّه فِيه أَحَاديثُ ضَعيفةٌ. وقالَ الذَّهبيُّ: «لَا يَنزلُ فِيه عن رُتبةِ الحسَنِ أبدًا، إلَّا فِي النَّادرِ فِي أحاديث يَختلِفُ فيها اجتهادُ النُّقَّادِ».

أمَّا مَن عَدَّ «الدَّارِميَّ» و«المُنتقَىٰ» فِي الصِّحاحِ؛ فهذا تَساهلٌ واضحٌ مِنه.

وَدُونَهَا: مَسَانِدٌ؛ وَالمُعْتَلِي مِنْهَا الَّذِي لِأَحْمَدٍ وَالحَنْظَلِي

المَسانِيدُ: عِنْدَ أَهْلِ العِلْمِ أقلُّ رُتبةً مِن (الكتبِ الخَمسةِ) وما يَلتحقُ بِها. وأفضلُ المَسانِيدِ: «مُسندُ أحمدَ بنِ حَنبلٍ»، يليه: «مُسندُ إسحاقَ بنِ رَاهويه».

و«مُسْنَدُ أحمدَ» قَد اختارَه وانتقَىٰ أحاديثَه، وهو أحسنُ المسانِيدِ وأعلاها، وقد ذكرَ ابنُ تَيميَّةَ فِي بعضِ المواضعِ أنَّه لا يَقِلُّ مرتبةً عن «سُننِ أبي داودَ»، وذكر فِي مَوضعٍ آخرَ أنَّ شرطَه أجودُ مِن شَرطِ أبي داودَ.

مَسْأَلَةٌ

الحُكْمُ بِالصِّحَّةِ وَالحُسْنِ عَلَى مَتْنٍ رَوَاهُ التِّرِمِذِي، وَاسْتُشْكِلَا
فَقِيلَ: يَعْنِي اللُّغَوِي، وَيَلْزَمُ وَصْفُ الضَّعِيفِ، وَهْوَ نُكْرٌ لَهُمُ
وَقِيلَ: بِاعْتِبَارِ تَعْدَادِ السَّنَدْ وَفِيهِ شَيْءٌ حَيْثُ وَصْفُ مَا انْفَرَدْ
وَقِيلَ: مَا تَلْقَاهُ يَحْوِي العُلْيَا فَذَاكَ حَاوٍ أَبَدًا لِلدُّنْيَا
كُلُّ صَحِيحٍ حَسَنٌ لَا يَنْعَكِسْ وَقِيلَ: هَذَا حَيْثُ رَأْيٌ يَلْتَبِسْ
وَصَاحِبُ «النُّخْبَةِ»: ذَا إِنِ انْفَرَدْ إِسْنَادُهُ، وَالثَّانِ حَيْثُ ذُو عَدَدْ
وَقَدْ بَدَا لِي فِيهِ مَعْنَيَانِ لَمْ يُوجَدَا لِأَهْلِ هَذَا الشَّانِ
أَيْ: حَسَنٌ لِذَاتِهِ صَحِيحُ لِغَيْرِهِ، لمَّا بَدَا التَّرْجِيحُ
أَوْ حَسَنٌ عَلَى الَّذِي بِهِ يُحَدّْ وَهْوَ أَصَحُّ مَا هُنَاكَ قَدْ وَرَدْ

الحسَنُ وإنْ كَانَ يُحتَجُّ بِه كالصَّحِيحِ؛ إلَّا أنَّه دُونَه وقاصرٌ عَنه؛ فالجمعُ بينَهما فِي الحُكمِ علىٰ حديثٍ واحِدٍ؛ كقولِ التِّرمِذيِّ وغيرِه: «حَسنٌ صحيحٌ»، مُستشكَلٌ؛

إذ فِيه إثباتٌ لذلكَ القُصُورِ ونَفيُه!!.

ومُجمَلُ ما قِيلَ فِي الجَوابِ عن هذا الإشكالِ أقوالٌ:

منها: أنَّ المُرادَ بـ«الحَسنِ» الحسَنُ اللُّغويُّ لا الاصطِلاحيُّ.

واعترُضَ؛ بأنَّهُ يَلزمُ عَليهِ جوازُ وَصفِ الحَديثِ الموضوع بـ(الحَسنِ)، إذا كانَ لَفظُه ممَّا تَطمئِنُّ إلَيهِ النَّفسُ وتَرتاحُ عندهُ؛ وذلكَ ممَّا لا يَجوزُ أنْ يَذهبَ إليهِ ذاهبٌ.

واعتُرِضَ هذا الاعتراضُ بصَنيعِ ابنِ عبدِ البرِّ، حَيثُ رَوىٰ حَديثًا موضوعًا، ثُمَّ قَالَ: «حَسنٌ جدًّا، ولكِن ليسَ له إسنادٌ قويٌّ».

ومنها: أنَّ المَعنَىٰ: «صَحيحٌ» بِاعتبارِ إسنادٍ، «حَسَنٌ» بِاعتبارِ آخَرَ. واعترِضَ بأنَّا نجِدُهم جَمعوا بَينَ الصِّفتَينِ فِي أَحاديثَ لَم تُروَ إلَّا مِن وَجهٍ واحدٍ.

ومنها: أنَّ المَعنَىٰ: «حَسَنٌ» بِاعْتِبَارِ الصِّفةِ الدُّنيَا، «صَحِيحٌ» بِاعتِبارِ الصِّفةِ العُلْيَا؛ فإنَّ «الصحيحُ» مُشتملٌ عَلَىٰ أَعلَىٰ درجاتِ القبولِ مِنَ الإتقانِ والضَّبطِ، وهُوَ مشتملٌ بالأَوْلَىٰ عَلَىٰ أَوَّلِ درجاتِ القَبولِ؛ كصدقِ الرَّاوي، و«الحَسنُ» مشتملٌ عَلَىٰ الثانِيةِ منهما ليس غَير، فكلَّما كانَ صحيحًا كَانَ حَسنًا، وليس يَلْزَمُ من كَوْنه حسنًا أن يكون صحيحًا.

ويُتعقَّبُ بأنَّ هذا وإن كانَ مسلَّمًا مِن حيثُ العمومُ، لكن لا يَستقيمُ معَ تعريفِ التِّرمِذيِّ للحسنِ.

تَنْبيهٌ: فِي نُسْخَةٍ: «تَلْقَاهُ» - بِالقَافِ - بَدَلَ: «تَلْفَاهُ».

ومنها: أنَّ هَذا حَيثُ يَلْتبسُ الأمرُ عَلىٰ النَّاقِد، فيَتَرَدَّدُ فِي حالِ ناقِلِه هَلْ اجْتَمعتْ فيهِ شُروطُ الصِّحَّةِ أو قَصُرَ عَنْها، فحينئذٍ يُشَرَّبُ الحُكمَ بالصِّحَّةِ علىٰ الحديثِ، كما يُشَرَّبُ الحُسْنُ بالصِّحَّةِ.

وَتُعقِّبَ بِأَنَّهُ تَحكُّمٌ لا دَليلَ عَليهِ، وهو بَعيدٌ عن فَهمِ كلامِ التِّرمِذيِّ، وَبأنَّه يَقتَضي إِثباتَ قِسمٍ ثَالثٍ، وَلا قَائلَ بِهِ، ثُمَّ إنَّه يَلزمُ عليه ألَّا يَكُونَ فِي كتابِ التِّرمذيِّ حديثٌ صَحيحٌ إلَّا النَّادِرَ؛ لأَنَّهُ قَلَّما يُعبِّرُ إلَّا بِقولِه: (حَسنٌ صَحِيحٌ).

ومنها: إنْ كانَ الحَديثُ لَهُ إسنادَانِ، فَالمُرادُ «حَسَنٌ» بِاعتِبارِ إسنادٍ «صَحِيحٌ» بِاعتِبارِ الآخَرِ. وإنْ لَم يَكنْ لهُ إلَّا إسنادٌ واحدٌ، فَالمُرادُ حَسَنٌ أو صَحيحٌ.

وهذا الجوابُ مُركَّبٌ مِن الثَّانِي والرَّبعِ، ويُتعقَّبُ أيضًا:

فأمَّا ما يَتعلَّقُ **بالشقِّ الأوَّلِ:** فيَرِدُ عليه: أَنَّ تَعريفَ التِّرمذيِّ «للحسَنِ» يقْتَضي ألَّا يَحكُمَ لحَديثٍ بالحُسنِ إلَّا إذَا كانَ لَهُ أَكثرُ مِن إسنادٍ. ويَقتَضي أيضًا ألَّا يَكونَ للحَديثِ الحسنِ عنده إسنادٌ آخَرُ صَحيحٌ، بَلْ وَلا حَسَنٌ؛ أَعْنِي: لِذاتِه.

وأمَّا ما يَتعلَّقُ **بالشقِّ الثَّانِي:** فيَرِدُ عليه: **أَنَّ** التِّرمذيَّ يَجْمعُ هَذينِ الوصفَينِ فِي غالبِ الأحاديثِ الصَّحيحةِ، المُتَّفقِ علىٰ صِحَّتِها، والَّتي أسانِيدُها فِي أَعْلَىٰ دَرجةِ الصِّحَّةِ. **ثُمَّ** إنَّه إمامٌ مُجْتَهدٌ، والمُتَبادِرُ أَنَّهُ إنَّما يَحكُمُ بالنِّسبةِ إلىٰ مَا عندَهُ، لا بالنِّسبةِ إلىٰ مَا عندَ غيرِهِ.

ثُمَّ إنَّه مِن لازِمُ هذَا أن يَكُونَ التِّرمِذيُّ- عَلىٰ إمَامَتِهِ- لَم يتَرجَّحْ عِندَه الصَّوابُ فِي كَثِيرٍ مِن أَحادِيثِ كتابِه؛ لأَنَّه يُكثِرُ مِن الجَمعِ بينَ هَذينِ الوَصفَينِ فِي كتابِه. **ثُمَّ** إنَّهُ لَو أَرَادَ ذَلكَ لَأَتَىٰ بـ«الواوِ» الَّتي للجَمْعِ، فيَقولُ: «حَسَنٌ وَصَحِيحٌ»، أو أَتَىٰ بـ«أَوْ» الَّتِي لِلتَّخْيِيرِ أو التَّردُّدِ، فيَقُولُ: «حَسَنٌ أو صَحِيحٌ».

وَمِن لوازِمِه أيضًا أن يَكُونَ مَا قَال فيهِ: «حسنٌ صَحيحٌ» دُونَ مَا قَالَ فيهِ: «صَحيحٌ» فَقَط؛ لأَنَّ الجَزمَ أَقوىٰ مِنَ التَّردُّدِ. وهذا فيهِ مَا فيهِ؛ لِأَنَّ التِّرمِذيَّ يُكثِرُ فِي كتابِه مِنَ الجَمْعِ بَينَ هَذَينِ الوَصْفَينِ، ولا يُفرِدُ الوَصْفَ بالصَّحِيحِ إلَّا نادرًا.

وقالَ النَّاظمُ: إنَّه قَد ظَهَر لَه فِي الجَوابِ عَن هَذا الإشْكَالِ مَعْنيانِ لَم يُسْبَقْ إلَيْهما، وهُو: أنَّ المُرادَ أنَّه (حَسَنٌ) أيْ: لِذاتِه (صحيحٌ) أي: لِغيرِه. أو أنَّ المَعنىٰ أنه (حسَنٌ) بَحدِّه المَذكورِ سابقًا، وهو أَصحُّ ما يُروَىٰ فِي البابِ.

وهذا الجوابُ مِن أضعفِ الأَجوبةِ؛ لأنَّ الحَسنَ عِند التِّرمذيِّ وَصْفٌ لِمجمُوعِ رِواياتٍ يَنضَمُّ بَعضُها إلىٰ بَعضٍ، وليسَ وصفًا لِروايةٍ بِعينِها.

هذا؛ والَّذِي أَخْتارُهُ هو جوابُ لابنِ رَجْبٍ، وهو: أَنَّ المُرادَ (حَسَنٌ) باعتِبارِ أَوْصَافِ الحسَنِ عِندَ التِّرمذيِّ - السَّلَامةِ مِن الشُّذوذِ، وروايةِ معناهُ مِن وُجوهٍ مُتعدِّدةٍ - «صَحِيحٌ» باعتِبارِ حَالِ رَاوِيهِ وأَنَّهُ مِن الثِّقاتِ الحُفَّاظِ.

وَالحُكْـمُ بِالـصِّحَّةِ لِلإِسْـنَادِ وَالحُـسْنِ، دُونَ المَـتْنِ لِلنُّقَّـادِ
لِعِلَّـةٍ أَوْ لِـشُذوذٍ، وَاحْكُـمِ لِلْمَـتْنِ إِنْ أَطْلَـقَ ذُو حِفْـظٍ نُـمِي

العالِمُ إذا قالَ فِي حديثٍ: «صحيحُ الإسْنادِ» أو «حسَنُ الإسْنادِ» كَان مَعنَىٰ قولِه أنَّ سَندَ الحديثِ صحيحٌ أو حسنٌ، دونَ أن يَستلزِمَ صِحَّةَ المَتْنِ أو حُسنَه؛ لِجوازِ أنْ يَكونَ فِي المَتنِ شُذوذٌ أو علَّةٌ. فأمَّا إذا قالَ: «حديثٌ صحيحٌ» أو «حديثٌ حَسنٌ» مِن غيرِ أن يُقيِّدَ، فإنَّ هذا يَدُلُّ علىٰ أنَّ الإسْنادَ والمَتْنَ جميعًا صَحيحانِ أو حَسنانِ.

والتَّفرقةُ المذكورةُ إنَّما تُعرفُ عن المتأخِّرين، الذينَ يُفرِّقونَ بينَ الحُكمِ علىٰ ظاهِرِ الإسْنادِ والحُكمِ المُنبَني علىٰ تَتبُّعِ العِللِ الخَفيَّةِ، والَّتي تُفضي بوُقُوعِها فِي الرِّوايةِ إلَىٰ الحُكمِ بشُذوذِها أو إعْلالِها.

وَلِلْقَبُـولِ يُطْلِقُـونَ: «جَيِّـدَا» وَ«الثَّابِـتَ» «الـصَّالِحَ» وَ«المُجَـوَّدَا»
وَهَـذِهِ بَـيْنَ الـصَّحِيحِ وَالحَـسَنْ وَقَرَّبُـوا «مُـشَبَّهَاتٍ» مِـنْ حَـسَنْ
وَهَـلْ يُخَـصُّ بِالـصَّحِيحِ «الثَّابِـتُ» أَوْ يَـشْمَلُ الحُـسْنَ؟ نِـزَاعٌ ثَابِـتُ

هَذِه الألفاظُ مُستعمَلةٌ فِي التَّعبيرِ عَن (المَقبولِ)، وبعضُها يطلَقُ علىٰ مَعنًىٰ خاصٍّ مِنه: فـ(الجيِّدُ) قَريبٌ مِن الصَّحيحِ. وكذا (المُجَوَّدُ). و(الثَّابتُ) يَشملُ الصَّحيحَ والحسنَ، وقيلَ: يختص بالصحيح. و(الصَّالحُ) قِيلَ: هو ما يَصلُحُ للحُجَّةِ، فيشملُ الصحيحَ والحسن. وقيلَ: هو ما يَصلُحُ للاعتبارِ. و(المُشبَّهُ) يُطلَقُ علىٰ الحسَنِ وما يُقارِبُه، فهو بالنِّسبةِ إليه كنِسبةِ الجيِّدِ إلىٰ الصَّحِيحِ.

الضَّعِيفُ

هُوَ الَّذِي عَنْ صِفَةِ الحُسْنِ خَلَا ... وَهْوَ عَلَى مَرَاتِبٍ قَدْ جُعِلَا
وَابْنُ الصَّلَاحِ فَلَهُ تَعْدِيدُ ... إِلَى كَثِيرٍ، وَهْوَ لَا يُفِيدُ

إذا اختلَّ فِي الحديثِ شرطٌ أو أكثرُ مِن أَدنىٰ شُروطِ المَقْبُولِ- وهو الحَسنِ- ولَمْ يَنْجَبِرْ؛ كَان الحديثُ مِن قِسمِ المَردودِ. وهذا المَردودُ هو الذي يُعبِّر عَنه المُحدِّثون بـ(الضَّعيفِ). ومصطَلَحُ (الضَّعيفِ) يُستعمَلُ عندَهم للتَّعبيرِ عن المَردودِ مَهما كانَت مَرتبتُه فِي الضَّعفِ؛ فإنَّ مَراتبَه مُتفاوِتةٌ.

وقد ذَكَرَ ابنُ الصلاحِ تقسيماتٍ للضعيفِ باعْتِبارِ فُقْدانِ صفةٍ واحدةٍ، أَو صِفتَين، أَو أكثرَ، فبَلَغتْ أَقسامُه عندَه اثنينِ وأربعينَ قِسمًا، وأَوْصَلهَا غيرُه إلىٰ أكثر من ذلك، وكلُّ ذلكَ- كمَا قالَ ابنُ حجرٍ-: «تعبٌ ليسَ وَراءَه أربٌ».

ثُمَّ عَنِ الصِّدِّيقِ الأَوْهَى كَرَّهْ: ... صَدَقَةٌ عَنْ فَرْقَدٍ عَنْ مُرَّهْ
وَالبَيْتِ: عَمْرُو ذَا عَنِ الجُعْفِيِّ ... عَنْ حَارِثِ الأَعْوَرِ عَنْ عَلِيِّ
وَلأَبِي هُرَيرَةَ: السَّرِيُّ عَنْ ... دَاوُدَ عَنْ وَالِدِهِ، أَيَّ وَهَنْ
لِأَنَسٍ: دَاوُدُ عَنْ أَبِيهِ عَنْ ... أَبَانَ، وَاعْدُدْ لأَسَانِيدِ اليَمَنْ:
حَفْصًا، عَنِيْتُ العَدَنِي، عَنِ الحَكَمْ ... وَغَيْرُ ذَاكَ مِنْ تَرَاجِمٍ تُضَمّْ

و«أَوْهىٰ الأَسانِيدِ»، يقالُ فيها ما قيلَ فِي «أصحِّ الأسانِيدِ»، وذلكَ بأن يُقيَّدَ فِي (الإسْنادِ) بالإضافةِ إلَىٰ صحَابيٍّ مُعيَّنٍ، أو يُقيَّدَ بالبَلدِ:

فأوهىٰ الأَسانِيدِ إلىٰ أبي بكرٍ الصديقِ: «صَدَقَةُ بنُ موسىٰ الدَّقيقيُّ عن فَرْقَدِ بنِ يعقوبَ السَّبخيِّ عن مرةَ الطيبِ عن أبي بكرٍ».

وأَوْهى أَسانِيدِ أَهْلِ البيتِ: «عمرُو بنُ شَمِرٍ الجعفيُّ عن جابرِ بنِ يزيدَ الجعفيِّ عن الحارثِ الأَعْورِ عن عليِّ بنِ أبي طالبٍ».

وأَوْهىٰ الأَسانِيدِ إلىٰ أَبي هُريرةَ: «السَّريُّ بن إسماعيلَ الهمدانيِّ عن داودَ بنِ يزيدَ الأوديِّ عن أَبيهِ يزيدَ عن أبي هُريرةَ».

وأَوْهىٰ الأَسانِيدِ إلىٰ أَنسِ بنِ مالكٍ: «داودُ بنُ المُحَبَّرِ عن أَبيهِ المُحبَّرِ بنِ قَحْذَمٍ عن أبانَ بنِ أبي عَياشٍ عن أنسٍ».

وأَوْهىٰ أسانِيدِ أَهْلِ اليَمنِ: «حفصُ بنُ عُمرَ بنِ ميمونَ العدنيُّ عن الحكمِ بنِ أبانَ عن عكرمةَ عن ابنِ عباسٍ».

المُسْنَدُ

«المُسْنَدُ»: المَرْفُوعُ ذَا اتِّصَالِ ... وَقِيلَ: أَوَّلٌ، وَقِيلَ: التَّالِي

(المُسنَدُ): فِي تَعريفِه ثلاثةُ أقْوالٍ:

الأوْلُ: مرفوعُ صحابيٍّ بِسنَدٍ ظاهرُه الاتِّصالُ. وهُو الَّذي ذَكَره الحاكِمُ النَّيسابُوريُّ، واختارَهُ ابنُ حَجرٍ.

الثَّانِي: المَرفوعُ؛ متَّصلًا كانَ أو غيرَ متَّصلٍ. وَهُو قولُ الإمامِ ابنِ عَبدِ البَرِّ.

الثالثُ: المُتَّصلُ؛ مرفوعًا كانَ أو غيرَ مَرفوعٍ. وهُو قَولُ الخَطِيبِ البَغداديِّ.

المَرْفوعُ، والمَوْقوفُ، والمَقْطوعُ

وَمَا يُضَافُ لِلنَّبِي «المَرْفُوعُ» لَوْ ... مِنْ تَابِعٍ، أَوْ صَاحِبٍ «وَقْفًا» رَأَوْا

سَوَاءٌ المَوصُولُ وَالمَقْطُوعُ فِي ... ذَيْنِ، وَجَعْلُ الرَّفْعِ لِلْوَصْلِ قُفِي

وَمَا يُضَفْ لِتَابِعٍ «مَقْطُوعُ» ... وَالوَقْفُ إِنْ قَيَّدْتَهُ مَسْمُوعُ

المُتونُ تَنقَسِمُ- باعْتبارِ مَن أُضيفَت إليه- إلىٰ ثَلاثةِ أَقْسامٍ:

الأوَّلُ: المرفوعُ، وهو ما أُضيفَ إلىٰ النَّبيِّ ﷺ، سواء أضافه إليه صحابيٌّ أو تابعيٌّ.

الثَّاني: الموقوفُ، وهو ما أُضيفَ إلىٰ واحدٍ مِن صَحابَتِه ﷺ. والاتصالُ ليسَ شَرْطًا فِي المَرْفوعِ ولا المَوْقوفِ.

الثَّالِثُ: المقطوعُ، وهو ما أُضيفَ إلىٰ واحدٍ مِن التَّابعينَ، أو مَن دُونَهم.

وتَخصِيصُ (الموقُوفِ) بالصَّحابيِّ إنَّما هو إذا ذُكِرَ المَوقوفُ مطلقًا، وقَد يُستعمَلُ مُقيَّدًا فيمَن دونَ الصَّحابيِّ، فيُقالُ: «موقوفٌ علىٰ عَطاءٍ، أو علىٰ طاوسٍ»، أو نَحوُ هذا.

ومَن جَعلَ مِن أَهْلِ الحَديثِ (المرفوعَ) فِي مقابَلةِ (المُرسَلِ)، فِي مِثلِ قَولِهِم: «رَواه فُلانٌ مَرفوعًا، وَرواهُ فُلانٌ مُرسَلًا»؛ فَقد عَنىٰ بالمرفوعِ المتَّصِلَ.

وَلْيُعْطَ حُكْمَ الرَّفْعِ فِي الصَّوَابِ نَحْوُ «مِنَ السُّنَّةِ» مِنْ صَحَابِي

قولُ الصَّحابيِّ: «مِنَ السُّنَّةِ كذا»؛ كقَولِ عَليٍّ: «مِن السُّنَّةِ وَضْعُ الكَفِّ علىٰ الكَفِّ فِي الصَّلاةِ تَحتَ السُّرَّةِ» له حكمُ الرَّفعِ عَلىٰ الصَّوابِ الرَّاجِحِ؛ لأنَّ (السُّنَّة) فِي إطلاقِ الصَّحابيِّ لا تنصرفُ إلَّا إلىٰ سُنَّة رَسُولِ الله ﷺ. أمَّا احْتِمالُ أَنْ يَكُونَ الصَّحابِيُّ أَرادَ بـ(السُّنَّةِ): سُنَّةَ الخُلَفاءِ الرَّاشِدِينَ، أَو سُنَّةَ الصَّحابَةِ؛ فهَذا- وإِنْ كانَ وارِدًا- إلَّا أنَّه نادِرٌ جِدًّا؛ فلا يُحكَمُ بِه.

كَذَا «أُمِرْنَا» وَكَذَا «كُنَّا نَرَى فِي عَهْدِهِ»؛ أَوْ عَنْ إِضَافَةٍ عَرَى

ثَالِثُهَا: إِنْ كَانَ لَا يَخْفَى، وَفِي تَصْرِيحِهِ بِعِلْمِهِ الخُلْفُ نُفِي

وكذَلك مِن المرفُوعِ حُكمًا: قولُ الصَّحابيِّ: «أُمِرنا بكَذا»؛ كَقَولِ أُمِّ عَطِيَّةَ: «أُمِرْنا أَنْ نُخْرِجَ فِي العِيدَينِ العَواتِقَ، وَذَواتِ الخُدُورِ، وأُمِرَ الحُيَّضُ أَنْ يَعْتَزِلْنَ مُصَلَّىٰ المُسلِمِينَ»، أو «نُهينا عَن كذا» كَقَولِها أَيضًا: «نُهينا عَن اتِّباعِ الجَنائزِ، وَلَم يُعزَمْ

عَلَينا»؛ وذلكَ؛ لأنَّ الآمرَ لهُم والنَّاهيَ إنَّما هو رسُولُ اللهِ ﷺ. وكذا قولُه: «كُنَّا نرىٰ كذا»، أو «نَقولُ كذا»، أو «نَفعلُ كذا»؛ كَقَولِ جابرِ بنِ عَبدِ اللهِ: «كُنَّا إذا صَعِدْنا كَبَّرْنا، وإذا نَزَلْنا سَبَّحْنا»؛ وذلكَ لأَنَّه يَتضمَّنُ إقرارَ رسُولِ اللهِ ﷺ. **وقيل**: ليس له حُكْمِ المرفوعِ، بل هُوَ موقوفٌ عَلَىٰ الصَّحابي؛ وهَذَا فِي غايةِ البُعدِ. **وقيل**: إنْ كانَ مما يَعْرِفُه الناسُ ولا يَجْهلُونَه فهو كالمَرْفوعِ، وإنْ كانَ مما يَخفَىٰ عليهم فلا.

فَإنْ كانَ فِي القِصَّةِ تَصْرِيحٌ باطِّلاعِهِ ﷺ فَمَرفُوعٌ إجْماعًا؛ كَقَولِ ابنِ عُمرَ: «كُنَّا نَقولُ ورَسولُ اللهِ ﷺ حَيٌّ: أَفْضَلُ هَذِه الأُمَّةِ بَعْدَ نَبيِّها أَبُو بَكْرٍ وعُمرُ وعُثْمانُ، ويَسْمَعُ ذَلكَ رَسُولُ اللهِ ﷺ فَلا يُنْكِرُهُ».

وَنَحْوُ «كَانُوا يَقْرَعُونَ بَابَهُ ... بِالظُّفْرِ»؛ فِيمَا قَدْ رَأَوْا صَوَابَهْ

حَديثُ: المُغيرةِ بنِ شُعبةَ، قالَ: «كانَ أَصْحابُ رَسولِ اللهِ ﷺ يَقْرَعونَ بابَه بالأَظافِيرِ»، وعن أَنَسِ بنِ مالكٍ بِنَحْوِه. فقد عدَّه الحاكِمُ والخَطِيبُ مِن قَبيلِ المَوْقوفِ، وخالَفَهُما ابنُ الصَّلاحِ فعدَّه مِن قَبيلِ المَرْفُوعِ، وحَمَلَ صَنيعَ الحاكِمِ عَلىٰ أنَّه أرادَ أنَّه مَوْقوفٌ مِن حَيثُ اللَّفظُ، وأنَّه مَع ذلكَ مَرْفوعٌ مِن حَيثُ المَعْنىٰ. وأقرَّه ابنُ حَجَرٍ.

وَمَا أَتَى وَمِثْلُهُ بِالرَّأْيِ لَا ... يُقَالُ؛ إِذْ عَنْ سَالِفٍ مَا حُمِلَا

وإذا قالَ الصَّحابيُّ كَلامًا ليسَ فيه مَجالٌ للاجتهادِ؛ كأن يُخبرَ عن أمرٍ غَيبيٍّ لا يُطَّلَعُ عليه إلا بالوحي؛ كَقَولِ ابنِ عبَّاسٍ: «التقَىٰ مَلكانِ فِي صَلاةِ المَغْرِبِ، فَقالَ أَحَدُهُما لِصاحِبِه: اصْعَدْ بنا، فَقالَ: إنَّ صاحِبِي لَم يُصَلِّ. قالَ: فَمِن أَجلِ ذَلكَ نكرَه أنْ يُؤَخَّرَ المَغْرِبُ»؛ فهَذا له حُكمُ الرَّفعِ أيضًا.

وكذا إذا فعَلَ الصَّحابيُّ فِعلًا ليسَ للرَّأيِ فيه مَجالٌ؛ كصَلاةِ عليِّ بنِ أَبي طالبٍ فِي الكُسوفِ فِي كلِّ رَكعةٍ بِأكثرَ مِن رُكوعَيْن؛ فإنَّ ذلكَ أيضًا يكونُ فِي مَعناهُ كالمَرفوعِ إلىٰ النَّبيِّ ﷺ.

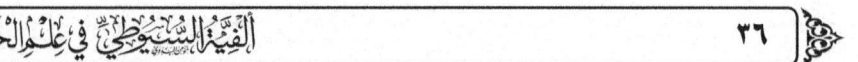

فإنْ كانَ هذا الصَّحابيُّ قد عُرِفَ بالأخذِ عن أهْلِ الكِتابِ والرِّوايةِ عَنهم؛ لَم يُعدَّ فِي المَرفوعِ ما أخبَر به ممَّا لا مَجالَ للاجتهادِ فيه؛ لقوَّةِ احتمالِ أن يكونَ أخذَه عنهم.

وذلكَ؛ إذا كانَ ما أخبَر به يَجوزُ أنْ يأتِيَ مِثلُه عنهم؛ كالإخْبارِ عن الأمورِ الماضيةِ- مِن بَدءِ الخَلقِ وأخبارِ الأنبياءِ-، أو الآتيةِ- كالمَلاحمِ والفِتنِ وأحوالِ يوم القِيامةِ-، أو هو خاصٌّ بِما يَحكيهِ ممَّا وقعَ فِيهِمْ مِنَ الحَوادِثِ والأَخْبارِ المَحْكيَّةِ عَنْهُمْ؛ لِما فِي ذَلكَ مِن العِبْرَةِ والعِظَةِ.

وَهَكَذَا تَفْسِيرُ مَنْ قَدْ صَحِبَا ... فِي سَبَبِ النُّزُولِ أَوْ رَأْيًا أَبَى

وَعَمَّمَ الحَاكِمُ فِي «المُسْتَدْرَكِ» ... وَخَصَّ فِي خِلَافِهِ كَمَا حُكِي

ما جاءَ مِن تَفسيرِ الصَّحابةِ مما يَتعلَّقُ بـ(أسبابِ النُّزولِ)؛ له حُكمُ الرَّفعِ أيضًا؛ لأنَّ أسبابَ النُّزولِ مُتعلِّقةٌ بالنَّبيِّ ﷺ؛ لأنَّه عَليه أُنزلَ القُرآنُ. وأمَّا تفسيرُ الصَّحابيِّ (الذي لا يَتعلَّقُ بِأسبابِ النُّزولِ) فلا يفيدُ بمجرَّدِه حُكمَ الرَّفعِ؛ اللَّهمَّ إلا إذا انضمَّ إليه ما يجعلُه مِن المرفوعِ.

والحَاكِمُ فِي «المُستدركِ» عمَّمَ فِي العبارةِ، فأوهم أنه مرفوع كلُّه، ولكنَّها عندَ التحقيقِ تُخَصُّ بمَا ذَكَرْنا، وبخاصةٍ أنَّه ذَكَرَ فِي غيرِ «المُستدركِ» التفصيلَ الذي قَدَّمْناه.

وَ«قَالَ» لَا مِنْ قَائِلٍ مَذْكُورِ ... وَ«قَدْ عَصَى الهَادِيَ»؛ فِي المَشْهُورِ

وقَدْ يَقْتَصِرُونَ علىٰ القَوْلِ معَ حَذْفِ القائِلِ، ويُرِيدُونَ بِهِ النَّبيَّ ﷺ. كقَوْلِ ابْنِ سِيرينَ: (عن أَبي هُرَيْرَةَ قالَ: قالَ: كذا). وذَهَبَ الخَطِيبُ إلَىٰ تقييدِه، فجعَلَه اصْطِلاحًا خاصًّا بأَهْلِ البَصْرةِ فيما يَرْوُونَه عَنِ ابنِ سِيرين خاصَّةً. وخالَفَه العِراقيُّ؛ ورَأَىٰ أنَّه عامٌّ.

ومما له حكمُ الرَّفعِ: أن يَنُصَّ الصحابيُّ علىٰ فعلٍ معيَّنٍ بأنَّه معصيةٌ؛ كقولِ ابنِ مَسْعُودٍ: «مَن أَتىٰ سَاحِرًا أو عرَّافًا فَقَدْ كفر بما أُنْزِلَ علَىٰ مُحَمَّدٍ ﷺ»، وَقولِ أَبي

هُريرَةَ- فِي الخارِجِ مِن المَسجِدِ بَعدَ الأَذانِ-: «أَمَّا هَذا؛ فَقَدْ عَصَىٰ أَبا القاسِمِ ﷺ»، وَقولِه: «وَمَن لَم يُجِبِ الدَّعْوَةَ، فَقَدْ عَصَىٰ اللهَ ورَسُولَه»، وَقَولِ عَمَّارِ بنِ ياسِرٍ: «مَنْ صامَ اليَومَ الَّذي يُشَكُّ فِيهِ، فَقَدْ عَصَىٰ أَبا القاسِمِ ﷺ»؛ لأَنَّ الظَّاهِرَ أَنَّ عِندَه حَدِيثًا عَن رَسُولِ اللهِ ﷺ يَتَضَمَّنُ النَّهْيَ عَن ذَلِكَ.

وَهَكَــذَا «يَرْفَعُــهُ»، «يَنْمِيــهِ» «رِوَايَــةً»، «يَبْلُــغْ بِــهِ»، «يَرْوِيــهِ»
وَكُلُّ ذَا مِــنْ تَــابِعِيٍّ مُرْسَــلُ لَا رَابِــعُ جَــزْمٌ لَهُــمْ؛ وَالأَوَّلُ
صَــحَّحَ فِيــهِ النَّــوَوِيُّ الوَقْفَــا وَالفَــرْقُ فِيــهِ وَاضِــحٌ لَا يَخْــفَى

وإذا روىٰ الرَّاوي الحَديثَ عن الصَّحابيِّ؛ فقال: (يَبلُغُ بِه) أو (يَرويه) أو (رواهُ) أو (رِوايَةً) أو (يرفَعُه) أو (رَفعَه) أو (يَنْمِيه) أو (يُسنِدُهُ) أو (يَأْثِرُهُ) وما أَشبهَ ذلكَ؛ فكُلُّ هَذا وَأَمْثالُه كِنايَةٌ عَن رَفْعِ الصَّحابيِّ الحَديثَ إلىٰ النَّبيِّ ﷺ.

وإذا قالَ الرَّاوي عن التَّابِعيِّ هذه الألفاظَ؛ فهو مرفُوعٌ أيضًا، ولكنَّه (مَرفوعٌ مُرسلٌ)؛ لأنَّ هذه الألفاظَ شاعَ استعمالُها فِي المَرفوعِ، ولَم يَتغيَّر هذا الاستعمالُ حتىٰ تُحمَلَ علىٰ غيرِ الرَّفعِ؛ لكن لمَّا كانَ ذلكَ عن التَّابعيِّ عُدَّ مُرسلًا؛ لأنَّ مرفوعَ التَّابعيِّ مُرسلٌ.

وإذا قالَ الرَّاوي عن تابعِ التَّابعيِّ هذه الألفاظَ؛ فهو مرفوعٌ أيضًا، ولكنَّه (مَرفوعٌ مُعضَلٌ)، وكذا مَنْ بَعدَهُ.

أَمَّا قَوْلُ النَّاظِمِ: «لَا رَابِعٌ جَزْمٌ لَهُمْ»، فالظاهر أنه يَقْصِدُ الصُّورةَ الرَّابعةَ مِن المَذْكُوراتِ أَوَّلًا، وهِي قَوْلُه: «أَوْ عَنْ إِضَافَةٍ عَرَىٰ» يَعْني: أَنَّ التَّابعيَّ إذا قالَ: «كانَ يُرَىٰ كَذا» أو نحوَها، ولم يُضِفه إلىٰ زمن النبي ﷺ؛ فهُو موقوفٌ لا مرفوعٌ، وعَليه لا يَكُونُ مُرسلًا. وإذا قالَ: «كُنَّا نَرَىٰ كذا» ولم يُضِفه إلىٰ زمن الصَّحابةِ؛ فليس بموقُوفٍ بل مقطوعٌ. فإنْ أَضافَه احتملَ الوَقْفَ وعَدَمه؛ لأنَّ تقريرَ الصَّحابيِّ لا يُنْسَب إليهِ، بخِلَافِ تَقْرِيره ﷺ. والله أعلمُ.

تَنْبِيهٌ: فِي نُسخَةٍ: «جَزْمًا لَهُمْ» عَلَىٰ الحَالِيَّةِ.

وإذا قالَ التَّابعيُّ: «مِنَ السُّنَّةِ كذا»؛ فقيلَ: فيه احتمالانِ بلا ترجيحٍ: هل يكونُ موقوفًا أو مَرفوعًا مرسَلًا؟ وقيلَ: هو مرفوعٌ مرسَلٌ. والصَّحيحُ: أنَّه موقوفٌ، وهُو الَّذي رجَّحَه النَّوويُّ. لأَنَّ اسْتِعْمالَ التَّابِعِينَ لِلَفْظِ «السُّنَّةِ» عَلَىٰ سُنَّةِ الصَّحابَةِ أو سُنَّةِ الخُلَفَاءِ اسْتِعْمالٌ شائعٌ، وَقَدْ يُرِيدُونَ سُنَّةَ البَلَدِ؛ فَلَا يُحْمَلُ عَلَىٰ سُنَّةِ النَّبيِّ ﷺ إلَّا بِدَلِيل، فَيَكُونُ حِينَئِذٍ (مَرْفُوعًا مُرْسَلًا).

المَوْصُولُ، وَالمُنْقَطِعُ، والمُعْضَلُ

مَرْفُــوعًا اوْ مَوْقوفًــا اذْ يَتَّــصِلُ إِسْــنَادُهُ -: «المَوْصُــولُ» وَ«المُتَّــصِلُ»
وَوَاحِــدٌ قَبْــلَ الــصَّحَابِيِّ سَــقَطْ «مُنْقَطِــعٌ»، قِيــلَ: أَوِ الــصَّاحِبُ قَــطْ
مُنْقَطِــعٌ مِــنْ مَوْضِــعَيْنِ اثْنَــينِ لَا تَوَالِيًــا، وَ«مُعْــضَلٌ» حَيْــثُ وَلَا
وَمِنْهُ: حَذْفُ صَاحِبٍ وَالمُصْطَفَى وَمَتْنُــــهُ بِالتَّــــابِعِيِّ وُقِفَــــا

السَّندُ المَوصولُ، أو المُتَّصِلُ، وكذا المُؤتصلُ: هو مَا سَلِمَ مِن السَّقطِ فِي كُلِّ طَبَقاتِه، بأنْ يَكونَ كُلُّ راوٍ مِن رُواتِه قَد أَخذَه عمَّن فوقَه مباشرةً. سَواء كَان (مرفوعًا) إلَىٰ رَسُولِ اللهِ ﷺ، أم كَان (مَوقوفًا) علىٰ بعضِ الصَّحابةِ.

أمَّا ما كَان (مَقطوعًا): فإنَّه إذا اتَّصلَ السَّندُ إلَىٰ قائلِه - وهو التَّابعيُّ أو مَن دُونه -؛ فإنَّهم لا يُسمُّونَه متَّصلًا؛ إلَّا معَ التَّقييدِ؛ فهوَ واقعٌ فِي كَلامِهم؛ كقَوْلِهم: «مُتَّصلٌ إلَىٰ سعيدِ بنِ المُسيَّبِ، أو إلَىٰ الزُّهريِّ، أو إلَىٰ مَالكٍ»، ونحو ذلكَ.

والسَّندُ المُنقَطِعُ: هو مَا سَقَطَ مِنهُ رَاوٍ واحِدٌ، مِن أَيِّ مَوضِعٍ كانَ مِن أَثنائِه، قَبلَ الوُصُولِ إلىٰ الصَّحَابيِّ. ولا انْحِصارَ لَهُ فِي السَّقْطِ مِن مَوضِعٍ واحِدٍ، بَل لَو سَقطَ مِن مَكانَيْنِ (بِحيثُ لا يَزيدُ كُلُّ سَقطٍ مِنها علىٰ رَاوٍ واحَدٍ) لَم يَخرُجْ عن كَونِهِ مِنْقَطِعًا. ولا انحِصارَ لَهُ فِي المَرفُوعِ، بَل يَدخُلُ فِيهِ المَوقُوفُ أَيضًا.

والسَّندُ المُعضلُ: هو ما سقطَ مِن إسْنادِه اثنان فأكثرُ؛ علىٰ التَّوالي. مِثل: (رِوايةِ مَالكِ بنِ أنسٍ - وأمثالِهِ مِن أتباع التَّابِعينَ- عن النَّبيِّ ﷺ). و(رِوايةِ الشَّافعيِّ عن ابنِ عُمرَ) ونحو ذلكَ.

وإذا رَوىٰ تابعُ التَّابِعيِّ عن التَّابِعيِّ حديثًا مِن قولِه موقوفًا عليه (أي: مقطوعًا)، وهو حديثٌ مُتَّصلٌ مسنَدٌ إلَىٰ رَسُول اللهِ ﷺ مِن وجهٍ آخرَ عن هذا التَّابِعيِّ؛ فإنه يُسمَّىٰ أيضًا (مُعضَلًا)؛ لأنَّ هذا الانقطاعَ بواحِدٍ مَضمومًا إليهِ الوقفُ علىٰ التَّابِعيِّ؛ يَشتمِلُ علىٰ الانقِطاعِ باثنينِ: (الصَّحابيِّ ورَسُولِ اللهِ ﷺ)؛ فذلكَ باستحقاقِ اسمِ الإعضالِ أولَىٰ.

وإنَّما يَتأتَّىٰ ذلكَ حيثُ يكونُ الخبَرُ ممَّا لا يُقال بالرَّأيِ؛ إذ لا يَمتنِعُ أن يقولَ التَّابِعيُّ قولًا مِن قِبَلِه، وهو له أَصلٌ عن النَّبيِّ ﷺ؛ بخلافِ ما إذا كان ممَّا لا مَسْرَحَ للاجتِهادِ فِيه؛ فإنَّ الظَّاهرَ أنَّ التَّابِعيَّ قالَه بناءً علىٰ ما عِنْدَه مِن الرِّوايةِ المَرفوعةِ المُسنَدةِ. واللهُ أعلمُ.

مثالُه: حَدِيثُ الأَعْمَش عَن الشَّعبيِّ قالَ: (يُقالُ للرَّجُلِ يَومَ القِيامةِ: عَمِلْتَ كَذا وكَذا؛ فيَقُول: ما عَمِلْتُه؛ فيُخْتَم عَلَىٰ فِيه...) الحَدِيث. فقَد أَعْضَلَه الأَعْمَشُ؛ وَهُو عِنْد الشَّعبيِّ مِن وَجهٍ آخَرَ عَن أَنسٍ عَن رَسُولِ اللهِ ﷺ؛ مُتَّصلًا مُسنَدًا.

المُرْسَلُ

«المُرْسَلُ»: المَرْفُوعُ بِالتَّابِعِ، أَوْ ... ذِي كِبَرٍ، أَوْ سَقْطُ رَاوٍ قَدْ حَكَوْا

أَشْهَرُهَا: الأَوَّلُ. ثُمَّ الحُجَّةُ ... بِهِ رَأَى الأَئِمَّةُ الثَّلَاثَةُ

وَرَدُّهُ الأَقْوَى؛ وَقَوْلُ الأَكْثَرِ ... كَالشَّافِعِي وَأَهْلِ عِلْمِ الخَبَرِ

المُرسَلُ: ما كانَ السَّقطُ فيه مِن آخرِه مِن بَعدِ التَّابِعيِّ، فيرفَعُه التَّابِعيُّ إلىٰ رسولِ اللهِ ﷺ. وصُورتُه: أنْ يقولَ التَّابِعيُّ- كبيرًا كَان أو صَغيرًا-: «قالَ رَسُولُ اللهِ

ﷺ كذا»، أو «فعَلَ كذا»، أو «فُعِلَ بحضرَتِه كذا»، أو نحو ذلكَ.

هَذا هُو التَّعريفُ المَشْهورُ للمُرسَل، وقد قِيلَ فِي تعريفِه غيرُ ذلكَ، فحُكي عن بَعْضِهم تَقْييدُه بالتَّابعيِّ الكَبيرِ، قالَ ابنُ حَجَرٍ: «وَلَم أَرَ تَقييدَه بالكَبيرِ صَريحًا عن أَحدٍ، لَكِن نَقلَه ابنُ عَبد البَرِّ عن قَومٍ». **وقيل**: «مَا رَواهُ الرجلُ عَمَّنْ لم يَسْمَعْ منه». وهذا يَصدُقُ علىٰ المنقطِعِ والمُعضَلِ والمُعلَّقِ.

ثمَّ المُرسَل لا يُحتَجُّ به عِنْد جماهيرِ المُحدِّثين وكثيرٍ مِن الفُقهاءِ والأصوليِّينَ؛ وذلكَ؛ لِلجَهلِ بحَالِ المَحذُوفِ مِن الإسنادِ. وقالَ مالكٌ- فِي المَشْهورِ عَنه-، وأبو حَنيفةَ، فِي طائفةٍ مِنْهُم أحمدُ- فِي المَشْهورِ عَنه-: صَحيحٌ.

وقَيَّدَ ابنُ عَبدِ البَرِّ وغيرُه ذلكَ بما إذا لَم يكن مُرسِلُه ممَّن لا يَحترزُ ويُرسِلُ عن غيرِ الثِّقاتِ، فإن كَان؛ فلا خلافَ فِي ردِّه.

وقال العَلائيُّ: «القولُ المُختارُ: أنَّ مَن عُرفَ مِن عَادتِه أنَّه لا يُرسِلُ إلَّا عن عَدلٍ مَوثوقٍ به مَشهورٍ بذلكَ؛ فمُرسَلُه مقبولٌ، ومَن لم يكنْ عَادتُه ذلكَ؛ فلا يُقبلُ مرسَلُه».

وهذا القولُ المُختارُ هو قولُ كثيرٍ مِن أَهْلِ العِلْم، وبعضُ مَن أُطلقَ أنَّه يَقبلُ المُرسَلَ مُطلقًا وَلا يردُّهُ، أو يَردُّ المُرسَلَ مطلقًا ولا يَقبلُه؛ إنَّما مَذهبُه علىٰ هذا التفصِيلِ، وهو أنَّه إنَّما يَقبلُه إذا كَان مَن أرسلَه ممَّن لا يُرسِلُ إلَّا عن الثِّقاتِ، ويَردُّه إذا كَان مَن أرسلَه يُرسِلُ عن الثِّقاتِ وعن غيرِهم. واللهُ أعلَمُ.

نَعَمْ؛ بِهِ يُحْتَجُّ إِنْ يَعْتَضِدِ ... بِمُرْسَلٍ آخَرَ، أَوْ بِمُسْنَدِ
أَوْ قَوْلِ صَاحِبٍ، أَوِ الجُمْهُورِ، أَوْ ... قَيْسٍ، وَمَنْ شُرُوطِهِ كَمَا رَأَوْا
كَوْنُ الَّذِي أَرْسَلَ مِنْ كِبَارِ ... وَإِنْ مَشَى مَعْ حَافِظٍ يُجَارِي
وَلَيْسَ فِي شُيُوخِهِ مَنْ ضُعِّفَا ... كَنَهْيِ بَيْعِ اللَّحْمِ بِالأَصْلِ وَفَا

فصَّلَ الإمامُ الشَّافِعيُّ مَواضعَ الاحْتِجاجِ بالمُرسَلِ، وذكرَ شرائِطَه، معَ تَسليمِه

بأنَّه دُونَ المُسنَدِ المُتَّصل:

فالرِّوايةُ المُرسَلةُ؛ اشتَرطَ: أنْ يَكونَ مُرسِلُها مِن كبارِ التَّابعينَ لا صغارِهم. وأنْ يَكونَ ثِقةً فِي نفسِه، لَا يُخالِفُ الحُفَّاظَ فيما يَروونَ. وألَّا تُعرفَ له رِوايةٌ عن غيرِ مَقبولِ الرِّوايةِ مِن مجهولٍ أو مَجروحٍ؛ بلْ لا يَروي إلَّا عن الثِّقاتِ.

والخبرُ الذي يُرسِلُه، اشْتَرطَ لصحَّةِ مخرجِهِ وقَبولِه: أن يَعضُدَه ما يَدُلُّ علىٰ صِحَّتِه، وأنَّ له أصلًا. والعواضِدُ أنواعٌ:

الأوَّلُ- وهو أقواها-: أن يُسنِدَه الحفَّاظُ المَأمونونَ مِن وجهٍ آخرَ عن النَّبيِّ ﷺ، بمعنَىٰ ذلكَ المُرسَلِ أو بلَفظِه.

الثَّاني: مُرسَلٌ آخرُ، أرسلَه تابِعيٌّ آخرُ قد حَمَلَ العِلْمَ عَن غيرِ شُيوخِ الأوَّلِ.

الثَّالثُ: أن يُوافقَه كلامُ بعضِ الصَّحابةِ.

الرَّابعُ: أن يُوافقَه قولُ عامَّةِ أَهْلِ العِلْمِ. وزادَ الأُصُوليّونَ خامسًا: وهُو مُوافقَتُه لمُقْتَضىٰ القِياسِ.

ومن المراسيلِ التىٰ احتج بها بهذه العواضد أو ببعضها: حَدِيثُ: مالكٍ عَن زَيْدِ بنِ أَسلَمَ عَن سَعيدِ بنِ المُسيِّبِ أنَّ رَسولَ اللهِ ﷺ نَهىٰ عَن بَيْعِ اللَّحْمِ بالحَيوانِ. فَهَذا المُرسلُ مِن أَحسنِ المَراسِيلِ؛ لأَنَّ سَعيدَ بنَ المُسَيَّبِ مِن كِبارِ التَّابعِينَ، ومَراسِيلُه مِن أَحسنِ المَراسِيلِ؛ وقَد قالَ الشَّافعيُّ: «إِرْسالُ ابنِ المُسَيَّبِ عِنْدَنا حَسَنٌ»؛ وذلكَ لأَنَّه تَتبَّعَها فَوَجَدَ لَها أُصولًا صَحيحَةً.

واعْتَضَدَ بِما رُوِيَ عَن ابنِ عَبَّاسٍ أَنَّ جَزُورًا نُحِرَتْ علىٰ عَهْدِ أبي بَكْرٍ الصِّدِّيقِ، فَجاءَ رَجُلٌ بِعَناقٍ فقالَ: أَعْطُونِي بِهَذه العَناقِ. فقالَ أَبو بَكْرٍ: لا يَصْلُحُ هَذا. وكانَ القاسِمُ بنُ مُحمَّدٍ وسَعيدُ بنُ المُسَيِّبِ وعُروَةُ بنُ الزُّبَيرِ وأَبو بَكْرِ بنُ عَبدِ الرَّحمنِ يُحَرِّمونَ بَيْعَ اللَّحْمِ بالحَيوانِ. وقالَ أَبو الزِّنادِ: كُلُّ مَن أَدْرَكْتُ يَنْهَىٰ عَن بَيْعِ اللَّحْمِ بالحَيوانِ. وقَد احْتَجَّ الشَّافعيُّ بِهَذا المُرْسَلِ، وقالَ: «ولا نَعلَمُ أَحَدًا مِن أَصْحابِ رَسولِ اللهِ ﷺ خالفَ أبا بَكْرٍ الصِّدِيقَ».

وَ«مُرْسَلُ الصَّاحِبِ» وَصْلٌ فِي الأَصَحّْ ... كَسَامِعٍ فِي كُفْرِهِ ثُمَّ اتَّضَحْ
إِسْلَامُهُ بَعْدَ وَفَاةٍ، وَالَّذِي ... رَآهُ لَا مُمَيِّزًا لَا تَحْتَ ذِي

مُرسَلُ الصَّحابيِّ: هو ما يَرويه أحدُ الصَّحابةِ عن النَّبيِّ ﷺ، ثمَّ تدلُّ الدَّلائلُ علىٰ أنَّه لم يَسمَعْه منه، مثلُ أنْ يَكونَ مِن صِغارِ الصَّحابةِ، أو ممَّن أسلمَ فِي آخرِ حياةِ النَّبيِّ ﷺ؛ ويَروي حادثةً وقعَتْ فِي صدرِ البَعثةِ.

وَاتَّفَقَ الجمهورُ علىٰ أنَّ (مُرسَلَ الصَّحابيِّ) له حُكمُ المتَّصلِ، وهو مَقبولٌ مُحتجٌّ به، وقد أَدخلوه فِي كتبِ (الصِّحاحِ والمَسانِيدِ)؛ كالمُتَّصِلِ سواء، وفِي «الصَّحِيحَيْن» مِن ذلكَ كثيرٌ.

وإنَّما قَبِلوا مُرسلَ الصَّحابيِّ؛ لأنَّه إذْ لم يَسْمَعْه مِن النَّبيِّ ﷺ؛ فالظَّاهر أنَّه سَمِعَه مِن غَيرِه مِن الصَّحابَة عَنه، وكُلُّهم ثِقاتٌ عُدُولٌ. واحْتِمالُ أنْ يَكُونَ سَمِعَه مِن تابعيٍّ -ثِقةٍ أو ضَعيفٍ- نادرٌ جِدًّا لا يُؤثِّرُ فِي الظَّاهِرِ، بلْ إذا رَوَوْا عمَّن هَذا سَبِيلُه بيَّنُوه وأَوْضَحُوه.

وكذلكَ ممَّا له حُكمُ المُتَّصِلِ: أن يَسمعَ مُميِّزٌ أَهلٌ للتَّحمُّل، وهو كافرٌ، شيئًا مِن رَسُولِ اللهِ ﷺ، ثمَّ يُسلِمُ بعدَ وفاتِه ويَرويه عنه. مثلُ: (التَّنُوخيِّ رَسولِ هِرقلَ أو قَيصَر)؛ فهذا تَابعيٌّ، لكنَّ مَرفوعَه مُتَّصلٌ؛ لأنَّ وَقتَ لِقائِه بالنَّبيِّ ﷺ لم يكنْ مؤمنًا، فلَم يكن صحابيًّا، لكنَّ روايتَه لِمَا سمِعَه مِن النَّبيِّ ﷺ يُعدُّ متَّصلًا؛ لأنَّ العِبْرَةَ بتحقُّقِ العدالةِ وقتَ الأداءِ، لا وقتَ التَّحمُّلِ.

وهَذا؛ بخلافِ مَن رأىٰ النَّبيَّ ﷺ وهو غيرُ مُميِّزٍ؛ كـ(مُحمَّدِ بنِ أبي بكرٍ الصِّديقِ)؛ فإنَّه وُلدَ قبلَ وَفاةِ النَّبيِّ ﷺ بثلاثةِ أَشهرٍ وأيامٍ؛ ولذا عُدَّ فِي الصَّحابةِ، ولَكن- معَ ذلكَ- فأَحَادِيثُه عن النَّبيِّ ﷺ مِن قبيلِ المُرسَلِ؛ لا كمراسيلِ كبارِ التَّابعينَ، ولا كمَراسيلِ الصَّحابةِ.

وَقَـوْلُهُمْ: «عَـنْ رَجُـلٍ» مُتَّـصِلُ وَقِيـلَ: بَـلْ مُنْقَطِـعٌ أَوْ مُرْسَـلُ

قولُ الرَّاوي: (عن رجُلٍ)، قالَ بعضُ المتأخِّرِين- وادَّعَىٰ فِيه الاتِّفاقَ-: إنَّه متَّصلٌ فِي إسْنادِه مَجهولٌ، وهَذا القَولُ اعْتَمدَه النَّاظِمُ، وأَشارَ إلىٰ ضَعْفِ قولِ مَن قَالَ: هُو مِن قَبيلِ المُنقطِعِ أو مِن قَبيلِ المُرسَلِ.

قلتُ: ولَيسَ هَذا صَوابًا، بل الصَّوابُ هُو ما ضَعَّفه وضَعْفُ ما اعْتَمدَه؛ وذلكَ لأنَّ إبْهامَ اسمِ الرَّجلِ كعدمِ ذِكرِه أصلًا، بل الَّذي ضَعَّفَه هُو الَّذي عَلَيه عامَّةُ المتقدِّمِين، فلا يَصحُّ دَعْوَىٰ الاتِّفاقِ علىٰ خِلافِه.

كَذَاكَ- فِي الأَرْجَحِ- كُتْبٌ لَمْ يُسَمّْ حَامِلُهَا، أَوْ لَيْسَ يُدْرَى مَا اتَّسَمْ

ذكرَ النَّاظمُ أنَّ هذا الحُكمَ- وهُو الاتِّصالُ- يَجرِي فِي كُتبِ النَّبيِّ ﷺ التي حامِلُها أُبْهِمَ فلَم يُسمَّ، أو أُهمِلَ فسُمِّيَ باسمٍ لا يُعرَفُ به. وأشارَ إلىٰ مَن خالَفَ فِي ذلكَ، وذهبَ إلَىٰ أنَّه مِن قَبيلِ المُرسَلِ لا المُتَّصِلِ. والصَّوابُ الَّذي يدلُّ عليهِ تَصرُّفُ أهلِ العِلمِ أنَّه مِن قَبيلِ المُرسلِ.

مِن ذَلكَ: كِتابُ رَسُولِ اللهِ ﷺ لِعَمرِو بنِ حَزمٍ فِي الدِّياتِ وغَيرِ ذَلكَ؛ فإنَّه كانَ عِندَ أبي بَكْرِ بنِ مُحمَّدِ بنِ عَمرِو بنِ حَزمٍ، وقَد أَدْخَلَه أبو داودَ فِي «المَراسِيلِ».

ولا يَتعارَضُ الحُكمُ بِإرسالِه معَ احْتِجاجِ أهلِ العِلم به؛ فإنَّهم احْتجُّوا بِه معَ تَسْلِيمِهم بإرسالِه، فإنَّه كِتابٌ صَحِيحٌ، وجَدَ أَهْلُ العِلمِ له أُصُولًا صَحِيحَةً، وتَلقَّوْه بالقَبُولِ.

فيُمكنُ أنْ يُقالَ: إنَّ مَن حكمَ باتِّصالِ مِثلِ هَذا قَصَد صِحَّتَه لِصِحَّةِ أُصُولِه، لا لأنَّه مُتَّصِلٌ بالنَّظَرِ فِي إسْنادِه. واللهُ أعْلَمُ.

وَ«رَجُـلٌ مِـنَ الـصِّحَابِ» وَأَبَى الـصَّيْرَفِي مُعَنْعَنًـا؛ وَلْيُجْتَـبَى

إذا قالَ أحدُ التَّابِعينَ: «عن رَجلٍ مِن أَصْحابِ النَّبيِّ ﷺ»؛ **فقِيل**: إنَّه مِن قَبيلِ

المُرسَل. وقِيلَ: بل هو مُتَّصلٌ. وفرَّقَ الإمامُ أبو بكرٍ الصَّيرَفِيُّ الشافعيُّ بينَ أنْ يرويَه التَّابِعيُّ عن الصَّحابيِّ مُعَنعَنًا، وبينَ أن يرويَه مُصرِّحًا فِيه بالسَّماعِ، فقَبِلَ الثَّانِي دونَ الأوَّلِ.

وهذا هو المُختارُ؛ إذ قَد يكونُ التَّابِعيُّ لَم يسمَع مِن الصَّحابيِّ الذي أَبْهمَه، ومعرفتُنا بسماعِه مِنهُ مُتوقِّفةٌ علىٰ مَعرفتِنا باسمِه.

وعَلىٰ هَذا التَّفصيلِ يُحملُ إطلاقُ من أطلقَ أنَّ ذلكَ من قبيلِ المُرسلِ غيرِ المُتَّصلِ، بِحَملِ قولِه عَلىٰ أنه أرادَ أنَّه مُرسلٌ حيثُ يكونُ مُعَنْعنًا بينَ التَّابعيِّ وهَذا الصَّحابيِّ المُبهَمِ، أمَّا إذا صرَّحَ التَّابعيُّ بالسَّماعِ منهُ فلا خِلافَ فِي الحُكمِ باتِّصالِه. واللهُ أعلمُ.

وَقَـدِّمِ الرَّفْـعَ كَالِاتِّـصَالِ مِـنْ ثِقَـةٍ لِلْوَقْـفِ وَالإِرْسَـالِ

وَقِيـلَ: عَكْـسُهُ، وَقِيـلَ: الأَكْـثَرُ وَقِيـلَ: قَـدِّمْ أَحْفَظًـا، وَالأَشْـهَرُ

عَلَيْـهِ لَا يَقْـدَحُ هَـذَا مِنْـهُ فِي أَهْلِيَّـةِ الوَاصِـلِ؛ وَالَّذِي يَـفِي

وَإِنْ يَكُـنْ مِـنْ وَاحِـدٍ تَعَارَضَـا فَاحْكُمْ لَهُ- فِي المُرتَضَى- بِمَا مَضَى

الحديثُ قد يروِيهِ حافِظَانِ فأكثر، أو حافِظٌ واحدٌ مرتَينِ فأكثَرَ. وإذا اخْتُلِفَ فِي وصله وإرساله، أو رفعه ووقفه، فما الذي يُقدَّمُ؟ لهُم فِي ذلكَ أقوالٌ:

الأوَّلُ: يقدَّمُ المرفوعُ عَلَىٰ الموقُوفِ، والمتصِلُ عَلَىٰ المرسَلِ، سواءٌ كَانَ رَاوِيهما واحدًا أم متعدِّدًا؛ لأَنَّ الرفْعَ والوَصْلَ زيادَةٌ، وهي مقبولةٌ من الثقةِ الحافِظِ. وهَذَا القولُ هُوَ قولُ جمهرَةِ المحدثِينَ والفقهَاءِ والأُصُوليِّينَ.

الثانِي: عكسُهُ: يقدَّمُ المرسَلُ والموقوفُ؛ وكأنَّه لِلاحتِيَاطِ.

الثالِثُ: يقدَّمُ ما كَثُرَ رُوَاتُهُ بعدَ اتفاقِ الطريقَينِ فِي الحفْظِ والإتقَانِ. وكذلك مِن الحافِظِ الواحِدِ، يقَدَّمُ ما يرويه أكثَرَ.

الرابعُ: يقدَّمُ أكثَرُهما حفظًا وأشدُّهُمَا ضبطًا.

وعلىٰ هَذَا القولِ؛ لا تقدَحُ مخالفَةُ الأحفَظِ للأَدْنىٰ حِفظًا، فِي أصحِّ القولينِ.

ومع ذلكَ؛ فالعلماءَ لا يُهمِلون القَرائنَ التي تَخصُّ كُلَّ رِوايةٍ، فرُبَّما قدَّموا رِوايةً أَدنىٰ علىٰ رِوايةِ أعلىٰ لقَرينةٍ؛ إذ قَد يَعرِضُ للمَفوقِ ما يجعلُه فَائقًا.

المعَلَّقُ

مَــا أَوَّلُ الإِسْــنَادِ مِنْــهُ يُطْلَــقُ وَلَــوْ إِلَى آخِــرِهِ؛ «مُعَلَّـــقُ»

المُعلَّقُ: ما كانَ السقطُ فِيه مِن مَبادِئِ السَّندِ، مِن تَصرُّفِ مُصنِّفٍ، سواء كَان السَّاقطُ واحدًا أو أكثرَ، ولو سقط الإسناد كله.

ومِنه: أنْ يُحْذَفَ جَميعُ السَّندِ؛ ويُقالَ: «قالَ النَّبيُّ ﷺ كَذا» أو «فَعلَ كَذا». **ومِنْه**: أنْ يَحْذِفَ إلَّا الصَّحابِيَّ، أو إلَّا الصَّحابِيَّ والتَّابِعيَّ مَعًا. **ومِنْه**: أنْ يَحْذِفَ مَن حدَّثه ويُضيفَه إلَىٰ مَن فَوقَه.

وَفِي «الـصَّحِيح» ذَا كَثِيرٌ؛ فَـالَّذِي أَتَى بِــهِ بِـصِيغَةِ الجَــزْمِ خُــذِ

صِــحَّتَهُ عَــنِ المُــضَافِ عَنْــهُ وَغَــيْرُهُ ضَــعِّفْ وَلَا تُهِنْــهُ

وَمَــا عَــزَا لِـشَيْخِهِ بِــ«قَــالَا» فَـفِي الأَصَـحِّ احْكُـمْ لَهُ اتِّـصَالَا

وَمَــا لَهَــا لَدَى سِــوَاهُ ضَــابِطُ فَتَــارَةً وَصْــلٌ وَأُخْــرَى سَــاقِطُ

والمعلَّقُ فِي «صَحِيح البُخاريِّ» علىٰ أنْواعٍ:

فمِنهُ: مُعلَّقٌ بصيغةٍ تَدلُّ علىٰ الجَزْمِ، كـ(قالَ، وأَمرَ، وفَعلَ، وذَكرَ)؛ ببناءِ كُلِّ هذه الأفعالِ للفَاعلِ. **وَمِنْه**: مُعلَّقٌ بصيغةٍ لا تَدلُّ علىٰ الجَزْمِ، كـ(يُروَىٰ، ويُحكَىٰ، ويُذكَرُ، وذُكِرَ عن فُلانٍ، وحُكِيَ، وفِي البابِ عن النَّبيِّ ﷺ)؛ ببناءِ هذه الأفعالِ للمَجهولِ.

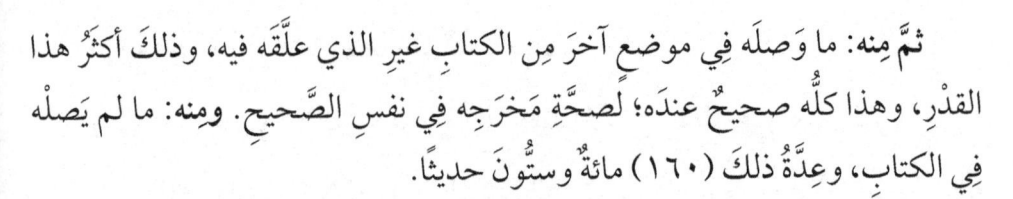

ثمَّ مِنه: ما وَصلَه فِي موضعٍ آخرَ مِن الكتابِ غيرِ الذي علَّقَه فيه، وذلكَ أكثرُ هذا القدْرِ، وهذا كلُّه صحيحٌ عندَه؛ لصحَّةِ مَخرَجِه فِي نفسِ الصَّحيحِ. **ومِنه**: ما لم يَصِلْه فِي الكتابِ، وعِدَّةُ ذلكَ (١٦٠) مائةٌ وستُّونَ حديثًا.

وحُكمُ ما لا يوجَدُ فِي البُخاريِّ إلَّا مُعلَّقًا:

أنَّ ما كَان مِنها بصِيغةِ الجَزمِ؛ فإنَّه صحيحُ النِّسبةِ إلىٰ مَن أُضيفَ إليه. ويَبقىٰ النَّظرُ فيما أُبرزَ مِن رِجالِه: فبعضُه يَلتحِقُ بشَرطِه. وبعضُه يَتقاعَدُ عن شرطِه، وإن صحَّحَه غيرُه أو حسَّنَه. وبعضُه يكونُ ضَعيفًا مِن جِهةِ الانقطاعِ خاصَّةً.

وما كانَ منها بصيغةٍ لا تَدلُّ علىٰ الجَزمِ؛ فليسَ فيه حُكمٌ بصحَّتِه عن المُضافِ عنه. لكنْ؛ بالنَّظرِ فِي إسنادِه يَتبيَّنُ أنَّ مِنه ما هو صَحيحٌ لكنْ لا يَلتحقُ بشرطِه، ومِنه ما هو حسَنٌ، ومِنه ما هو ضعيفٌ.

والضَّعيفُ: مِنهُ ما يَنجبِرُ بأمرٍ آخرَ؛ فيكونُ- مِن هذه الحَيثيَّةِ- مُحتجًّا به؛ مِن قِسْمِ الحسنِ لغيرِه، أو أقوىٰ إذا كانَ المُنضمُّ إليه أَقوىٰ. ومنهُ ما لا يَرتقي عن مَرتبةِ الضَّعيفِ. وهذا يُصرِّحُ بضعفِه؛ حيثُ يُوردُه فِي كتابِه.

واختَلفَ العلماءُ فيما إذا عزا البُخاريُّ الأحاديثَ لشُيوخِه بـ(قالَ) ونحوِها مِن صيَغِ التَّعليقِ، نحوُ: (قالَ عفَّانُ) أو (قال القَعْنَبيُّ): فجزمَ ابنُ الصَّلاحِ بأنَّ ذلكَ مُتَّصلٌ، وصوَّبَه العِراقيُّ، وعليه الجماعةُ؛ كابنِ دقيقِ العيدِ والمِزيِّ، وذهبَ بعضُ المَغاربة إلىٰ اعتبارِه مِن التَّعليقِ. والأوَّلُ الرَّاجِح؛ لثبوتِ لُقيِّ البُخاريِّ شُيوخَه، ولأنَّه ليسَ مُدلِّسًا.

وليسَ لهذه الألفَاظِ اصطِلَاحٌ خَاصٌّ عند غيرِه كما لها عندَهُ؛ بل تَارةً يستعمِلُونَها فِي الموصُولِ، وتارةً فِي غيرِ الموصُولِ؛ فلَا يسُوغُ أن يُحكمَ لها بحكمٍ خَاصٍّ يَطَّرِدُ فِي استعمالَاتِ الحفَّاظِ، بل يُنظرُ إلىٰ كلِّ واحدٍ منهم بخصُوصِهِ: فإِن كَانَ يلتزِمُها فِي أمر معيَّنٍ حُكِمَ به، وإِلَّا فلا.

المُعَنْعَنُ

وَمَنْ رَوَى بِـ«عَنْ» وَ«أَنَّ» فَاحْكُمِ ... بِوَصْلِهِ إِنِ اللِّقَاءُ يُعْلَمِ

وَلَمْ يَكُنْ مُدلِّسًا، وَقِيلَ: لَا ... وَقِيلَ: «أَنَّ» اقْطَعْ، وَأَمَّا «عَنْ» صِلَا

وَمُسْلِمٌ يَشرِطْ تَعَاصُرًا فَقَطْ ... وَبَعْضُهُمْ طُولَ صِحَابَةٍ شَرَطْ

وَبَعْضُهُمْ عِرفَانَهُ بِالأَخْذِ عَنْ ... وَاسْتُعْمِلَا إِجَازَةً فِي ذَا الزَّمَنْ

الإسْنادُ المُعَنعَنُ: وهو الذي يُقالُ فِيه: (فُلانٌ عن فُلانٍ). والمُأَنَّنُ: وهو الذي يُقالُ فِيهِ: (أنَّ فلانًا قالَ)؛ الصَّحِيح- والَّذِي عليه العَمل- أنَّهما مِن قَبيلِ المُتَّصلِ، وإلىٰ هذا ذهبَ الجماهيرُ مِن أئمَّةِ الحديثِ وغيرِهم، وأودَعه المُشترِطونَ للصَّحيحِ فِي تصانِيفهِم فِيه وقَبلوه، وادَّعىٰ ابنُ عبدِ البَرِّ وغيرُه إجماعَ أئمَّة الحديثِ علىٰ ذلكَ.

وهَذا؛ بشرطِ أنْ يَكونَ الذين أضيفتِ العَنعَنةُ والأنأنةُ إليهم قَد ثَبتتْ مُلاقاةُ بعضِهم بعضًا، معَ براءتِهم مِن وَصْمةِ التَّدليسِ، وكثرةِ الإرسالِ. فحينئذٍ يُحمَلُ علىٰ الاتِّصالِ، إلَّا أن يَظهرَ فِيه خِلافُ ذلكَ.

وذهبَ الإمامُ مُسْلمٌ ومَن تَبِعَه إلَىٰ عدمِ اشتراطِ ذلكَ؛ والاكتفاءِ بمجرَّدِ المُعاصرةِ وإمكانِ اللِّقاءِ والسَّماعِ، معَ السَّلامةِ مِن التَّدليسِ.

لكِن الظَّاهِرُ مِن عِبارَةِ مُسْلم أنَّه يَكْتَفِي بذَلكَ فِي حقِّ مَن مِن شَأْنِه عدَمُ تَعاطِي التَّدْليسِ وكَثْرَةِ الإرْسالِ أيضًا، أمَّا المَعْرُوفُ بالتَّدْليسِ، المَشْهورُ بالإرْسالِ فَلا يَحمِلُ عَنْعَنتَه علىٰ السَّماعِ إلَّا إذَا صَرَّحَ بالسَّماعِ فِي مَكانٍ آخرَ، ومَا وَرَدَ فِي كَلامِه مِن اشْتِراطِ السَّلامَةِ مِن التَّدْليسِ يَدْخُلُ فيهِ السَّلامَةُ مِن الإرْسَالِ الخفِيِّ؛ لأنَّهُ دَاخِلٌ فِي مَعْنىٰ التَّدْليسِ عندَ المُتَقدِّمينَ، وقَدْ شَمِلَتْه عِبارَةُ الخَطِيبِ وابنِ الصَّلاحِ وغيرِهِما فِي تَعْرِيفِ التَّدْليسِ. والله أعلَمُ.

وذَهَبَ جماعَةٌ إلىٰ أنَّهما ليسَا مِنْ قَبيلِ المتصِلِ، بل هما جَمِيعًا من قَبِيلِ المنقطِعِ حتىٰ يتبيَّنَ اتصالُهُ. وفرَّقَ بعضُهُم بينَ «عن» و«أَنَّ»، فجَعَلَ الروايَةَ بالأُولىٰ من قَبِيلِ المتصِلَ، وبالثانيَةِ من قَبِيلِ المنقطِعِ.

ومِنَ العلماءِ مَن جَعَلَ الشَّرطَ معرِفةَ المعَنعِنِ بالرِّوايةِ عمَّن عَنعَنَ عَنه، وهذا قولُ أبي عَمرٍو الدَّانيِّ. ومِنَ العلماءِ مَن جَعَلَ الشَّرطَ طُولَ الصُّحبةِ بينَهما، وَلَم يَكتفِ بالتَّعاصُرِ ولا باللِّقاءِ، وهذا رأيُ أبي المُظفَّرِ السَّمْعانِيِّ.

واستَعملَهما المُتأخِّرونَ- مِن سَنةِ خَمسمائةٍ فَصاعدًا- فِي التَّعبيرِ عن الإجازةِ، فإذا رأيتَ المتأخِّرَ يَروي بِهما فَظُنَّ به أنَّه تَحمَّلَه عن طَرِيقِ الإجازةِ.

وَكُلُّ مَـــنْ أَدْرَكَ مَـــا لَهُ رَوَى ... مُتَّـصِلٌ، وَغَـيْرُهُ قَطْعًـا حَـوَى

القاعِدةُ: أنَّ الرَّاوي إذا رَوىٰ حَديثًا فِيه قِصَّةٌ أو واقعةٌ، فإنْ كانَ أدركَ ما رواهُ، بأَنْ حَكىٰ قِصَّةً وقَعَتْ بينَ النَّبيِّ ﷺ وبينَ بعضِ الصَّحابةِ، والرَّاوي لذلكَ صَحابيٌّ أَدْرَكَ تلكَ الواقِعَةَ، فهي مَحْكُومٌ لها بالاتِّصالِ، وإنْ لم يُعلَمْ أَنَّهُ شاهَدَها، وإنْ لم يُدْرِكْ تلكَ الواقِعةَ، فهُو مُرسَلُ صَحابيٍّ. وإنْ كانَ الرَّاوي تابِعِيًّا فهو مُنْقَطِعٌ، وإنْ رَوىٰ التَّابِعيُّ عَن الصَّحابيِّ قِصَّةً أدركَ وُقوعَها، كانَ مُتَّصلًا، وإنْ لم يُدْرِكْ وُقُوعَها وأَسْنَدَها إلىٰ الصَّحابيِّ كانتْ متَّصلةً. وإنْ لم يُدْرِكْهَا ولَا أَسْنَدَ حِكَايَتَها إلىٰ الصَّحابيِّ فهي مُنْقَطِعَةٌ.

التَّدْلِيسُ

«تَدْلِيسُ الإِسْنَادِ» بِـأَنْ يَـرْوِيَ عَـنْ ... مُعَـاصِرٍ مَـا لَـمْ يُحَدِّثْـهُ بِـأَنْ

يَـأْتِي بِلَفْـظٍ يُـوهِمُ اتِّـصَالَا ... كَـ«عَـنْ» وَ«أَنَّ» وَكَـذَاكَ «قَـالَا»

وَقِيـلَ: أَنْ يَـرْوِيَ مَـا لَـمْ يَـسْمَعِ ... مِنْـهُ وَلَـوْ تَعَـاصُرًا لَـمْ يَجْمَـعِ

وَمِنْــهُ: أَنْ يُــسَمِّيَ الــشَّيخَ فَقَــطْ قَطْــعٌ بِــهِ الأَدَاةُ مُطْلَقًــا سَــقَطْ
وَمِنْــهُ: عَطْــفٌ، وَكَــذَا أَنْ يَــذْكُرَا «حَــدَّثَنَا» وَفَــصْلُهُ الإِسْــمَ طَــرَا

التَّدليسُ: علىٰ ثَلاثة أنواعٍ، تَرجعُ إلَىٰ نَوعين:

الأَوَّلُ: (تَدليسُ الإسْنادِ، أو تَدليسُ السَّماعِ): أَنْ يَرويَ الرَّاوي (الَّذِي عُرفَ بالتَّدليسِ) عن بَعضِ مَن لَقيَه وأَخذَ عنه، حديثًا لَم يَسمَعه مِنه؛ وإنَّما تَحمَّلَه (بِواسطةٍ عنه)؛ مُوهِمًا أَنَّه سَمعَه مِنه؛ حَيثُ يُورِدُه بلفظٍ مُحتمِلٍ؛ يُوهِمُ الاتِّصالَ ولا يَقتضيهِ؛ قائلًا: (قال فُلَانٌ) أو (عن فُلَانٍ) أو (أَنَّ فُلَانًا قالَ) أو (رَوىٰ فُلَان) أو (حدَّثَ فُلَانٌ)، ونَحو ذلكَ مِن الألفاظِ المحتمِلةِ للاتِّصالِ وعدمِه.

وقِيلَ فِي تَعْريفِ التَّدْليسِ: هو أَنْ يَرويَ الرَّاوي عمَّن عاصرَه ولَم يَلتقِ به، أو عمَّن التقىٰ به ولَم يَسمع مِنه؛ بلفظِ: (قالَ، وعَن) ونَحوِهما؛ مُوهِمًا (قَصْدًا أو عن غيرِ قَصْدٍ) أنَّه لَقيَه وسمِعَ مِنه.

ومِن أَهْلِ العِلْمِ مَن يَجْعَلُ هَذا إِرْسالًا خَفِيًّا ولَا يَعُدُّه مِن التَّدْليسِ، وهَذا الاخْتِلَافُ راجعٌ إلىٰ الاصْطِلَاحِ؛ وإلَّا فالحُكم سواءٌ؛ فكلاهُما لَم يتَّصل.

وقد يَكُونُ التَّدليسُ بحَذفِ الصِّيغةِ رَأسًا، فيقولُ المدلِّسُ مثلًا: «الزُّهْريُّ» أو «هشامُ بنُ عُروةَ» أو «الأعمشُ»؛ ثُمَّ يَذكرُ الإسنادَ.

ومِن تدلِيسِ الإسْنادِ: (تدليسُ العَطْفِ): أَنْ يَذكُرَ شَيخًا سمِعَ مِنهُ ويَعطِفَ عليه شيخًا آخَرَ لَم يَسمعْ مِنه. كما فعَلَ هُشَيمٌ، حيثُ أَملَىٰ مَجلسًا يقولُ فِي كُلِّ حديثٍ فيهِ: (حدَّثنا فُلانٌ وفُلانٌ) ثمَّ يَسوقُ السَّندَ والمَتْن، فلمَّا فرغَ قالَ: كُلُّ ما قُلتُ فِيه: (وفُلَانٌ) فإنِّي لَم أَسمعْه مِنه.

ومِن تَدليسِ الإسْنادِ: (تَدليسُ القَطعِ): أَنْ يَذكرَ الرَّاوي صِيغةً تَستلزِمُ السَّماعَ وتَقتضيه، مِثل: (أَخبَرنا أو حدَّثنا)، ثمَّ يَسكتُ ويَنوي قطعَ الكلامِ، ثمَّ يَقول: (فُلَانٌ

عن فُلَانٍ). كما كَان عُمرُ بنُ عليٍّ المُقدَّميُّ يقولُ: (سَمعتُ أو حدَّثنا) ثمَّ يَسكتُ، ثمَّ يقولُ: (هشامُ بنُ عُروةَ) أو (الأعمشُ).

وَكُلُّهُ ذَمٌّ، وَقِيلَ: بَلْ جَرَحْ فَاعِلَهُ، وَلَوْ بِمَرَّةٍ وَضَحْ

وَالمُرْتَضَى؛ قَبُولُهُمْ إِنْ صَرَّحُوا بِالوَصْلِ، فَالأَكْثَرُ هَذَا صَحَّحُوا

وتَدْلِيسُ الإِسنَادِ بأنواعِهِ المتقدِّمَةِ مذمومٌ عند أكثرِ العلمَاءِ، وكانَ الإمامُ شُعْبةُ ابنُ الحَجَّاجِ مِنَ أشدِّ العلماءِ ذمًّا للتدلِيسِ، رُوي عَنه أنَّه قالَ: «التَّدليسُ أخو الكَذبِ». وأنَّه قالَ: «لَأنْ أَزنِيَ أَحبُّ إليَّ مِن أنْ أُدلِّسَ». قالَ ابنُ الصَّلاحِ: «وهذا مِن شُعْبةَ إفراطٌ؛ مَحمولٌ علىٰ المُبالغةِ فِي الزَّجرِ عَنه والتَّنفيرِ».

وَقَالَ جماعَةٌ: مَنْ عُرِفَ بالتدلِيسِ صَارَ مجرُوحًا مَرْدُودَ الروَايَةِ، ولو دَلَّسَ مَرَّةً وَاحِدَةً. **وقيلَ**: مَنْ يَقْبلُ المرسَلَ يَقبلُ المدلِّسَ مطلقًا.

والصحيح: أنَّ مَن عُرف به لا يُقبَلُ مِنهُ ما رَواه بالعَنعَنةِ إلَّا إذا صرَّحَ فِي مَوضعٍ آخرَ فِي هذا الحديثِ بسماعِهِ له مِن شيخِهِ؛ لأنَّ التدلِيسَ ليسَ كَذِبًا، وإنما هو ضَرْبٌ مِنَ الإبهامِ كَشفَتْهُ الروَايَةُ المصرَّحُ فِيهَا؛ وإن لم يُصرِّحْ بذلِكَ لم يُقْبَلْ.

وَمَا أَتَانَا فِي «الصَّحِيحَيْنِ» بِـ«عَنْ» فَحَمْلُهُ عَلَى ثُبُوتِهِ قَمَنْ

وما ذُكرَ فِي أحدِ «الصَّحِيحَيْن» فِي الاحْتِجاجِ لا فِي الاستشهَادِ، عن أحدِ المُدلِّسينَ، بلفظٍ محتمِلٍ، كـ(عن وقالَ)؛ يَنبغي حملُ ذلكَ علىٰ أنَّ له رِوايةً أُخرىٰ مصرَّحًا فيها بالسَّماعِ، وإنَّما عَدَل صاحبُ الكتابِ عن الرِّوايةِ باللَّفظِ الصَّريحِ؛ لكونِها ليسَتْ علىٰ شَرطِه، أو أنَّها وَقعَت له بنُزولٍ.

وَشَرُّهُ «التَّجْوِيدُ» وَ«التَّسْوِيَةُ»: إِسْقَاطُ غَيرِ شَيخِهِ وَيُثْبِتُ

كَمِثْلِ «عَنْ»، وَذاكَ قَطْعًا يَجْرَحُ ....

الثَّانِي- وهو قِسمٌ مِن الأوَّلِ-: (تَدليسُ التَّسويةِ): أنْ يَجيءَ المدلِّسُ إلىٰ حديثٍ سمِعَه مِن شيخٍ، وَسَمِعَه ذلكَ الشَّيخُ مِن شَيخٍ آخرَ، وسَمعَه ذاكَ الآخَرُ مِن شيخٍ ثالثٍ، فيُسقِطُ المُدلِّسُ الشَّيخَ الذي بينَ الشَّيخَين، ويَسوقُ الحديثَ بلفظٍ مُحتمِلٍ بينَ هذَين الشَّيخَين، فيَصِيرُ الإسْنادُ عاليًا، وهو فِي الحقِيقةِ نازلٌ، ويُصرِّحُ هو بالسَّماعِ مِن شَيخِه؛ لأنَّه سَمعَه مِنه، وقَد لا يُصرِّحُ.

وهذا النَّوعُ مِن التَّدليسِ؛ غامضٌ ودَقيقٌ جدًّا، وآفتُه عظيمةٌ، وهو أفحشُ أنواعِ التَّدليسِ وشرُّها مُطلَقًا، وهو قادحٌ عِنْد العلماءِ فِيمَن تعمَّدَ فِعلَه، إذا كانَ الذي أسقطَه ضعيفًا يريدُ تَعميةَ ضَعفِه.

.... وَدُونَـهُ: «تَـدْلِيسُ شَـيْخٍ»: يُفْـصَحُ
بِوَصْـفِهِ بِـصِفَةٍ لَا يُعْـرَفُ فَـإِنْ يَكُـنْ لِكَوْنِـهِ يُـضَعَّفُ
فَقِيـلَ: جَـرْحٌ، أَوْ لِلاستِـصْغَارِ فَـأَمْرُهُ أَخَـفُّ كَاسْـتِكْثَارِ
وَمِنْـهُ: إِعْطَـاءُ شُـيُوخٍ فِيهَـا اسْـمَ مُـسَمًّى آخَـرٍ تَـشْبِيهَا

الثَّالثُ: (تَدليسُ أسماءِ الشُّيوخِ): وينقسِمُ إلىٰ قِسمَين:

الأوَّلُ: أن يَرويَ المُحدِّثُ عن شَيخٍ لَه؛ فيُغيِّرُ اسمَه، أو كنيتَه، أو نسبَه، أو حالَه المَشْهورةَ مِن أمرِه؛ لئلَّا يُعرفَ.

الثَّانِي: أنْ يُسمِّيَ شَيخَه الضَّعيفَ باسمِ شَخصٍ آخرَ ثِقةٍ؛ تَشبيهًا، يُمكِن ذلكَ المدلِّس أنْ يَأخذَ عَنه وأنْ يَسمعَ منه.

والحامِلُ علىٰ هذا التَّدليسِ أمورٌ: **مِنها**: كونُ شيخِه معروفًا بالضَّعفِ، فيُدلِّسُ اسمَه كي لا يُعرفَ. وقد ذَهَبَ البعض إلىٰ أنه إذا كَانَ يصنَعُ ذلكَ لذلكَ فهو قادِحٌ فيه. **ومِنها**: كونُ شيخِه صغيرًا فِي السِّنِّ أو فِي غيرِه، فيَستنكِفُ الرِّوايةَ عنه. **ومِنها**: استكثارُ الشُّيوخِ، أي: طلبُ كثرتِهم عندَ السَّامِعِينَ، مُوهِمًا لهم كونَه يَرَوىٰ عن

مشايخَ كثيرين. **ومِنها**: اختبارُ الطَّالبِ.

تَنْبيهٌ: فِي نُسْخَةٍ: (بِوَصْفِهِ بِغَيْرِ وَصْفٍ يُعْرَفُ).

الإِرْسَالُ الخَفِيُّ، وَالمَزِيدُ فِي مُتَّصِلِ الأَسَانِيدِ

وَيُعْرَفُ «الإِرْسَالُ ذُو الخَفَاءِ» بِعَدَمِ السَّمَاعِ وَاللِّقَاءِ
وَمِنْهُ: مَا يُحْكَمُ بِانْقِطَاعِ مِنْ جِهَةٍ بِزَيْدِ شَخْصٍ وَاعِ
وَبِزِيَادَةٍ تَجِي، وَرُبَّمَا يُقْضَى عَلَى الزَّائِدِ أَنْ قَدْ وَهِمَا
حَيْثُ قَرِينَةٌ وَإِلَّا احْتَمَلَا سَمَاعُهُ مِنْ ذَيْنِ لَمَّا حَمَلَا
وَإِنَّمَا يُعْرَفُ بِالإِخْبَارِ عَنْ نَفْسِهِ وَالنَّصِّ مِنْ كِبَارِ

الإرسالُ الخفيُّ: يُعرفُ بطرق:

مِنْها: أن يكونِ الرَّاوي لم يُدرِكْ شَيخَه أصلًا معَ كونِه عاصَرَه. ومنها: أن يكون أدركَه والتقىٰ به وَلَم يقعْ له السَّماعُ مِنه.

ومِنْها: أنْ يَكونَ الحَديثُ الَّذي رَواه ذلكَ الرَّاوي عن شَيخِه قَد جَاءَ مِن وجهٍ آخَرَ بزيادةِ واسطةٍ بَينهما، ولَا يَكونُ مِن بَابِ (المَزيدِ فِي مُتَّصِلِ الأسانِيدِ)، فَإنَّه حِينئذٍ يَدُلُّ علىٰ عَدمِ سماعِه ممَّن رَوىٰ عَنه. فإن كان راوي الزيادة وهم، فلا يعتد بزيادته، والعمدة علىٰ الرواية الناقصة.

ورُبَّما جاءَ الحديثُ مِن طَريقَين فِي أحدِهما زيادةُ راوٍ يُنقِصُه الآخَرُ، وَلَم تَقُم قرينةٌ، ولا جاءَ نصٌّ علىٰ أن أحدَ الطَّريقَين أرجَحُ مِن الآخَرِ، وحينئِذٍ؛ يُمْكِن أن يُحكَمَ بأنَّ الرَّاويَ قَد حملَه مرَّةً عن الزَّائدِ ومرَّةً عن شيخِه، فذكرَه علىٰ الحالَين؛ مرَّةً عن هَذا، ومرَّةً عن شيخِه.

ويُعرفُ الإرسالُ الخفيُّ أَيضًا؛ إمَّا بأن يُصرِّحَ الرَّاوي نفسُه بأنَّه لم يَسمَع مِن

ذلكَ الشَّيخِ وإنْ رَوىٰ عَنه. وإمَّا بأنْ يَنُصَّ إمَامٌ علىٰ ذلكَ. أو بالقرائن والدلائل.

الشَّاذُّ، والمَحْفُوظُ

وَ«ذُو الشُّذُوذِ»: مَا رَوَى المَقْبُولُ مُخَالِفًا أَرْجَحَ، وَالمَجْعُولُ

أَرْجَحَ «مَحْفُوظٌ»، وَقِيلَ: مَا انْفَرَدْ لَوْ لَمْ يُخَالِفْ، قِيلَ: أَوْ ضَبْطًا فَقَدْ

لِلْعُلَماءِ فِي بَيانِ (الشاذِّ) اصْطِلاحًا ثَلاثُ عِباراتٍ:

الأولىٰ- عِبارَةُ الإمام الشافِعي-: «لَيْسَ الشاذُّ مِنَ الحَديثِ أنْ يَرْوي الثِّقَةُ ما لا يَرْوي غَيْرُهُ، إنَّما الشاذُّ أنْ يَرْوي الثِّقَةُ حَديثًا يُخالِفُ ما رَوىٰ الناسُ».

الثانيةُ- عِبارَةُ أبي يَعْلىٰ الخَليلي (وَعَزاهُ إلىٰ حُفاظِ الحَديثِ)-: «ما لَيْسَ لَهُ إلا إسْنادٌ واحِدٌ، يَشِذُّ بذلكَ شَيخٌ، ثِقَةً كانَ أو غيرَ ثِقَةٍ؛ فَما كانَ عن غَيْرِ ثِقَةٍ فَمَتْروكٌ لا يُقْبَلُ، وَما كانَ عن ثِقَةٍ يُتَوَقَّفُ فيهِ وَلا يَحْتَجُّ بِهِ».

الثالِثَةُ- عِبارَةُ الحاكِمِ النَّيْسابوري-: «ما يَنْفَرِدُ بِهِ ثِقَةٌ مِنَ الثِّقاتِ، وَلَيْس لَهُ أَصْلٌ بِمُتابعٍ لذلكَ الثِّقَةِ. وَذَكَرَ: أَنَّهُ يُغايِرُ (المُعَلَّلَ) مِن حَيْثُ إنَّ المُعَلَّلَ وُقِفَ عَلىٰ عِلَّتِهِ الدالَّةِ عَلىٰ جِهَةِ الوَهَمِ فيهِ، والشاذُّ لَم يوقَفْ فيهِ عَلىٰ عِلَّةٍ».

وقَدْ أَشار النَّاظِمُ- تَبَعًا لغَيْره- إلىٰ تَرْجيحِ القَوْلِ الأَوَّلِ، لكنَّ الجَمْعَ أَوْلَىٰ، وَوَجْهُ الجَمْعِ: أنَّ (الثِّقَة) فِي عِبارَةِ الشافِعي يُرادُ بِهِ أعلىٰ مَراتِبِ الثِّقاتِ، وَهُمُ الحُفاظُ المُتْقِنونَ، الَّذينَ أكْثَروا مِن سَماعِ الحَديثِ وَرِوايَتِهِ، بِحَيْثُ يُمْكِنُ لَهُم التَّفَرُّدُ بما لا يوجَدُ عندَ غَيرِهِم؛ فَلا يُعَدُّ تَفَرُّدُ الواحِدِ مِنهُم شاذًّا إلا إذا خالَفَ ما رَوىٰ غَيْرُهُ حَيْثُ يَكونُ أَحْفَظَ مِنهُ، أو أَكْثَرَ عَدَدًا. وَ(الثِّقَةُ) فِي عِبارَةِ الخَليليِّ والحاكِمِ؛ المُرادُ بِهِ أدْنىٰ مَراتِبِ الثِّقاتِ، وَهُمْ غيرُ الحُفاظِ، فَمِثْلُ هَؤلاءِ لا يُحْتَمَلُ تَفَرُّدُهُم.

هذا؛ وحيثُ تَقَعُ رِوايةٌ شاذَّةٌ، ويُستدَلُّ علىٰ شُذُوذِها بالمُخالَفَةِ؛ فإنَّ الرِّوايةَ الرَّاجحةَ هي (المَحفوظةُ).

المُنْكَرُ، وَالمَعْرُوفُ

«المُنْكَـرُ»: الَّذِي رَوَى غَـيْرُ الثِّقَـهْ مُخَالِفًـا؛ فِي «نُخْبَـةٍ» قَـدْ حَقَّقَـهْ
قَابَلَـهُ «المَعْـرُوفُ»، وَالَّذِي رَأَى تَـرَادُفَ المُنْكَـرِ وَالـشَّاذِ نَـأَى

لِلْعُلَماءِ فِي بَيانِ المُنْكَرِ اصْطِلاحًا ثَلاثُ عِباراتٍ:

الأولىٰ- عِبارَةُ الإمامِ مُسْلِم-: «وَعَلامَةُ المُنْكَرِ فِي حَديثِ المُحَدِّثِ، إذا ما عُرِضَتْ رِوايَتُهُ للحَديثِ علىٰ رِوايَةِ غَيْرِهِ مِن أَهْلِ الحِفْظِ والرِّضا؛ خالَفَت رِوايَتُهُ رِوايَتَهُم، أو لَم تَكَد توافِقها؛ فَإذا كانَ الأَغْلَبُ مِن حَديثِهِ كَذلكَ كانَ مَهْجورَ الحَديثِ غَيرَ مَقْبولِهِ وَلا مُسْتَعمَلِهِ».

الثانِية- عِبارَةُ أبي بَكْرٍ البَرْديجي-: «هو الحَديثُ الَّذي يَنْفَرِدُ بِهِ الرَّجُلُ وَلا يُعْرَفُ مَتْنُهُ مِن غَيرِ رِوايَتِهِ؛ لا مِنَ الوَجْهِ الَّذي رَواهُ مِنهُ، وَلا مِن وَجْهٍ آخَرَ».

الثالِثَةُ- عِبارَةُ ابنِ أبي حاتِمِ الرازي-: «يُقاسُ صِحَّةُ الحَديثِ بِعَدالَةِ ناقِليهِ، وَأن يَكونَ كَلامًا يَصْلُحُ أن يَكونَ مِن كَلامِ النُّبوةِ، وَيُعْلَم سُقْمُهُ وَإنكارُهُ بِتَفَرُّدِ مَن لَم تَصِحَّ عَدالَتُهُ بِرِوايَتِهِ».

وبِالنَّظَرِ فِي العِباراتِ السابِقَةِ يَتَبَيَّنُ أَنَّ (المُنْكَرَ) علىٰ قِسْمَينِ:

الأَوَّلُ: الحَديثُ الفَرْدُ المُخالِفُ.

الثانِي: الحَديثُ الفَرْدُ غَيرُ المُحْتَمَلِ.

وقد ذَهَبَ ابنُ حَجَرٍ ومَن تابَعَه إلىٰ أَنَّ (الشَّاذَّ والمُنْكَرَ) مُتَغايِرانِ؛ وأَنَّ (الشاذَّ) رِوايَةُ ثِقَةٍ أو صَدوقٍ مخالفٍ، بَيْنَما (المُنْكَرُ) رِوايَةُ ضَعيفٍ مخالفٍ. وابنُ الصَّلاحِ وَغَيرُهُ يرونَ أنهما مُترادِفان، ويَقَعان فِي روايةِ الثِّقةِ والضَّعيفِ علىٰ السَّواءِ، مع التَّفرُّدِ والاختلافِ.

وَقَدْ رَأيتَ فِي عِباراتِ أهْلِ العِلْمِ السابِقِ ذِكْرُها فِي نَوْعَي (الشاذِّ) و(المُنْكَرِ) أنَّها لا تَدُلُّ عَلىٰ ما قَيَّدَهُما ابنُ حَجَرٍ به، بَلْ كُلٌّ مِنهُما يَقَعُ فِي حَديثِ الثِّقَةِ وَحَديثِ الضَّعيفِ؛ عَلىٰ حَدٍّ سَواءٍ، مع التفرد والاختلاف.

فالتَّحقيقُ: أنَّهما مُترادفان، إلَّا أن بَعضَهم يَغلب علىٰ استعمالِه أحدُهما دون الآخرِ، والجميعُ أرادوا بهما معنًىٰ واحِدًا؛ وَهو (رُجحان الخَطإ)، فكل حَديث ترجَّح لدىٰ الناقدِ أنه خطأٌ؛ فهو شاذٌّ ومُنكرٌ، بِصَرف النَّظر عن السَّبب الَّذي أوجبَ هَذا الرُّجحانَ.

هذا، وَحَيثُ تَقَعُ رِوايَةٌ مُنكَرَةٌ، وَيُسْتَدَلُّ عَلىٰ نكارَتِها بِالمُخالَفَةِ؛ فَإنَّ الراجِحَةَ هي (المَعْروفَة).

المَتْرُوكُ

وَسَمِّ بِـ«المَتْرُوكِ» فَرْدًا تُصِبِ رَاوٍ لَهُ مُتَّهَمٌ بِالكَذِبِ
أَوْ عَرَفُوهُ مِنْهُ فِي غَيْرِ الأَثَرْ أَوْ فِسْقٍ، اوْ غَفْلَةٍ، اوْ وَهْمٍ كَثُرْ

الحَديثُ المَتْرُوكُ: هُو ما يتفرَّدُ به مَن هو مُتَّهَمٌ بالكذبِ، أو كَثيرُ الغَلَطِ، أو الفِسْقِ أو الغَفْلَةِ. سُئلَ الإمامُ شعبةُ بنُ الحجَّاجِ عمَّن يُترَكُ حديثُه؛ فقالَ: «مَن يُكثرُ الغَلَطَ يُتْرَكُ حديثُه، ومَن رَوىٰ عَن المَعْرُوفينَ ما لا يَعْرِفُه المَعْرُوفونَ يُتْرَكُ حديثُه، وإذا تَمادَىٰ فِي غَلَطٍ مُجْمَعٍ عَلَيه ولَم يَتَّهِمْ نَفْسَه عِندَ اجتِماعِهِم عَلىٰ خِلافِه، أو رَجُلٌ مُتَّهمٌ بالكَذِبِ».

وقَد يُتْرَكُ الحَديثُ لكَونِه ممَّا تُحقِّقَ مِن نكَارَتِه أو بُطْلانِه، و إنْ لم يكُنْ راوِيه بلغَ فِي الضَّعْفِ إلىٰ حدِّ أنْ يكونَ متروكَ الحديثِ؛ لأنَّ الرَّاوي لَا يُتْرَكُ إلَّا إذا كَثُر الخَطأُ مِنه، لكنْ إذا أخْطَأَ الخطأَ المُحقَّقَ ولو قَلِيلًا؛ تُرِكَ ما أخطأَ فِيه.

تَنْبِيهٌ: قالَ الشَّيخُ محمَّدُ علي بن آدمَ: «قَوْلُه: (أو فسقٍ أو غفلةٍ أو وهمٍ) الظَّاهرُ

أنَّه بالجرِّ عَطْفًا علىٰ (الكَذِبِ)، وليسَ كذلكَ، لأنَّ مُجرَّد الاتِّهام بِهذِه الأمورِ لا يكونُ سَببًا لِترَكِ الحَديثِ، بل المُرادُ ظُهورُها وكَوْنُها مَعْلومَةً، فالأَوْلىٰ كونُها فاعِلًا لفعلٍ مَحْذوفٍ، أيْ: ظَهَرَ فسقٌ أو غفلةٌ».

الأَفْـرَادُ

«الفَـرْدُ»؛ إِمَّـا مُطْلَـقٌ: مَـا انْفَـرَدَا ... رَاوٍ بِــهِ، فَــإِنْ لِـضَبْطٍ بَعُــدَا
رُدَّ، وَإِنْ يَقْــرُبْ مِنْــهُ فَحَــسَنْ ... أَوْ بَلَغَ الضَّبْطَ صَحِيحٌ حَيْثُ عَـنّْ
وَمِنْــهُ: نِــسْبِيٌّ بِقَيْــدٍ يُعْتَمَــدْ ... بِــ«ثِقَـةٍ» أَوْ «عَـنْ فُـلَانٍ» أَوْ «بَـلَدْ»
فَيَقْــرُبُ الأَوَّلُ مِــنْ فَــرْدٍ وَرَدْ ... وَهَكَــذَا الثَّالِــثُ إِنْ فَــرْدًا يُـرَدْ

تَنقَسمُ الأَفرادُ إلىٰ قِسمينِ: مطلَقٍ، ونِسبيٍّ:

فالفردُ المطلَقُ (الَّذي يَكُونُ فِي أَصْلِ السَّندِ): ما يَنفردُ بِروايتِه راوٍ واحِدٌ بإسنادِه ومتنِه؛ فلا لَه مُتابِعٌ عليه، ولا للحديثِ شاهدٌ ولو بالمَعنَىٰ.

مِثالُه: حَديثُ: حمَّادِ بنِ سَلمةَ عَن أَبي العُشَراءِ عَن أَبيه قالَ: قلتُ: يا رَسُولَ اللهِ، أَمَا تَكُونُ الذَّكاةُ إلَّا فِي الحَلْقِ واللَّبَّةِ؟ قالَ: «لَوْ طَعَنْتَ فِي فَخِذِها لأَجْزَأَ عَنْكَ». قالَ التِّرمذيُّ: «غَريبٌ لا نَعرِفُه إلَّا مِن حَديثِ حمَّادِ بنِ سَلَمَةَ».

وحُكمُه: أنَّ راوِيه المُتفرِّدَ بِه: إمَّا أنْ يَكونَ بَلغَ الغايَةَ فِي الضَّبطِ والإتقانِ، وإمَّا أنْ يَكونَ قريبًا مِنه، وإمَّا أنْ يَكونَ بعيدًا منه: فإنْ كانَ الأوَّلَ فحديثُه صحيحٌ. وإن كانَ الثَّانِيَ فحديثُه حسنٌ. وإن كانَ الثَّالثَ فحديثُه ضعيفٌ.

والفردُ النِّسبيُّ (الَّذي لا يَكُونُ فِي أَصْلِ السَّندِ): ما يكونُ التَّفرُّدُ فيه باعتِبارِ روايةٍ معيَّنةٍ مهما كانَ الحديثُ مشهورًا مِن أوجهٍ أُخرَىٰ. وأَقْسامُهُ ثَلاثةٌ:

الأوَّلُ: (تفرُّدٌ باعتبارِ حالِ الرَّاوي)، كقولِهم: (لَم يَرْوِهِ عَنِ الزُّهْرِيِّ ثقةٌ إلَّا

مالِكٌ) وإِن كانَ مَرويًّا عَنِ الزُّهريِّ مِن رِوايةِ غَيرِ مالكٍ مِن غَيرِ الثِّقاتِ. كَحَدِيثِ الزُّهْرِيِّ عَنْ أَنَسٍ: «دَخلَ رَسُولُ الله ﷺ مَكَّةَ يَوْمَ الفَتْحِ وعلَىٰ رَأْسِهِ المِغْفَرُ»: لَم يَرْوِهِ عَنِ الزُّهْرِيِّ مِنَ الثِّقاتِ إِلَّا مَالِكٌ.

الثَّانِي: (ما كانَ مَقصورًا علىٰ رِوايةٍ مُعيَّنةٍ)، كقولِهم: (لَمْ يَروِه عن بَكرٍ إلا وائلٌ) وقد يكونُ مَرويًّا عن غيرِ بكرٍ. كَحَديثِ عَبدِ الواحِدِ بنِ أَيمَنَ عن أَبيه عن جابرٍ فِي قصَّةِ الكُدْيَةِ الَّتي عَرَضَتْ لهم يومَ الخَندَقِ، وقد تَفرَّدَ به عبدُ الواحِدِ عن أَبيه. وقد رُوِيَ مِن غَيرِ حَديثِ جابرٍ.

الثَّالثُ: (ما قُيِّدَ بأهْلِ مِصرٍ مُعيَّنِينَ)، كقولِهم: (لم يَرْوِه إلا أَهْلُ المَدينةِ). والمُرادُ: تَفرُّدُ واحدٍ مِن أهلِ هَذه البَلدةِ، وهو الَّذي تَدورُ عَليه الأَسانِيدُ وتَرجِعُ إِلَيْه، مَهْما تَعدَّدتْ وتَشعَّبتْ. كَحَديثِ: مُحمَّدِ بنِ عَبدِ اللهِ بنِ الحَسَنِ عَن أَبي الزِّنادِ عَن الأَعْرَجِ عَن أَبي هُريرةَ عَن النَّبيِّ ﷺ قالَ: «إذا سَجَدَ أَحَدُكم فلا يَبْرُكْ كما يَبْرُكُ البَعيرُ؛ ولْيَضَعْ يَدَيْه قَبلَ رُكْبَتَيْه». قالَ أبو بكرِ بنُ أبي داودَ: «هَذه سُنَّةٌ تَفرَّدَ بِها أَهْلُ المَدِينَةِ».

وحُكْمُ النِّسبيِّ: إن كانَ مقيَّدًا بـ(ثِقةٍ) فحكمُه حُكمُ المُطلَقِ: صحيحٌ أو حسنٌ. وإن كانَ مُقيَّدًا بالقَيدَينِ الآخرَينِ، يُنظَرُ: فإن اسْتوفَىٰ شروطَ الصِّحةِ فصحيحٌ، أو شُروطَ الحسنِ فَحسنٌ، وإن نَزلَ إِلَىٰ درجةِ الضَّعيفِ فضَعيفٌ. إِلَّا إِذا احتفَّتْ قَرينةٌ بالرِّوايةِ يترجَّحُ بِها خطأُ الثِّقةِ أو إصابةُ الضَّعيفِ.

الغَرِيبُ، وَالعَزِيزُ، والمَشْهُورُ، وَالمُسْتَفِيضُ، وَالمُتَوَاتِرُ

الأَوَّلُ «المُطْلَقُ فَرْدًا»، وَالَّذِي ... لَهُ طَرِيقَانِ فَقَطْ لَهُ خُذِ
وَسْمَ «العَزِيزِ»، وَالَّذِي رَوَاهُ ... ثَلَاثَةٌ «مَشْهُورُنَا»، رَآهُ
قَوْمٌ يُسَاوِي «المُسْتَفِيضَ»، وَالأَصَحّْ ... هَذَا بِأَكْثَرَ وَلَكِنْ مَا وَضَحْ
حَدُّ تَوَاتُرٍ؛ وَكُلٌّ يَنْقَسِمْ ... لِمَا بِصِحَّةٍ وَضَعْفٍ يَتَّسِمْ

وَقُسِّمَ الفَرْدُ إِلَى غَرِيبِ ... وَالغَالِبُ الضَّعْفُ عَلَى الغَرِيبِ

وَلَا تَرَى غَرِيبَ مَتْنٍ لَا سَنَدْ ... فِي مَتْنِهِ وَسَنَدٍ، وَالثَّانِ قَدْ

ذكَرَ النَّاظِمُ أنَّ (الغريبَ) هُو الفَرْدُ المُطْلَقُ الَّذي تَقدَّمَ فِي (الأَفْراد) وهُو ما رَواهُ واحدٌ فقطْ. وهُو يُشْعِرُ أنَّ (الغريبَ) لا يُطْلَقُ علىٰ الفَرْدِ النِّسْبيِّ، وفِي ذَلكَ نظرٌ، فلَفْظُ (الغَريبِ) يُطْلَقُ علىٰ الفَرْدِ المُطْلَقِ والفَرْدِ النِّسْبيِّ سَواءً.

و(العَزيزُ) قالَ ابنُ حَجَرٍ - وتَبِعَه النَّاظِمُ -: ما رَواهُ اثْنانِ. وقالَ ابنُ مَنْدَه وابنُ طاهرٍ وابنُ الصَّلاحِ وآخَرُونَ: ما رَواهُ اثنانِ أو ثَلاثةٌ. والتَّحقيقُ: أنَّ (العَزيز) صفةٌ لِما بَيْن الغَريبِ والمَشْهُور، ورُبَّما عَدُّوه مِن الغَريب. والله أعلم.

و(المَشْهورُ) ما رَواه عَددٌ كَثيرٌ، وَلَم يَبلُغ التَّواتُرَ، وَلَم يَقع بِه العِلمُ. واشْتُرِطَ فِي (المَشْهُور): (أَلَّا يُفيدَ العِلمَ)، وبِهَذا يَتمايَزُ عَن (المُتواتِر)؛ لأَنَّه لو رَواه عَددُ المَشْهُور وَأفاد العِلم كَان مُتواترًا؛ فكُلُّ مُتواترٍ مَشهورٌ، مِن غَير عكسٍ.

واختَلفوا فِي التَّعبيرِ عن هذه (الكَثرةِ): فابنُ حَجَرٍ - وتَبِعَه النَّاظِمُ -: ما يَرويهِ ثَلاثةٌ فَأكثرُ. وقالَ ابنُ مَنْدَه ومَن تابعَه -: ما يَرويهِ أَكثرُ مِن ثَلاثةٍ.

و(المُستفيضُ) و(المَشْهورُ) سَواءٌ عِنْد المُحدِّثين. وقال بعضُ الفقهاءِ - واخْتَارَه النَّاظِمُ -: المُسْتَفِيضُ ما رَواهُ أكثرُ مِن عددِ المشهورِ بحيثُ لا يَبْلُغُ التَّواتُرَ؛ فَكلُّ مُسْتَفيضٍ - عِنْدَهم - مَشهورٌ، مِن غَير عَكسٍ.

وكلٌّ مِنَ (الغَريبِ) و(العَزيزِ) و(المَشْهورِ) و(المُسْتَفِيضِ) أخبارُ آحادٍ، يُوجَدُ فيه الصَّحيحُ والضَّعيفُ، وليسَ مِنها ما يَسْتَلْزِمُ بمُجرَّدِ وَصْفِ الحَديثِ بهِ كَوْنَه صَحيحًا أو ضَعيفًا.

لكِنْ معَ ذلكَ أكثرُ الغَرائبِ ضَعيفةٌ، مِنْ ثَمَّ شاعَ إطلاقُ (الغَرِيبِ) علىٰ التَّفرُّدِ الذي تَرجَّحَ فِيه الخَطأُ؛ خطأُ مَن تَفرَّدَ به، فيَصفونَ الحديثَ بالتفرُّدِ أو الغَرابةِ، يَقصِدونَ إعلالَه بذلكَ، لا مُجرَّدَ حِكايةِ التَّفرُّدِ.

وكذلك الشُّهرةُ الاصطِلاحيَّةُ- لا غيرِ الاصطِلاحيَّةِ الآتيةِ- غالبُها قويَّةٌ: صَحيحةٌ أو حسنةٌ، وعكسُ ذلكَ غيرُ الاصطِلاحيَّةِ، فغالِبُها مِن الضَّعيفِ والضَّعيفِ جدًّا. مِنْ ثَمَّ جَرىٰ علىٰ أَلْسِنتهم استعمالُ لفظِ (المشهورِ) كَعَلَمٍ علىٰ القَويِّ مِن الأحاديثِ. واللهُ أعلمُ.

واعْلَم؛ أنَّ الغرائبَ والأفراد تنقسم إِلَىٰ ثلاثَةِ أنْواعٍ:

الأَوَّلُ: غَرِيب فِي المَتْن والإسْناد معًا: كالحَدِيث الَّذِي تَفردَ بِروايَة مَتنِه وَإِسْنَادِه راوٍ وَاحِدٍ، وهو المطلقُ؛ كما قدمناهُ أوَّلًا.

الثَّانِي: غَرِيب فِي الإسْناد فَقط: كأنْ يَكونَ معروفًا بِروايَة جماعَة من الصَّحابَة، فينفردُ بِه راوٍ من حَدِيثِ صَحابي آخرَ.

الثالثُ: غَرِيب فِي المَتْن فقط: وذَلِك إِذَا اشتهرَ الحَدِيث الفَرد عمن تفردَ به، فَرواه عَنه عددٌ كَثيرون: فإنَّه يصيرُ غَرِيبًا مشهورًا، وغَرِيبًا مَتنًا، وغيرَ غَرِيب إسْنَادًا. أو أنْ يكونَ الإسنادُ مَشْهورًا، يُروىٰ به أحاديثُ كَثيرةٌ، ولكنْ هذا المَتنُ لم تَصِحَّ رِوايَتُه إلَّا بِهذا الإسنادِ.

وهَذا الثَّالثُ أَنْكَرَ النَّاظِمُ وُجُودَه- تَبعًا لابنِ الصَّلاحِ-، وأَثْبَتَ وُجُودَه ابنُ طاهرٍ المَقْدسيُّ بالصُّورَةِ الأُولَىٰ، وابنُ رَجَبٍ الحَنبليُّ بالصُّورَةِ الثَّانِيةِ. واللهُ أعلمُ.

وَيُطْلَقُ «المَشْهُورُ» لِلَّذِي اشْتَهَرْ   فِي النَّاسِ مِنْ غَيْرِ شُرُوطٍ تُعْتَبَرْ

قد يُطلَقُ (المَشْهورُ) علىٰ الحديثِ الذي اشْتُهِر بينَ النَّاس مِن المُحدِّثينَ وغَيرِهم، سَواء فِي ذلكَ العلماءُ وغيرُهم، مِن غيرِ شُروطٍ تُعتبَرُ، وهو حينئذٍ يَعمُّ ما له إسْنادٌ، وما لَه أكثَرُ، وما لَيسَ لَه إسْنادٌ أصلًا. كَحَديثِ «حُبُّ الوَطَنِ مِن الإيمانِ» و«اخْتلافُ أُمَّتي رَحْمَةٌ» و«أبْغَضُ الحَلالِ عِندَ اللهِ الطَّلَاقُ».

وَمَـا رَوَاهُ عَـدَدٌ جَـمٌّ يَجِـبْ إِحَالَـةُ اجْتِمَـاعِهِمْ عَلَى الكَـذِبْ
فَـ«المُتَـوَاتِرُ»، وَقَـوْمٌ حَـدَّدُوا بِعَـشْرَةٍ، وَهْـوَ لَدَيَّ أَجْـوَدُ
وَالقَـولُ بِـاثْنَيْ عَـشْرٍ اوْ عِـشْرِينَا يُحْـكَى وَأَرْبَعِـينَ أَوْ سَـبْعِينَا
وَبَعْـضُهُمْ قَـدِ ادَّعَى فِيـهِ العَـدَمْ وَبَعْـضُهُمْ عِزَّتَـهُ؛ وَهْـوَ وَهَـمْ
بَـلِ الـصَّوابُ أَنَّـهُ كَثِـيرُ وَفِيـهِ لِي مُؤَلَّـفٌ نَـضِيرُ

(المُتواتِرُ) هُو الخبَرُ الذِي بلَغَت رواتُه فِي الكثرةِ مَبلَغًا يَجزمُ معَه العقلُ باستحالةِ تَواطُئِهم علىٰ الكذِبِ. والعَددُ الكَثيرُ يَكونُ خَبرُهم مُتواتِرًا حيثُ يَصحبُ خَبَرَهُم إِفادةُ العِلمِ لِسامِعِه؛ فما تَخلَّفتْ إفادةُ العِلمِ عنه كانَ مَشهورًا فقط؛ فكلُّ مُتواترٍ مَشهورٌ مِن غَيرِ عَكْسٍ.

واخْتَلَفُوا فِي تَحدِيدِ العَددِ الذي يَحْصُلُ بهِ تَواتُرُ الخَبَرِ؛ علىٰ أَقْوالٍ، **فقيلَ**: بالأربَعَةِ، **وقيلَ**: بالخمسَةِ، **وقيلَ**: بالسبعَةِ، **وقيلَ**: بالعشَرَةِ- وهَذَا مختَارُ النَّاظِمِ-، **وقيلَ**: بالاثْنَي عَشَرَ، **وقيلَ**: بالأَربَعِينَ، **وقيلَ**: بالسَّبعِينَ، **وقيلَ**: بثلاثمائةٍ وبضعَ عشرةَ. وقَد تَمسَّكَ كُلُّ قائِلٍ بدَلِيلٍ جاءَ فيهِ ذِكْرُ ذلكَ العَدَدِ فأفادَ العِلْمَ، وليسَ بلازِمٍ أَن يَطَّرِدَ فِي غَيْرِه؛ لاحْتِمالِ الاخْتِصاصِ.

والصَّحيحُ: أنَّ العَدَدَ غيرُ مُعْتبَرٍ، ولا معنىٰ لتَحديدِه؛ وإنَّما العِبْرةُ بإفادةِ هذه الكَثْرةِ للعِلْمِ، فرُبَّ عَددٍ قَليلٍ أَفادَ خَبرُهُم العِلْمَ بما يوجِبُ صِدْقهم، وأَضْعافِهِمْ لا يُفيدُ خَبرُهمُ العِلْمَ. واللهُ أعلمُ.

والمُتواترُ لا شكَّ أنَّه قَليلٌ إذا قُورِنَ بالآحادِ، لكنَّه معَ ذلكَ مَوجُودٌ بكَثرةٍ فِي الأحادِيثِ والسُّننِ، لا سيَّما إذا عَرفْتَ أنَّ منه ما تَواتَرَ عن طَريقِ اللَّفظِ ومنه ما تَواتَرَ عن طَريقِ المَعْنىٰ، كَما سَيأتِي.

وقد ذَهَبَ ابنُ حِبَّانَ والحازميُّ إلىٰ أنَّ الحدِيثَ المتَواتِرَ غيرُ موجُودٍ أصلًا، وذَهَبَ ابنُ الصلَاحِ- وتبِعُه النوَويُّ- إلىٰ أنَّه قَليلُ الوجُودِ نادِرُ المثَالِ. وقد ضَعَّفَ النَّاظمُ- تبعًا لابنِ حَجَرٍ- هَذَينِ القَوْلَينِ.

قلت: يُحمَلُ كلامُ هؤلاءِ علىٰ التَّواترِ اللَّفظيِّ بتَفْسيرِه الَّذي سَيأْتي تَضْعِيفِه، أمَّا المُتواترُ اللَّفظيُّ بتَفْسِيرِه الَّذي اختَرناه، فَلا يُنكِرهُ أحدٌ مِن العُلماءِ، ولا يُنكَرُ وُجودُه بِكثرةٍ، بَل هو موجودٌ وجودَ كَثْرَةٍ. بَل لَو تأمَّلتَ لوَجدتَ أكثرَ المَعانِي الشَّرعيَّةِ المَبثوثةِ فِي كِتابِ اللهِ تعالىٰ وَسنَّةِ رَسولِه ﷺ ممَّا تَحَقَّقَ فيها وَصفُ التَّواتُرِ المَعنَويِّ. واللهُ أعلمُ.

خَمْسٌ وَسَبْعُونَ رَوَوْا «مَنْ كَذَبَا» وَمِنْهُمُ العَشْرَةُ، ثُمَّ انْتَسَبَا

لَهَا حَدِيثُ «الرفْعِ لِلْيَدَيْنِ» وَ«الحَوْضِ» وَ«المَسْحِ عَلَى الخُفَّيْنِ»

أَشَارَ النَّاظِمُ هُنا إِلَىٰ تَقْسِيمِ المُتَواتِرِ إلىٰ لَفظيٍّ ومَعْنويٍّ بِذِكْرِ مِثالِ كُلٍّ:

فاللَّفْظِيُّ مثَّل له بحَديثِ: «مَن كَذَبَ عليَّ مُتَعمِّدًا فَلْيَتَبَوَّأْ مَقْعدَهُ مِن النَّارِ»، فَقَد رواهُ خَمْسٌ وسَبْعُونَ صَحابيًّا، ومِنهم العَشَرَةُ المُبَشَّرونَ بالجَنَّةِ. **والمَعْنَويُّ** مَثَّلَ له بحديثِ: «رَفْع اليدَيْنِ فِي الصَّلاةِ» وحديثِ «الحَوْضِ» وحديثِ «المَسْحِ علىٰ الخُفَّيْنِ».

وَالنَّاظم إنَّما مثَّل بِهذه الأَمْثِلةِ؛ لأنَّه يَرىٰ أَنَّ اللَّفظيَّ: (ما جاءَتْ رِواياتُهُ بِلَفظٍ واحِدٍ)، والمَعْنويَّ: (ما جاءَتْ رِواياتُهُ بِمَعنًىٰ واحِدٍ وألفاظٍ مختلفةٍ)؛ وفِي هذا نظرٌ، وفيه تضييقٌ للمتواترِ اللَّفظيِّ، من ثَمَّ قيلَ بعزَّتِه، وقيلَ بعدَمِه.

ويَرىٰ الخَطِيبُ البَغْداديُّ أنَّ ما تقدَّم كلُّه مِن اللَّفظيِّ؛ لأنَّ رِواياتِه مُشْتَرِكَةٌ فِي كَونِ المعنَىٰ الَّذي اتَّفقتْ عَليه وقَعَ (منصوصًا عليَه مُصرَّحًا بِه) فيها كُلِّها، ولو بألفاظِ مُختلِفةٍ. بَيْنَما المَعنويُّ عِنْدَه: أنْ تكونَ رِواياتُه قد تَضمَّنَت معنًىٰ واحدًا (غَيرَ مَنصوصٍ عليه ولا مُصرَّحٍ بِه) فيها؛ إنَّما استُخرِجَ عن طريقِ الفَهمِ والاستنباطِ. ومثَّلَ

له بمثلِ مَا رُوِيَ مِن عَدَدِ الصَّلَواتِ وركعاتِها وأَرْكانِها وتَرْتِيبِها، وفَرْضِ الزَّكَاةِ والصَّوْمِ والحَجِّ، ونَحْو ذَلِكَ.

وَلِابْنِ حِبَّانَ: العَزِيزُ مَا وُجِدْ بِحَدِّهِ السَّابِقِ؛ لَكِنْ لَمْ يَجِدْ

وَلِلْعَلَائِي: جَاءَ فِي المَأْثُورِ ذُو وَصْفَيِ العَزِيزِ وَالمَشْهُورِ

ذَكَرَ ابنُ حِبَّان: أنَّ رِوايةَ اثْنَينِ عن اثنيْنِ إِلَىٰ مُنْتَهىٰ الإِسْنادِ لا تُوجدُ أَصلًا. ولمْ يُصَوِّبه الناظِمُ فِيهِ. لكن قالَ ابنُ حَجَر: «إنْ أرادَ أنَّ رِوايةَ اثنينِ فَقطْ عن اثنَينِ إِلَىٰ أنْ يَنتهيَ؛ لا تُوجدُ أصلًا؛ فيُمكِن أنْ يُسلَّمَ، وأمَّا صُورةُ العَزيزِ التي حَرَّرناها؛ فمَوجودةٌ: بأنْ لا يرويَه أقلُّ مِن اثنينِ عن أقلِّ مِن اثنين».

وحكَىٰ النَّاظِمُ عَن الحافِظِ العَلَائيِّ أنَّه يُوصَفُ الحدِيثُ بأنَّه «عَزِيزٌ مَشْهُورٌ» فيجمَعُ بينَ الوصْفَينِ، عَلَىٰ معنىٰ أنَّه فِي بَعْضِ طَبَقَاتِهِ عزيزٌ بروَايَةِ اثنينِ، وفِي التي بعدَهَا أَو قَبْلَها مَشْهورٌ بروَايَتِهِ عن الأكثَرِ.

قلتُ: وليسَ هَذا خاصًّا بـ(العَزيزِ والمَشْهورِ)، بل قد يُوصَفُ الحديثُ الواحِدُ بِهذه الأوصافِ كُلِّها، أي: بأنَّه متواترٌ ومَشهورٌ وعَزيزٌ وغَريبٌ؛ أي: بالنِّسبةِ إِلَىٰ اعتبارٍ مُعيَّن، لا مطلَقًا؛ فيَكونُ الحديثُ مُتواترًا فِي بعضِ طبقاتِ الإسْنادِ، ومَشهورًا فِي أُخرىٰ، وغرِيبًا فِي باقيها، وهكذا. والله أعلمُ.

الاِعْتِبَارُ، والمُتَابَعَاتُ، وَالشَّوَاهِدُ

«الِاعْتِبَارُ»: سَبْرُ مَا يَرْوِيهِ هَلْ شَارَكَ الرَّاوِي سِوَاهُ فِيهِ

فَإِنْ يُشَارِكْهُ الَّذِي بِهِ اعْتُبِرْ أَوْ شَيْخَهُ أَوْ فَوْقُ «تَابِعٌ» أُثِرْ

وَإِنْ يَكُنْ مَتْنٌ بِمَعْنَاهُ وَرَدْ فَـ«شَاهِدٌ»، وَفَاقِدُ ذَيْنِ «انْفَرَدْ»

وَرُبَّمَا يُدْعَى الَّذِي بِالمَعْنَى مُتَابِعًا، وَعَكْسُهُ قَدْ يُعْنَى

(الاعتِبارُ) هو الطَّريقُ الذي يَسْلُكُه العُلَماءُ للوُقوفِ علىٰ التَّفرُّدِ والاختلافِ- واللَّذان هُما مَظِنَّتا الخطإِ-، أو الوُقوفِ علىٰ الاتِّفاقِ- والَّذِي هو مَظِنَّةُ الحِفظِ-؛ وذلكَ بسَبْرِ رِوايةِ الرَّاوي؛ بأنْ يأتِيَ إلَىٰ روايتِه؛ فيعتَبرَها بما فِي البابِ مِن رواياتِ غيرِه مِن الرُّواةِ.

وثمرةُ (الاعتبارِ) أن يُعرفَ: هل شَارَكَ الرَّاويَ فِي ذلكَ الحديثِ غيرُه فرَواه عن شَيخِه، أو لا؟ فإن لَم يكُن؛ فيُنظَر: هل تابَعَ أحدٌ شَيخَه فرَواه عمَّن رَوىٰ عَنه، أو لا؟ وهكذا إلَىٰ آخرِ الإسنادِ. فإنْ وُجدَ؛ فذلكَ ما يُسمَّىٰ بـ(المُتابعةِ). أو: هل أَتىٰ بلفظِه أو بمعناه حديثٌ آخَرُ أم لا؟ فإن وُجدَ؛ فذلكَ (الشَّاهدُ). فإنْ لَم يوجَد شيءٌ مِن هَذا؛ فالحديثُ (فَرْدٌ).

وإذا حَصلَت المُتابَعَةُ للرَّاوي نَفْسِه، فهِي «التَّامَّةُ»، ويُسْتفادُ مِنْها التَّقْوِيَةُ، وإذا حَصلَت لشَيْخِه فمَن فوقَه، فهِي «القاصِرَةُ»، ويُسْتفادُ مِنْها التَّقْوِيَةُ أيضًا، وقَد يُستدلُّ بِها عَلىٰ الخَطَإِ فِيما لم يُتابَعْ عَلَيه مِن الإسنادِ.

ولا اقْتِصارُ فِي المُتابَعَةِ- سَواءٌ كانَتْ تامَّةً أو قاصِرَةً- عَلىٰ اللَّفْظِ، بل لو جاءَتْ بالمَعْنىٰ كَفَىٰ، لكِنَّها مُخْتَصَّةٌ فِي الغالِبِ بكَوْنِها مُخْتَصَّةً برِوايَةِ ذَلكَ الصَّحابِيِّ، بخِلافِ الشَّاهِدِ؛ فإنَّه يكُونُ فِي الغالِبِ مِن رِوايَةِ صَحابيٍّ آخرَ.

ورُبَّما يُطلَقُ الشَّاهِدُ علىٰ المُتابعِ، والعَكسُ، والأمرُ فِيه واسعٌ.

زِيَادَاتُ الثِّقَاتِ

وَفِي «زِيَادَاتِ الثِّقَاتِ» الخُلْفُ جَمّْ ... مِمَّنْ رَوَاهُ ناقِصًا أَوْ مَنْ أَتَمّْ

ثَالِثُهَا: تُقْبَلُ لَا مِمَّنْ خَزَلْ ... وَقِيلَ: إِنْ فِي كُلِّ مَجْلِسٍ حَمَلْ

بَعْضًا، أَوِ النِّسْيَانَ يَدَّعِيهِ ... تُقْبَلْ، وَإِلَّا يُتَوَقَّفْ فِيهِ

وَقِيلَ: إِنْ أَكْثَرَ حَذْفَهَا تُرَدّْ ... وَقِيلَ - فِيمَا إِنْ رَوَى كُلًّا عَدَدْ -:

إِنْ كَانَ مَـنْ يَحْـذِفُهَا لَا يَغْفُـلُ عَـنْ مِثْلِهَـا فِي عَادَةٍ لَا تُقْبَـلُ
وَقِيـلَ: لَا؛ إِذْ لَا تُفِيـدُ حُكْمَـا وَقِيـلَ: خُـذْ؛ مَـا لَـمْ تُغَـيِّرْ نَظْمَـا
وَابْنُ الصَّلَاحِ قَالَ- وَهْوَ المُعْتَمَدْ-: إِنْ خَالَفَـتْ مَـا لِلثِّقَـاتِ فَـهْيَ رَدّْ
أَوْ لَا فَخُـذْ تِلْـكَ بِإِجْـمَاعٍ وَضَـحْ أَوْ خَالَفَ الإِطْلَاقَ فَاقْبَلْ؛ فِي الأَصَحّْ

زياداتُ الثِّقاتِ- عندَ المحدِّثين-: أن يُروَىٰ حديثٌ واحدٌ، بإسنادٍ واحدٍ، ومتنٍ واحدٍ، عن صحابيٍّ واحدٍ؛ فيَزيدَ واحدٌ منهم أو أكثرُ زيادةً فِي سندِ الحديثِ أو متنِه، ليست هي عندَ باقي الرُّواةِ.

وزياداتُ الأسانِيدِ: مثلُ زيادةِ رجلٍ فِي أثنائها أو رفعِ ما هو موقوفٌ أو وصلِ ما هو مرسَلٌ. وزياداتُ المتونِ: مثلُ زيادةِ ألفاظٍ فِي أثنائها قد تؤثِّرُ فِي المَعنىٰ، فتؤدِّي إلىٰ زيادةِ معنًىٰ فِي الحديثِ؛ وهو المُهمُّ هنا، وقد لا تؤثِّرُ.

فقيلَ: مقبولَةٌ مطلقًا. **وقيل**: غيرُ مقبولَةٍ مطلقًا. **وقيلَ**: مقبولَةٌ إن كَانَ الرَّاوي لها غَيرَ الذي رَوَىٰ الحدِيثَ بدونها. **وقيلَ**: إن كَانَ هُوَ رَاوِيَ الحدِيثِ بدُونِهَا قُبلتْ بأحَدِ شرطَينِ: أن يَذْكُرَ أنَّه سَمِعَ الحدِيثَ مرتينِ؛ مرةً بها ومرةً بدُونِهَا. أو أَن يَذْكُرَ أَنَّ روايَتَهُ الحدِيثَ بدُونِهَا وقَعَ منه نِسيانًا. **وقيلَ**: العبرةُ بما يَرْوِيهِ أكثرُ. **وقيلَ**: إن كَانَ رَاوِي الحدِيثِ بدونها عَدَدًا لَا يُتصوَّرُ عَادَةً أَنَّ يَغْفُلُوا عنها لَا تقبَلُ، وإلَّا قُبلَتْ. **وقيلَ**: إن أفادَتْ حُكمًا قُبلَتْ، وإن لم تُفِدْ لم تُقْبَلْ. **وقيلَ**: إن غَيَّرَتِ الإعرابَ لم تُقْبَلَ، وإن لم تُغيِّرْه قُبلَتْ.

وقالَ ابنُ الصلَاحِ- ورجَّحَه والنوَوِيُّ وابنُ حَجَر، وتَبعَهم النَّاظِمُ-: إِنَّ الزيَادَةَ عَلَىٰ ثلاثَةِ أنواعٍ: أَلَّا تكونَ مُنافيَةً للروايةِ الناقصةِ، وهي مقبولةٌ بإجمَاعٍ؛ كَالحديثِ المستقِلِّ. أو أَنَ تكون مخالفَةً للناقصةِ، لكِنَّ بتقييدِ المطلَقِ ليسَ غير، وهي يترجَّحُ قبولُها. أو أَنَّ تكونَ مُنافيَةً للناقصةِ، وهي مردُودةٌ غيرُ مقبولةٍ.

والتَّحريرُ: أنَّ الزِّياداتِ بجميعِ أنواعِها: إنَّما تُقبَلُ مِن الحُفَّاظِ الأثباتِ، لَا مِن كُلِّ (ثِقةٍ)؛ سواءٌ كانَت الزِّيادةُ مِن راوٍ واحدٍ، أو مِن عددٍ مِن الرُّواةِ؛ فالزِّيادةُ فِي الصُّورتين تكون معَ اتِّحادِ المَخرَجِ. وقَد يَقبلُونَ أَحيانًا زِيادَةَ مَن دُونِ الحُفَّاظ، حَيثُ تَنضَمُّ قَرينةٌ تُرجِّحُ عِندَ النَّاقِد حِفظَ هَذا الرَّاوي لِتلكَ الزِّيادَةِ، كَما أَنَّهم ربَّما رَدُّوا بَعضَ زِياداتِ الحُفَّاظِ لِقرينَةٍ أَيضًا؛ أمَّا إذا كانَت الزِّيادةُ عارِيَةً عَن القَرائِنِ، فَهُم لا يَقْبَلُونَها مِن غَيْر الحفَّاظ. واللهُ أعلمُ.

أما إذا رُوِيَ حديثانِ بإسنادَين مُختلِفَين عن صحابيَّين مُختلفَين، وتَضمَّنَ أحدُهما زيادةً ليستْ فِي الحديثِ الآخَرِ؛ فليس هذا داخِلًا فِي هذه المسألةِ؛ لأنَّهما ليسَا حديثًا واحِدًا زادَ بعضُهم زيادةً فِيه؛ وإنَّما هما حديثانِ مُستقلَّان.

المُعَلُّ

وَ«عِلَّـةُ الحَـدِيثِ»: أَسْبَابٌ خَفَـتْ   تَقْـدَحُ فِي صِـحَّتِهِ حِـينَ وَفَـتْ
مَـعْ كَوْنِـهِ ظَـاهِرُهُ السَّـلَامَهْ   فَلْيَحْـدُدِ «المُعَـلَّ» مَـنْ قَـدْ رَامَـهْ:
مَـا رِيءَ فِيـهِ عِلَّـةٌ تَقْـدَحُ فِي   صِـحَّتِهِ بَعْـدَ سَـلَامَةٍ تَـفِي

عِللُ الحديثِ: مِن أَغمَضِ أَنواعِ عُلومِ الحديثِ وأَدقِّها، ولا يَقومُ بِه إلَّا مَن رَزقَه اللهُ تَعالىٰ فَهمًا ثاقِبًا، وحِفظًا واسعًا، ومَعرفةً تامَّةً بمَراتبِ الرُّواةِ، ومَلَكةً قَويَّةً بالأسانِيدِ والمُتونِ، ولهذا لَم يَتكلَّم فِيه إلَّا القَليلُ مِن أهلِ هذا الشَّأنِ.

وإذ قد عرفْتَ العلةَ فحَدُّ «الحديثِ المعلِّ» فِي الاصطلَاحِ: «هُوَ الحدِيثِ الذي اطَّلَعَ الحافِظُ فِيهِ عَلَىٰ علةٍ قادحَةٍ فِي صحتِه، مَعَ أنَّه ظَاهِرُ السلامَةِ منها».

يُـدْرِكُهَا الحَـافِظُ بِـالتَّفَرُّدِ   وَالخُلْـفِ، مَـعْ قَـرَائِنٍ؛ فَيَهْتَـدِي
لِلْـوَهْمِ بِالإِرْسَـالِ أَوْ بِـالوَقْفِ أَوْ   تَـدَاخُلٍ بَـيْنَ حَـدِيثَيْنِ حَكَـوْا

بِحَيْثُ يَقْوَى مَا يَظُنُّ فَقَضَى ... بِضَعْفِهِ، أَوْ رَابَهُ فَأَعْرَضَا

وَالوَجْهُ فِي إِدْرَاكِهَا: جَمْعُ الطُّرُقْ ... وَسَبْرُ أَحْوَالِ الرُّوَاةِ وَالفِرَقْ

ومُوجِبُ العلَّةِ: مُوجبانِ: التَّفرُّدُ والمُخالَفةُ. وكلٌّ مِن التَّفرُّدِ والمُخالَفةِ، قَد يكونُ كافيًا للدَّلالةِ علىٰ وقوعِ الخَللِ فِي الرِّوايةِ، ورُبَّما لا يكونُ ذلكَ كافيًا إلَّا إذا انضمَّتْ إلَيه قرائنُ تُنبِّه العارِفَ بِهذا الشَّأنِ عَلَىٰ وهمِ الراوِي فِي وَصْلِ مرسَلٍ أَو منقطعٍ، أَو إِدْخَالِ حدِيثٍ فِي حدِيثٍ، أَو إرسَالِ موصولٍ، أَو وقفِ مرفوعٍ، بِحيثُ يَغلِبُ علىٰ ظنِّه ذلكَ فيَحكُمُ به، أو يَترَدَّدُ فيَتوقَّفُ فيه.

وَسَبيلُ الحافظ فِي إدراكها: أن يَجمعَ طُرقَ الحديثِ وألفاظَه، ويَستقصِيَها مِن الجوامعِ والمَسانِيدِ والأجزاءِ، ويَسبُرَ أحوالَ الرُّواةِ، ويَعتبِرَ بمكانِهم مِن الحفظِ، ومنزلَتِهم فِي الإتقانِ والضَّبطِ، ويُمحِّصَ الفَرقَ بينَ بعضِها، وحينئِذٍ تَدلُّه القَرائنُ علىٰ وَهَمِ الرَّاوي.

وَغَالِبًا وُقُوعُهَا فِي السَّنَدِ ... وَكَحَدِيثِ «البَسْمَلَهْ» فِي المُسْنَدِ

أكثرُ مَا تكونُ العِلَلُ فِي الأَسَانِيدِ، فإِن كَانَ المتنُ مروِيًّا بإسنادٍ آخَرَ صَحِيحٍ لم تقدَحِ العلةُ إِلَّا فِي السندِ، وإِن لم يكُنْ مرويًّا بغيرِ هَذَا الإسنَادِ فالعلةُ قادحَةٌ فِي السَّندِ والمَتْنِ جميعًا.

وربَّما وقعَتِ العلةُ فِي المَتنِ والسَّنَدُ ظاهِرهُ الصِّحَّةُ. كحَديثِ (البسملَةِ) فِي مُسْلمٍ من روَايَةِ الوليدِ بنِ مسلم: «حَدَّثنا الأوزَاعيُّ عن قتادَةَ أَنَّه كَتَبَ إليه يُخبِرُهُ عَن أَنَسِ بنِ مالكٍ أَنَّه حَدَّثه قَالَ: صَلَّيتُ خلفَ النبيِّ ﷺ وأبي بكرٍ وعمرَ وعثمانَ، فكَانُوا يَسْتَفْتِحُونَ بـ﴿ٱلْحَمْدُ لِلَّهِ رَبِّ ٱلْعَـٰلَمِينَ﴾ لَا يَذْكُرُونَ ﴿بِسْمِ ٱللَّهِ ٱلرَّحْمَـٰنِ ٱلرَّحِيمِ﴾ فِي أولِ قراءَةٍ ولا فِي آخرِهَا».

أعلَّه الشافِعِيُّ والدَّارقطنيُّ والبيهقيُّ وابنُ عبدِ البرِّ؛ ورَأَوْا أنَّ مَن رَوَاه باللَّفظِ

المَذْكُورِ رَواهُ بالمَعْنَىٰ، فَفَهِم مِن قَوْلِه: (كانُوا يَسْتَفْتِحُونَ بالحَمْدِ للهِ) أنَّهم كَانُوا لا يُبَسْمِلُون، فَرَواهُ عَلىٰ ما فَهِمَ، وأَخطَأَ؛ لأنَّ مَعْناهُ أنَّ السُّورَةَ الَّتي كَانُوا يَفْتَتِحُونَ بِها هِي الفَاتِحَةُ، وليسَ فِيهِ تَعَرُّضٌ لِذِكْرِ التَّسْمِيَةِ. وانْضَمَّ إلَىٰ ذَلِكَ أُمُورٌ مِنْها: أنَّه ثَبَتَ عَن أَنسٍ أنَّه سُئِلَ عَن الافْتِتاحِ بالتَّسْمِيَةِ، فذَكَر أنَّه لا يَحْفَظُ فِيهِ شَيْئًا عَن رَسُولِ الله ﷺ.

تَنْبِيهٌ: عبَّر النَّاظِمُ عَن المَتْنِ بـ(المُسْنَدِ).

وَنَـوَّعَ الحَـاكِمُ أَجْنَـاسَ العِلَـلْ ... لِعَـشْرَةٍ كُلٌّ بِـهَا يَـأْتِي الخَلَـلْ

قَسَّمَ الحَاكِمُ أجناسَ العلَلِ إلىٰ عشرةٍ، جِماعُها: أنَّها هي صُورُ الأخطاءِ التي يَقعُ فيها الرَّاوي فِي الرِّوايةِ؛ وهيَ كثيرةٌ؛ فهيَ إمَّا بالنَّقصِ، أو الزِّيادةِ، أو بالإدراجِ - والإدراجُ صورةٌ خاصَّةٌ مِن الزِّيادةِ - أو بالقَلْبِ والإبْدالِ، أو بالتَّقديمِ والتَّأخيرِ - وهيَ صُورةٌ مِن القَلْبِ؛ كل ذلك فِي المتن أو فِي الإسناد.

وَمِنْـهُ: مَـا لَـيْسَ بِقَـادِحٍ كَـأَنْ ... يُبْـدِلَ عَـدْلًا بِمُـسَاوٍ حَيْـثُ عَـنّْ

وَرُبَّمَـا أُعِـلَّ بِـالجَلِيِّ ... كَالقَطْـعِ لِلْمُتَّـصِلِ القَـوِيِّ

وَالفِـسْقِ وَالكِـذْبِ وَنَـوْعِ جَـرْحِ ... وَرُبَّمَـا قِيلَـتْ لِغَـيْرِ القَـدْحِ

كَوَصْـلِ ثَبْـتٍ، فَعَـلَى هَـذَا رَأَوْا ... صَـحَّ مُعَـلٌّ، وَهْـوَ فِي الـشَّاذِ حَكَـوْا

وَالنَّـسْخُ؛ قَـدْ أَدْرَجَـهُ فِي العِلَـلِ ... التِّرْمِـذِي، وَخُـصَّهُ بِالعَمَـلِ

مِن العِلَلِ ما يَقدحُ فِي السَّندِ دونَ المَتنِ؛ لِروايتِه بإسْنادٍ آخَرَ لا علَّةَ فيه. كما رُويَ عن الثوريِّ عن عمرِو بنِ دِينارٍ عن ابنِ عُمرَ مرفوعًا: «البَيِّعانِ بالخِيارِ» الحديثَ؛ فالإسْنادُ مُعلَّلٌ غيرُ صحيحٍ، والمَتنُ علىٰ كُلِّ حالٍ صحيحٌ، وعلَّتُه فِي قولِه: (عَمْرو بن دِينارٍ)، وإنَّما هو (عَبد اللهِ بن دِينارٍ)؛ وكلاهما ثقةٌ.

وبعضُ أهلِ العِلْمِ - كالنَّاظمِ - لا يَعُدُّ ذلكَ علَّةً مُطلَقًا؛ لأنَّه مهما كانَ يَدورُ

علىٰ ثقةٍ؛ وعِندي فِي ذلكَ نظرٌ؛ فإنَّه وإنْ كانَ ذلكَ لا يَقدحُ فِي صحَّةِ المتنِ إلَّا أنَّه يُعَدُّ قادحًا فِي الإسنادِ، وهذا يُعَدُّ نوعَ قَدحٍ فِي الرِّوايةِ يقتَضي إعلالَها؛ فإنَّ عُلماءَ العِللِ لا يَنحصِرُ كلامُهم فِي العِللِ التي تَقدحُ فِي المَتنِ فقط؛ بل يَشمَلُ أيضًا ما يَقدحُ فِي الإسنادِ.

والأصلُ فِي إطلاقِ لَفظِ (العلَّةِ)، أنْ يَكونَ عندَما تكُونُ العلَّةُ خَفيَّةً غيرَ ظاهرةٍ، وتَكُونُ قادِحةً، فأمَّا العِللُ الظَّاهرةُ الرَّاجعةُ إلىٰ طَعنٍ فِي الرَّاوي أو سقْطٍ فِي الإسنادِ ظاهرٍ؛ فإنَّ أكثرَ المُحَدِّثين لا يَصفونَ الحديثَ بالمُعلِّ لِمثلِ ذلكَ. ومعَ ذلكَ؛ فكثيرًا ما يَرِدُ فِي إطلاقاتِهم لَفظُ (العِلَّةِ) عَلىٰ مِثلِ هَذه الأسبابِ الظَّاهِرةِ التي تَقدحُ فِي الرِّوايةِ؛ فإمَّا أنَّه اصطِلاحٌ لهم، وإمَّا أنَّ لَفظَ العِلَّةِ فِي هذه المواضِعِ يُرادُ بِه القادِحُ، بصَرفِ النَّظرِ عن كَونِه ظاهرًا أو خَفيًّا.

وقَولُ الإمامِ مالكٍ: (بَلغَني عَن أبي هُريرَةَ أنَّ رَسولَ اللهِ ﷺ قالَ: لِلمَمْلوكِ طَعامُه وكُسْوَتُه) الحَديثَ. قَد تَبيَّنَ مِن وَجهٍ آخَرَ أنَّ مالِكًا بَيْنَه وبَيْنَ أبي هُريرَةَ فِي هَذا الحَديثِ رَجُلانِ؛ فقَدْ رَواهُ أيضًا عَن مُحمَّدِ بنِ عَجْلانَ عَن أَبيه عَن أبي هُريرَةَ. وقد اعتبَرَ الإمامُ أبو يَعْلَىٰ الخَليليُّ هَذا المِثالَ مِن (الصَّحيحِ المَعْلُولِ)؛ لأنَّه إنَّما صَحَّ بالإِسْنادِ الثَّاني، بَيْنَما الأوَّلُ مَعْلُولٌ بعدَمِ الاتِّصالِ؛ فالعِلَّةُ إسْنادِيَّةٌ، والمَتْنُ صَحِيحٌ.

وأمَّا الحَديثُ؛ فمَشْهورٌ مِن حَديثِ ابنِ عَجْلانَ عَن بُكَيرِ بنِ الأَشَجِّ عَن عَجْلانَ عَن أبي هُريرَةَ؛ هَكذا يَرْويه النَّاسُ، وهُو طَريقُهُ المَحْفُوظُ. ولعلَّ مالكًا ذَكَرَه بلاغًا لذلكَ. واللهُ أعلمُ.

واستعْمَلَ التِّرمِذيُّ وغيرُه لفظَ (العلَّةِ) فِي التَّعبيرِ عن النَّسخِ؛ فإن أرادَ بذلكَ أنَّ النَّسخَ علَّةٌ فِي العَملِ بالحديثِ فصحيحٌ مُسَلَّمٌ، وإنْ أَرادَ أنَّه علَّةٌ فِي صحَّةِ الحديثِ فَغيرُ مُسَلَّمٍ؛ لأنَّ النَّسخَ لا يَقدحُ فِي الصِّحَّةِ، بل فِي العَملِ؛ ولهذا حملَه العِراقيُّ وابنُ حَجَرٍ علىٰ إرادةِ أنَّه علَّةٌ فِي العملِ لا فِي الصِّحَّةِ.

المُضطَرِبُ

مَـا اخْتَلَفَـتْ وُجُوهُـهُ حَيْـثُ وَرَدْ ... مِـنْ وَاحِـدٍ أَوْ فَـوْقُ، مَتْنًـا أَوْ سَـنَدْ

وَلَا مُـرَجِّحَ؛ هُـوَ «المُـضْطَرِبُ» ... وَهْـوَ لِتَـضْعِيفِ الحَـدِيثِ مُوجِـبُ

إِلَّا إِذَا مَـا اخْتَلَفُـوا فِي اسْـمٍ أَوَ ابْ ... لِثِقَـةٍ فَهْـوَ صَـحِيحٌ مُـضْطَرِبْ

الزَّرْكَـشِيُّ: القَلْـبُ والـشُّذُوذُ عَـنّْ ... وَالِاضْـطِرَابُ فِي الـصَّحِيحِ وَالحَـسَنْ

وَلَـيْسَ مِنْـهُ حَيْـثُ بَعْـضُهَا رَجَـحْ ... بَـلْ نُكْـرٌ ضِـدٌّ أَوْ شُـذُوذُهُ وَضَـحْ

الحديثُ المُضطربُ: هو الذي اختلفَتْ وُجوهُ روايتِه، سَواء أكانَ راوي هذه الوُجوهِ واحِدًا أو أكثر، فِي السَّندِ وحدَه، أو فِي المَتنِ وحدَه، أو فيهما جميعًا، بشرطِ ألَّا يَترجَّحَ بعضُها علىٰ بعضٍ.

وَلا يُحْكَم علَىٰ الحَديث بالاضْطِرابِ إلَّا إذا كانَ الخِلافُ بينَ الرِّواياتِ شَدِيدًا؛ بحيثُ يَتعذَّرُ علَىٰ النَّاقِدِ التَّرجيحُ بينَ وُجُوه الاخْتِلافِ، وتَقْديمُ بعضِ الرِّواياتِ علَىٰ باقِيها؛ لتَقارُبِ الرَّواةِ الَّذينَ يَدُورُ عَلَيْهم الاخْتِلافُ فِي الحِفظِ، والإِتْقان ونَحْوِ ذلكَ. فإن لَم يَتبيَّن الصَّوابُ مِن الخطإ؛ حُكِمَ بالاضطرابِ، وكانَ هذا مُوجِبًا إعلالَ الحديثِ، والقَدحَ فِي صحَّتِه؛ فيَبطُلُ الاحتجاجُ بالحديثِ لِحينِ ترجيحِ أحدِ وجوهِ الاختلافِ.

وأمَّا إذا اختُلفَ فِي اسمِ راوٍ أو كُنيتِه، أو اسمِ أبيه أو كنيتِه، أو اسمِ جدِّه أو كنيتِه، أو نسبِه، أو ذَكرَه بعضُهم مبهَمًا، أو غيرُ ذلكَ؛ فلا يَضرُّه ذلكَ إذا عُرفَت عدالتُه، ولا يوجب ذلكَ اضطرابًا، ولو سُمِّيَ به لا يكونُ له حُكْمُه. مِن ثَمَّ قال الزَّركشيُّ: «قد يَدخُلُ القَلْبُ والشُّذُوذُ والاضْطِرابُ فِي قِسْمِ الصَّحيحِ والحَسَنِ». يُريدُ: أنَّ المتنَ قد يَكونُ صَحيحًا مَع وُقُوعِ علَّةٍ فِي بَعضِ أَسانِيدِه.

وحيثُ يُمكنُ التَّرجيحُ، وتُعرَفُ الرِّوايةُ الرَّاجِحَةُ مِن المَرْجُوحةِ، فالرَّاجِحةُ مَحْفُوظةٌ أو مَعْرُوفةٌ، والمَرْجُوحةُ شَاذَّةٌ أو مُنْكَرةٌ.

المَقْلُوبُ

«القَلْبُ»: فِي المَتْنِ وَفِي الإِسْنَادِ قَرّْ ... إِمَّا بِإِبْدَالِ الَّذِي بِهِ اشْتَهَرْ

بِوَاحِدٍ نَظِيرِهِ؛ لِيُغرِبَا ... أَوْ جَعْلِ إِسْنَادِ حَدِيثٍ اجْتَبَى

لِآخَرٍ، وَعَكْسِهِ؛ إِغْرَابًا اوْ ... مُمْتَحِنًا كَأَهْلِ بَغْدَادَ حَكَوْا

وَهْوَ يُسَمَّى عِنْدَهُمْ بِـ«السَّرِقَهْ» ... وَقَدْ يَكُونُ القَلْبُ سَهْوًا أَطْلَقَهْ

القَلبُ: هو تَغْيِيرُ شيءٍ بإبدالِه بآخَرَ، فِي السَّندِ أو فِي المَتنِ أو فِيهما معًا، وكذا تَقديمُ ما حقُّه التَّأخيرُ وتَأخِيرُ ما حقُّه التَّقديمُ؛ خطَأً أو عَمدًا.

والإبدالُ: كإبدالِ رَاوٍ بِراوٍ آخرَ نَظيرٍ لَه. مثل: أنْ يَروي (نافعٌ عَن ابنِ عُمرَ) حَدِيثًا؛ فيرويه راوٍ عَن (سَالمٍ عَن ابنِ عُمرَ). أو إبدالِ إسْنَادِ حَدِيثٍ بإسْنَاد حَدِيثٍ آخرَ. وهَذا يَقولونَ فِيه: «دَخل عَلَيْه حَدِيثٌ فِي حَدِيث».

والتَّقديمُ والتَّأخيرُ: كَحَدِيثِ السَّبْعةِ الَّذِين يُظِلُّهم اللهُ فِي ظلِّه يومَ لا ظِلَّ إلَّا ظِلُّه، وفِيه: «وَرجلٌ تَصدَّق بصدقَةٍ فأَخفاها حتَّىٰ لا تَعلمَ شِمالُه ما تُنفقُ يَمينُه». فَفِي رِوايَةِ مُسْلمٍ: «حتَّىٰ لا تعلمَ يَمينُه ما تُنفق شِمالُه».

ويَقعُ القَلبُ مِن الرَّاوي علىٰ جِهةِ الخطإِ غيرِ المقصودِ؛ فإن كَانَ كذلكَ؛ فهُو مِن صُورِ العِللِ، يَقدَحُ فِي الحديثِ ولا يَقدَحُ فِي الرَّاوي؛ لكن إن كثُر ذلكَ مِنهُ يَكُون قادحًا فِي حِفظِه وضبطِه.

وَيَقعُ الإبدالُ مِن الرَّاوي علىٰ سَبيلِ العَمدِ والقَصدِ للإغرابِ عَلىٰ الأَقْرانِ والاسْتِكثارِ عَلَيهم! فهذا كَذبٌ- عياذًا باللهِ-؛ فهو لا يَجوزُ بحالٍ. وهذا هو ما يُسمَّىٰ

عِندَهُم بـ(السَّرقةِ)، ويُسمَّىٰ فاعلُه بـ(السَّارقِ).

نعم؛ يَجوزُ تعمُّدُ قَلبِ الأحاديثِ امتِحانًا مِن فاعِلِه لغيْرِه؛ وقد فعلَه بعضُ الأئمَّةِ؛ لكِنْ يُشترَطُ فيه: انتهاؤُه بانتهاءِ الاختبارِ والحاجةِ، وألَّا ينفَضَّ المجلسُ إلَّا ببيانِ صَوابِ الرِّوايةِ. ومِن أشهرِ ذلكَ: قصَّةُ الإمامِ البُخاريِّ معَ أهلِ الحديثِ البَغداديِّين، لمَّا أرادوا اختبارَ حفظِه. وهيَ قصَّةٌ مَشهورةٌ.

المُدْرَجُ

وَ«مُـدْرَجُ المَـتْنِ»: بِـأَنْ يُلْحَـقَ فِي ... أَوَّلِهِ أَوْ وَسَـطٍ أَوْ طَـرَفِ

كَلَامُ رَاوٍ مَّـا بِـلَا فَـصْلٍ، وَذَا ... يُعْـرَفُ بِالتَّفْصِيلِ فِي أُخْـرَى، كَـذَا

بِـنَصِّ رَاوٍ أَوْ إِمَـامٍ، وَوَهَى ... عِرْفَانُـهُ فِي وَسْـطٍ اوْ أَوَّلِهَـا

مُدرَجُ المَتنِ: هو دَمْجُ موقوفٍ بمرفوعٍ. وهو ثَلاثةُ أقسامٍ؛ لأنَّه يَقعُ فِي أوَّلِ المَتنِ ووسَطِه وآخرِه، والأخيرُ الأكثرُ وقوعًا، والثَّاني أكثرُ مِن الأوَّلِ.

مثالُ ما أُدرِجَ فِي أوَّلِه: ما رَواهُ بعضُهم: عَن أبي هُريرَةَ قالَ: قالَ رَسُولُ اللهِ ﷺ: «أَسْبغوا الوضُوءَ؛ ويلٌ للأعقابِ مِن النَّارِ». صَوابُه: عَن أبي هُريرَةَ قالَ: أَسْبِغوا الوضُوءَ؛ فإنَّ أبا القاسمِ ﷺ قالَ: «ويلٌ للأعقابِ مِن النَّارِ».

ومثالُ ما أُدرِجَ فِي أثنائه: ما رَواهُ بعضُهم عَن هِشامِ بنِ عُروَةَ عَن أبيه عَن بُسرة بنتِ صَفوانَ قَالتْ: سمعتُ رَسُولَ اللهِ ﷺ يقولُ: «مَن مسَّ ذكره أَو أُنثيَيْه أو رفغَيْه، فَليتوضَّأْ». صوابُه: أنَّ قولَه: «أَو أُنثيَيه أو رفغَيْه» مِن قَولِ عُروَةَ لا مِن قَولِ رَسُولِ اللهِ ﷺ.

ومثالُ ما أُدرِجَ فِي آخرِه: مَا رواهُ بعضُهم عن ابنِ مَسعودٍ عن النَّبيِّ ﷺ (فِي صفةِ التَّشهُّدِ فِي الصلاةِ)، وفِي آخرِه: «إذا قُلْتَ هَذا- أو قَضيتَ هَذا- قَد قَضيتَ صَلاتَك، إنْ شِئتَ أنْ تَقُومَ؛ فَقُمْ، وإنْ شِئتَ أنْ تَقْعُدَ فاقعُدْ». صَوابُه: أنَّ قولَه: «إنْ شِئتَ... إلخ» مِن كَلامِ ابنِ مَسعودٍ، لا مِن كَلامِ النَّبيِّ ﷺ.

قالَ ابنُ دَقِيقِ العِيدِ: والطَّرِيقُ إلىٰ الحُكْمِ بالإدراجِ فِي الأوَّلِ والأَثْناءِ ضَعِيفٌ، لا سيِّما إنْ كانَ مُقدَّمًا علىٰ اللَّفظِ المَرْويِّ، أو مَعْطُوفًا عَلَيه بواوِ العَطْفِ.

ويُعرَفُ الإدراجُ فِي المَتنِ بواحِدٍ مِن أمورٍ أربعةٍ:

الأَوَّلُ: أَن يَنُصَّ الرَّاوِي نَفسُه فِي حديثِهِ علىٰ إِدراجِهِ. كقولِ ابنِ مَسعودٍ: سَمعتُ رَسولَ الله ﷺ يَقُولُ: «مَن جعلَ للهِ نِدًّا دَخلَ النَّارَ»، وَأُخْرَىٰ أَقُولُها وَلَمْ أَسْمَعْها مِنهُ: «مَنْ ماتَ لا يَجْعَلُ للهِ نِدًّا أَدخلَهُ الجَنَّةَ»؛ وقَد رَواهُ راوٍ مَرفُوعًا كلَّه؛ فأَخطأَ.

الثَّانِي: مَجيءُ رِوايةٍ أُخرَىٰ مفصِّلةٍ ومبيِّنةٍ للحَديثِ وللقدْرِ المُدرَجِ؛ كَمَا رَأيتَ فِي الرِّواياتِ الَّتِي سُقناهَا عِندَ ذِكرِ الأَمثِلَةِ.

الثَّالِثُ: أَن يَكونَ الكَلامُ المُدرَجُ مِمَّا يَستحِيلُ أَن يَقُولَهُ النَّبيُّ ﷺ. كحَديثِ أَبِي هُريرَةَ، قالَ: قالَ رَسولُ اللهِ ﷺ: «لِلعَبدِ المَمْلُوكِ أَجرانِ، وَالَّذي نَفسِي بِيَدِهِ؛ لَولا الجِهادُ فِي سَبيلِ اللهِ وَالحَجُّ وَبِرُّ أُمِّي لَأَحببْتُ أَنْ أَمُوتَ وَأَنا مَملُوكٌ». فَقولُه: «وَالَّذي نَفْسِي بِيَدِهِ» إِلَىٰ آخِرِه؛ يَستَحِيلُ أَنْ يَكُونَ مِن كَلامِ النَّبيِّ ﷺ؛ إِذ يَمْتَنِعُ عَلَيه أَنْ يَتمنَّىٰ أَن يَصِيرَ مَملُوكًا، وأَيضًا؛ فَلمْ تَكُن لَهُ أُمٌّ يبرُّها، بَل هَذا مِن قَولِ أَبِي هُريرَةَ، أُدرِجَ فِي الحَديثِ مِن غَيرِ فَصْلٍ.

الرَّابِعُ: أن يَكشِفَ أَحَدُ الحُفَّاظِ الأَمرَ، فيُبيِّنَ ما هو الأَصلُ مِمَّا أُدرِجَ فِيهِ.

وَ«مُدْرَجُ الإِسْنَادِ»: مَتْنَيْنِ رَوَى … بِسَنَدٍ لِوَاحِدٍ، أَوْ ذَا سِوَى
طَرْفٍ بِإِسْنَادٍ فَيَرْوِي الكُلَّ بِهْ … أَوْ بَعْضَ مَتْنٍ فِي سِوَاهُ يَشْتَبِهْ
أَوْ قَالَهُ جَمَاعَةٌ مُخْتَلِفَا … فِي سَنَدٍ، فَقَالَ: هُمْ مُؤْتَلِفَا

ومُدرَجُ الإسنادِ: هُو تَغييرُ سِياقِ الإسنادِ، أو حَملُ رِوايةٍ علىٰ رِوايةٍ. وهُو خَمسَةُ أَقْسامٍ؛ لأنَّه يقعُ فِي السَّندِ فقط؛ كلِّه أو بعضِه، أو فِي المَتنِ فقط؛ كلِّه أو بعضِه، أو فِي السَّندِ والمَتنِ معًا:

الأَوَّلُ: أنْ يَرويَ جماعةٌ الحديثَ بأسانِيدَ مُختلِفةٍ؛ فيَرويه عَنْهم راوٍ؛ فيَجمعُ الكُلَّ علىٰ إسنادٍ واحدٍ مِن تلكَ الأسانِيدِ، ولا يُبيِّنُ الاختلافَ. كالذي رَواهُ بعضُهُم عَن أبي إسحاقَ السَّبيعيِّ عَن أبي عَبدِ الرَّحمنِ السُّلَميِّ وعَبدِ اللهِ بنِ حَلامٍ عَن ابنِ مَسعودٍ قالَ: «خَرجَ رَسُولُ اللهِ ﷺ مِن بَيت سَوْدَة؛ فإذا امرأةٌ علىٰ الطَّريقِ قَد تَشوَّفَت...» الحَديثَ. صَوابُه: أنَّ هَذا سِياقُ ابنِ حَلامٍ، وأمَّا أبو إسْحاقَ فَرواهُ (عَن السُّلَميِّ عَن النَّبيِّ ﷺ؛ مُرسَلًا).

الثَّاني: أنْ يكُونَ المَتنُ عِندَ راوٍ إلَّا طرَفًا مِنه؛ فإنَّه عِندَه بإسنادٍ آخَرَ؛ فيَرويه راوٍ عَنه تامًّا بالإسنادِ الأوَّلِ. كالذي رواهُ بعضُهم عَن عاصِمِ بنِ كُلَيْبٍ عَن أبيهِ عَن وائلِ ابنِ حُجْرٍ (فِي صِفة صلاةِ رَسُول اللهِ ﷺ)، وفِي آخِره: أنَّه جاءَ فِي الشِّتاءِ فرآهم يَرفعونَ أيدِيَهُم مِن تَحتِ الثِّيابِ». صَوابُه: أنَّ عاصمَ بنَ كُليبٍ رَوىٰ بِهَذا الإسْنادِ صِفةَ الصَّلاةِ خاصَّةً، وروىٰ رفعَ الأَيدي (عَن عبدِ الجبَّارِ بنِ وائلٍ عَن بعضِ أهلِه عَن وائلِ بنِ حُجرٍ).

الثَّالثُ- وهُو فَرعٌ عَن السَّابقِ-: أنْ يَسمعَ الحديثَ مِن شَيخِه إلَّا طرَفًا مِنه، فيَسمعُه عَن شيخِه بواسطةٍ؛ فيَرويه راوٍ عَنه تامًّا بحَذْفِ الواسطةِ. كحَدِيثِ حُميدٍ عَن أنسٍ (فِي قِصَّةِ العُرَنيِّين)، وأنَّ النَّبيَّ ﷺ قالَ لَهم: «لو خَرجْتُم إلَىٰ إبلِنا فشَرِبتُم مِن أَلبانِها وأَبْوالِها». صَوابُه: أنَّ لفظةَ (وأَبْوالِها) إنَّما سَمِعَها حُميدٌ مِن قَتادةَ عَن أنسٍ.

الرَّابعُ: أنْ يكُونَ عِندَ الرَّاوي مَتْنانِ مُخْتلِفانِ بإسنادَينِ مختلِفَينِ؛ فيَرويهما راوٍ عَنه مُقتصِرًا علىٰ أَحدِ الإسنادَينِ، أو يَروي أحدَ الحَديثَينِ بإسنادِه الخاصِّ به، لَكِن يَزيدُ فِيه مِن المَتنِ الآخَرِ ما لَيسَ فِي الأوَّلِ. كالذي رَواهُ بعضُهم عَن مالكٍ عَن الزُّهريِّ عَن أنسٍ أنَّ النَّبيَّ ﷺ قالَ: «لا تَباغَضُوا، ولا تَحاسَدُوا، ولا تَدابَرُوا، ولا تَنافَسُوا» الحَديثَ. صَوابُه: أنَّ قولَه: «ولا تَنافَسُوا» مُدرَجٌ مِن حَدِيثٍ آخَر لمَالكٍ عَن أبي الزِّنادِ عَن الأَعْرَجِ عَن أبي هُريرَةَ عَن النَّبيِّ ﷺ، وليسَ فِي الأوَّلِ قولُه: «ولا تَنافَسُوا»، وَهُو فِي الثَّانِي فقطْ.

الخامِسُ: أنْ يَسُوقَ الرَّاوي الإسنادَ، فيَعرِضُ له عارِضٌ، فيقولُ كلامًا مِن قِبَلِ نفسِه؛ فيظُنُّ بعضُ مَن سَمِعَه أنَّ ذلكَ الكَلامَ هو مَتنُ ذلكَ الإسنادِ؛ فيَرويه عَنه كَذلكَ. كما ذَكروا أنَّ ثابتَ بنَ مُوسىٰ الزَّاهدَ دخلَ علىٰ شَريكِ بنِ عبدِ اللهِ النَّخعيِّ، وشَريكٌ يُمْلِي؛ يقولُ: (حدَّثنا الأعمشُ عَن أبي سُفيانَ عَن جابرٍ قالَ: قالَ رَسُولُ اللهِ ﷺ)، ولَم يَذكر المَتْنَ، وسكتَ لِيكتبَ المُسْتَملي؛ فلمَّا نَظرَ شَريكٌ إلىٰ ثابتٍ؛ قال- أي: مِن قِبَلِ نفسِه-: (مَن كَثُرتْ صَلاتُه باللَّيلِ ابيضَّ وَجهُه بالنَّهارِ)، وإنَّما أرادَ ثابتًا؛ لزُهده وورعِه؛ فظنَّ ثابتٌ أنَّه رَوىٰ هَذا الحَدِيثَ مَرفوعًا بِهَذا الإسْنادِ؛ فكانَ ثابتٌ يُحدِّث بِه عَن شَريكٍ.

وَكُلُّ ذَا مُحَــــرَّمٌ وَقَـــادِحُ   وَعِنْدِيَ التَّفْسِيرُ قَدْ يُسَامَحُ

ما وقعَ مِن الإدراجِ عن خطإٍ أو سَهوٍ؛ فهو غيرُ قَادحٍ فِي المُدرجِ ودينِه، فإن كثُرَ الخطأُ مِنه قدَحَ فِي ضبطِه وإتقانِه. وما كانَ عن عَمدٍ؛ فيَختلفُ حُكمُه نظرًا للسَّببِ الحاملِ عليه: فإن كانَ تَفسيرًا لغريبٍ أو نحوِه؛ فهو غيرُ قَادحٍ، وقد فعلَ ذلكَ الزُّهْريُّ وغيرُ واحدٍ مِن أئمَّةِ هذا الشَّأنِ. وإن كانَ لغيرِ هذا السَّببِ؛ فهو حرامٌ عندَ عامَّةِ العلماءِ. واللهُ أعلمُ.

المَوْضُوعُ

الخَبَرُ «المَوضُوعُ» شَرُّ الخَبَرِ   وَذِكْرُهُ لِعَالِمٍ بِهِ احْظُرِ

فِي أَيِّ مَعْنًى كَانَ إِلَّا وَاصِفَا   لِوَضْعِهِ؛ وَالوَضْعُ فِيهِ عُرِفَا

إِمَّا بِالِاقْرَارِ، وَمَا يَحْكِيهِ   وَرِكَّةٍ، وَبِدَلِيلٍ فِيهِ

وَأَنْ يُنَاوِي قَاطِعًا وَمَا قُبِلْ   تَأْوِيلُهُ، وَأَنْ يَكُونَ مَا نُقِلْ

حَيْثُ الدَّوَاعِي ائْتَلَفَتْ بِنَقْلِهِ   وَحَيْثُ لَا يُوجَدُ عِنْدَ أَهْلِهِ

وَمَـا بِـهِ وَعْـدٌ عَظِـيمٌ أَوْ وَعِيـدْ   عَلَى حَقِـيرٍ وَصَـغِيرَةٍ؛ شَـدِيدْ

المَوْضُوعُ: هو الكَذبُ المُختلَقُ المَصْنوعُ. والوضعُ يَقعُ فِي الإسنادِ والمَتنِ؛ لكن قَلَّما يُعبِّرون عن السَّندِ بالمَوضوعِ إلَّا مقيَّدًا، فيقولُون: «مَوضوعٌ بِهذا الإسنادِ»، نعم قد يُطلِقون، لكن تَدُلُّ الدَّلائلُ علىٰ إرادةِ الإسنادِ دونَ المَتنِ.

ووَضْعُ الإسنادِ يُسمَّىٰ عندَهم بـ«السَّرقةِ»، ويُسمَّىٰ فاعلُه بـ«السَّارقِ»، كما تقدَّمَ مثلُه فِي «المقلوبِ»؛ فإنَّ هذا صورةٌ مِن صورِ تَعمُّدِ القَلبِ.

والخَبَرُ المَوْضُوعُ المَكْذُوبُ شَرُّ أَنْواعِ الأَحَادِيثِ الضَّعِيفةِ، فمَن يَروي حديثًا مَا: إمَّا أن يَجهلَ أنَّه مَوضوعٌ، وإمَّا أن يَعلمَ ذلكَ بطَريقٍ مِن طُرقِ العِلمِ، والثَّانِي: إمَّا أن يَقصِدَ بروايتِه إيَّاه تَبيينَ حالِه، وإمَّا أن يَرويَه غير مُبيِّنٍ حالَه.

فأمَّا الذي يَجهلُ الحالَ؛ فلا إثمَ عليه، وإن كنَّا نَعتقدُ أنَّه مُقصِّرٌ فِي البحثِ عَنه، مُتهجِّمٌ علىٰ ما لا يَنبغي للمُسْلمِ أن يَتهجَّمَ عليه؛ إذ يَلزمُه سؤالُ أَهلِ العِلمِ، والعَملُ بحسَبِ ما يُفتونَه.

وأمَّا الذي يَعلمُه؛ ففيه تفصيلٌ: فإن كانَ يَذكرُه ليُبيِّنَ أنَّه مُختلَقٌ مَوضوعٌ؛ فلا شَيءَ عليه، بل هو مُثابٌ علىٰ هذا الصُّنعِ. وأمَّا مَن عَلمَ حالَه ورَواه مِن غَير بيانٍ؛ فهو آثمٌ أشدَّ الإثمِ، وهو خَصيمُ الله تَعالىٰ ورسولِه ﷺ، نعوذُ باللهِ السَّميعِ العَليمِ مِن ذلكَ.

ويُعَرفُ وضعُ الحديثِ واختلاقُه بأمُورٍ:

الأوَّلُ: أن يُقرَّ واضعُه أنَّه وَضَعَه. كإقرارِ عُمرَ بنِ صُبْحٍ بوضعِه خُطبةَ النَّبيِّ ﷺ التي نَسبَها إليه. وكما أَقرَّ مَيسرةُ الفَارسيُّ بأنَّه وَضعَ أحاديثَ فِي فَضائلِ القُرآنِ، وأحاديثَ فِي فَضائلِ عليٍّ رَضِيَ اللَّهُ عَنْهُ.

الثَّانِي: ما يُشابه إقرارَ الرَّاوي بالوَضعِ، ويُنزَّلُ منزلتَه. وذلكَ كأن يحدِّثَ بِحديثٍ عن شَيخٍ، وَيُسأَلَ عن مَولِدِه، فَيذكُرَ تَارِيخًا تُعلَمُ وَفَاةُ ذلكَ الشَّيخِ قَبلَهُ؛ ولا يُعرفُ ذلكَ الحَديثُ إلَّا عِندَهُ.

الثَّالثُ: أنْ يُنقِّبَ عَنه طالِبُه (حيثُ يكونُ حافظًا كبيرًا، قَد أحاطَ بجميعِ الحديثِ أو مُعظمِه)، فلا يَجدُه فِي صدورِ العلماءِ، ولا فِي بُطونِ الكتبِ.

الرَّابعُ: أنْ تَقومَ (قَرينةٌ مِن حالِ الرَّاوي) علىٰ أنَّ ذلكَ المَرويَّ مَوضوعٌ. وذلكَ أن يكونَ راويه المتفرِّدَ به معروفًا بتعمِّدِ الكذبِ، لا سيَّما إذا انضَمَّ إلىٰ ذلكَ ما يقوِّي كذبَه فيه، كأن يكونَ الحديثُ مؤيِّدًا لبدعتِه، أو مروِّجًا لسلعتِه.

الخامسُ: أنْ تقومَ (قرينةٌ مِن المَرويِّ) علىٰ أنَّه موضوعٌ. كأنْ يُخالِفَ دلالةَ الكِتابِ القطعيَّةِ، أو السُّنَّةَ المُتواتِرةَ، أو الإجماعَ القَطعيَّ، أو دليلَ العقلِ، ولَم يَقبل التَّأويلَ ليوافِقَ ما خالفَه؛ فأمَّا إن قَبِلَ، فلا.

أو أن يكونَ سَمِجًا رَكيكَ المَعنىٰ، سواءٌ أنضَمَّ إلَىٰ ذلكَ ركَّةُ اللَّفظِ أم لا، أما ركَّةُ اللَّفظِ وحدَها، فلا تكُون دليلًا؛ لاحتمالِ أن يكونَ رَواه بالمَعنىٰ، فغيَّرَ اللَّفظَ الجميلَ بلفظٍ آخرَ رَكيكٍ. نعم؛ لو كانَ رَكيكَ اللَّفظِ، ثمَّ ادَّعىٰ أنَّ هذا هو لفظُ النَّبيِّ ﷺ؛ كانَ ذلكَ دليلًا علىٰ أنَّه كاذبٌ وضَّاعٌ.

أو أن يكونَ مخالِفًا للواقعِ المَحْسوسِ والأمرِ المشاهَدِ، ومِنه أن يكونَ خبرًا عن أمرٍ جَسيمٍ تَتوفَّرُ الدَّواعي علىٰ نقلِه، ثمَّ لا يَرويه إلَّا واحدٌ. أو أن يكونَ متضمِّنًا مجازَفةً، كالإفراطِ بالوعيدِ الشَّديدِ علىٰ الأمرِ الصَّغيرِ، أو الوعدِ العظيمِ علىٰ الفعلِ الحقيرِ؛ كغالبِ أحاديثِ القُصَّاصِ.

وَقَالَ بَعْضُ العُلَمَاءِ الكُمَّلِ:   احْكُمْ بِوَضْعِ خَبَرٍ إِنْ يَنْجَلِ
قَدْ بَايَنَ المَعْقُولَ، أَوْ مَنْقُولَا   خَالَفَهُ، أَوْ نَاقَضَ الأُصُولَا
وَفَسَّرُوا الأَخِيرَ حَيْثُ يُفْقَدُ   جَوَامِعٌ مَشْهُورَةٌ وَمُسْنَدُ

قالَ ابنُ الجَوزيِّ: «ما أَحْسَنَ قولَ القائلِ: إذا رَأيتَ الحَديثَ يُبايِنُ المَعْقولَ أو يُخالِفُ المَنْقولَ أو يُناقِضُ الأُصولَ، فاعْلَمْ أنَّه حَديثٌ مَوضُوعٌ». قالَ: «ومَعْنىٰ

مُناقَضَتِه للأُصُولِ: أنْ يَكُونَ خَارِجًا عَن دَواوِينِ الإِسْلامِ مِن المَسانِيدِ والكُتُبِ المَشْهُورَةِ».

وَفِي ثُبُوتِ الوَضْعِ حَيْثُ يُشْهَدُ -مَعْ قَطْعِ مَنْعِ عَمَلٍ-؛ تَرَدُّدُ

إذا شَهدَ الشُّهودُ علىٰ أنَّ الرَّاويَ قد وضَعَ الحديثَ، فالإجماعُ مُنعقِدٌ علىٰ القَطعِ بمَنعِ العملِ به، ولكن هل يَثبُتُ الوضعُ بالشَّهادةِ؟ قالَ الزَّرْكَشيُّ: «يُشبِه أن يكونَ فيه التَّردُّدُ فِي أنَّ شَهادةَ الزُّورِ هل تَثبُتُ بالبيِّنةِ؟».

وَالوَاضِعُونَ؛ بَعْضُهُمْ لِيُفْسِدَا دِينًا، وَبَعْضٌ نَصْرَ رَأْيٍ قَصَدَا

كَذَا تَكَسُّبًا، وَبَعْضٌ قَدْ رَوَى لِلْأُمَرَاءِ مَا يُوَافِقُ الهَوَى

وَشَرُّهُمْ: صُوفِيَّةٌ قَدْ وَضَعُوا مُحْتَسِبِينَ الأَجْرَ فِيمَا يَدَّعُوا

فَقُبِلَتْ مِنْهُمْ رُكُونًا لَهُمُ حَتَّى أَبَانَهَا الأُلَى هُمْ هُمُ

كَالوَاضِعِينَ فِي فَضَائِلِ السُّوَرْ فَمَنْ رَوَاهَا فِي كِتَابِهِ فَذَرْ

الأسبابُ الحاملةُ علىٰ وضعِ الحديثِ خمسةُ أسبابٍ:

الأوَّلُ: قَصدُ الواضِعِ إلىٰ إفسادِ الدِّينِ علىٰ أهلِه، وهمُ الزَّنادقةُ؛ فقد وَضعوا أحاديثَ تُحِلُّ الحرامَ وتُحرِّمُ الحلالَ، وتَدعو إلَىٰ غيرِ العَقيدةِ الصَّافيةِ. ولكنَّ العُلَماءَ كانُوا لهَؤلاءِ بالمِرْصادِ، فكَشَفُوا عوارَهم وفَضَحُوا أَمْرَهم.

الثَّاني: رَغبةُ الواضعِ فِي التَّكسُّبِ به واستدرارِ الرِّزقِ؛ كأبي سعيدٍ المَدائنيِّ.

الثالثُ: قَصدُ الواضِعِ إلىٰ نُصرةِ مذهبٍ يَدعو إليه، كالرَّافضةِ وأمثالِهم.

الرابعُ: قَصدُ الواضعِ إلىٰ التَّزلُّفِ والقُربىٰ عند الخُلفاءِ والأُمراءِ.

الخامسُ: رَغبةُ الواضِعِ الاحتِسابَ- زَعمَ- بوضعِ أحاديثَ فِي التَّرغيبِ والتَّرهيبِ. كالذين وَضعوا أحاديثَ فِي فضلِ القُرآنِ سُورةً سُورةً.

وشَرُّ الوضَّاعِينَ قومٌ من الجهلَةِ الأغرَارِ، دَخلُوا فِي عِدَادِ المتصوِّفِينَ، وهم من الجهْلِ والضلَالَةِ بالمنزلَةِ القُصوىٰ، والدينُ والزهْدُ والورَعُ منهم بُرَآءُ؛ فقد وَضَعُوا أحادِيثَ اختلقُوها وقَبِلَها الناسُ منهم؛ انخِدَاعًا بظواهِرِهم.

ومِنْ أمثالِهِم: الذينَ وَضعُوا أحادِيثَ فِي فَضْلِ القرآنِ سورَةً سورَةً. ولهذَا؛ عَابَ كَثِيرٌ مِنَ العلمَاءَ المفسِّرِينَ للقرآنِ الذينَ يذكُرُونَ مَعَ تفسيرِ كلِّ سورةٍ أحاديثَ فِي فَضْلِها؛ كالواحِدِيِّ والزمخشرِيِّ والبيضَاوِيِّ، لكنَّ مَنْ ذَكَرَ إسنادَهُ منهم فهو أبسَطُ لعذْرِه؛ لأَنَّ «مَنْ أسندَ فقد أحَالَكَ».

وَالوَضْـعُ فِي التَّرغِيـبِ ذُو ابْتِـدَاعِ جَــوَّزَهُ مُخَـالِفُ الإِجْــمَاعِ

وَجَــزَمَ الــشَّيْخُ أَبُــو مُحَمَّــدِ بِكُفْــرِهِ بِوَضْــعِهِ إِنْ يَقْــصِدِ

ذَهبَ الكرَّامِيَّةُ- قومٌ مِن المُبتدِعةِ يُنسَبون إلىٰ محمَّدِ بنِ كَرَّامٍ السِّجسْتانِيِّ المُتكلِّمِ- إلىٰ أنَّه يجوزُ وَضعُ الأحاديثِ فِي التَّرغيبِ والتَّرهيبِ. وتبَجَّحوا فِي تأويلِ حديثِ: «مَن كذَبَ عليَّ مُتعمِّدًا فليَتبوَّأْ مقعدَه مِن النَّارِ»، فقالوا: إنَّما نكذبُ له لا عليه. وهو خلافُ إجماعِ مَن يُعتَدُّ به مِن المسلمين.

وقد اتَّفقَ أهلُ العلمِ علىٰ أنَّ تعمُّدَ الكَذِبِ علىٰ النَّبيِّ ﷺ مِن الكبَائرِ. وَبالَغَ أَبُو مُحَمَّدٍ الجُوَيْنِيُّ؛ فَكَفَّرَ مَنْ تَعَمَّدَ الكَذِبَ علىٰ النَّبيِّ ﷺ. لَكِنَّ قولَه ذلكَ ضَعَّفَهُ ابْنُهُ إمامُ الحَرَمَينِ ومَن بَعْدَهُ، والجُمهورُ علىٰ أَنَّهُ لا يَكْفُرُ إِلَّا إذا اعْتَقَدَ حِلَّ ذلكَ. واللهُ أعلمُ.

وَغَالِـبُ المَوْضُـوعِ ممَّـا اخْتَلَقَـا وَاضِـعُهُ، وَبَعْـضُهُمْ قَـدْ لَفَّقَـا

كَلَامَ بَعْـضِ الحُكَمَـاءِ، وَمِنْـهُ مَـا وُقُوعُـهُ مِـنْ غَـيْرِ قَـصْدٍ وَهَمَـا

المَوضوعُ: مِنه ما يَختَرِعُه الواضعُ مِن عندِ نفسِه ويختلقُه. ومنه ما يأخذُه الواضعُ مِن كلامِ الحُكماءِ والإسرائِيليَّاتِ، ثمَّ ينسُبُه إلىٰ النَّبيِّ ﷺ؛ كما وقع فِي

(المَعِدةُ بَيتُ الداءِ، والحِمْيَةُ رأسُ الدَّواء) و(حبُّ الدُّنيا رأسُ كُلِّ خَطيئَةٍ) وغير ذَلِك.
ومنه مَا يَقَعُ من رَاوِيهِ عن غيرِ قَصْدٍ، وإنما سَبَبُهُ الوهمُ، كالذي ذكرنَاهُ فِي «المدرَجِ» من قِصَّةِ ثابتِ بنِ موسىٰ الزاهِدِ وشَريكٍ.

وَفِي «كِتَابِ وَلَدِ الجَوْزِيِّ» مَا ... لَيْسَ مِنَ المَوْضُوعِ حَتَّى وُهِّمَا

مِنَ الصَّحِيحِ وَالضَّعِيفِ وَالحَسَنْ ... ضَمَّنْتُهُ كِتَابِيَ «القَوْلَ الحَسَنْ»

وَمِنْ غَرِيبِ مَا تَرَاهُ فَاعْلَمِ ... فِيهِ حَدِيثٌ مِنْ «صَحِيحِ مُسْلِمِ»

ذَكَرَ الناظِمُ هنا نَقْدَهُ عَلَىٰ كتابِ «الموضوعَاتُ الكُبْرَىٰ» لأبي الفَرَجِ ابنِ الجوزِيِّ. ومحصِّله: أَنَّه لم يتحرَّ فِي كتابِهِ الصوَابَ، بل ذَكَرَ فِيهِ أحادِيثَ مِن الصِّحَاحِ والحِسَانِ عَلَىٰ أَنَّها موضوعَةٌ، حتىٰ وَهَّمَه العلمَاءُ فِي ذلكَ.

وقد أَلَّفَ الناظِمُ كتابًا سماهُ: «القَوْلُ الحسَنُ فِي الذَّبِّ عن السنَنِ» ذَكَرَ فِيهِ أحاديثَهَا ابنُ الجوزِيِّ فِي «الموضوعَاتِ» وبعضها فِي «السننِ الأربعة»، وبعضُها فِي «المسْتَدْرَكِ» و«صَحِيحِ ابنِ حِبَّانَ».

وأعجَبُ شيءٍ؛ أَنَّه ذَكَرَ فِي كتابِهِ حديثًا رَوَاهُ مسلمٌ فِي «صحِيحِهِ»، وهو حَدِيث: «إِنْ طَالَتْ بكَ مدَّةٌ، أوشَكَ أَن ترىٰ قومًا يَغْدُونَ فِي سَخَطِ الله، ويروحُونَ فِي لَعْنَتِهِ، فِي أيدِيهِم مثلُ أذنَابِ البقَرِ»؛ وإنها لَغفْلَةٌ شَدِيدَةٌ مِنْهُ.

قلتُ: العُلماءُ الَّذين صنَّفُوا فِي (المَوضوعاتِ) لا يُدخِلون فِي (المَوضوعِ) ما يَرويه الكذَّابُ فقط؛ بل يُدخِلون فِيه أيضًا: ما ظَهرَ بُطلانُه، ولو كانَ راويهِ سالمًا مِن تَعمُّدِ الكذبِ. وابنُ الجوزيِّ يَنتهجُ فِي كتابه هذا المَنهجَ، وقد قَالَ ابنُ تيميَّةَ: «الغالِب علَىٰ ما ذَكره فِي (المَوضوعاتِ) باطلٌ باتِّفاقِ العُلَماءِ».

وبِناءً عليه؛ لا يَنبغي أن يُعدَّ ابنُ الجوزيِّ مُتساهِلًا فِي الحُكم علىٰ الحديثِ بالوَضْعِ، وهذا لا يُنافِي كونَه جانَبه الصَّوابُ فِي بعضِ الأحاديثِ القَليلةِ؛ لأنَّ الحُكمَ إنَّما يَنبني علىٰ الغالِبِ الأكثرِ، لا علىٰ القليلِ النَّادرِ.

خَاتِمَةٌ

شَرُّ الضَّعِيفِ: الوَضْعُ، فَالمَتْرُوكُ، ثُمّْ ذُو النُّكْرِ، فَالمُعَلُّ، فَالمُدْرَجُ ضُمّْ
وَبَعْدَهُ المَقْلُوبُ، فَالمُضْطَرِبُ وَآخَرُونَ غَيْرَ هَذَا رَتَّبُوا

اختلَفَ العلمَاءُ فِي ترتيبِ أنواعِ الحدِيثِ الضعيفِ، والذي عَلَيهِ الأكثرون وارتَضَاهُ الناظِمُ: أَنَّ شَرَّ الضعيفِ الموضوعُ، ثم المتروكُ، ثم المنكَرُ، ثم المعَلُّ، ثم المدْرَجُ، ثم المقْلُوبُ، ثم المضْطَرِبُ.

وَمَنْ رَوَى مَتْنًا صَحِيحًا يَجْزِمُ أَوْ وَاهِيًا أَوْ حَالَهُ لَا يَعْلَمُ
بِغَيْرِ مَا إِسْنَادِهِ يُمَرِّضُ وَتَرْكُهُ بَيَانَ ضَعْفٍ قَدْ رَضُوا
فِي الوَعْظِ أَوْ فَضَائِلِ الأَعْمَالِ لَا العَقْدِ وَالحَرَامِ وَالحَلَالِ
وَلَا إِذَا يَشْتَدُّ ضَعْفٌ، ثُمَّ مَنْ ضَعْفًا رَأَى فِي سَنَدٍ وَرَامَ أَنْ
يَقُولَ فِي المَتْنِ: «ضَعِيفٌ» قَيَّدَا بِسَنَدٍ؛ خَوْفَ مَجِيءٍ أَجْوَدَا
وَلَا تُضَعِّفْ مُطْلَقًا مَا لَمْ تَجِدْ تَضْعِيفَهُ مُصَرَّحًا عَنْ مُجْتَهِدْ

مَن رَوىٰ مَتنًا مِن مُتونِ الأحاديثِ محدِّثًا به مَن لا يميِّزُ صحيحَ الحديثِ مِن ضعيفِه، بغيرِ سَندِه، لا يَخلو حالُهُ مِن أنْ يكونَ هذا المَتنُ صحيحًا، أو لا. فإن كانَ صَحيحًا أو حَسنًا؛ يَنبغي عليه أن يرويَه بصيغةٍ تَدلُّ علىٰ الجَزمِ؛ كأن يقولَ: (قالَ رَسولُ اللهِ ﷺ)، وإن كانَ واهيًا، أو غيرَ مَعلُوم الحالِ؛ فإنَّه يتعيَّنُ عليه أن يَرويَه بصيغةٍ تَدلُّ علىٰ تَضعيفِ الحديثِ وتَمريضِه؛ كأن يقولَ: (رُويَ عنه) أو (بَلَغَنا عنه) أو (حُكيَ عنه)، أو ما أشبهَ ذلكَ.

قلتُ: ومِن حُسنِ التَّصرُّفِ مُراعاةُ أحوالِ السَّامعِين ومَدىٰ مَعرفتِهم؛ فإنَّ عامَّةَ

مَن تُلقَىٰ عليهم الأحاديثُ لا يُفرِّقون بينَ قولِ الواعظِ: (قالَ) وبينَ قولِه: (رُوِيَ)؛ وقد أُمِرْنا أن نَخاطِبَ النَّاسَ بما يَعرفون لا بما لا تَبلُغُه عُقولُهم. فيَنبغي أن يُبيِّنَ أنَّ الحديثَ ضَعيفٌ مِن حيثُ نسبتُه إلىٰ رَسولِ اللهِ ﷺ، ولا بأسَ بعدَ ذلكَ أن يَذكرَ أنَّه صَحيحُ المَعنىٰ. واللهُ أعلمُ.

واستجازَ جماعةٌ مِن العلماءِ أَن يُروىٰ الحديثُ الضَّعيفُ بصيغةٍ تُشعِرُ بالضَّعفِ، أو بإسنادِه، ولا يُبيِّنَ حالُه، ولكنَّهم اشتَرطوا فِي ذلكَ شروطًا:

أَوَّلُها: أنْ يَكونَ غيرَ مُتعلِّقٍ ببيانِ عَقيدةٍ أو حلالٍ أو حرامٍ، بل يكونُ مُتعلِّقًا بفضائلِ الأعمالِ والمَواعظِ والقَصصِ، أو ما أشبَه ذلكَ.

ثانِيها: أن يكونَ غيرَ شديدِ الضَّعفِ، فرِوايةُ الكذَّابين والذين يَفحُشُ غلطُهم ممَّا لا يَجوزُ أن يؤخَذَ بشيءٍ مِنها ولا روايتُها مِن غيرِ بيانٍ.

ثالثُها: أن يكونَ له أصلٌ فِي السُّنَّةِ يَرجعُ إليهِ، ويَندرجُ تحتَه؛ فالأحاديثُ فِي الأُمورِ المُبتدَعةِ لا تَجوزُ روايتُها مِن غيرِ بيانٍ.

ومَنْ رأىٰ حديثًا ضَعِيفَ الإسنَادِ، وأرَادَ أَنْ يبيِّنَ ضَعْفَه، يقولُ: «ضَعِيفُ الإسنَادِ» أَو مَا يَدُلُّ عَلَىٰ ذَلِكَ، ولا يَقُولُ: «ضَعِيفٌ» مِنْ غَيرِ قَيْدٍ؛ لجوازِ أَن يكُون المتنُ مَرْوِيًّا بإسنادٍ آخَرَ صَحِيحٍ. وإنَّما يَجُوزُ أَن يَقُولَ: «ضَعِيفٌ» بلا قيدٍ، إِذَا وَجَدَهُ محكومًا عَلَيهِ بالضعْفِ من إمامٍ من أئمَّةِ الحدِيثِ ونُقَّادِهِ.

مَنْ تُقْبَلُ رِوَايَتُه، وَمَنْ تُرَدُّ

لِنَاقِلِ الأَخْبَارِ شَرْطَانِ، هُمَا: ... عَدْلٌ وَضَبْطٌ؛ أَنْ يَكُونَ مُسْلِمَا

مُكَلَّفًا، لَمْ يَرْتَكِبْ فِسْقًا، وَلَا ... خَرْمَ مُرُوءَةٍ، وَلَا مُغَفَّلَا

يَحْفَظُ إِنْ يُمْلِ، كِتَابًا يَضْبِطُ ... إِنْ يَرْوِ مِنْهُ، عَالِمًا مَا يُسْقِطُ

إِنْ يَرْوِ بِالمَعْنَى، وَضَبْطُهُ عُرِفْ ... إِنْ غَالِبًا وَافَقَ مَنْ بِهِ وُصِفْ

يُشترَطُ فِي رَاوِي أخبَارِ الآحادِ لكي يَصِحَّ الاحتجَاجُ بِروَايتِهِ شرطَانِ: أولهُما: العدَالَةُ، وثَانِيهِمَا: الضبطُ.

وشروطُ العدَالَة: **الأولُ**: الإِسلَامُ؛ فلا تُقبَلُ روايَةُ الكافِرِ؛ لأنَّه لَا وثُوقَ به. **والثَّانِي**: التكليفُ؛ فَلَا تُقبَلُ رِوَايةُ الصبيِّ عَلَىٰ الأصَحِّ، كَمَا لَا تُقبَلُ روايةُ المجنونِ. **والثَّالثُ**: السلَامَةُ من أسبَابِ الفسُوقِ وما يُخِلُّ بالمروءَةِ.

ولَا يُشترَطُ فِي عدَالَةِ الروَايَةِ: الذكورَةُ ولا الحرِّيةُ؛ فتجوزُ روايةُ المرأَةِ وروايةُ الرقِيقِ، وبهذَينِ فارقَت عَدَالةَ الشهادَةِ. وكذلكَ لا يُشتَرطُ فِي الرِّوايةِ العَددُ بخلافِ الشَّهادةِ.

وأما الضَّبْطُ: فهو أَلَّا يكونَ كثيرَ الغفلَةِ. وأن يكونَ حافِظًا لما يُملِيهِ إن كَانَ يروي مِنْ حفظِهِ، وأن يصونَ كتابَهُ ويصحِّحَه ويضبِطَه إن كَانَ يَرْوِي مِنه. وأن يكونَ عالمًا بما يروِيهِ، وبما يُحِيلُ المعنىٰ إن كَانَ يَرْوِي بالمعنىٰ.

والسَّبيلُ إِلَىٰ مَعرفةِ (الضَّابطِ): اعتبارُ رِواياتِه؛ وذلكَ باستقراءِ وتَتبُّعِ مَرويَّاتِه؛ وعرضِها علىٰ رواياتِ الثِّقاتِ المَعروفِين بالحفظِ والإتقانِ: فإذا كانَت فِي الغالِبِ مُوافِقةً لرواياتِ الثِّقاتِ- ولو مِن حيثُ المَعنىٰ-؛ كَان هو ثقةً مِثلَهم. وإذا كَان يُخالِفُ الثِّقاتِ فِي الشَّيءِ بعدَ الشَّيءِ؛ فبقدْرِ مُخالفتِه لَهُم بقَدْرِ ما يُعرَفُ ضعفُ ضَبطِه؛ ومِن هنا؛ تَعلَمُ أنَّ مُخالفتَه النَّادرةَ للثِّقاتِ لا تَقدحُ فِي ضَبطِه. فإذا كَان كَثيرَ المُخالفةِ، أو كثيرًا ما يَتفرَّدُ بما لا يُعرَفُ مِن أحاديثِ الثِّقاتِ؛ كَان سيِّئَ الحِفظِ وليسَ بضابطٍ.

وَاثْنَانِ إِنْ زَكَّاهُ عَدْلٌ، وَالأَصَحّْ ... إِنْ عَدَّلَ الوَاحِدُ يَكْفِي أَوْ جَرَحْ
أَوْ كَانَ مَشْهُورًا، وَزَادَ يُوسُفُ ... بِأَنَّ كُلَّ مَنْ بِعِلْمٍ يُعْرَفُ
عَدْلٌ إِلَى ظُهُورِ جَرْحٍ؛ وَأَبَوْا ... .

اتَّفقَ العلماءُ علىٰ أنَّ العَدالةَ والجَرحَ من اثنَين كافيةٌ، واختَلفوا فِي قبولِهما من الواحِدِ: فذَهبَ أكثرُ الفقهاءِ مِن أهلِ المَدينةِ إلَىٰ أنَّهما لا يثبُتانِ بالواحِدِ؛ وقَاسوا ذلكَ علىٰ الشَّهاداتِ. وذَهبَ الأكثَرون إلَىٰ أنَّهما يثبُتانِ بالواحِدِ، وقاسُوه علىٰ الحُكمِ، وهو لا يُشترَطُ فِيه العَددُ؛ وهذا هو الصَّوابُ.

وإذا كَان الرَّاوي مَشهورًا بالعَدالةِ واستقامةِ الأمرِ، وَشاعَ الثَّناءُ عليه بينَ أَهْلِ العِلْمِ؛ لم يَحْتجْ إلَىٰ تزكيةِ أحدٍ إيَّاه. مثل مالكٍ والشَّافعيِّ وأحمدَ ومَن جَرىٰ مَجراهم من الأئمَّة الحفَّاظ. وكذلكَ الجَرحُ يَثبتُ بالاستفاضةِ.

وذَهبَ الإمَامُ أبو عُمَرَ يوسفُ بنُ عبدِ اللهِ، المعروفُ بابنِ عَبدِ البَرِّ إلَىٰ أنَّ كُلَّ مُسْلمٍ حَاملٍ لِلعِلم، مَعروفٍ بالعِنايةِ به، فهو عدلٌ، حتَّىٰ يَتبيَّنَ خِلافُه بظُهورِ جَرحٍ فِيه. ولكنَّ أكثرَ المُحقِّقينَ أَبوا ذلكَ، وقَالوا: إنَّه توَسُّعٌ غيرُ مَقبولٍ ولا مَرضيٍّ.

لَكن حَملَه الذَّهبيُّ علىٰ مَحْمَلٍ حَسنٍ، فَقالَ: «إنَّه حقٌّ، ولَا يدخُلُ فِي ذَلكَ المَستُورُ؛ فإنَّه غيرُ مَشهُورٍ بالعِنايَةِ بالعِلْمِ».

.... وَالجَـرْحَ وَالتَّعْـدِيلَ مُطْلَقًـا رَأَوْا

قَبُـولَهُ مِـنْ عَالِـمٍ عَلَى الأَصَـحّْ مَـا لَـمْ يُوَثَّـقْ مَـنْ بِإِجْـمَالٍ جُرِحْ

اختَلفَ العلماءُ فِي قَبولِ تَعديلِ الرَّاوي أو جَرحِه؛ إذا صدَرا مِن العالِم بأسبابِهما، المَرضيِّ فِي اعتقادِه وأفعالِه؛ مِن غيرِ بيانِ سَببِه؛ كنَحوِ (فُلَانٌ ثِقةٌ) (صَدوقٌ) (ضَعيفٌ) (لَيس بشيءٍ): **فقِيلَ**: يُقبلان. **وقِيلَ**: لا يُقبلان. **وقِيلَ**: يُقبَلُ الجَرحُ، ولا يُقبَلُ التَّعديلُ إلَّا معَ بيانِ السَّببِ. **وقِيلَ**: عكسُه.

والتَّحقيقُ؛ أنَّ الجَرحَ والتَّعديلَ المُجملَين يُقبلان مِمَّن هذه صفَتُه، وأنَّ الجرحَ المُجمَلَ يَثبُتُ به جَرحُ مَن لَم يُعدَّل نصًّا ولا حُكمًا، ويوجِبُ التوقُّفَ فيمَن قَد عُدِّلَ حتَّىٰ يُسفِرَ البَحثُ عمَّا يقتضي قَبولَه أو ردَّه. واللهُ أعلَمُ.

وَيُقْبَلُ التَّعْدِيلُ مِنْ عَبْدٍ وَمِنْ أُنْثَى، وَفِي الأُنْثَى خِلَافٌ قَدْ زُكِنْ

أجمَعَ العلماءُ علىٰ أنَّ تَعديلَ الصَّبيِّ لا يُقبَلُ، واتَّفقوا علىٰ قبولِ تَعديلِ العبدِ القِنِّ. واختَلفوا فِي قَبولِ تعديلِ المرأةِ: فذَهبَ القاضي أبو بكرٍ إلَىٰ قبولِه مِنها، وحُكيَ عن أكثرِ الفُقهاءِ مِن أهلِ المَدينةِ وغيرِها اختيارُ عَدمِ القَبولِ.

وَقَدِّمِ الجَرْحَ وَلَوْ عَدَّلَهُ أَكْثَرُ فِي الأَقْوَى، فَإِنْ فَصَّلَهُ

فَقَالَ: «مِنْهُ تَابَ»، أَوْ نَفَاهُ بِوَجْهِهِ؛ قُدِّمَ مَنْ زَكَّاهُ

إذا وَردَ عن أئمَّةِ هذا الشَّأنِ- كأحمدَ بنِ حنبلٍ ويَحيىٰ بنِ مَعِينٍ- تَعديلٌ وجَرحٌ فِي شَأنِ رَجلٍ واحِدٍ، فما الذي يُقدَّمُ مِنْهُما؟ ذَهبَ الجُمهورُ إلَىٰ أنَّ الجرحَ مُقدَّمٌ علىٰ التَّعديلِ، سواءٌ اسْتَوىٰ عددُ المُعدِّلين والمُجرِّحين، أو اختَلفَ وزادَ عددُ المُعدِّلين، أو العكسُ؛ لأنَّ معَ الجَارحِ زيادةَ عِلمٍ لم يَطَّلع عليها المُعدِّلُ. وقيلَ: يُقدَّمُ قولُ الأحفظِ. وقيلَ: يُقدَّمُ قولُ مَن كَانُوا أكثرَ عددًا.

وَاستَثنىٰ الجُمهورُ مِن تَقديمِ الجَرحِ علىٰ التَّعديلِ مَسألتَين: أُولاهُما: أن يَذكُرَ الجارحُ سببًا للجَرحِ، فيذكُرَ المعدِّلُ أنَّه تابَ مِنهُ. والثَّانِيةُ: أن يُبيِّنَ المعدِّلُ بالحجَّةِ القويَّةِ عدمَ صِحَّةِ سببِ الجرحِ، فيُبطِلَ كلامَ الجارحِ ويَنفيَه.

وَلَيْسَ فِي الأَظْهَرِ تَعْدِيلًا إِذَا عَنْهُ رَوَى العَدْلُ وَلَوْ خُصَّ بِذَا

وَإِنْ يَقُلْ: «حَدَّثَ مَنْ لَا أَتَّهِمْ» أَوْ «ثِقَةٌ» أَوْ «كُلُّ شَيْخٍ لِي وُسِمْ

بِثِقَةٍ»، ثُمَّ رَوَى عَنْ مُبْهَمِ لَا يُكْتَفَى عَلَى الصَّحِيحِ فَاعْلَمِ

وَيُكْتَفَى مِنْ عَالِمٍ فِي حَقِّ مَنْ قَلَّدَهُ، وَقِيلَ: لَا مَا لَمْ يُبَنْ

إذا عُرِفَ راوٍ بالعدالةِ- كشُعْبةَ ومالكٍ ويَحيىٰ القطَّانِ-، ثمَّ رَوىٰ عن رَجلٍ، وَلَم

يُبيِّنْ حالَه، فهل تُعتبَرُ روايتُه عَنه تعديلًا له، أو لا؟ قيلَ: لا تُعتبَرُ تَعديلًا مطلَقًا. وقيلَ: تُعتبَرُ تعديلًا. وقيلَ: تُعتبَرُ تعديلًا إن كانَ مِن عادتِه أنَّه لا يَروي إلَّا عن الثِّقاتِ، وإلَّا فلَا. وقيلَ: إن كَان الرَّاوي مَعروفًا بالضَّعفِ، لَم تكن رِوايةُ العَدلِ عَنه تعديلًا له، وإن لم يَكن مَعروفًا بالضَّعفِ؛ بل هو فِي عِدادِ المَستورِين؛ انتفعَ بِرواية العَدل عَنه؛ وهذا هو المُختارُ.

وإذا قَال العَدلُ: «حدَّثَني مَن لا أتَّهِمُ» أو «حدَّثَني ثقةٌ» أو «كُلُّ مَن أَروي عَنه فهو ثقةٌ»، ثمَّ رَوىٰ حديثًا عن رجلٍ مُبهَمٍ؛ فالصَّحيحُ الذي عليه الجمهورُ أنَّه لا يُكتفَىٰ فِي التَّعديلِ بذلكَ حتَّىٰ يسمِّيَه؛ لأنَّه يُحتمَلُ- لو سمَّاه- أن يُعرَفَ عَنه سَببٌ يَقتضي جَرحَه، بل إنَّ تَرْكَه تسميتَه مُوقِعٌ للرِّيبةِ والشَّكِّ فِيه.

وإذا قالَ أحدُ الأئمَّةِ المُجتهِدِين- كمالكٍ والشَّافعيِّ-: «حدَّثَني الثِّقةُ» أو «حدَّثَني مَن لا أتَّهِمُ»، فهل يَكفِي ذلكَ فِي تَعديلِ المَرويِّ عَنه فِي حقِّ مُقلِّديه، أو لَا؟ قيلَ: يَكفِي. وقيلَ: لا يَكفي. قلتُ: وهذا ليس مُهمًّا هنا؛ لأنَّ المُقلِّدَ يَتبعُ إمامَه دونَ بَحثٍ عن دليلٍ.

وَمَا اقْتَضَى تَصْحِيحَ مَتْنٍ فِي الأَصَحّْ فَتْوَى بِمَا فِيهِ، كَعَكْسِهِ وَضَحْ
وَلَا بَقَاهُ حَيْثُمَا الدَّوَاعِي تُبْطِلُهُ، وَالوَفْقُ لِلْإِجْمَاعِ
وَلَا افْتِرَاقُ العُلَمَاءِ الكُمَّلِ مَا بَيْنَ مُحْتَجٍّ وَذِي تَأَوُّلِ

الأصَحُّ؛ أنَّه لا يكونُ عَملُ العالِمِ أو فتواه المُوافِقةُ لحديثٍ دليلًا علىٰ صحَّةِ الحديثِ عندَه، كما لا تَكُون فتواهُ المُخالِفةُ أو عمَلُه دليلًا علىٰ ضَعفِه عندَه. وذلكَ؛ لِجوازِ أنْ يَكونَ عَملُه المُوافِقُ مِن قَبيلِ الاحتياطِ، أو لِدليلٍ آخرَ، ولجَوازِ أنْ يَكونَ هذا العالمُ ممَّن يَرىٰ العمَلَ بالضَّعيفِ، ولجوازِ أنْ يَكونَ عملُه المخالِفُ لِمانعٍ عِنْده مِن الأخذِ بالحديثِ كمُعارضٍ أو غيرِه.

وكذا؛ لا يَلزمُ مِن بقاءِ المتنِ معَ أنَّ الدَّواعيَ تتوفَّرُ علىٰ إبطالِه، ولا مِن مُوافقتِه للإجماعِ؛ صحَّتَه. وكذا؛ لا يَلزمُ مِن افتِراقِ العلماءِ الأفاضِلِ فِي الحديثِ بينَ آخذٍ بِه ومؤَوِّلٍ له؛ صحَّتَه.

وَيُقْبَلُ المَجْنُونُ إِنْ تَقَطَّعَا وَلَمْ يُؤَثِّرْ فِي إِفَاقَةٍ مَعَا

الجُنونُ المانِعُ مِن العدالةِ هو الجنونُ المُطبِقُ الذي لا يَزولُ فِي وقتٍ مِن الأوقاتِ. أمَّا الجنونُ المُتقطِّعُ، فلا يَمنعُ مِن قبولِ ما يَرويه فِي أوقاتِ إفاقتِه.

وَتَرَكُوا «مَجْهُولَ عَيْنٍ»: مَا رَوَى عَنْهُ سِوَى شَخْصٍ، وَجَرْحًا مَا حَوَى
ثَالِثُهَا: إِنْ كَانَ مَنْ عَنْهُ انْفَرَدْ لَمْ يَرْوِ إِلَّا لِعُدُولٍ؛ لَا يُرَدّْ
رَابِعُهَا: يُقْبَلُ إِنْ زَكَّاهُ حَبْرٌ، وَذَا فِي «نُخْبَةٍ» رَآهُ
خَامِسُهَا: إِنْ كَانَ مِمَّنْ قَدْ شُهِرْ بِمَا سِوَى العِلْمِ؛ كَنَجْدَةٍ وَبِرّْ

(مجْهولُ العَينِ): هو كُلُّ رَاوٍ لم يَروِ عَنه إلَّا واحِدٌ مِن الرُّواةِ. وذلكَ أنَّ أقلَّ ما تَرتفعُ بِه الجَهالةُ عِنْد عُلَماءِ الحديثِ أن يَرويَ عن الرَّاوي اثنانِ.

وقد اختَلفوا فِيه: هَل تُقبل روايتُه، أو لا؟ **فقِيلَ**: لا تُقبل مطلَقًا؛ وهو قولُ أكثرِ العلماءِ. **وقِيلَ**: تُقبَلُ مُطلَقًا؛ وهو قَولُ مَن لا يَشترِطُ فِي الرَّاوي غيرَ الإسلام. **وقِيلَ**: تُقبَلُ إذا كَان مَن انفرَدَ بالرِّوايةِ عَنه ممَّن لا يَروي إلَّا عن الثِّقاتِ. **وقِيلَ**: تقبَلُ إنْ زَكّاه أحدُ أئِمَّةِ الجَرحِ والتَّعديلِ المعتمَدِين؛ سواء كَان الذي زَكَّاه غيرَ الذي رَوىٰ عَنه، أو هو نفسُه. **وقِيلَ**: تُقبَلُ إنِ اشتَهرَ بِغيرِ العِلمِ مِن صِفاتِ المروءةِ؛ كنَجْدةِ عَمرِو بن مَعْدِيكَرِبَ، وصَلاحِ مَالكِ بنِ دِينارٍ.

وَالثَّالِثُ: الأَصَحُّ لَيْسَ يُقْبَلُ مَنْ بَاطِنًا وَظَاهِرًا يُجَهَّلُ

الراوِي إذا كانَ معلومَ العينِ بروَايةِ عَدْلَينِ عَنْه، ولكِنَّه مجهولُ العَدالةِ. اختَلفوا

فِي قَبولِ رِوَايته: **فقيلَ**: تُقبَلُ مُطلقًا. **وقيلَ**: لَا تُقْبَلُ مطلقًا، وهو قولُ الجُمهورِ. **وقيلَ**: تقبلُ إن كَانَ مَنْ يَرْوِي عَنْه لَا يَرْوِي عن غَيرِ العُدُولِ.

وَفِي الأَصَحِّ؛ يُقْبَلُ «المَسْتُورُ»: فِي ... ظَاهِرِهِ عَدْلٌ وَبَاطِنٌ خَفِي

الرَّاوِي إِذَا كَانَ عَدْلًا فِي ظَاهِرِهِ،ولم تُعلَمْ حقيقَةُ حالِهِ وباطِنِهِ؛ فهو «مجهولُ الحالِ». واختلَفَ فِي قَبُولِ رِوَايتِهِ: **فقيلَ**: مقبولَةٌ مطلقًا- وهو اختِيارُ الناظِمِ- **وقِيلَ**: لَا تُقبَلُ مطلقًا.

وقَالَ ابنُ حجرٍ: «التَّحقيقُ؛ أنَّ رِوايةَ المستورِ ونَحوِه ممَّا فِيه الاحتمالُ لَا يُطلقُ القولُ بردِّها وَلَا بقَبُولِها، بل هِي مَوقوفةٌ إِلَىٰ استبانَة حالِه، كما جَزم بِه إمامُ الحرمَيْنِ».

وقَالَ ابنُ القيِّمِ: «الرَّاوي إِذا كانَ هَذِه حالَه، إنَّما يُخشىٰ مِن تَفرُّده، فأمَّا إِذا رَوىٰ ما رَواه الناسُ، وكانت لروايتِه شَواهدُ ومتابعاتٌ؛ فإن أئمَّةَ الحَديثِ يَقبلُون حَدِيثَه مِثل هَذا، ولا يَردُّونَه، وَلَا يُعلِّلونَه بالجهالَة، فإذا صارُوا إِلَىٰ مُعارَضَةِ ما رَواه بما هُو أثبتُ مِنهُ وأَشْهرُ علَّلوه بمثلِ هَذِه الجهالَة وبالتَّفرُّدِ».

وَمَنْ عَرَفْنَا عَيْنَهُ وَحَالَهُ ... دُونَ اسْمِهِ وَنَسَبٍ مِلْنَا لَهُ

إذا عَرَفنا عَينَ الرَّاوي بِروايةِ اثنَين فَصاعدًا عَنه، وعَرَفْنا عدالتَه بتزكيةِ الأئمَّةِ نصًّا أو حُكمًا، ولكنَّه لا يُذكَرُ إلَّا مُهمَلًا، فلَم نَعرف اسمَه ولا نَسبَه؛ جزَمَ الخطيبُ- نقلًا عن القَاضي أبي بَكرٍ- بقبولِ رِوايتِهِ، والاحْتِجاجِ بِها.

وكذا إذا اختُلفَ فِي اسمِهِ أو كُنيتِهِ، أو اسمِ أبيه أو كنيتِه، أو اسمِ جدِّه أو كنيتِه، أو نسبِه، أو ذَكرَه بعضُهم مبهَمًا، أو غيرُ ذلكَ؛ لا يَضرُّه إذا عُرفَت عدالتُه.

وَمَنْ يَقُلْ: «أَخْبَرَنِي فُلَانٌ اوْ ... هَذَا» - لِعَدْلَيْنِ - قَبُولَهُ رَأَوْا

فَإِنْ يَقُلْ: «أَوْ غَيْرُهُ» أَوْ يُجْهَلِ ... بَعْضُ الَّذِي سَمَّاهُمَا لَا يُقْبَلِ

إذا قالَ الرّاوي: «أخبرَني محمّدٌ أو إبراهيمُ» مثلًا على الشكِّ؛ فالحديثُ صحيحٌ، ويُحتجُّ به إذا كانا معروفَين عدلَين.

فإن قال: «حدَّثني محمَّدٌ أو غيرُه» أو قال: «حدَّثني محمَّدٌ أو إبراهيمُ»، ولم نعلم عدالةَ أحدهما، أو كانَ أحدُهما غيرَ عدلٍ أو غيرَ معروفٍ على الحقيقةِ؛ لكونِه مُهمَلًا غيرَ منسوبٍ؛ فإنَّه لا يجوزُ قبولُ هذا الحديثِ، ولا الاحتِجاجُ به؛ لاحتمالِ أن يكونَ الذي حدَّثَه هو المجهولَ أو المُضعَّفَ أو الآخَرَ المُهمَلَ، وقد يكونُ ضَعيفًا.

وَكَافِرٌ بِبِدْعَةٍ؛ لَـنْ يُقْـبَلَا ثَالِثُهَا: إِنْ كَـذِبًا قَـدْ حَلَّـلَا
وَغَيْـرُهُ يُـرَدُّ مِنْـهُ الرَّافِـضِي وَمَنْ دَعَا، وَمَنْ سِـوَاهُمْ نَرْتَضِي
قَبُـولَهُمْ، لَا إِنْ رَوَوْا وِفَاقَـا لِرَأْيِـهِمْ؛ أَبْـدَى أَبُـو إِسْـحَاقَا

لا يخلو الواقعُ في البدعةِ: إمَّا أن يقعَ في بدعةٍ مُكفِّرةٍ، أو بدعةٍ مُفسِّقةٍ:

فالمُكفِّرةُ: أن يأتيَ ما يستلزمُ منهُ الكفرَ؛ كاعتقادِ العقائدِ الباطلةِ المُخالفةِ لأصولِ الإسلامِ، أو اعتقادِ أنَّ الطبيعةَ هي الخالقةُ من دونِ اللهِ تعالىٰ، وغيرها من المُكفِّراتِ.

والمُفسِّقةُ: هو اعتقادُ ما أُحدِثَ على خلافِ المعروفِ عن النبيِّ ﷺ، لا بمعاندةٍ؛ بل بنوعِ شُبهةٍ.

أما (المُكفِّرةُ) فروايةُ صاحبِها مَردودةٌ. وأمَّا (المُفسِّقةُ) فاختُلِفَ في روايةِ صاحبِها: فقيلَ: تُقبلُ مطلقًا. وقيلَ: لا تُقبلُ مطلقًا. وقيلَ: تُقبلُ إن كانَ صاحبُها لا يستحلُّ الكذبَ. وقيلَ: تُقبلُ إذا كانت بدعةً صغرىٰ- كغُلوِّ التَّشيعِ والتَّشيعِ بلا غُلوٍّ والإرجاءِ والقَدرِ-، وتُردُّ إذا كانت كبرىٰ- كالتَّجهُّمِ والرَّفضِ الكاملِ والغُلوِّ فيه-. وقيلَ: تُقبل ما لم يكن داعيةً إلىٰ بدعتِه.

واستثنىٰ الإمامُ أبو إسحاقَ الجُوزجانيُّ- وتَبِعَه ابنُ حَجَرٍ، ثُمَّ النَّاظِمُ-: ممَّا رواه (غيرُ الدَّاعيةِ) ما يُقوِّي بدعتَه؛ فردَّه، ولَم يَقبَلْه.

وَمَنْ يَتُبْ عَنْ فِسْقِهِ فَلْيُقْبَلِ ... أَوْ كَذِبِ الحَدِيثِ فَابْنُ حَنْبَلِ
وَالصَّيْرَفِيُّ وَالحُمَيْدِيُّ أَبَوْا ... قَبُولَهُ مُؤَبَّدًا، ثُمَّ نَأَوْا
عَنْ كُلِّ مَا مِنْ قَبْلِ ذَا رَوَاهُ ... وَالنَّوَوِيُّ كُلَّ ذَا أَبَاهُ
وَمَا رَآهُ الأَوَّلُونَ أَرْجَحُ ... دَلِيلُهُ فِي «شَرْحِنَا» مُوَضَّحُ

مَن رُدَّت روايتُه لِفسقٍ أو بدعةٍ أو نَحوِهما، ثمَّ تابَ عمَّا رُدَّت روايتُه مِن أجلِه، ذَهبَ الجمهورُ إلَىٰ قَبولِ تَوبتِه وروايتِه. وإن كَان سببُ ردِّ روايتِه كَذبَه فِي حديثِ النَّبيِّ ﷺ؛ لم تُقبَل تَوبتُه ولا روايتُه، بل نَحنُ نَرُدُّ جميعَ ما رَواه، سواء ما رَواه قبلَ كَذبِه، أو قبلَ اطِّلاعِنا عليه، أو رَواه بعدَ ذلكَ، رُوي ذلكَ عَن أحمدَ بنِ حَنبلٍ والحُمَيديِّ شَيخِ البُخاريِّ والصَّيْرَفِيِّ الشَّافِعيِّ والسَّمعانِيِّ.

وذَهبَ الإمامُ النَّوويُّ إلَىٰ أنَّ التَّوبةَ تَحمِلُ علىٰ قَبولِه. ولكنَّ أكثرَ العلماءِ لَم يَقبلوا ذلكَ مِن النَّووي وتَعقَّبوه.

وَمَنْ نَفَى مَا عَنْهُ يُرْوَى فَالأَصَحّْ ... إِسْقَاطُهُ؛ لَكِنْ بِفَرْعٍ مَا قَدَحْ
أَوْ قَالَ: «لَا أَذْكُرُهُ» وَنَحْوَ ذَا ... كَأَنْ نَسِيْ؛ فَصَحَّحُوا أَنْ يُؤْخَذَا

إذا رَوىٰ ثِقةٌ عن ثِقةٍ حديثًا، فأخبرَ الثِّقةُ المَرويُّ عَنه بأنَّه لَم يَروِ هذا الحديثَ، أو قالَ: «كذَبَ عليَّ»، أو ما أشبَهَ ذلكَ؛ فأكثرُ العلماءِ يُوجِبون ردَّ هذا الحديثَ بخصوصِه.

وهذا لا يَستلزِمُ ردَّ الأَحاديثِ الأُخرَىٰ التي رَواها ذلكَ الثِّقةُ، ولا يَكونُ سَببًا فِي جَرحِه، ولا قادحًا فِيه.

فإن قالَ الأَصلُ: (لا أعرِفُه)، أو (لا أَذكرُه)، أو نَحوَه ممَّا يَقتضي جوازَ نسيانِه؛ لَم يَقدَحْ فِيه، ولَم يُرَدَّ بذلكَ.

وقد رَوىٰ كثيرٌ مِن الأكابرِ أحاديثَ نسَوها- بعدما حدَّثوا بِها- عمَّن سمعَها مِنهم؛ فكانَ أحدُهم يقولُ: «حدَّثَني فلانٌ عنِّي عن فلانٍ بكَذا وكَذا».

وَآخِذُ أَجْرَ الحَدِيثِ يَقْدَحُ جَمَاعَةٌ، وَآخَرُونَ سَمَحُوا

وَآخَرُونَ جَوَّزوا لِمَنْ شُغِلْ عَنْ كَسْبِهِ؛ فَاخْتِيرَ هَذَا وَقُبِلْ

اختلَفَ العلماءُ فِي المُحدِّثِ الذي يأخُذُ الأُجرةَ علىٰ تَحديثِه: **فقيلَ**: يَقدَحُ ذلكَ فِيه؛ رُوي ذَلكَ عَن أَحمَدَ وإِسْحاقَ وأَبي حاتِمٍ الرَّازيِّ. **وقيلَ**: لا بأسَ بأخذِ الأُجرةِ علىٰ التَّحديثِ؛ قياسًا علىٰ جوازِ أخذِها علىٰ تعليمِ القُرآنِ، وهو مذهبُ الجمهورِ. **وقيلَ**: يجوزُ لمن يَشتغلُ بتحْدِيثِه عن قِيامِه بالتَّكسُّبِ وتَحصيلِ مؤنَتِه ومؤنةِ مَن تَلزمُه نفقتُه، وإلَّا لم يَجُزْ. واختاره هذا الناظمُ.

والقولُ بالجَوازِ هو المُختارُ، وبخاصَّةٍ إذا كانَ منقطِعًا للتَّحديثِ ولا يَجدُ ما يَتقوَّتُ به. وأحمدُ وأبو حاتمٍ- معَ مَنْعِهما أَخْذَ الأُجْرَةِ عَلىٰ التَّحدِيثِ- قد وثَّقا كَثيرًا ممَّن عُرفوا بأخذِ الأُجْرَةِ عَلىٰ التَّحديثِ. واللهُ أعلمُ.

مَنْ يَتَسَاهَلْ فِي سَمَاعٍ أَوْ أَدَا كَنَوْمٍ اوْ كَتَرْكِ أَصْلِهِ ارْدُدَا

وَقَابِلَ التَّلْقِينِ، وَالَّذِي كَثُرْ شُذُوذُهُ أَوْ سَهْوُهُ حَيْثُ أَثَرْ

مِنْ حِفْظِهِ.................... ....

لا تُقبَلُ رِوايةُ مَن عُرِفَ بالتَّساهلِ فِي سَماعِ الحديثِ أو فِي أدائِه؛ كمَن لا يُبالي أن يَنامَ فِي مَجلسِ السَّماعِ والأداءِ، وكمَن يُحدِّثُ معَ تَركِ أَصلِه المُقابَلِ بأصلِ شَيخِه، أو بأصلٍ آخَرَ صَحيحٍ، وكمَن يَتحمَّلُ فِي المذاكرةِ ولا يُبيِّنُ.

وكذلكَ؛ تُرَدُّ رِوايةُ مَن يَقبَلُ التَّلقينَ، وهو الذي يُلقَّنُ الشَّيءَ، فيُحدِّثُ به مِن غيرِ أنْ يَعلمَ أنَّه مِن حديثِه. وتُردُّ أيضًا رِوايةُ الذي يَكثُرُ شُذوذُه فِي الرِّوايةِ أو نكارتُه، وتُردُّ

رِوايةُ مَن كثُرَ سَهوُه إذا رَوىٰ مِن حفظِه، وَلَم يُحدِّث مِن أصلٍ صَحيحٍ، فإن حدَّثَ مِن أصلٍ صَحيحٍ لَم تُردَّ روايتُه.

تَنْبِيهٌ: فِي نُسْخَةٍ: (مَنْ يَتَسَاهَلْ فِي السَّمَاعِ وَالأَدَا).

.... قَالَ جَمَاعَةٌ كُبَرْ: وَمَـــنْ يُعَـــرَّفْ وَهْمَـــهُ ثُـــمَّ أَصَرّْ

يُـــرَدُّ كُلُّ مَـــا رَوَى، وَقُيِّـــدَا بِـــأَنْ يُبِـــينَ عَالِـــمٌ وَعَانَـــدَا

قالَ جماعةٌ مِن أكابرِ العلماءِ: كُلُّ مَن يُعْرَفُ وهَمُه ولو فِي حديثٍ واحِدٍ، ثمَّ يُبيَّنُ له وهَمُه فلا يَرجِعُ عَنه، بل يُصِرُّ علىٰ الرِّوايةِ علىٰ ما وَهِمَ؛ فإنَّ جميعَ ما رَواه مِن الأحاديثِ- ولو غيرَ التي بُيِّنَ له فيها وهَمُه- تُردُّ.

وقيَّدَ قومٌ رَدَّ رِوايةِ مَن هذه حالَتُه، بأن يَظهرَ عِنادُه وتَماديه فِي غَلطِه بعدَ بيانِ أَحدِ العلماءِ الخَبيرين له. وهذا شَرطٌ صحيحٌ؛ لأنَّ غيرَ الخَبيرِ لا يُعتمَدُ علىٰ قولِه، ومَن أَطلقَ؛ فقولُه محمولٌ علىٰ هذا التَّقييدِ.

أمَّا إذا كَانَ الَّذي أصرَّ عَلىٰ رِوايةِ مَا خطَّأَهُ فِيه العُلماءُ له عُذرٌ فِي ذلكَ؛ فَحينئِذٍ لا يُتْرَكُ حَديثُه كلُّه، وإنْ كانَ يُحكَمُ بخَطئِه فِي هذا الَّذي غَلِطَ فيه فَقط. وذلك كَأن يَكونَ الحَديثُ فِي كِتابِه عَلىٰ ما رَواه، وهو يَثِقُ بكِتابِه ويَراه صَحيحًا، والعُلماءُ الذين غَلَّطُوه يَرَوْن الحَديثَ خطَأً مَع كَونِه فِي كتابِه.

وإنَّما يُعذَرُ الرَّاوي فِي مِثلِ ذلكَ، إذا أَظْهر أَصْلَه، وتَبيَّنَ أنَّ الحَديثَ فِي أَصْلِه كَما رَواهُ عَلىٰ الخَطَإِ. وأمَّا مَن حدَّثَ بأحادِيثَ مَناكِيرَ، فردَّها عَليه أهلُ العِلمِ، فزَعَم أنَّها هَكذا فِي كِتابِه، وقَد رَجَع عَنْها لمَّا أُنْكِرت عَليه، ثمَّ لم يُخرِجْ كِتابَه، ليُدَلِّلَ أنَّه مَعْذُورٌ فِي ذَلكَ؛ فلا يُقبلُ ذَلكَ مِنه، وإلَّا لكَانَ كلُّ مَن كَذبَ ثمَّ تبيَّنَ كَذِبُه، ادَّعىٰ ذلك لِيدْفَعَ عَن نَفْسِه، وقَد قالَ مثلَ ذلكَ ابنُ مَعينٍ.

وَأَعْرَضُوا فِي هَذِهِ الأَزْمَانِ ... عَنِ اعْتِبَارِ هَذِه المَعَانِي
لِعُسْرِهَا، مَعْ كَوْنِ ذَا المُرَادِ ... صَارَ بَقَا سِلْسِلَةِ الإِسْنَادِ
فَلْيُعْتَبَرْ تَكْلِيفُهُ وَالسَّتْرُ ... وَمَا رَوَى أَثْبَتَ ثَبْتٌ بَرُّ
وَلْيَرْوِ مِنْ مُوَافِقٍ لِأَصْلِ ... شُيُوخِهِ؛ فَذَاكَ ضَبْطُ الأَهْلِ

ما تَقدَّمَ ذِكرُه مِن الضَّوابطِ الدَّقيقةِ التي وضَعها عُلَماءُ الحديثِ لقَبولِ رِوايةِ الرَّاوي والحُكمِ بثِقتِه؛ إنَّما تُعرَفُ عن العلماءِ المتقدِّمين فِي الثَّلاثةِ القُرونِ الأُوَلِ، أما المُتأخِّرونَ الذين جَاءوا بعدَ ذلكَ، فلم يُراعوا هذه الضَّوابطَ، ولا التَزموها؛ إذ لم يكنْ لَهُم هَمٌّ مِن الرِّوايةِ إلَّا بقاءُ سلسِلةِ الإسْنادِ، ولقاءُ المَشايخِ، والأخذُ عَنهم.

ولهَذا؛ كُلُّ مَن كَان مستورًا عِنْدَهم وصَحَّ سماعُه أو إجازتُه وحُضورُه لِمجلسِ السَّماعِ؛ فهو عِنْدَهُم ثقةٌ، وإن لَم يَتحقَّق فِيه وَصفُ الثِّقةِ المُبيَّنُ بشرائطِه السَّابقةِ، وقد يكونُ فِي أصلِ كتابِه وهَمٌ وخطَأٌ، لكنَّه لا يَعرِفُه ولا يَفهمُه؛ إذ ليسَ عِندَهم مِن الرِّوايةِ عِلمٌ، ولَا لَهُم بِصوابِ الحَديثِ وَخطَئِه مَعرفةٌ.

فَيَنْبغي للمتأخِّرِ تحقُّقُ كونِه مكلَّفًا مستورًا، بأَلَّا يكونَ متظاهِرًا بالفسقِ أَوِ السخفِ الذي يخلُّ بمروءتِه، وأَن يكونَ أصلُه صحيحًا، ويثبتُ بوجُودِ سماعِه بخطِّ ثقةٍ غيرِ متهمٍ، أَو بأن يرويَ من أصلٍ صحيحٍ موافِقٍ لأصلِ شيوخِه.

مَراتِبُ التَّعْدِيلِ وَالتَّجْرِيحِ

وَأَرْفَعُ الأَلْفَاظِ فِي التَّعْدِيلِ ... مَا جَاءَ فِيهِ أَفْعَلُ التَّفْضِيلِ
كَـ«أَوْثَقِ النَّاسِ» وَمَا أَشْبَهَهَا ... أَوْ نَحْوُهُ، نَحْوُ «إِلَيْهِ المُنْتَهَى»
ثُمَّ الَّذِي كُرِّرَ مِمَّا يُفْرَدُ ... بَعْدُ بِلَفْظٍ أَوْ بِمَعْنًى يُورَدُ

يَلِيهِ: «ثَبْتٌ» «مُتْقِنٌ» أَوْ «ثِقَةُ» أَوْ «حَافِظٌ» أَوْ «ضَابِطٌ» أَوْ «حُجَّةُ»
ثُمَّ «صَدُوقٌ» أَوْ فَـ«مَأْمُونٌ» وَ«لَا بَأْسَ بِهِ» كَذَا «خِيَارٌ». وَتَلَا
«مَحَلُّهُ الصِّدْقُ» «رَوَوْا عَنْهُ» «وَسَطْ» «شَيْخٌ» مُكَرَّرَيْنِ أَوْ فَرْدًا فَقَطْ
وَ«جَيِّدُ الحَدِيثِ» أَوْ «مُقَارِبُهْ» «حَسنُهُ» «صَالِحُهُ» «مُقَارَبُهْ»
وَمِنْهُ: «مَنْ يُرْمَى بِبِدْعٍ» أَوْ يُضَمّْ إِلَى «صَدُوقٍ» «سُوءُ حِفْظٍ أَوْ وَهَمْ»
يَلِيهِ: مَعْ مَشِيئَةٍ «أَرْجُو بِأَنْ لَا بَأْسَ بِهْ» «صُوَيلِحٌ» «مَقْبُولُ» عَنّْ

المَرتبةُ الأُولَىٰ من مَراتبِ التَّعديلِ: كُلُّ عِبارةٍ دَخَلَ فيها «أَفعلُ التَّفضِيل» وَمَا أَشبهَه مِمَّا يَدلُّ علىٰ المُبالَغةِ، كـ«فُلانٌ أَوثقُ النَّاسِ» و«أَثبتُ النَّاسِ» وَ«إِلَيهِ المُنتَهىٰ فِي التَّثبُّتِ».

الثَّانِيةُ: أَن يَدلَّ علىٰ دَرجةِ الرَّاوِي بتكرارِ لَفظٍ دَالٍّ علىٰ التَّوثِيق، مَرَّتينِ أو أَكثَر، سَواءٌ كانَ اللَّفظُ الثَّانِي هو الأَوَّلَ أو بِمَعناهُ، وَكُلَّما كانَ تَكرارُه أَكثَرَ كانَ أدلَّ علىٰ المُرادِ؛ كـ«ثِقةٌ ثِقةٌ» و«ثِقةٌ ثَبتٌ» و«ثِقةٌ حَافِظٌ حُجَّةٌ».

الثَّالِثةُ: أَن يَدُلَّ علىٰ دَرجةِ الرَّاوِي بِلَفظٍ واحِدٍ مُشعِرٍ بالضَّبطِ. كـ«فُلانٌ ثَبتٌ» و«مُتقِنٌ» و«ثِقةٌ» و«حافِظٌ» و«ضابِطٌ» و«حُجَّةٌ».

الرَّابعةُ: أَن يَدُلَّ علىٰ دَرَجةِ الرَّاوِي بِلَفظٍ واحِدٍ؛ لَكِنَّه لا يُشعِرُ بالضَّبطِ؛ كـ«فُلانٌ صَدُوقٌ» و«مَأمُونٌ» و«لَا بَأسَ به» و«لَيسَ به بَأسٌ» و«خِيارُ النَّاسِ».

الخامِسةُ: أَن يَدُلَّ علىٰ دَرَجةِ الرَّاوِي بِصِفةٍ لا تُشعِرُ بالضَّبطِ، وَهِيَ مَع ذلكَ أَقَلُّ فِي الدَّلالةِ علىٰ قُوَّةِ اتِّصافهِ بالصِّدقِ مِن أَلفاظِ المَرتبَةِ السَّابِقةِ؛ كـ«فُلانٌ مَحلُّه الصِّدقُ» و«رَوَوْا عَنهُ» و«وَسَطٌ» و«شَيخٌ» و«شَيخٌ وَسَطٌ» و«جَيِّدُ الحديثِ» و«مُقارِبُ الحديثِ» و«حَسَنُ الحديثِ» و«صالِحُ الحديثِ».

وزادَ ابنُ حَجَرٍ: «صدوقٌ سيئُ الحفظِ» و«صدوقٌ يَهِمُ» و«صدوقٌ له أوهامٌ» و«صدوقٌ يُخطِئُ» و«صدوقٌ تغيَّر بأَخَرَةٍ»؛ وكذا وَصْف الراوِي بالابتدَاعِ؛ كالتشيُّعِ، والقَدَرِ، والإرجَاءِ، والتجهُّمِ، والنَّصْبِ.

السَّادِسةُ: أَن يَدُلَّ علىٰ دَرجةِ الرَّاوِي بِلَفظٍ مِن أَلفَاظِ المَراتِبِ السَّابقِةِ، ثُمَّ تقْرَنَ به المَشِيئَةُ أو مَا يَدُلُّ علىٰ أَنَّ الواصِفَ غَيرُ مُتَأَكِّدٍ مِن ثُبُوتِ هذه الصِّفةِ لَهُ؛ كـ«صَدُوقٌ إِن شَاءَ اللهُ» و«أَرجُو أن لا بَأسَ به» و«هو ممَّن أَستخِير اللهَ فِيه». وَمِنها: «فُلانٌ صَالِحٌ» «صُوَيلِحٌ» «يُكتَبُ حديثُهُ».

وَأَسْوَأُ التَّجْرِيحِ مَا قَدْ وُصِفَا ... بِـ«كَذِبٍ» وَ«الوَضْعِ» كَيْفَ صُرِّفَا
ثُمَّ بِذَيْنِ «اتَّهَمُوا» «فِيهِ نَظَرْ» ... وَ«سَاقِطٌ» وَ«هَالِكٌ» «لَا يُعْتَبَرْ»
وَ«ذَاهِبٌ» وَ«سَكَتُوا عَنْهُ» «تُرِكْ» ... وَ«لَيْسَ بِالثِّقَةِ». بَعْدَهُ سُلِكْ
«أَلْقَوا حَدِيثَهُ» «ضَعِيفٌ جِدًّا» ... «ارْمِ بِهِ» «وَاهٍ بِمَرَّهْ» «رُدَّا»
«لَيْسَ بِشَيْءٍ». ثُمَّ «لَا يُحْتَجُّ بِهْ» ... كَـ«مُنْكَرِ الحَدِيثِ» أَوْ «مُضْطَرِبِهْ»
«وَاهٍ» «ضَعِيفٌ» «ضَعَّفُوا». يَلِيهِ ... «ضُعِّفَ» أَوْ «ضُعْفٌ» «مَقَالٌ فِيهِ»
«تُنْكِرُ وَتَعْرِفْ» «فِيهِ خُلْفٌ» ... «تَكَلَّمُوا» «سَيِّئُ حِفْظٍ» «لَيِّنُ»
«لَيْسَ بِحُجَّةٍ» أَوِ «القَوِيِّ» ... «بِعُمْدَةٍ» «بِذَاكَ» «بِالمَرْضِيِّ»

المَرتبةُ الأُولىٰ مِن مراتِبِ التَّجريحِ- وَهِيَ أَسوَأُ أَلفاظِ التَّجرِيحِ-: الوَصفُ بِمَا دَلَّ علىٰ المُبالغةِ فِي الوَصفِ بالكَذِبِ أو الوَضعِ أو بِهِمَا جَمِيعًا. كـ«فُلانٌ أَكْذَبُ النَّاسِ» و«إِلَيهِ المُنتَهَىٰ فِي الكَذِبِ» و«رُكنٌ مِن أَركانِ الكَذِبِ» و«كَذَّابٌ يَضَعُ الحَدِيثَ».

الثَّانِيةُ: الوَصفُ بِأَحدِ الوَصفَينِ- الكَذِبِ والوَضعِ-، وَلَكِن لا علىٰ سَبيلِ

المُبالَغةِ؛ كـ«يَكْذِبُ» و«يَضعُ» و«وَضّاعٌ» و«كَذَّابٌ» و«دَجَّالٌ». وَهاتانِ المَرْتبتانِ هُما مَرْتَبةٌ واحِدَةٌ عندَ أكثرِ العُلماءِ، وقَد جَعَلهُما ابنُ حَجَرٍ مَرْتَبَتَينِ؛ وعلَّل ذلكَ بأنَّ الثَّانِيةَ وإِنْ كانَ فِيها نَوعُ مُبالَغةٍ، لكنَّها دُونَ الَّتي قَبْلَها.

الثَّالثةُ: أَقَلُّ مِنهُمَا شَناعةً؛ كَالتُّهمةِ بالكَذِبِ، أوْ مَا يَدُلُّ علىٰ سُقُوطِ حديثِهِ وَعَدَمِ الاعْتِبَارِ به. كـ«فُلَانٌ مُتَّهَمٌ بالكَذِبِ» و«مُتَّهَمٌ بالوَضْعِ» و«فِيهِ نَظَرٌ»- عِنْدَ البُخاريِّ خاصَّةً- و«سَاقِطٌ» و«هَالِكٌ» و«لَا يُعتبَرُ به» و«لَا يُعتبَرُ بِحديثِهِ» و«سَكَتُوا عَنهُ»- أَيْ: تَركُوا الرِّوايةِ عَنْهُ- و«ذَاهِبٌ» و«مَتْرُوكٌ» و«مَتْرُوكُ الحديثِ» و«تَرَكُوهُ» و«لَيسَ بثِقةٍ».

الرَّابعةُ: مَا دَلَّ علىٰ تَركِ حديثِهِ وَعَدَمِ رِوايَتِهِ أو الاشتِغَالِ به؛ كـ«فُلَانٌ أَلْقَوْا حديثَهُ» و«مُطَّرَحٌ» و«مُطَّرَحُ الحديثِ» وَ«ضَعِيفٌ جِدًّا» و«ارْمِ به» و«ارْمِ بِحَديثِهِ» و«واهٍ بمَرَّةٍ»- أَي: بِلَا تَرَدُّدٍ- و«فُلانٌ رُدَّ»، و«رَدُّوا حديثَهُ»، و«مَردُودُ الحديثِ»، و«لَيسَ بِشَيءٍ»، و«لَا يُسَاوِي شَيئًا».

الخامِسةُ: مَا دَلَّ علىٰ أَنَّهُ لا يُحتجُّ به ولا بِحديثِهِ، مِن غَيرِ أَن يَصِلَ إلىٰ حَدِّ مَن يُتْرَكُ حديثُهُ؛ كـ«فُلَانٌ لا يُحتَجُّ به» و«مُنكَرُ الحديثِ» و«مُضطرِبُ الحديثِ» و«واهٍ»- مِن غيرِ أَن يَقُولُوا: «بِمَرَّةٍ»- و«ضَعِيفٌ»- مِن غَيرِ أَن يَقُولُوا: «جِدًّا»- و«ضَعَّفُوهُ».

السَّادِسةُ: مَا دَلَّ علىٰ التَّضْعِيفِ الهَيِّنِ، مِمَّا يَرجِعُ إلىٰ سُوءِ حِفظِهِ، وَهِيَ أَسهَلُ مَرَاتِبِ الجَرحِ؛ كـ«فُلَانٌ ضُعِّفَ»- بالبناءِ لِلمَجهولِ؛ أَي: ضَعَّفَهُ أَهلُ الحديثِ- و«فِيهِ ضَعْفٌ» و«فِي حديثِهِ ضَعفٌ» و«فِيهِ مَقَالٌ» و«فِي حديثِه مَقَالٌ» و«يُنكر وَيُعرفُ»- أَي: يَأتِي بالمناكِيرِ مَرَّة وَبالمَشَاهِيرِ مَرَّة- و«فِيهِ خُلْفٌ» و«اختُلِفَ فِيهِ» و«طَعَنُوا فِيهِ» و«تَكَلَّمُوا فِيهِ» و«لِلضَّعفِ مَا هو» و«سَيئُ الحِفظِ» و«لَيِّنٌ» و«لَيِّنُ الحديثِ» و«لَيسَ بِحُجَّةٍ» و«لَيسَ بالقَويِّ» و«لَيس بالمَتِينِ» و«لَيس بِعُمدةٍ» و«لَيس بِذَاكَ» و«لَيس بِذَاكَ القَويِّ» و«لَيس بالمَرضيِّ» و«مَا أَعلَم به بَأسًا».

تَحَمُّلُ الحَدِيثِ

وَمَنْ بِكُفْرٍ أَوْ صِبًا قَدْ حَمَلَا ... أَوْ فِسْقِهِ، ثُمَّ رَوَى إِذْ كَمَلَا
يَقْبَلُهُ الجُمْهُورُ، وَالمُشْتَهِرُ ... لَا سِنَّ لِلْحَمْلِ، بَلِ المُعْتَبَرُ
تَمْيِيزُهُ؛ أَنْ يَفْهَمَ الخِطَابَا ... قَدْ ضَبَطُوا وَرَدُّهُ الجَوَابَا
وَمَا رَوَوْا عَنْ أَحْمَدَ بْنِ حَنْبَلِ ... وَنَجْلِ هَارُونَ عَلَى ذَا نَزِّلِ
وَغَالِبًا يَحْصُلُ إِنْ خَمْسٌ غَبَرْ ... فَحَدُّهُ الجُلُّ بِهَا ثُمَّ اسْتَقَرّْ
وَكَتْبُهُ وَضَبْطُهُ حَيْثُ اسْتَعَدّْ ... وَإِنْ يُقَدِّمْ قَبْلَهُ الفِقْهَ أَسَدّْ

لَا تُشتَرطُ العَدالةُ وقتَ تحمُّلِ الرَّاوي للحديثِ؛ وإنَّما تُشتَرطُ وقتَ أدائِهِ وروايتِهِ له؛ فَقَد يَتحمَّلُ الحديثَ وهو غيرُ عَدلٍ- لكفرٍ أو فِسقٍ أو بدعةٍ أو غيرِ ذلكَ- بخلَافِ تَعمُّدِ الكذبِ علىٰ النَّبيِّ ﷺ-، ثمَّ يَتوبُ، فيروِي بعدَ توبتِهِ؛ فتُقبَلُ روايتُه.

واختَلفَ أهلُ العلمِ فِي سِنِّ التَّحمُّلِ والأداءِ: والأصحُّ اعتبارُ (سِنِّ التَّحمُّلِ) بالتَّمييزِ فِي السَّماعِ، وقد جَرَت عادةُ المُحَدِّثين بإحضارِهم الأطفالَ مَجالسَ الحديثَ، ويَكتبونَ لهم أنَّهم حَضروا، ولا بدَّ فِي مثلِ ذلكَ مِن إجازةِ المُسمِعِ. وعلىٰ هذا يحملُ وقَولُ أحمدَ بنِ حنبلٍ: إِذَا عَقَلَ وضَبَطَ. وقَولُ موسىٰ بنِ هارونَ الحافِظِ: إِذَا فَرَّقَ بينَ البقرةِ والدابةِ.

وهذا سَواءٌ أحصَلَ له هذا القَدرُ وهو ابنُ خمسٍ أو قبلَه أو بعدَه؛ إلَّا أنَّ الغَالِبَ حصولُهُ فِي الخمسِ. ولذا قالَ ابنُ الصَّلاحِ: «التَّحدِيدُ بِخَمْسٍ هو الذي اسْتَقَرَّ عليه عَمَلُ أَهْلِ الحديثِ المتأخِّرين، فَيَكْتُبُونَ لِابنِ خَمْسٍ فَصَاعِدًا: سَمِعَ، وَلِمَنْ لَم يَبْلُغْ خَمْسًا: حَضَرَ أو أُحْضِرَ».

والأصحُّ فِي (سنِّ الطَّلبِ بنفسِه وضبطِه الحديثَ وكتابتِه) أن يَتأهَّلَ لذلكَ،

وذلكَ يَخْتَلِفُ بِاخْتِلَافِ الأَشْخَاصِ، وليسَ يَنْحَصِرُ فِي سِنٍّ مَخْصُوصٍ. وأمَّا السِّنُّ الذي يُستَحبُّ فيه ذلكَ، فهُو مُخْتَلفٌ باخْتِلَافِ الأَمْصارِ: فَأَهْلُ البَصْرةِ يَكْتُبُونَ لِعَشْرِ سِنِينَ، وأهلُ الكُوفةِ لِعِشْرِينَ، وأهلُ الشَّامِ لِثَلاثِينَ.

وَيحسُنُ له أَن يقدِّمَ بينَ يَدَيْ كتابةِ الحديثِ وضبطِهِ تعلُّمَ اللُّغةِ والفقهِ والقُرآنِ، بأنْ يَتعلَّمَ القَدرَ الذي تَصحُّ به عبادتُه ويُؤَهِّلُه لسماعِ الحديثِ؛ فإنَّ معرفةَ هذه العلومِ يَحتاجُها الطَّالبُ للحديثِ، وإلَّا وَقعَ فِي التَّخليطِ المَعيبِ.

أَقْسَامُ التَّحمُّلِ

أَعْلَى وُجُوهِ مَنْ يُرِيدُ حَمْلَا ... «سَمَاعُ لَفْظِ الشَّيْخِ» أَمْلَى أَمْ لَا
مِنْ حِفْظٍ اوْ مِنْ كُتُبٍ، وَلَوْ وَرَا ... سِتْرٍ إِذَا عَرَفْتَهُ، أَوْ أَخْبَرَا
مُعْتَمَدٌ، وَرَدَّ هَذَا شُعْبَهْ ... ثُمَّ «سَمِعْتُ» فِي الأَدَاءِ أَشْبَهْ
وَبَعْدَهُ: التَّحْدِيثُ فَالإِخْبَارُ، ثُمّْ ... «أَنْبَأَنَا» «نَبَّأَنَا»، وَبَعْدُ ضُمّْ
«قَالَ لَنَا»، وَدُونَهُ «لَنَا ذَكَرْ» ... وَفِي المُذَاكَرَاتِ هَذِهِ أَبَرّْ
وَبَعْضُهُمْ قَالَ: «سَمِعْتُ» أَخِّرَا ... وَقِيلَ: إِنْ عَلَى العُمُومِ أَخْبَرَا

الطَّريقُ الأُولىٰ من طُرقِ التَّحمُّلِ: السَّماعُ: وهو عِبارةٌ عن أن يَسمعَ لَفظَ الشَّيخِ، سواءٌ أكانَ الشَّيخُ يُملي مِن كتابٍ، أو مِن حِفظِه، أم لَم يكن يُملِي، وإنَّما يُحدِّثُ مِن غيرِ إملاءٍ، غيرَ أنَّ الإملاءَ- لما فيه مِن شدَّةِ تَحرِّي الشَّيخِ والرَّاوي عنه- أَعلَىٰ مِن التَّحديثِ بلا إملاءٍ.

ويَستوي فِي هذه الحالِ أن يكونَ الشَّيخُ ظاهِرًا لِمَن يَروي عَنه مِن تَلامِيذِه، وأن يكونَ غيرَ ظَاهِرٍ، بِأَن كانَ جالسًا وراءَ سِتْرٍ؛ بِشرطِ أن يَعرِفَه الرَّاوي بِصَوتِه، أو بخبَرِ مَن يُعتمَدُ خَبَرُه مِن الثِّقاتِ؛ هذا مَذهبُ جُمهورِ المُحدِّثين.

وذَهبَ شُعْبةُ بنُ الحجَّاجِ إلىٰ أنَّ سَماعَ الرَّاوي شَيخَه مِن غيرِ رُؤيةٍ لا يُسيغُ له الرِّوايةَ عَنه؛ وهو مذهَبٌ مَرجوحٌ لا يُعتمَد عليه.

ثمَّ إذا تَحمَّلَ الرَّاوي علىٰ الصُّورةِ السَّابقةِ قالَ فِي أدائِه: (سَمِعتُ)، وهذه الكَلمةُ أَرقىٰ الألفاظِ الدَّالَّةِ علىٰ السَّماعِ. ويَليها أن يقولَ: (حدَّثَني) أو (حدَّثَنا). ثمَّ أن يقولَ: (أخبرَني) أو (أخبرَنا). ثمَّ أن يقولَ: (أنبأَنا) أو (نبَّأَنا).

ثمَّ أن يقولَ: (قالَ لنا) أو (قالَ لي) أو (قالَ) أو (ذَكرَ لنا). وعِباراتُ هذه المَرتبةِ الأخيرةِ أَشهرُ ما تقالُ فيما يَسمعُه الرَّاوي مِن الشَّيخِ حالَ المُذاكراتِ والمُناظَراتِ.

وهذا التَّرتِيبُ ترتيبُ جمهورِ المحدِّثين. وذهبَ ابنُ الصَّلاحِ إلىٰ أنَّ (حدَّثَنا) أو (أخبَرَنا) أعلىٰ مِن: (سَمِعتُ)؛ فجَعلَ (سَمِعتُ) ثالثةً فِي التَّرتيبِ. وذهبَ الزَّرْكَشيُّ والقُطبُ القَسْطَلانِيُّ إلىٰ أنَّ (حدَّثَنا) أَرقىٰ إن حدَّثَه علىٰ العُمومِ و(سَمِعتُ) أَرقىٰ إن حدَّثَه علىٰ الخُصوصِ.

وَبَعْدَ ذَا: «قِرَاءةٌ» عَرْضًا دَعَوْا ... قَرَأْتَهَا مِنْ حِفْظٍ اوْ كِتَابٍ اوْ
سَمِعْتَ مِنْ قَارٍ لَهُ، وَالْمُسْمِعُ ... يَحْفَظُهُ، أَوْ ثِقَةٌ مُسْتَمِعُ
أَوْ أَمْسَكَ الْمُسْمِعُ أَصْلًا، أَوْ جَرَى ... -عَلَى الصَّحِيحِ- ثِقَةٌ، أَوْ مَنْ قَرَا
وَالأَكْثَرُونَ قَدْ حَكَوْا إِجْمَاعَا ... أَخْذًا بِهَا وَأَلْغَوُا النِّزَاعَا
وَكَوْنُهَا أَرْجَحَ مِمَّا قَبْلُ أَوْ ... سَاوَتْهُ أَوْ تَأَخَّرَتْ؛ خُلْفٌ حَكَوْا
وَفِي الأَدَا قِيلَ: «قَرَأْتُ» أَوْ «قُرِي» ... ثُمَّ الَّذِي فِي أَوَّلٍ إِنْ تَذْكُرِ
مُقَيَّدًا «قِرَاءَةً» لَا مُطْلَقَا ... وَلَا «سَمِعْتُ» أَبَدًا فِي الْمُنْتَقَى
وَالْمُرْتَضَى: الثَّالِثُ فِي الإِخْبَارِ ... يُطْلَقُ لَا التَّحْدِيثُ فِي الأَعْصَارِ

الطَّريقُ الثَّانِيةُ: القِراءةُ- وتُسمَّىٰ عند المحدِّثين (العَرْض)- وهي أنْ يَقرأَ الرَّاوي علىٰ الشَّيخ من كِتابٍ، أو مِن حِفظِه، أو يَسمعَ قارئًا يَقرأُ عليه مِن أحدِهما، سواءٌ أكانَ الشَّيخُ حافِظًا لما يَقرأُ الرَّاوي عليه أم لَم يكن حافِظًا، بشرطِ أن يُمسِكَ بيدِه أصلَه، أو يُمسِكَه له ثقةٌ؛ علىٰ الصَّحيحِ فِي ذلكَ.

قالَ العِراقيُّ: «وكَذا إن كانَ ثِقةٌ مِن السَّامِعين يَحفظُ ما قُرِئَ، وهو مُستمِعٌ غيرُ غَافلٍ؛ فذلك كافٍ أيضًا». لكن مَنعَ ذلكَ الشَّيخُ أحمدُ شَاكِر.

والرِّوايةُ علىٰ هذه الطَّريقِ صَحيحةٌ بلا خِلافٍ، إلَّا ما يُحكَىٰ عن أبي عاصِمٍ النَّبيلِ مِن عَدمِ تَجويزِه إيَّاها. واختلَف العلماءُ فِي مُساواتِها للسَّماعِ مِن لَفظِ الشَّيخِ؛ علىٰ ثَلاثةِ مذاهبِ: **الأوَّلُ**: أنَّ العَرْضَ يُساوي السَّماعَ فِي المَرتبةِ. **الثَّاني**: أنَّ السَّماعَ أرجَحُ مِن القِراءةِ علىٰ الشَّيخِ. **الثَّالثُ**: أنَّ القراءةَ علىٰ الشَّيخِ أَرقَىٰ مِن السَّماعِ مِنه.

تَنْبيهٌ: فِي نُسْخَةٍ: (وَالأَكْثَرُونَ حَكَوْا الإِجْمَاعَا).

ثمَّ إذا أرادَ المُتحمِّلُ بِهذه الطَّريقِ أن يَرويَ ما تحمَّلَه، فالأحوَطُ والأجوَدُ أن يَقولَ: (قرأتُ علىٰ فُلانٍ)، أو يقولَ: (قُرِئَ علىٰ فُلانٍ وأنا أَسمَعُ). أو أن يَذكرَ لفظًا مِن الألفاظِ السَّابقةِ فِي الطَّريقِ الأُولَىٰ؛ لكن بشَرطِ أن يُقيِّدَ بالقِراءةِ لا مُطلَقًا. إلا لفظُ (سَمِعتُ)؛ فإنَّه لا يجوزُ هُنا ذِكرُه ولو مَع التَّقييدِ بالقِراءةِ، وهذا مذهبُ الجمهورِ. **وقيلَ**: يَجوزُ ذِكرُه مُقيَّدًا أيضًا بالقراءةِ.

واختَلفوا فِي جَوازِ إطلاقِ الإخبارِ أو التَّحديثِ عندَ الأداءِ لما يُتحمَّلُ بِهذه المَرتبةِ، علىٰ ثَلاثةِ مَذاهبَ: **الأوَّلُ**: أنَّه لا يَجوزُ فِي أحدِهما. **والثَّاني**: أنَّه يَجوزُ إطلاقُ أيِّهما شئتَ. **والثَّالثُ**: جَوازُ إطلاقِ الإخبارِ دُون التَّحديثِ.

وهذا الثَّالثُ هو المُختارُ، وهو الذي جَرىٰ عليه أكثرُ المحدِّثين؛ فإذا قالَ قَائلهم: (أَخبَرنِي) أو (أَخبَرنا)، أرادَ: أنا قرأتُه عليه، وإذا قالَ: (حدَّثَني) أو (حدَّثَنا)، أرادَ: أنَّه لَفظَ لي به.

وَاسْتَحْسَنُوا لِمُفْرَدٍ «حَدَّثَنِي» وَقَارِئٍ بِنَفْسِهِ «أَخْبَرَنِي»
وَإِنْ يُحَدِّثْ جُمْلَةً «حَدَّثَنَا» وَإِنْ سَمِعْتَ قَارِئًا «أَخْبَرَنَا»
وَحَيْثُ شُكَّ فِي سَمَاعٍ أَوْ عَدَدْ أَوْ مَا يَقُولُ الشَّيْخُ؛ وَحِّدْ فِي الأَسَدّْ

وتفصيلُ مَواطنِ هذه الألفاظِ علىٰ ما استحسَنوه: أنَّ الرَّاويَ إن كانَ قَد سمِعَ مِن الشَّيخِ وحدَه قالَ فِي الأداءِ: (حدَّثني فُلانٌ). وإن كانَ قد سمِعَ مِنهُ ومعه غيرُه يَسمعُ قالَ: (حدَّثَنا). وإن قرأَ علىٰ شيخِه بنفسِه قالَ: (أخبرَني). وإن سمِعَ قراءةَ القارئِ قالَ: (أخبرَنا).

وإذا أَرادَ الأداءَ فشكَّ فِي أنَّه سمِعَ مِن الشَّيخِ أو قرأَ عليه، أو شكَّ فِي أنَّه كانَ مُنفرِدًا أو معَه غيرُه، أو شكَّ فيما قالَه الشَّيخُ: هل قالَ: (حدَّثَنا) أو (حدَّثَني)، أو (أخبرَنا) أو (أخبرَني)؟ فالصَّوابُ فِي كُلِّ هذا: أن يأتِيَ بما يَدُلُّ علىٰ الانفرادِ، فيقولَ: (أَخبرَني)، ولا يقول: (أَخبرَنا) مثلًا.

وَلَمْ يُجَوِّزْ مِنْ مُصَنَّفٍ وَلَا مِنْ لَفْظِ شَيْخٍ فَارِقٍ أَنْ يُبْدَلَا
«أَخْبَرَ» بِالتَّحْدِيثِ أَوْ عَكْسٌ، بَلَى يَجُوزُ إِنْ سَوَّى، وَقِيلَ: حُظِلَا

إذا رَوىٰ الرَّاوي عن شيخِه، فلا بُدَّ أن يَتبَعَ اللَّفظَ الذي استعملَه الشَّيخُ فِي الأداءِ، فِي مثلِ (حدَّثَنا) أو (أخبرَنا)، فلا يُبدِّلَ أحدَهما بالآخَرِ؛ لا سيَّما إن كانَ الشَّيخُ يَرىٰ التَّفرقةَ بينَ التَّحديثِ والإخبارِ. لكن إذا كانَ الشَّيخُ ممَّن لا يَرىٰ بَين التَّحديثِ والإخبارِ فرقًا؛ فذَهبَ ابنُ الصَّلاحِ إلىٰ أنَّ ذلكَ سائغٌ؛ لأنَّه حينئِذٍ إبدالُ لَفظٍ بمرادِفِه، ونَقلَ عن الإمامِ أحمدَ بنِ حَنبلٍ عدمَ جَوازِه.

وإذا رَوىٰ مِن كتابِ مُصنَّفٍ لَم يَجُز له أن يُبدِّلَ التَّحديثَ بالإخبارِ؛ لأنَّه لا يَجوزُ له أن يغيِّرَ كتابَ غيرِه. أمَّا إذا أرادَ أن يَنقُلَ مِن بعضِ المُصنَّفاتِ حديثًا أو أكثرَ إلىٰ تخاريجِه الخاصَّةِ به فقد حَصلَ فِي ذلكَ اختلافٌ، فمِنهم مَن يُجوِّزُه لأن هذا ليسَ فيه

تَغييرٌ ولا تَصرُّفٌ فِي مصنَّفاتِ العلماءِ، ومِنهم مَن منعَه. واللهُ أعلمُ.

إِذَا قَــرَا ولَــمْ يُقِــرَّ المُــسْمَعُ ... لَفْظًـا كَـفَى، وَقِيـلَ: لَـيْسَ يَنْفَـعُ

ثَالِثُهَــا: يَعْمَــلُ أَوْ يَرْوِيــهِ ... بِــ«قَدْ قَـرَأْتُ» أَوْ «قُـرِي عَلَيْـهِ»

اختلفَ العلماءُ فيما لو قَرأَ الرَّاوي علىٰ الشَّيخِ أو قُرئَ عليه وهو يَسمعُ، والشَّيخُ مُصغٍ لِقراءةِ القارئِ فَاهِمٌ له عالِمٌ بهِ غيرُ مُنكرٍ عليه، ولكنَّه لَم يتلفَّظ بِما يَدُلُّ علىٰ إقرارِه هذه القِراءةَ: ذهبَ جَمهرةُ المُحدِّثين والفُقهاءِ والأُصوليِّين إلىٰ أنَّ هذا المِقدارَ كافٍ فِي صحَّةِ السَّماعِ وجوازِ الرِّوايةِ بنَحوِ: (أخبرَنا فُلان)؛ عَملًا بالقَرائنِ الظَّاهِرةِ. وذهب بعضُ الظَّاهريَّةِ إلىٰ أنَّه لا بدَّ مِن إقرارِ الشَّيخِ نطقًا، وقَطَعَ به بعضُ الفقهاءِ الشَّافعيِّينَ، مِنهم أبو نصرِ بنُ الصَّبَّاغِ. قالَ العِراقيُّ: وفيه نَظرٌ.

وقد ذهبَ ابنُ الصَّبَّاغِ- معَ ذلكَ- إلىٰ أنَّه يَجوزُ للرَّاوي أن يَعملَ بما قُرئَ علىٰ الشَّيخِ علىٰ هذا النَّحوِ، وإذا أرادَ روايتَه عنه رواه بالألفاظِ الأُوَلِ، فيَقولُ: (قرأتُ عليه وهو يَسمعُ) إن كانَ قد قرأ هو، أو (قُرِئَ عليه وهو يَسمعُ) إن كانَ القارئُ غيرَه.

وَلْــيَرْوِ مَــا يَــسْمَعُهُ وَلَــوْ مَنَــعْ ... الــشَّيْخُ أَوْ خَــصَّصَ غَــيْرًا أَوْ رَجَــعْ

مِنْ غَيْرِ شَكٍّ. وَالـسَّمَاعُ فِي الأَصَحّْ ... ثَالِثُهَــا: مِــنْ نَاسِـخٍ يَفْهَـمُ؛ صَـحّْ

رَابِعُهَــا: يَقُــولُ: «قَــدْ حَـضَرْتُ» ... وَلَا يَقُـلْ: «حُـدِّثْتُ» أَوْ «أُخْـبِرْتُ»

مَن سمِعَ مِن شَيخٍ حديثًا، ثمَّ منعَه الشَّيخُ مِن رِوايتِه، أو خَصَّ الشَّيخُ غيرَ هذا الرَّاوي بتحدِيثِه؛ فسَمعَه هو مِن غير عِلمِ الشَّيخِ، أو رَجعَ الشَّيخُ عن حديثِه مِن غير شكٍّ فيه؛ جازَ له أن يَرويَ ذلكَ الذي سمِعَه مِنه، إذا كَان غيرَ مُسنِدٍ ذلكَ إلىٰ أنَّه شَكَّ فيه، أو أَخطأَ فيه، ونحوَ ذلكَ، بل منعَه مِن روايتِه عنه معَ جزمِه بأنَّه حديثُه وروايتُه.

وإذا سَمعَ الرَّاوي مِن الشَّيخِ فِي حالِ كونِ أحدِهما يَنسَخُ- أي: يَكتبُ- فهل

يَصحُّ السَّماعُ، أو لا؟ قيلَ: لا يَصحُّ مطلَقًا. وقيلَ: يَصحُّ مطلَقًا. وذهبَ المُحقِّقون إلىٰ الفَرقِ بينَ الذي يَجعلُه نَسْخُه غيرَ فاهِمٍ لما يَسمَعُ، فلا يَصحُّ سَماعُه، والذي لا يُضيِّعُ نَسخُه فَهمَه، فيَصحُّ سَماعَه.

وذهبَ أبو بكرٍ أحمدُ بنُ إسحاقَ الصِّبْغيُّ- وهو مِن المانعِين- إلىٰ أنَّه يَصحُّ سَماعُه، لكن يَجبُ أن يقولَ: (حضَرتُ عند فُلانٍ)، ولا يَجوزُ: (حدَّثَنا) أو (أخبَرنا).

وَالخُلْفُ يَجْرِي حَيْثُمَا تَكَلَّمَا ... أَوْ أَسْرَعَ القَارِئُ أَوْ إِنْ هَيْنَمَا
أَوْ بَعُدَ السَّامِعُ؛ لَكِن يُعْفَى ... عَنْ كِلْمَةٍ وَكِلْمَتَيْنِ تَخْفَى
وَيُسْتَحَبُّ أَنْ يُجِيزَ المُسْمِعُ ... جَبْرًا لِذَا وَكُلِّ نَقْصٍ يَقَعُ

وهذا الخِلافُ يَجري فِي كُلِّ شيءٍ مِن شأنِه أن يكونَ مانعًا للسَّماعِ، مثلِ أن يَتكلَّمُ، أو يُفرِطَ القارئُ فِي الإسراعِ بالقِراءةِ بحيثُ يَخفىٰ بعضُ كلامِه، أو يَخفىٰ صوتُه، أو يكونُ بعيدًا. ولكنَّ العلماءَ استَجازوا الرِّوايةَ معَ ذلكَ كلِّه، ورأَوا أنَّه يُعفَىٰ عن القَدرِ اليسيرِ، نحو كلمةٍ واحدةٍ وكلمتَين وثلاثٍ تَخفَىٰ عند السَّامعِ مِن كلامِ القارئِ، وهو يَعرِفُها مِن السِّياقِ.

واستحبَّ كثيرٌ مِن المُحدِّثين أنْ يُجيزَ الشَّيخُ السَّامعَ بجميعِ الكتابِ؛ جبْرًا لما عسَىٰ أن يقعَ فِي أثناءِ إسماعِه، مِن تكلُّمِ بعضِ السَّامعِين معَ بعضٍ، أو مِن إسراعِ القَارئِ، أو خفاءِ صوتِه، أو غيرِ ذلكَ مِن أسبابِ نقصِ السَّماعِ.

وجَازَ أَنْ يَرْوِيَ عَنْ مُمْلِيهِ ... مَا بَلَّغَ السَّامِعَ مُسْتَمْلِيهِ
لِلأَقْدَمِينَ وَعَلَيْهِ العَمَلُ ... وَابْنُ الصَّلَاحِ قَالَ: هَذَا يُحْظَلُ
وَالخُلْفُ يَجْرِي فِي الَّذِي لَا يَفْهَمُ ... كِلْمَةً، فَمِنْهُ قَدْ يَسْتَفْهِمُ

إذا كانَت حَلْقةُ الشَّيخِ كَبيرةً، وكانَ عددُ تَلاميذِه كثيرًا، وكانَ صَوتُه لا يبلُغُ

آخرَهم؛ جازَ أن يَتَّخذَ له مُبلِّغًا مِنهم يَسمَع عَنه ثمَّ يُسمِعُ بقيَّةَ التَّلاميذِ.

واختُلفَ فيمَن لَم يَسمع الشَّيخَ، وإنَّما سَمعَ مِن يُبلِّغ عنه: هل يَجوزُ له أن يَرويَ عن الشَّيخ؟ فالمُتقدِّمون علىٰ أنَّه يَجوزُ له ذلكَ بشرطِ أن يكونَ الشَّيخُ سامعًا لما يقولُه المُبلِّغُ عنه؛ لأنَّ هذا المُبلِّغَ فِي حُكمِ مَن يَقرأُ علىٰ الشَّيخ. وذَهَبَ ابنُ الصلَاحِ والنوَوِيُّ إلىٰ عَدَمِ الجَوازِ. ويُستحَبُّ فِي هذه الحالِ أن يُبيِّنَ الرَّاوي أنَّ سماعَه مِن المُبلِّغ.

وحُكمُ السَّماعِ مِن المُبلِّغِ عن الشَّيخِ كحُكمِ مَن يَسألُه، أو يسألُ جَارَه مِن التَّلاميذِ عمَّا تَلفَّظَ به الشَّيخُ، ولَم يَسمَعْه.

ثَالِثُهَا: «إِجَازَةٌ»؛ وَاخْتُلِفَا — فَقِيلَ: لَا يَرْوِي بِهَا؛ وَضُعِّفَا

وَقِيلَ: لَا يَرْوِي وَلَكِنْ يَعْمَلُ — وَقِيلَ: عَكْسُهُ، وَقِيلَ: أَفْضَلُ

مِنَ السَّمَاعِ، وَالتَّسَاوِي نُقِلَا — وَالحَقُّ أَنْ يُرْوَى بِهَا وَيُعْمَلَا

وَأَنَّهَا دُونَ السَّمَاعِ لِلسَّلَفْ — وَاسْتَوَيَا لَدَى أُنَاسٍ لِلْخَلَفْ

الطَّريقُ الثَّالِثةُ: الإجَازةُ، وهي عِبارةٌ عن (إذنٍ فِي الرِّوايةِ لفظًا أو خطًّا بما يُفيدُ الإخبارَ الإجماليَّ عُرفًا). وأركانُها أربعةٌ: (مُجيزٌ) وهو الشَّيخُ، و(مُجازٌ) وهو الرَّاوي عنه، و(مُجازٌ به) وهو الكتابُ أو الجُزءُ ونحوُهما، و(صِيغةٌ) وهي العِبارةُ الدَّالَّةُ علىٰ الإذْنِ. وأنواعُها تسعةٌ، وستأتِي:

واعلم؛ أنَّه قد اختَلَفَ فِي جوَازِ الروَايةِ بالإجَازَةِ عَلَىٰ أقوالٍ: **الأولُ**: لَا يجوزُ أن يَروِيَ بالإجَازَةِ. **الثاني**: لَا يجوز أن يَروِيَ بها، ولكِنْ يجوزُ له أَن يعمَلَ بِهِ. **الثالثُ**: عكسُه، يَجُوزُ أَن يروِيَ، ولَا يَجُوزُ له أَن يعمَلَ به. **الرابعُ**- وهُوَ قولُ الجمهورِ مِنْ أَهْلِ الحدِيثِ وغيرِهِم، وذَكَرَ الناظِمُ وغيرُهُ أنَّه الحقُّ-: يجوزُ للرَّاوِي أَن يَرْوِيَ مَا تحمَّلَه بالإجازَةِ، وأن يعمَلَ به.

وقالَ الطُّوفِيُّ: «الحقُّ التَّفْصِيلُ، فَفِي عَصرِ السَّلفِ السَّماعُ أَولَىٰ، وأمَّا بَعدَ أَن دُوِّنتِ الدَّواوِينُ وجُمِعتِ السُّننُ واشتَهَرتْ فلَا فَرقَ بينَهما».

عَيَّنَ مَا أَجَازَ وَالمُجَازَ لَهْ ... أَوْ ذَا وَمَا أَجَازَهُ قَدْ أَجْمَلَهْ

فَإِنْ يُعَمِّمْ مُطْلَقًا أَوْ مَنْ وُجِدْ ... فِي عَصْرِهِ؛ صُحِّحَ رَدٌّ واعْتُمِدْ

مَا لَمْ يَكُنْ عُمُومُهُ مَعْ حَصْرِ ... فَصَحِّحَنْ، كَـ«العُلَمَا بِمِصْرِ»

وَالجَهْلَ بِالمُجَازِ وَالمُجَازِ لَهْ ... -كَلَمْ يُبَيَّنْ ذُو اشْتِرَاكٍ-؛ أَبْطِلَهْ

وَلَا يَضُرُّ الجَهْلُ بِالأَعْيَانِ مَعْ ... تَسْمِيَةٍ أَوْ لَمْ يُصَفِّحْ مَا جَمَعْ

وَفِي الأَصَحِّ أَبْطَلُوا إِنْ يَقُلِ: ... «أَجَزْتُ مَنْ شَاءَ وَمَنْ شَاءَ عَلِي»

وَصَحَّحُوا «أَجَزْتُهُ إِنْ شَاءَ» أَوْ ... «أَجَزْتُ مَنْ شَاءَ» رِوَايَةً رَأَوْا

وَالإِذْنُ لِلْمَعْدُومِ فِي الأَقْوَى امْتَنَعْ ... ثَالِثُهَا: جَازَ لِمَوْجُودٍ تَبَعْ

وَصَحَّحُوا جَوَازَهَا لِطِفْلِ ... وَكَافِرٍ وَنَحْوِ ذَا وَحَمْلِ

وَمَنْعَهَا بِمَا المُجِيزُ يَحْمِلُهْ ... مِنْ بَعْدِهَا، فَإِنْ يَقُلْ- لَا تُبْطِلُهْ-:

«أَجَزْتُ مَا صَحَّ وَمَا يَصِحُّ لَكْ ... مِمَّا سَمِعْتُ»، أَوْ «يَصِحُّ» مَا سَلَكْ

فِي مِثْلِ ذَا لَا تُدْخِلِ المُجَازَا ... أَوْ صَحَّ عِنْدَ غَيْرِ مَنْ أَجَازَا

وَمَنْ رَأَى إِجَازَةَ المُجَازِ ... وَلَوْ عَلَا؛ فَذَاكَ ذُو امْتِيَازِ

والإِجازةُ تِسْعَةُ أَنْوَاعٍ:

الأَوَّلُ: (إجازةُ خاصٍّ لخاصٍّ)، وهي أن يُعيِّنَ الشَّيخُ الشَّخصَ المُجازَ والكتابَ الذي أجازَه به، كأن يقولَ: (أجزتُ فُلَانًا صَحيحَ البُخاريِّ) أو (أجزتُك كتابَ كذا).

وهذا النَّوعُ أعلَىٰ أنواعِ الإجازاتِ.

الثَّانِي: (إجازةُ خاصٍّ بعامٍّ)، وهو أنْ يُعيِّنَ الشَّيخُ الشَّخصَ المُجازَ، ولا يُعيِّنَ ما أجازَه، كأن يقولَ: (أجزتُك جميعَ مَسموعاتِي).

الثَّالثُ: أنْ يُعمِّمَ الشَّيخُ فِي المُجازِ والمُجازِ به، فتكون (إجازةَ عامٍّ بعامٍّ)، كأن يقولَ: (أجزتُ جميعَ المُسْلِمِين بجميعِ مَروِيَّاتِي)، أو نحو ذلكَ.

وهذا علىٰ قِسمَين: **أوَّلهما**: أن يكونَ العُمومُ معَ حَصرٍ فِي طائفةٍ مُعيَّنةٍ، كأن يقولَ: (أجزتُ أولادَ فُلانٍ)، أو (أجزتُ طلبةَ العِلمِ فِي الحرمِ المكِّيِّ). **وثانِيهما**: ألَّا يَخُصَّ به طائفةً معيَّنةً محصورةً، كالمِثال المذكورِ أوَّلًا.

فالأوَّل؛ صَحيحٌ مِن غيرِ توقُّفٍ. وأمَّا الثَّانِي؛ فللمتأخِّرِين الذين صحَّحوا أصلَ الإجازةِ فيه خلافٌ: فذهبَ إلَىٰ صحَّتِه جماعةٌ، وذهبَ ابنُ الصَّلاحِ إلىٰ تَصحيحِ ردِّ الرِّوايةِ به.

الرَّابعُ: (إجازةُ المُعيَّنِ بالمَجهولِ)، كأن يقولَ: (أجزتُك كِتابَ السُّننِ)، وهو يَروي سُننًا كثيرةً. أو (إجازةُ المَجهولِ بالمُعيَّنِ)، كأن يقولَ: (أجزتُ مُحمَّدًا صحيحَ مُسْلمٍ)، ولَا يُبيِّنُ أيَّ المُحمَّدِين هو. وهذا النَّوعُ باطلٌ.

فإن سمَّىٰ مَن يُجيزُه تَسميةً تَرفعُ جَهالتَه والاشتِراكَ فِيه، ولكنَّه كَان يَجهلُ أعيانَهم وانطباقَ أسمائِهم علىٰ مُسمَّياتِهم؛ فذلكَ جائزٌ؛ لأنَّه يُشبهُ أنْ يسمعَهم فِي مجلسِه وهو غيرُ عارفٍ بذواتِهم أو أسمائِهم.

الخامسُ: أنْ يُجيزَ الشَّيخُ معَ الجهالةِ والتَّعليقِ بشرطٍ. كأن يقولَ: (أجزتُ مَن شاءَ الإجازةَ)، أو (أجزتُ مَن شاءَ عليٌّ)؛ أيْ: أجزتُ مَن شاءَ عليٌّ أن أُجيزَ له. و(عليٌّ) اسمُ رَجلٍ. وقد اختَلفَ العلماءُ فِي جَوازِ هذا النَّوعِ؛ والأصحُّ بُطلانُها. أمَّا لو قالَ: (أجزتُ مَن يشاءُ الرِّوايةَ عنِّي)؛ فالأصحُّ فيها الجوازُ.

السَّادسُ: (الإجازةُ للمَعدُومِ)، كقولِه: (أجزتُ لمَن يُولَدُ لفُلانٍ). وقد اختَلفَ

المتأخِّرون فِي جوازِ هذا النَّوعِ؛ فأجازَه بعضُهم، وذهبَ إلىٰ بُطلانِه آخرون، وهو الصَّحيحُ الذي لا يَنبغي غيرُه. أمَّا إن كانَت تبعًا لِموجودٍ، كقولِه: (أجزتُك ومَن يُولَدُ لكَ) جازتْ، فإن كانَت للمَعدومِ استقلالًا لم تَجُزْ.

السَّابعُ: إجازةُ غيرِ المُتأهِّلِ، كـ(الطِّفلِ، والكَافرِ، والفاسِقِ، والحَمْلِ). فأمَّا (الطِّفلُ الذي لا يُميِّزُ)؛ فالإجازةُ له صَحيحةٌ علىٰ الصَّحيحِ، ولا يُعتبَرُ فِيه سِنٌّ ولا غيرُه. أمَّا (الطِّفلُ المُميِّزُ)؛ فلا خلافَ فِي صحَّةِ الإجازةِ له. وأمَّا (الكافرُ)؛ فالإجازةُ له صحيحةٌ أيضًا، و(الفاسِقُ) بالأولَىٰ.

الثَّامنُ: أن يُجيزَ الشَّيخُ بما لَم يَتحمَّلْه بأيِّ وجهٍ مِن وجوهِ التَّحمُّلِ، كأن يقولَ: (أجزتُك صحيحَ البُخاريِّ)، وهو لَم يَتحمَّل هذا (الصَّحيحَ) بأيِّ وجهٍ. وهذا النَّوعُ باطلٌ عندَ المحقِّقين مِن المُحدِّثين. فعلَىٰ هذا يَتعيَّنُ علىٰ مَن أرادَ أن يَرويَ عن شَيخٍ أجازَ له جَميعَ مسموعاتِه أن يَبحثَ حتىٰ يَعلمَ أنَّ هذا ممَّا تَحمَّلَه شَيخُه قَبلَ الإجازةِ له.

فإن قالَ الشَّيخُ لمَن يُجيزُه: (أجزتُ لكَ ما صحَّ وما يَصحُّ عندكَ مِن مَسموعاتِي) ثمَّ سَمعَ الشَّيخُ مِن بعدِ ذلكَ كتابًا وصحَّ عند المُجازِ ذلكَ؛ كانَ له أن يرويَه عنه، وقد فعلَ ذلكَ الدَّارقُطنيُّ وغيرُه. وكذا لو لَم يَقُل: (وما يصحُّ عندك) واكتفَىٰ بقولِه: (أجزتُك ما صَحَّ عندك مِن مَسموعاتِي)؛ لأنَّ زمنَ الصِّحَّةِ هو وَقتُ الرِّوايةِ، لا وقت الإجازةِ.

وإذا أجازَ لك الشَّيخُ بالصِّيغةِ المتقدِّمةِ، وهيَ: (أجزتُ لكَ ما صحَّ وما يَصحُّ عندك مِن مَسموعاتِي)، فليسَ لك أن تَرويَ ما تحمَّلَه بالإجازةِ، أو ما صَحَّ عندَ غيرِه؛ لأنَّه مقيَّدٌ بسماعِه.

التَّاسعُ: (إجازةُ المُجازِ)، كأن يقولَ: (أجزتُك مُجازاتِي) أو (أجزتُك جميعَ ما أُجيزَ لي روايتُه). واختُلفَ فِي قَبولِ هذا النَّوعِ: والصَّحيحُ الذي عليه العملُ؛ جوازُه. ويَنبغي للرَّاوي بالإجازةِ عن الإجازةِ تأمُّلُ كَيفيَّةِ إجازةِ شَيخِ شَيخِه لشَيخِه ومُقتضاها؛ لئلَّا يَرويَ بِها ما لَم يَدخُل تَحتَها؛ وقد زلَّ غيرُ واحِدٍ مِن الأئمَّةِ بسببِ ذلكَ.

وَلَفْظُهَا: «أَجَزْتُهُ» «أَجَزْتُ لَهْ» فَأَنْ يُخَطَّ نَاوِيًا فيُهْمِلَهْ
وَلَيْسَ شَرْطًا القَبُولُ بَلْ إِذَا رَدَّ فَعِنْدِي غَيْرُ قَادِحٍ بِذَا
وَاسْتُحْسِنَتْ مِنْ عَالِمٍ لِمَاهِرِ وَشَرْطُهُ يُعْزَى إِلَى أَكَابِرِ

والألفاظُ التي تُقالُ فِي الإجازةِ هي: (أجزتُه) وكذا (أجزتُ له). ثمَّ إنَّ التَّلفُّظَ بالإجازةِ سواءٌ كانَ معَ الكتابةِ أم لا، هو الأعلىٰ رُتبةً. ويليه الكتابةُ معَ قصدِ الإجازةِ بغيرِ تلفُّظٍ، ثمَّ تلي الكتابةُ بغيرِ القَصدِ.

ثُمَّ إنَّ قَبولَ المُجازِ له إجازةَ المجيزِ ليسَ شَرطًا فِي صحَّةِ الإجازةِ، بل لو أجازَ الشَّيخُ أحدَ تلاميذِه فرَدَّ التِّلميذُ هذه الإجازةَ، لَم يضُرَّ، ولَم يكُن رَدُّه مانعًا مِن روايتِه بِها. وكذا لو رَجعَ الشَّيخُ عنها، لا يضُرُّ.

ثمَّ إنَّ الإجازةَ مُستحسَنةٌ إذا كَان المُجيزُ عالمًا، والمُجازُ مِن أهلِ الفنِّ المَهرةِ الحاذقِين، وقد بالَغَ بعضُ الأئمَّةِ فاشترَطَ لصحَّةِ الإجازةِ ذلكَ، أي: كونَ المُجيزِ والمُجازِ مِن أهلِ العلمِ.

رَابِعُهَا: عِنْدَهُمُ «المُنَاوَلَهْ»: أَنْ يُعْطِيَ المُحَدِّثُ الكِتَابَ لَهْ
مِلْكًا تَلِي إِعَارَةٌ، أَوْ يُحْضِرَهْ لِلشَّيْخِ ذِي العِلْمِ لِكَيْمَا يَنْظُرَهْ
ثُمَّ يَرُدَّهُ إِلَيْهِ، وَأَذِنْ فِي الصُّورَتَيْنِ فِي رِوَايَةٍ؛ فَدِنْ
وَأَخَذُوا بِهَذِهِ إِجْمَاعَا بَلْ قِيلَ: ذِيْ تُعَادِلُ السَّمَاعَا
وَآخَرُونَ فَضَّلُوهَا؛ وَالأَصَحّْ تَلِي، وَسَبْقُهَا إِجَازَةً وَضَحْ

الطَّريقُ الرَّابعةُ: المُناوَلةُ: وصورتُها: أن يَدفعَ الشَّيخُ أصلَه- أو ما قامَ مَقامَه- للطَّالبِ، أو يُحضِرَ الطَّالبُ نفسُه الأصلَ للشَّيخِ، ويقولَ له الشَّيخُ- فِي الصُّورتَين-: (هذا روايَتي عن فُلانٍ؛ فارْوِه عنِّي).

واشترَطَ العلماءُ فِي صحَّةِ الرِّوايةِ بـ(المُناوَلةِ): اقتِرانَها بالإذنِ بالرِّوايةِ، وهي - إذا حصَلَ هذا الشَّرطُ - أرفَعُ أنواعِ الإجازةِ؛ لما فيها مِن التَّعيينِ والتَّشخيصِ.

وشَرطُه أيضًا: أن يُمكِّنَه مِنه - إمَّا بالتَّمليك، وإمَّا بالعارِيَّةِ -؛ لينقُلَ مِنه، ويُقابِلَ عليه، وإلَّا؛ إن ناولَه واستَردَّ مِنه فِي الحالِ؛ فلا تَتبيَّنُ أرفعيَّتُه، لكن لها زِيادةُ مزيَّةٍ علىٰ الإجازةِ المُعيَّنَةِ؛ وهي أن يُجيزَه الشَّيخُ بِروايةِ كتابٍ معيَّنٍ، ويُعيِّنُ له كَيفيَّةَ روايتِه له.

ولا خِلافَ بينَ العلماءِ فِي قَبولِ هذا النَّوعِ مِن المُناولةِ، وإنَّما الخِلافُ بينَهم فِي: أهوَ أفضَلُ مِن السَّماعِ، أم السَّماعُ أفضَلُ مِنه، أم هما سواءٌ؟ قالَ ابنُ الصَّلاحِ: «الصَّحيحُ أنَّها مُنحطَّةٌ عن السَّماعِ والقراءةِ». وقالَ الحاكِمُ: «وعليه عَهِدنا أئمَّتَنا، وإليه نَذهبُ».

وَصَــحَّ إنْ نَــاوَلَ وَاسْــتَرَدَّا ... وَمِــنْ مُـسَاوِي ذاكَ الاَصْـلِ أَدَّى
قِيــلَ: وَمَــا لِذِي مِــنَ امْتِيَــازِ ... عَلَى الَّذِي عُــيِّنَ مِــنْ مُجَــازِ
وَإِنْ يَكُــنْ أَحْـضَرَهُ مَــنْ يُعْتَمَــدْ ... وَمَــا رَأَى؛ صَــحَّ وَإلَّا فَلْــيُرَدّْ
فَــإِنْ يَقُــلْ: «أَجَزْتُــهُ إِنْ كَانَــا» ... صَــحَّ ويَــرْوِي عَنْــهُ حَيْــثُ بَانَــا

ومِن صورِ المُناوَلةِ: أن يُناوِلَ الشَّيخُ الطَّالبَ سَماعَه، ويُجيزَه به، ثمَّ لا يَمنحُه للطَّالِبِ؛ بل يُبقيه عندَه. وهذا النَّوعُ دون ما سَبقَ، لكن يَجوزُ للطَّالبِ رِوايةُ هذا الكتابِ الذي ناولَه إيَّاهُ إذا وَجدَه وغَلَبَ علىٰ ظنِّه أنَّه سَلِمَ مِن التَّغييرِ، أو وَجدَ فرعًا مُقابَلًا به مَوثوقًا بموافقتِه لما كانَ تناولَه.

قال النَّوويُّ: «ولا يَظهرُ فِي هذه المُناوَلةِ كبيرُ مزيَّةٍ علىٰ الإجازةِ المُجرَّدةِ فِي مُعَيَّنٍ، وقال جماعةٌ مِن أصحابِ الفِقهِ والأُصولِ: لا فائدةَ مِنها، وشُيوخُ الحديثِ قديمًا وحديثًا يرَونَ لها مزيَّةً مُعتبَرةً».

ومِن هذا الضَّربِ مِن المُناوَلةِ: أن يأتِيَ الطَّالبُ شيخَه بكتابٍ، ويقولَ له: (هذه

روايتُك عن فُلانٍ؛ فناولنِيه وأَجِزْ لي روايتَه)، فيُجيبه الشَّيخُ إلىٰ ذلكَ مِن غير نَظرٍ فيه، ولا تَحقُّقٍ لروايتِه.

وهذا المِثالُ باطلٌ؛ إلَّا أن يثقَ الشَّيخُ بخبرِ الطَّالبِ ومَعرفتِه، ويكونَ الطَّالبُ بحيثُ يُعتمَدُ علىٰ مثلِه، فإنَّ المُناوَلةَ والإجازةَ صحيحتانِ حينئذٍ. فإن فعلَ الطَّالبُ ما قدَّمْنا فأجابَه الشَّيخُ بقولِه: (حدِّث عَنِّي بما فيه إن كانَ مِن حديثي معَ براءتِي مِن الغلَطِ)؛ فذلكَ حسَنٌ.

وَإِنْ يُنَاوِلْ لَا مَعَ الإِذْنِ وَلَا «هَذَا سَمَاعِي»؛ فَوِفَاقًا بَطَلَا

وَإِنْ يَقُلْ: «هَذَا سَمَاعِي» ثُمَّ لَمْ يَأْذَنْ؛ فَفِي صِحَّتِهَا خُلْفٌ يُضَمّْ

الضَّربُ الثَّاني مِن المُناوَلةِ: (المناوَلةُ المُجرَّدةُ عن الإجازةِ)؛ وذلكَ كأن يُناوِلَ الشَّيخُ الطَّالبَ الكتابَ، ويقولَ له: (هذا سَماعي) أو (هذا مِن حديثي)، ولا يقولَ له: (ارْوِه عَنِّي) أو (أجزتُكَه)، أو نحو ذلكَ.

فإن ناولَ الشَّيخُ الطَّالبَ الكتابَ، ولَم يقُلْ له: (هذا سَماعي)، ولا أجازَه؛ فقد أَجمَعوا علىٰ بُطلانِها وعدمِ صحَّةِ الرِّوايةِ بِها.

وإن قالَ له: (هذا سَماعي)، ولَم يُجِزْه؛ فقد ذَهبَ الفُقهاءُ وعلماءُ الأصولِ إلىٰ بُطلانِ ذلكَ وعدمِ جَوازِ الرِّوايةِ به، وعابوا المحدِّثين المجوِّزين لها. وقد حُكيَ القولُ بتصحيحِها عن جماعةٍ مِن الأصوليِّين أيضًا.

وَمَنْ يُنَاوَلْ أَوْ يُجَزْ فَلْيَقُلِ: «أَنْبَأَنِي» «نَاوَلَنِي» «أَجَازَ لِي»

«أَطْلَقَ» أَوْ «أَبَاحَ» أَوْ «سَوَّغَ» أَوْ «أَذِنَ» أَوْ مُشْبِهَ هَذِي، ورَأَوْا

ثَالِثَهَا- مُصَحَّحًا-: أَنْ يُورِدَا «حَدَّثَنَا» «أَخْبَرَنَا» مُقَيَّدَا

وَقِيلَ: قَيِّدْ فِي مُجَازٍ قَصْرَا وَبَعْضُهُمْ يَخُصُّهُ بِـ«خَبَّرَا»

وَبَعْضُهُمْ يَرْوِي بِنَحْوِ «لِي كَتَبْ» «شَافَهَ»، وَهْوَ مُوهِمٌ فلْيُجْتَنَبْ

فِي «الِاقْتِرَاحِ» مُطْلَقًا لَا يمتَنِعْ «أَخْبَرَ» إِنْ إِسْنَادَ جُزْءٍ قَدْ سَمِعْ

وَ«عَنْ» وَ«أَنَّ» جَوَّدوا فِيمَا يُشَكّْ سَمَاعُهُ، وَفِي المُجَازِ مُشْتَرَكْ

مَن تحمَّلَ بطَريقِ المُناوَلةِ، قالَ النَّوويُّ: «الصَّحِيحُ الذي عليه الجمهورُ وأهلُ التَّحرِّي المَنعُ مِن إطلاقِ (حدَّثَنا) أو (أخبرَنا)، وتَخصيصُها بعِبارةٍ مُشعِرةٍ بِها كـ(حدَّثَنا إجازةً)، أو (مُناوَلةً وإجازةً)، أو (إذنًا)، أو (فِي إذنِه)، أو (فيما أذِنَ لي فيه)، أو (فيما أَطلقَ لي روايتَه)، أو (أجازني)، أو (أجاز لي)، أو (ناولني)، أو شِبه ذلكَ».

وقد حُكيَ فِي أن يقولَ: (حدَّثَنا) أو (أخبرَنا) عدَّةُ أقوالٍ:

الأوَّلُ- وعليه الجمهورُ-: يَجوزُ له أن يَذكرَ أحدَ هذَين اللَّفظَين مُقيَّدًا بما يَدُلُّ علىٰ طَريقِ التَّحمُّلِ؛ كأن يقولَ: (حدَّثَنا إجازةً، أو مُناوَلةً)، أو يقولَ: (أخبرَنا إجازةً، أو مناوَلةً).

الثَّانِي: يجوزُ أن يَذكرَ أحدَ هذَين اللَّفظَين مِن غيرِ تَقييدٍ.

الثَّالثُ: لا يجوزُ بِحالٍ مِن الأحوالِ.

الرَّابعُ: أنَّه يَجوزُ إطلاقُ أحدِ هذَين اللَّفظَين فِي المُناوَلةِ المَقرونةِ بالإجازةِ؛ فأمَّا المُجرَّدةُ عنها، فلا يَجوزُ فيها إلَّا (أنبأنا)، أو (نبَّأنا).

الخامسُ: أنَّ الإجازةَ المُجرَّدةَ عن المُناوَلةِ يَروي بِها بقولِه: (خبَّرنا)، أو (خبَّرنِي) بتضعيفِ الحشوِ.

وحُكيَ عن الحاكِمِ أنَّه قالَ: «الذي أَختارُه وعَهِدتُ عليه أكثرَ مَشايخي وأئمَّة عَصري أن يقولَ فيما عرَضَ علىٰ المُحدِّثِ فأجازَه شفاهًا: (أنبأنِي)، وفيما كَتبَ إليه: (كَتبَ إليَّ)».

وذَهبَ قومٌ مِن المتأخِّرين إلىٰ أنَّه يَروي فِي الإجازةِ بالكتابةِ بنحوِ (كَتبَ لي

فُلانٌ)، وفِي الإجازةِ بنحوِ: (شَافهَني)، وهو مُوهِمٌ؛ فليُجتنَب.

ثمَّ إنَّ قومًا مِن المتأخِّرين جوَّدوا أن يَقولَ الرَّاوي المُجازُ، أو الذي يَشُكُّ فِي سماعِه: (عن فُلانٍ)، أو يَقولَ: (أنَّ فُلانًا).

خَامِسُهَا: «كتَابَةُ الشَّيْخِ» لِمَنْ يِغيبُ أَوْ يَحْضُرُ أَوْ يَأْذَنُ أَنْ
يُكْتَبَ عَنْهُ، فَمَتَى أَجَازَا فَهْيَ كَمَنْ نَاوَلَ حَيْثُ امْتَازَا
أَوْ لَا، فَقِيلَ: لَا تَصِحُّ؛ وَالأَصَحّْ صِحَّتُهَا، بَلْ وإجَازَةً رَجَحْ
وَيَكْتَفِي المَكْتُوبُ أَنْ يَعْرِفَ خَطّْ كَاتِبِهِ، وَشَاهِدًا بَعْضٌ شَرَطْ
ثُمَّ لْيَقُلْ: «حَدَّثَنِي، أَخْبَرَنِي كِتَابَةً»، وَالمُطْلِقِينَ وَهِّنِ

الطَّريقُ الخامسةُ: المُكاتَبةُ: وهي عبارةٌ عن (أن يَكتُبَ الشَّيخُ للطَّالبِ الذي يريدُ أن يَرويَ عنه، أو يأذنَ لغيرِه أن يَكتُبَ عَنه، سواءٌ أكانَ الطَّالبُ حاضرًا فِي مَجلسِ الشَّيخِ، أو غائبًا عن مَجلسِه). وهي علىٰ قِسمَين: المقرونةُ بالإجازةِ. والمجرَّدةُ عن الإجازةِ.

فالأوَّلُ؛ حُكمه حكمُ المُناوَلةِ المُقترِنةِ بالإجازةِ. والثَّانِي؛ اختَلفوا فِيه: فقيلَ: لا تَصحُّ. والأصَحُّ أنَّها صحيحةٌ، واستدَلُّوا علىٰ صحَّتِها بأنَّ النَّبيَّ ﷺ كانَ يكتُبُ إلىٰ عُمَّالِه بالأحكام. بل قيلَ: المُكاتَبةُ المجرَّدةُ عن الإجازةِ أرجَحُ مِن الإجازةِ المُجرَّدةِ عن المكاتبةِ، وأرجَحُ مِن كثيرٍ مِن صورِ المُناوَلةِ.

واتَّفقوا علىٰ أنَّ الطَّالبَ الذي يُدفَعُ إليه كتابُ شَيخِه، إذا قامت عندَه البيِّنةُ علىٰ أنَّ شيخَه قَد كَتبَ له هذا الكتابَ بيدِه، أو أَمرَ بكتابتِه إليه؛ صحَّت المكاتَبةُ وجازَ له أن يَرويَ بِها. واختَلفوا فيما لو لَم تَقُم عندَه بيِّنةٌ علىٰ ذلكَ وكانَ عارفًا بخطِّ كاتبه؛ والذي عليه المُحققِّون مِن العلماءِ أنَّه يَكتفِي بمعرفتِه بخطِّ مَن كَتبَ له؛ لأنَّ الظَّاهرَ أنَّ خطَّ الإنسانِ لا يَشتبهُ بغيرِه، ولا يَقعُ فِيه إلباسٌ.

والصَّحيحُ المُختارُ اللَّائقُ بمذهبِ أهلِ التَّحرِّي والنَّزاهةِ أنَّ الرَّاويَ الذي تحمَّلَ الحديثَ بالمُكاتَبةِ يَجبُ عليه أن يقولَ عندَ روايتِه: (حدَّثَني فُلانٌ كتابةً) أو (أخبرَني فُلانٌ كتابةً) أو (كَتبَ إليَّ فُلانٌ). **وقيلَ**: بجوازِ إطلاقِ لفظِ التَّحديثِ والإخبارِ، وهذا مذهبٌ واهٍ ضعيفٌ. **وقيلَ**: بجوازِ إطلاقِ الإخبارِ دون التَّحديثِ.

السَّادِسُ: «الإِعْلَامُ»، نَحْوُ «هَذَا رِوَايَتِي» مِنْ غَيْرِ إِذْنٍ حَاذَى
فَصَحَّحُوا إِلْغَاءَهُ، وَقِيلَ: لَا، وَأَنَّهُ يَرْوِي وَلَوْ قَدْ حَظَلَا

الطَّريقُ السَّادسةُ: (الإعلامُ): أن يُعلِمَ الشَّيخُ الطَّالبَ بأنَّ حديثًا ما، أو كتابًا ما، هو روايتُه عن شيخِه فُلانٍ، مِن غيرِ أن يَأذنَ له فِي روايتِه عنه)، كأن يقولَ له: (أنا رويتُ صَحيحَ البُخاريِّ عن فُلانٍ)، ولا يقولَ له: (اروِه عنِّي)، ولا ما يُشبهُه، ولا يُناولَه كتابَ (الصَّحيحِ) وإلَّا كانَ مناوَلةً بلا إجازةٍ، كما تَقدَّمَ.

واختُلفَ فِي صحَّةِ الرِّوايةِ بِها: **فقيلَ**: لا يجوزُ أن يرويَ بمُقتضاه. **والأكثرُ** علىٰ أنَّ الإعلامَ المجرَّدَ عن الإذنِ صَحيحٌ، والرِّوايةَ به سائغةٌ جائزةٌ. حتىٰ زادَ بعضُ الظَّاهريَّةِ فقالَ: لو أنَّ الشَّيخَ أعلَمَ الطَّالبَ علىٰ نحوِ ما تقدَّمَ ثمَّ منعَه مِن الرِّوايةِ، لَم يكن هذا المنعُ مؤثِّرًا فِي جوازِ الرِّوايةِ بالإعلامِ.

وَالخُلْفُ يَجْرِي فِي «وَصِيَّةٍ» وَفِي «وِجَادَةٍ»؛ وَالمَنْعُ فِيهِمَا قُفِي

الطَّريقُ السَّابعةُ: (الوصيَّةُ): أن يُوصِيَ الشَّيخُ عند سفرِه أو حينَ يحضُرُه الموتُ لشَخصٍ بكتابٍ يَرويه ذلكَ الشَّيخُ. واختُلفَ فِي جَوازِ الرِّوايةِ بِها: فذهبَ بعضُهم إلىٰ الجوازِ، وهو الأَولَىٰ بالصَّوابِ. وذهبَ آخرون إلىٰ عدمِ الجوازِ، وتَخطئةِ مَن قالَ بالجوازِ.

الطَّريقُ الثَّامنةُ: (الوِجادةُ): أن يجِدَ الشَّخصُ أحاديثَ بخطِّ راويها؛ سواءٌ لقيَه أو سمعَ مِنه، أم لَم يَلقَه أو لَم يَسمع مِنه، أو أن يجِدَ أحاديثَ فِي كتبٍ لمؤلِّفين معروفِين

ولو كانوا مُتوفَّين قَبْلَه. وفِي جَواز الرِّواية بها خِلافٌ سَيأْتي.

وَفِي الثَّلَاثَـةِ- إِذَا صَـحَّ الـسَّنَدْ- نَـرَى وُجُـوبَ عَمَـلٍ؛ فِي المُعْتَمَـدْ

إذا صحَّ الحديثُ الذي تَحمَّلَه الرَّاوي بأحدِ الطُّرقِ الثلاثةِ التي هي (الإعلامُ) و(الوصيَّةُ) و(الوِجادةُ)؛ وجبَ عليه أن يَعملَ بمُقتضاه؛ على الأصحِّ مِن أقوالِ أهلِ العلمِ. وبالأَولى يجبُ عليه العملُ بالطُّرقِ المُتقدِّمةِ عليها، على الأصحِّ أيضًا، فيما وَقعَ فيه خلافٌ مِنها؛ كالإجازةِ. واللهُ أعلمُ.

يُقَـالُ فِي وِجَـادَةٍ: «وَجَـدْتُ بِخَطِّـهِ»، وَإِنْ تَـخَلْ: «ظَنَنْـتُ»

فِي غَيْرِ خَطٍّ: «قَـالَ» مَـا لَـمْ تَرْتَـبِ فِي نُـسْخَةٍ تَـحَرَّ فِيـهِ تُـصِبِ

ولِمَن تَحمَّلَ بِطريقِ (الوِجادَةِ) أن يقولَ فِي روايتِه: (وَجدتُ، أو قَرأتُ بخطِّ فُلانٍ، أو فِي كتابِه بخطِّه)، ثمَّ يسوقُ الإسنادَ والمَتنَ. هذا إذا وَثِقَ بالخطِّ، فإن لَم يَثِق به؛ بل ظَنَّه خطَّه قالَ: (ظَننتُ أنَّه بخطِّ فُلانٍ)، أو (بلغَني عن فُلانٍ)، أو نحوَ ذلكَ مِن العِباراتِ الدَّالةِ على حالِه.

فإن وَجدَ حديثًا فِي تأليفِ راوٍ مِن الرُّواةِ، ولكنَّ الكتابَ بغيرِ خطِّه؛ فإنَّه يقولُ فِي الرِّوايةِ مِنه: (قال فُلانٌ)، (ذكر فُلانٌ). إلَّا أن يَرتابَ فِي نِسبةِ الكتابِ إليه، فإنَّه إذا ارتابَ وجبَ عليه أن يَرويَ بلفظٍ مُشعِرٍ بما عندَه؛ كأن يقولَ: (قرأتُ فِي كتابٍ أخبَرَنِي فُلانٌ أنَّه تأليفُ فُلانٍ)، ونحوَ ذلكَ.

وَكُلُّـهُ مُنْقَطِـعٌ، وَمَـنْ أَتَى بِـ«عَنْ» يُدَلِّس أَوْ بِـ«أَخْـبَرْ» رُدَّ تَـا

والمَرويُّ بالوِجادةِ مِن قَبيلِ المُنقطعِ الإسنادِ، وبعضُهم يَعدُّه مِن قَبيلِ المرسَلِ، وبعضُهم يَعدُّه مِن قَبيلِ المُعلَّقِ. وقد جازفَ بعضُ النَّاسِ فأَطلَقَ- فيما تحمَّلَه بالوِجادةِ- قولَه: (حدَّثَنا) أو (أخبرَنا)، وذلكَ مُنكَرٌ أشدَّ إنكارٍ؛ ولَم يُجزِه أحدٌ ممَّن

يُعتمَدُ عليه. وقد تَساهلَ بعضُ النَّاسِ فأتَىٰ فِي الوِجادةِ بقولِه: (عن فُلانٍ)، وذلكَ تَدليسٌ قبيحٌ، إذا كانَ بحيثُ يُوهِمُ السَّماعَ.

فَـإِنْ يُقَـلْ: فَمُـسْلِمٌ فِيـهِ تُـرَى وِجَـادَةٌ، فَقُـلْ: أَتَى مِـنْ آخَـرَا

والوِجادةُ التي عدَّها العلماءُ مِن قَبيلِ المُنقطِعِ؛ هي أن يجدَ الرَّاوي فِي كتابِ شيخِه لا فِي كتابِه عن شيخِه؛ لأنَّه إذا وَجدَ فِي كتابِ نفسِه حديثًا عن شيخِه كانَ علىٰ ثقةٍ مِن أنَّه أخذَه عنه، وقد تَخونُه ذاكرتُه، فيَنسىٰ أنَّه سَمِعَه مِنه، فيَحتاطُ تورُّعًا، ويَذكرُ أنَّه وَجدَه فِي كتابِه عن شيخِه، وهذه الصُّورةُ مِن الوِجادةِ هي التي وُجدَت فِي «صَحيحِ مُسْلمٍ»، وليسَت هي مِن المَحكومِ بانقطاعِها؛ فَتنبَّه.

وبنَحْو هَذا أجابَ النَّاظمُ فِي «تَدْريبِ الرَّاوي»، وهُو أَفْضَلُ مِن جَوابه هُنا مِن أَنَّ هذِهِ الأَحاديثَ التي وقعَتْ فِي «صَحيحِ مسلمٍ» من هَذَا القَبيلِ قد رُوِيَتْ مِن طُرقٍ أُخْرىٰ فِي «الصَّحِيحِ» أَيضًا، ولَيسَ فِيهَا الوِجادَةُ، وهَذَا جَوابُ الرشيدِ العطَّارِ.

كِتَابَةُ الحَدِيثِ وضَبْطُهُ

كِتَابَـةُ الحَـدِيثِ فِيـهِ اخْتُلِفَـا ثُـمَّ الجَـوَازُ بَعْـدُ إِجْـمَاعًا وَفَى
مُـسْتَنَدُ المَنْـعِ حَـدِيثُ مُـسْلِمِ «لَا تَكْتُبُوا عَنِّي»؛ فَالخُلْفُ نُمِي
فَبَعْـضُهُمْ أَعَلَّـهُ بِـالوَقْفِ وَآخَـرُونَ عَلَّلُـوا بِـالخَوْفِ
مِـنَ اخْـتِلَاطٍ بِـالقُرَانِ فَانْتَـسَخْ لِأَمْنِـهِ، وَقِيـلَ: ذَا لِمَـنْ نَـسَخْ
الـكُلَّ فِي صَـحِيفَةٍ، وَقِيـلَ: بَـلْ لِآمِـنٍ نِـسْيَانَهُ، لَا ذِي خَلَـلْ

اختَلفَ الصَّحابةُ والتَّابعِون فِي جوازِ كتابةِ حديثِ رَسولِ اللهِ ﷺ: فذهبَ قومٌ مِنهم إلىٰ أنَّه غيرُ جائزٍ. وذهبَ كَثيرون مِنهم إلىٰ الجوازِ. وذهبَ آخَرون إلىٰ جوازِ

كتابتِه لِحفظِه، ومتىٰ حفظَه يمحوه. وقد وقعَ الإجماعُ مِن بعدِ ذلكَ كلِّه علىٰ الجَوازِ، فكانَ حجَّةً لا مَناصَ مِن التَّسليمِ بِها.

وقد استدَلَّ الذَّاهِبون إلىٰ الجوازِ بأحاديثَ:

مِنها: ما رَواهُ البُخاريُّ ومُسْلمٌ مِن قولِه ﷺ: «اكْتُبوا لأبي شاهٍ» وكانَ أبو شاهٍ قد التَمسَ أن يُكتبَ له شيءٌ سَمِعَه مِن رسولِ الله ﷺ فِي خُطبتِه يومَ فتحِ مكَّةَ.

ومِنها: حديثٌ رَواهُ أبو داودَ والحاكِمُ وغيرُهما عن ابنِ عمرٍو قالَ: قلتُ: يا رَسولَ اللهِ إنِّي أسمعُ منكَ الشَّيءَ فأكتبُه؟ قالَ: «نعم». قالَ: فِي الغضَبِ والرِّضا؟ قالَ: «نعم؛ فإنِّي لا أقولُ فيهما إلَّا حَقًّا».

ومِنها: ما رَواهُ البُخاريُّ مِن قولِ أبي هُرَيرةَ: «ليسَ أحدٌ مِن أصحابِ النَّبيِّ ﷺ أكثرَ حديثًا عنه مِنِّي؛ إلَّا ما كانَ مِن عبدِ اللهِ بنِ عَمْرٍو؛ فإنَّه كانَ يَكتبُ ولا أَكتبُ».

واستدَلَّ الذَّاهبونَ إلىٰ المنع بحديثٍ رواهُ مُسْلمٌ فِي «صَحيحِه» عن أبي سعيدٍ الخُدْريِّ أنَّ النَّبيَّ ﷺ قالَ: «لا تكتُبوا عنِّي، ومَن كَتبَ عنِّي غيرَ القُرآنِ فلْيَمحُه».

وأجَابَ مَن ذَهبَ إلىٰ الجوازِ عن حديثِ أبي سعيدٍ بأربعةِ أجوبةٍ:

الأوَّلُ: أنَّ الصَّحيحَ أنَّه موقوفٌ عليه، فهو غيرُ صالحٍ للاحتجاجِ به.

الثَّانِي: أنَّ النَّهيَ عن الكتابةِ إنَّما كانَ فِي أوَّلِ الإسلامِ مخافةَ اختِلاطِ الحديثِ بالقُرآنِ، فلما كَثُر عددُ المُسْلمينَ وعَرَفوا القُرآنَ معرفةً رافعةً للجهالةِ وميَّزوهُ مِن الحديثِ؛ زالَ هذا الخوفُ عنهم، فنَسخَ الحكمَ الذي كانَ مترَتِّبًا عليه وصارَ الأمرُ إلىٰ الجوازِ.

الثَّالثُ: أنَّ النَّهيَ إنَّما كانَ عن كتابةِ الحديثِ معَ القُرآنِ فِي صَحيفةٍ واحدةٍ، فإنَّه هو الذي يُخشَىٰ عليه الخَلطُ بينَهما.

الرَّابعُ: أنَّ النَّهيَ إنَّما كانَ لمَن يَثِقُ بحفظِه ويأمَنُ أن يَنسىٰ ما سَمِعَ، فأمَّا مَن يخافُ علىٰ نفسِه اختلالَ الضَّبطِ فلَم يكنِ النَّهيُ منصرِفًا إليه.

وأحسَنُ هذه الأجوبةِ هو الثَّانِي؛ فإنَّ رُواةَ أحاديثِ الجوازِ مِن بينِهم جماعةٌ نَصُّوا علىٰ تاريخِ التَّجويزِ كحديثِ أبي شَاهٍ، وكانَ ذلكَ فِي أُخريَاتِ حياةِ رَسولِ اللهِ ﷺ، ومِنهم قومٌ كانوا مِن أواخرِ الصَّحابةِ إسلامًا كأبي هُرَيرةَ.

ثُمَّ عَلَى كَاتِبِهِ صَرْفُ الهِمَمْ لِلْضَّبْطِ بِالنَّقْطِ وَشَكْلِ مَا عَجَمْ

وَقِيلَ: شَكْلُ كُلِّهِ لِذِي ابْتِدَا وَفِي سُمًى مَحَلِّ لَبْسٍ أُكِّدَا

وَاضْبِطْهُ فِي الأَصْلِ وَفِي الحَوَاشِي مُقَطَّعًا حُرُوفَهُ لِلنَّاشِي

ويَتعيَّنُ علىٰ كاتبِ الحديثِ وطالبِه صرفُ الهِمَمِ العاليةِ لضَبطِ ما يكتبُه، أو يُحصِّلُه بخطِّ غيرِه، بالنَّقْطِ وشَكْلِ ما خَفيَ مِنه، حتىٰ يؤمَنَ معَ النَّقْطِ والضَّبطِ الالتباسُ. وذهبَ قومٌ إلىٰ أنَّه يَتعيَّنُ عليه أن يَشكُلَ الحديثَ كلَّه؛ سواءٌ المُشكِلُ وغيرُه، وللمُبتدِئين بنوعٍ خاصٍّ، ويتأكَّدُ ذلكَ فِي الأسماءِ التي يَلتَبِسُ أمرُها وتَشتبِهُ بغيرِها.

قالَ ابنُ دقيقِ العيدِ: «ومِن عادةِ المتقنين أن يُبالِغوا فِي إيضاحِ المُشْكِلِ: فيفرِّقوا حروفَ الكلمةِ فِي الحاشيةِ ويَضبِطوها حَرْفًا حَرْفًا». وذلكَ؛ لأنَّ الحرفَ يتميَّزُ شكلُه بكتابتِه مفرَدًا عمَّا يشارِكُه فِي الهيئةِ عندَ وَصْلِ الحروفِ بعضِها ببعضٍ فـ(النُّونُ) و(الياءُ) و(الباءُ) متَشابِهةٌ فِي الوَصْلِ مختلِفةٌ فِي الشَّكْلِ المنفَرِدِ.

والخَطَّ حَقِّقْ لَا تُعَلِّقْ تَمْشُقِ وَلَا - بِلَا مَعْذِرَةٍ - تُدَقِّقِ

(تحقيقُ الخطِّ): تَبيينُ حُروفِه وإيضاحُها. و(تَعليقُه): خلطُ الحروفِ التي يَشتبهُ بعضُها ببعضٍ. و(المَشْقُ): السُّرعةُ، وهُو خِفَّةُ اليدِ وإرسالُها معَ بَعْثَرةِ الحُروفِ.

ويَنْبغي تَحقِيقُ الخَطِّ؛ أمَّا عَدَمُ تَحقِيقِه؛ إمَّا بالتَّعليقِ بخَلطِ الحُروفِ التي يَنْبغي تَفرِقَتُها، وطَمسِ ما يَنْبغي إِظْهارُ بَياضِه، وإمَّا بالمَشْقِ بِبعْثَرتِها وإيضاحِها بدُونِ القانُونِ المَألُوفِ؛ فهُو ممَّا لا يَنْبغي أصلًا؛ إذْ لا حاجَةَ إِليه، ومَفْسدَتُه ظاهِرةٌ. ويُكرَه للكاتِبِ أن يدقِّقَ خطَّه بأن يُصغِّرَ حُروفَه بلا مَعذِرةٍ ماسَّةٍ؛ فإنَّ ذلكَ يُتعبُ النَّاظرَ فيه.

وَيَنْبَغِي ضَبْطُ الحُرُوفِ المُهْمَلَهْ   بِنَقْطِهَا أَوْ كَتْبِ حَرْفٍ أَسْفَلَهْ
أَوْ هَمْزَةٍ أَوْ فَوْقَهَا قُلَامَهْ   أَوْ فَتْحَةٍ أَوْ هَمْزَةٍ عَلَامَهْ
وَالنَّقْطُ تَحْتَ «السِّينِ» قِيلَ: صَفًّا   وَقِيلَ- كَالشِّينِ-: أَثَافِي تُلْفَى

يَنبغي للكاتبِ أن يَضبطَ الحروفَ المُهمَلةَ التي لها نظيرٌ فِي الشَّكلِ قد تُميَّزُ بالإعجام- أي: النَّقْطِ-: **فبعضُهم** يضعُ تَحتَ الحروفِ نُقْطةً، فيضَعُ تَحتَ (الدَّالِ) نُقطةً يُميِّزُها بِها مِن (الذَّالِ)، وتَحتَ (الرَّاءِ) و(الصَّادِ) و(الطَّاءِ) و(العَينِ). **وبعضُهم** يَكتبُ تحتَ الحرفِ المهمَلِ حرفًا صغيرًا مماثِلًا لصورتِه، قالَ السُّيوطيُّ: «ويَتعيَّنُ ذلكَ فِي الحاءِ». **وبعضُهم** يكتبُ (همزةً) تحتَه. **وبعضُهم** يَضعُ قُلامةً- وهي صُورةُ هلالٍ مثلُ قُلامةِ الظُّفرِ مُضطجعةً علىٰ قَفاها- فوقَه. **وبعضُهم** يَكتبُ (همزةً) فوقَه.

وقد خالفَ أهلُ القولِ الأوَّلِ قاعدتَهم فِي السِّينِ المُهمَلةِ، فلَم يقولوا بوَضعِ نُقطةٍ واحِدةٍ تحتَها، بل ذَهبوا إلىٰ وَضع ثلاثِ نُقَطٍ تحتَها. ثمَّ اختَلفوا: **فقِيلَ**: توضَعُ صفًّا واحِدًا. **وقِيلَ**: توضَعُ علىٰ شَكلِ نُقَطِ الشِّينِ المُعجَمةِ علىٰ شَكلِ أُثْفيَّةِ القِدْرِ، وهي ثَلاثةُ أحجارٍ تُنصَبُ، ويوضَعُ القِدْرُ فوقَها.

وَ«الكَافُ» لَمْ تُبْسَطْ فَكَافٌ كُتِبَا   فِي بَطْنِهَا، وَ«اللَّامُ» لَامًا صَحِبَا

و«الكافُ» الشَّبيهةُ باللَّامِ- وهي التي لَم تُكتَب مَبسوطةً- تُكتَبُ فِي بَطْنِها كافٌ صَغيرةٌ أو همزةٌ. و«اللَّامُ» يُكتَبُ فِي بَطنِها (لامٌ)، أي هذه الكلمةُ بحُروفِها الثَّلاثةِ، لا صُورَة حرفِ «ل».

وَالرَّمْزَ بَيِّنْ، وَسِوَاهُ أَفْضَلُ   وَبَيْنَ كُلِّ أَثَرَيْنِ يُفْصَلُ
بِدَارَةٍ، وَعِنْدَ عَرْضٍ تُعْجَمُ   وَكَرِهُوا فَصْلَ مُضَافٍ يُوهِمُ

إذا صَنَّفَ إنسانٌ كتابًا، أو كتبَه وأرادَ الاختصارَ فِي كتابتِه، فجعَلَ رمزًا خاصًّا

لكلِّ راوٍ مثلًا؛ كانَ عليه أن يُبيِّنَ فِي أوَّلِ الكتابِ أو آخِرِه ما اصطَلحَ عليه مِن الرُّموزِ؛ لئلَّا يوقِعَ غيرَه فِي لَبسٍ. معَ العِلمِ بأنَّه لا شكَّ أنَّ تركَ الرَّمزِ وكتابةَ أسماءِ الرُّواةِ كاملةً أفضَلُ مِن الرَّمزِ إليها ببعضِ الحروفِ.

واستحسَنَ كثيرٌ مِن العلماءِ لكاتبِ الحديثِ أن يَفصِلَ بينَ كُلِّ حديثٍ وما يَليه بدارةٍ، ويَتْركَ جوفَها فارِغًا، فإذا انتهىٰ مِن كتابتِه وأرادَ عَرْضَه أو مُقابلتَه وَضعَ فِي كُلِّ دارةٍ نُقطةً أو خطًّا عندما يَبلغُ العَرْضُ إليها.

ويَنبغي أن يُراعَىٰ عندَ الكتابةِ عدمُ الفصلِ بينَ المضافِ والمضافِ إليه، والصِّفةِ والموصوفِ، ونحوِهما؛ فإذا كانَ بينَ أسماءِ الرُّواةِ اسمٌ مُركَّبٌ مِن مضافٍ ومضافٍ إليه؛ فإنَّ كتابةَ المضافِ فِي آخرِ السَّطرِ والمضافِ إليه فِي أوَّلِ السَّطرِ الذي يليه؛ قَبيحةٌ يَنبغي للكاتبِ ألَّا يَفعلَها لا سيِّما إذا كانَ ذلكَ يُوقِعُ فِي اللبسِ.

ففي مِثلِ: (عبدِ اللهِ بنِ عُمَرَ)، ليسَ مِن اللَّائقِ أن يَكتبَ لفظَ (عبد) آخَرَ السَّطرِ، ثمَّ يكونُ أوَّلُ السَّطرِ التَّالي (الله بن عُمَرَ). وكذا: (رَسول اللهِ ﷺ) لا يَنبغي كتابةُ (رَسول) آخَرَ السَّطرِ، فيكونُ أوَّلُ ما بعدَه (الله ﷺ).

وَاكْتُبْ ثَنَاءَ اللهِ وَالتَّسْلِيمَا ... مَعَ الصَّلَاةِ وَالرِّضَا تَعْظِيمَا

وَلَا تَكُنْ تَرْمِزُهَا أَوْ تُفْرِدِ ... وَلَوْ خَلَا الأَصْلُ؛ خِلَافَ أَحْمَدِ

يَنبغي للكاتبِ إذا وَصلَ فِي كتابتِه إلىٰ اسمِ اللهِ تَعالىٰ أن يكتُبَ بعدَه الثَّناءَ عليه، كأن يكتُبَ: (عزَّ وجلَّ) أو (سُبحانَه وتَعالىٰ)، أو نحوَ ذلكَ. وإذا وصلَ إلىٰ ذكرِ رَسولِ اللهِ ﷺ أن يكتُبَ الصَّلاةَ عليه مقرونةً بالتَّسليمِ، كأن يكتُبَ (ﷺ)، أو (عَلَيه الصَّلاةُ والسَّلامُ). وإذا وَصلَ إلىٰ ذكرِ صَحابيٍّ أو عالمٍ كتَبَ صيغةَ الرِّضا؛ كأن يكتُبَ (رضيَ اللهُ عنهُ).

ولا يَمَلُّ كتابةَ ذلكَ مَهما تكرَّرَ، ولا يَجوزُ له أن يرمِزَ للصَّلاةِ والسَّلامِ علىٰ النَّبيِّ ﷺ، ولا أن يُفرِدَ الصَّلاةَ عن السَّلامِ؛ فإنَّ ذلكَ قبيحٌ.

وإذا وقعَ فِي الأصلِ شيءٌ مِن هذا الإفرادِ أو التَّرميزِ، فالظَّاهرُ أنَّه مِن صَنيعِ النُّسَّاخِ، فيَنبغي عليك أن تَرُدَّ ذلكَ إلىٰ الصَّوابِ، فتكتُبُه كاملًا غيرَ مرموزٍ ولا مُفرَدٍ. واللهُ أعلمُ.

أمَّا إذا خَلا الأصلُ مِنها رأسًا، فقد اختلفَ العلماءُ: هل يجُوز الإتيانُ بِها فِي المواضعِ التي خَلَتْ مِنها أو لا يجوزُ؟ فقد منعَ مِن ذلكَ الإمامُ أحمدُ بنُ حنبلٍ، ووَجْهُه ظاهرٌ، لأنَّ فِي ذلكَ زيادةً علىٰ الأصلِ، وهو لا يَجوزُ. وجوَّزَ ذلكَ الخطيبُ البَغداديُّ، وحمَلَ صنيعَ أحمدَ علىٰ أنَّه كانَ يصلِّي ويُسلِّمُ فِي مِثلِ ذلكَ الحالِ نُطْقًا لا خَطًّا.

وهذا هو الأحوَطُ الذي أميلُ إليه، أن يُصلِّيَ ويُسلِّمَ نُطْقًا لا خَطًّا، كَي لا يُغيرَ فِي صُورةِ الكِتابِ عَن الصُّورَةِ التي ارتَضاها صاحِبُه. واللهُ أعلمُ.

ثُــمَّ عَلَيْــهِ - حَتْمًــا - المُقَابَلَــهْ ... بِأَصْــلِهِ أَوْ فَــرْعِ أَصْــلٍ قَابَلَــهْ

وَخَيْرُهَــا مَــعْ شَــيْخِهِ؛ إِذْ يَــسْمَعُ ... وَقَــالَ قَــوْمٌ: مَــعَ نَفْــسٍ أَنْفَــعُ

وَقِيــلَ: هَــذَا وَاجِــبٌ، وَيُكْــتَفَى ... إِنْ ثِقَــةٌ قَابَلَــهُ فِي المُقْــتَفَى

وَنَظَــرُ الــسَّامِعِ مَعْــهُ يُنْــدَبُ ... فِي نُــسْخَةٍ، وَابْــنُ مَعِــينٍ: يَجِــبُ

ويَجبُ علىٰ مَن كتَبَ كتابًا بنفسِه أو بنائبِه أن يُقابِلَه علىٰ أصلِه المَنقولِ عنه، أو علىٰ فرعٍ آخَرَ لذلكَ الأصلِ مُقابَلٍ بعدَ الفَراغِ مِن كتابتِه؛ فإنَّه ما لَم يَفعَلْ ذلكَ لَم يكُن لكتابَتِه قِيمةٌ. وهذه المُقابَلةُ صَحيحةٌ؛ سَواءٌ قَابلَ الكِتابَ مَع شيخِه أو غيرِه، أو مَع نَفسِه.

وأفضَلُ المُقابَلةِ ما كانَ معَ شَيخِه؛ بأن يُمسِكَ الكاتبُ الكتابَ الذي كتبَه، ويُمسِكَ شيخُه كتابَه المكتوبَ عنه، فيَقرأُ وشيخُه يَسمعُ.

والأصحُّ؛ أنَّه لو لَم يُقابِلْه بنفسِه؛ بل قابلَه له ثقةٌ غيرُه كَفىٰ ذلكَ. وذهبَ جماعةٌ

إلىٰ أنَّ مُقابَلةِ الكاتبِ معَ نفسِه حَرفًا فحَرفًا أنفعُ وأصدَقُ؛ لأنَّه لَم يَجعَل بينَه وبينَ كتابِ شيخِه واسطةً. ومِنهم مَن ذهبَ إلىٰ أنَّ مقابَلتَه علىٰ نفسِه واجبةٌ. وهذا مذهبٌ مَتْروكٌ مِن مذاهبِ أهلِ التَّشديدِ.

وإذا حَضرَ مَع الكاتبِ جماعةٌ مِن الطُّلابِ حينَ المُقابَلةِ ليَستمِعوا، فهل يَجبُ أن يَنظُروا معَه فِي كتابِه؟ قالَ ابنُ مَعينٍ: هذا واجبٌ. وأكثرُ العلماءِ علىٰ أنَّ ذلكَ مَندوبٌ لا واجبٌ، وأن السَّماعَ كافٍ.

إِنْ لَـمْ يُقَابِـلْ جَـازَ أَنْ يَـرْوِيَ إِنْ ... يَنْسَخْ مِنَ اصْلٍ ضَابِطٌ، ثُـمَّ لِيُـبِنْ

وَكُلُّ ذَا مُعْتَبَرٌ فِي الأَصْلِ ... .

إذا كَتبَ الكاتبُ كتابَه، ولَم يقابِلْه، اختُلفَ: هل يَجوزُ له أن يَرويَه: فمِنهم مَن منعَه مطلَقًا، ومِنهم مَن أجازَه مطلَقًا. ومِنهم مَن أجازَه بشروطٍ ثَلاثةٍ: **الأوَّلُ**: أن يكونَ الكتابُ المنقولُ عنه أصلًا معتبَرًا. **الثَّاني**: أن يكونَ النَّاقلُ ضابطًا؛ صحيحَ النَّقلِ، قليلَ السَّقطِ. **الثَّالثُ**: أن يُبيِّنَ عند الرِّوايةِ أنَّه لَم يُعارِضْه.

وكلُّ ما تقدَّمَ مِن اشتِراطِ المُقابَلةِ وما يَتعلَّقُ بِها، مُعتبَرٌ أيضًا فِي أصلِ الشَّيخِ الذي يَنقُلُ الرَّاوي عنه بالنِّسبةِ لما فوقَه مِن الأصولِ، فيَنبغي للطَّالبِ الحريصِ علىٰ صحَّةِ كتُبِه وضبْطِها ألَّا يَعتمِدَ علىٰ كتابِ شيخِه إلَّا أن يَثبُتَ له أنَّ الشَّيخَ قَد عارضَ كتابَه وضبطَه، ولا يكونَ كطائفةٍ مِن الطَّلَبةِ الذين إذا رأَوا سَماعَ شيخٍ شيخِهم قرءوه عنه مِن أيِّ نُسخةٍ اتَّفقَتْ.

.... وَسَاقِطًا خَرِّجْ لَهُ بِالفَصْلِ

مُنْعَطِفًا - وَقِيلَ: مَوْصُولًا - إِلَى ... يُمْنَى - بِغَيْرِ طَرْفِ سَطْرٍ - وَاعْتَلَى

وَبَعْدَهُ «صَحَّ»، وَقِيلَ: زِدْ «رَجَعْ» ... وَقِيلَ: كَرِّرْ كِلْمَةً؛ لَكِنْ مُنِعْ

وَخَرِّجَنْ لِغَيْرِ أَصْلٍ مِنْ وَسَطْ ... وَقِيلَ: ضَبِّبْ خَوْفَ لَبْسِ مَا سَقَطْ

تخريجُ السَّاقطِ: هو أن يُكتَبَ السَّاقطُ غَلَطًا مِن أصلِ الكتابِ، فِي حاشيةِ الكتابِ أو بينَ سطورِه إن كانَت متَّسِعةً، لكنَّه فِي الحاشيةِ أَولىٰ لسلامتِه مِن تَغْليسِ ما يُقرَأُ، لا سيَّما إن كانَت السُّطورُ ضيِّقةً متلاصِقةً.

وإذا وَجدَ فِي حالِ المقابَلةِ سَقطًا فِي الكلامِ وهو فِي الأصلِ؛ خَطَّ مِن مَوضعِ سُقوطِه فِي السَّطرِ خَطًّا صَاعِدًا إلىٰ فوق ثمَّ عَطفَ هذا الخَطَّ عَطفَةً يَسيرةً إلىٰ جهةِ الحاشِيةِ اليُمنَىٰ.

وليكُن السَّاقطُ فِي جميعِ السَّطرِ- إن لَم يَتكَرَّر- إلىٰ جهةِ اليمينِ مِن جانِبَي الوَرَقةِ، ما لَم يكُنِ السَّاقطُ فِي آخِرِ السَّطرِ؛ فإنَّه يُلحَقُ إلىٰ جهةِ اليسارِ؛ للأمنِ مِن نَقْصٍ فيه بعدَه، ولِيكونَ متَّصِلًا بالأصلِ.

وقالَ الرَّامَهُرْمُزيُّ: يَجعلُ الفَاصِلَ مِن أوَّلِ مَوضِعِ السَّقْطِ إلىٰ أن يَصِلَ به إلىٰ الحاشِيةِ عندَ كتابةِ السَّاقطِ، ولا يَكتفِي بانعطافِه نحوَ الحاشيةِ قليلًا؛ وهو- كما قالَ ابنُ الصَّلاحِ- مذهبٌ غيرُ مَرْضيٍّ؛ لما فيه مِن تَسْويدِ الكتابِ وتَشويهِه، خُصوصًا عندما يَكثُرُ السَّقْطُ.

ويَعلو فِي الكتابةِ، بأن يَكتُبَ صاعِدًا إلىٰ أَعلىٰ الورقةِ مِن أيِّ جهةٍ كان، لا نازِلًا إلىٰ أسفلِها، لاحتمالِ وقوعِ سَقطٍ آخَرَ فيه أو بعدَه فلا يَجدُ له مقابِلَه موضِعًا لو كتَبَ الأوَّلَ إلىٰ أسفلَ.

ثمَّ إذا انتهىٰ مِن كتابةِ السَّاقطِ كتَبَ كلمةَ: «صح»، وهذا هو المتَّبَعُ. وقالَ بعضُ العلماءِ: لا يَكْتَفِي بِهذه الكلمةِ بل يَزيدُ عليها كلمةَ «رجع». وقالَ قومٌ مِن المغربِ- واختارَه الرَّامَهُرْمُزيُّ-: يَكتُبُ السَّاقطَ كُلَّه ويَزيدُ عليه كلمةً مِن أوَّلِ ما بعدَه ممَّا هو ثابتٌ فِي النُّسخةِ؛ فتكونُ كلمةٌ مِن الكتابِ قد كُتِبَت مَرَّتينِ. ومَنعَ مِن هذا قومٌ؛ لأنَّه تَطويلٌ بلا فائدةٍ، ولأنَّه أيضًا مُوقِعٌ فِي الإلبَاسِ والخطإِ؛ فإنَّ مِن الكلامِ ما هو مكَرَّرٌ مرَّتينِ أو أكثَرَ لمعنًىٰ مِن المعَانِي، فقد يَظُنُّ القارِئُ فِي هذا اللَّفظِ الذي كُرِّرَ لمجرَّدِ التَّصحِيحِ أنَّه مِن قَبيلِ المكررِ لغرضٍ مَعنَويٍّ؛ وذلكَ مفْسِدٌ شَنيعٌ.

وإذا أَردتَ أن تكتُبَ شيئًا بحَواشي الكتابِ بقصْدِ الشَّرحِ، أو التَّنبيهِ علىٰ خطإٍ، أو اختلاف رِوايةٍ، أو نحوِ ذلكَ؛ حَسُنَ أن تضعَ العَلامَةَ فِي وسطِ الكلمةِ التي تريدُ الكتابةَ عنها، فتكونُ العلامةُ فوقَها لا بينَ الكلمتَين.

وذَهبَ القاضي عِياضُ إلىٰ أنَّه لا يُخَرَّجُ لذلكَ خطُّ تَخْريجٍ ولو فوقَ الكلمةِ، لئَلَّا يَدخُلَ اللَّبْسُ ويُحسَبَ مِن الأصلِ، لكن يَجعَلُ علىٰ الحرفِ المقصودِ بذلكَ التَّخريجِ علامةً كالضَّبَّةِ أو التَّصحيحِ إيذانًا به. لكن؛ قالَ ابنُ الصَّلاحِ: إنَّ التَّخريجَ أَولىٰ، وإنَّ الالتباسَ مدفوعٌ باختلافِ مكانِ العلامةِ.

مَـا صَـحَّ فِي نَقْـلٍ وَمَعْـنًى وَهْـوَ فِي ... مَعْـرِضِ شَـكٍّ «صَـحَّ» فَوْقَـهُ قُـفِي

أَوْ صَحَّ نَقْلًا وَهْـوَ فِي المَعْـنَى فَسَدْ ... ضَبِّبْ وَمَـرِّضْ فَوْقَـهُ «صَادٌ» تُمَدّْ

كَـذَاكَ فِي القَطْـعِ وَفِي الإِرْسَـالِ ... وَبَعْـضُهُمْ أَكَّـدَ فِي اتِّـصَالِ

لِعَطْـفِ أَسْـمَاءٍ بِـ«صَـادٍ» بَيْـنَهُمْ ... وَاخْتَـصَرَ التَّـصْحِيحَ فِيهَـا بَعْضُهُمْ

شَأنُ المُتقِنينَ مِن الحذَّاقِ (التَّصحيحُ)، وهي كتابةُ كلمةِ (صح) كاملةً، و(التَّضبيبُ) وهو (التَّمريضُ)، وهو كتابةُ صادٍ ممدودةٍ هكذا: صـ)؛ مبالَغةً فِي العنايةِ بضَبطِ الكتابِ:

فكلُّ كَلامٍ صَحِيحٍ فِي الرِّوايةِ والمَعنىٰ، ولكنَّه بحَيثُ يَشكُّ فيه مَن نظرَ فِي الكِتابِ؛ فإنَّه يَنبغي للكاتبِ أن يكتُبَ فوقَه علامةَ التَّصحيحِ؛ ليُعَرِّفَ النَّاظرَ فيه أنَّه لَم يَغفُل عنه.

فأمَّا الكلامُ الذي صحَّ رِوايةً، ولَم يَصحَّ فِي المَعنىٰ، أو فِي اللَّفظِ، مثلُ أن يكونَ وجهًا ضَعيفًا أو فاسِدًا غيرَ جائزٍ فِي العربيَّةِ، أو شاذًّا، أو مصحَّفًا؛ فإنَّ علىٰ الكاتبِ أن يُمرِّضَ فوقَه، وكذلكَ يُمرِّضُ فِي مَوضعِ النَّقصِ كمكانِ القطْعِ أو الإرسالِ فِي الإسنادِ.

ومِن المحَدِّثين مَن أكَّدَ كتابةَ علامةِ التَّصحيحِ فِي السَّندِ المتَّصِلِ الذي اجتَمعَ فيه جماعةٌ مِن الرُّواة فِي طبقةٍ وعُطِفَ أسماءُ بعضِهم علىٰ بعضٍ، وإنَّما تَثبُتُ هذه العلامةُ توكيدًا للعَطفِ ومخافةَ أن يُجعَلَ (عن) مكانَ الواوِ.

ومِنهم مَن يَختصرُ علامةَ التَّصحيحِ فِي هذه الحالِ، فجاءَ بِها مُشْبِهةً علامةَ التَّضبيبِ، فكانَ ذلكَ سببًا للإيهامِ.

وَمَا يَزِيدُ فِي الكِتَابِ فَامْحُ أَوْ حُكَّ أَوِ اضْرِبْ، وَهْوَ أَوْلَى، وَرَأَوْا
وَصْلًا لِهَذَا الخَطِّ بِالمَضْرُوبِ وَقِيلَ: بَلْ يُفْصَلُ مِنْ مَكْتُوبِ
مُنْعَطِفًا مِنْ طَرَفَيْهِ، أَوْ كُتِبْ صِفْرٌ بِجَانِبَيْهِ، أَوْ هُمَا أُصِبْ
بِنِصْفِ دَارَةٍ؛ فَإِنْ تَكَرَّرَا زِيَادَةُ الأَسْطُرِ سِمْهَا أَوْ عَرَا
وَبَعْضُهَمْ يَكْتُبُ «لَا» أَوْ «مِنْ» عَلَى أَوَّلِهِ أَوْ «زَائِدًا»، ثُمَّ «إِلَى»

إذا وَقعت فِي الكتابِ زيادةٌ ليست مِنه، أو كُتبَ فيه كلامٌ علىٰ غيرِ وجهِه؛ فإنَّ علىٰ الكاتبِ أن يَمحوَه، ولا يُبقيَه، إذا فَطنَ لذلكَ أثناءَ الكتابةِ. ويكونُ مَحوُه؛ بأن يَلْعقَه بريقِه مثلًا، أو بأن يَحُكَّه بنحوِ سِكِّينٍ أو ظُفرٍ، أو بأن يَضربَ عليه، وضربُه عليه أَولىٰ وأَفضلُ مِن حكِّه، وقد كانَ كثيرٌ مِن العلماءِ يَكرهون إحضارَ السِّكِّينِ فِي مجلسِ السَّماعِ.

واختَلفوا فِي كيفيَّةِ الضَّربِ:

فمِنهم مَن يخُطُّ فوقَ الكلامِ خطًّا متَّصلًا بِه مبتدِئًا مِن أوَّلِ الكلامِ إلىٰ آخِرِه، ولا يَطمسُ الكلامَ، بل يكونُ ما تحتَ الخطِّ ممكِنَ القراءةِ. وهذا النَّوعُ يُسمَّىٰ (الضَّربَ) عند المشارقةِ، ويُسمَّىٰ (المَشْقَ) عندَ المغاربةِ.

وقيلَ: يَصنعُ هذا الخطَّ، ولكن لا يَصلُه بالكلامِ، بل يجعلُه فوقَه مُنفصِلًا عنه، ويَعطِفُ طرفَيه عند أوَّلِ الكلامِ وآخرِه.

وقيلَ: لا يَعمَلُ خطًّا أصلًا، بل يَضعُ صِفرًا علىٰ شكلِ دائرةٍ صغيرةٍ فِي أوَّلِ الكلامِ وآخرِه.

وقيلَ: بل يَضعُ الزَّائدَ بينَ نِصفَي دائرةٍ- أي قوسَين؛- هكذا (   ). وإذا كانَ الزَّائدُ عدَّةَ أسطُرٍ، فمِنهم مَن يَضعُ القوسَين معَ كُلِّ سطرٍ مِنها، ومِنهم مَن يَجعلُ القوسَ الأوَّلَ فِي مُفتتَحِ الكلامِ، والثَّانِي فِي مُختتَمِه، ولو بعدَ عدَّةِ أسطُرٍ.

ومِنهم مَن يَكتبُ علىٰ الزَّائدِ «لا» النَّافيةَ، ومِنهم مَن يَكتبُ علىٰ أوَّلِه «مِن» الجارَّةَ، ومِنهم مَن يَكتبُ كلمةَ «زائد»؛ وفِي آخرِه يَكتبُ كلمةَ «إلىٰ».

وَإِنْ يَكُ الضَّرْبُ عَلَى مُكَرَّرِ ... فَالثَّانِيَ اضْرِبْ فِي ابْتِدَاءِ الأَسْطُرِ

وَفِي الأَخِيرِ: أَوَّلًا، أَوْ وُزِّعَا ... وَالوَصْفَ وَالمُضَافَ صِلْ لَا تَقْطَعَا

وَحَيْثُ لَا وَوَقَعَا فِي الأَثْنَا: ... قَوْلَانِ: ثَانٍ، أَوْ قَلِيلٌ حُسْنَا

أمَّا إن كانَ الزَّائدُ عبارةً عن تكريرِ الكلامِ وكتابتِه مرَّتَين؛ فإن كانا جميعًا فِي أوائلِ السُّطورِ لَزِمَه أن يَضربَ علىٰ الثَّانِي مِنهما. وإن كانا فِي أواخرِ السُّطورِ لَزِمَه أن يَضربَ علىٰ الأوَّل مِنهما. وإن كانا مُختلفَين ضَربَ علىٰ الذي فِي أواخرِ السُّطورِ؛ فالمُقدَّمُ صيانةُ أوائلِ السُّطورِ، ثمَّ أواخرِها.

وإن وقعَ المُكرَّرُ أثناءَ السُّطورِ؛ لا فِي أوائلِها، ولا فِي أواخرِها؛ ففيه قولان: قيلَ: يَضربُ علىٰ الثَّانِي مِنهما؛ لأنَّ الأوَّلَ قد وقعَ صحيحًا. وقيلَ: يضربُ علىٰ أقلِّهما حُسنًا وجَودةَ خَطٍّ، سواء أكانَ الأوَّلَ أم كانَ الثَّانِي.

فإن كانَ التَّكرارُ قد وقعَ فِي مُضافٍ ومُضافٍ إليه، أو صِفةٍ وموصوفٍ، أو نحوِ ذلكَ مِن كلِّ شيئَين بينَهما تلازمٌ واتِّصالٌ؛ كأن يَزيدَ كتابةَ (عبد الله) مثلًا، فيَكتبَ (عبد عبد الله)، أو يَكتبَ (عبد الله الله)؛ فحكمُ هذه الزِّيادةِ وأشباهِها: أن يُلاحَظَ بقاءُ المُضافِ مُتَّصلًا بالمُضافِ إليه فِي الكتابةِ، فيَضربَ علىٰ كلمةِ (عبد) الأُولىٰ فِي

الصُّورةِ الأُولَىٰ، ويَضربَ علىٰ كلمةِ (الله) الثَّانيةِ فِي الصُّورةِ الثَّانيةِ، وليسَ عليه أن يلاحِظَ ما وقعَ فِي أوَّلِ السَّطرِ مِن هذا الكلامِ، أو ما وقعَ فِي آخرِه.

وَذُو الرِّوَايَـاتِ يَـضُمُّ الزَّائِـدَهْ مُؤَصِّـلًا كِتَابَـهُ بِوَاحِـدَهْ
مُلْحِـقَ مَـا زَادَ بِهَـامِشٍ، وَمَـا يَـنْقُصُ مِنْهَـا فَعَلَيْـهِ أَعْلَمَـا
مُـسَمِّيًا أَوْ رَامِـزًا مُبَيِّنَـا أَوْ ذَا وَذَا بِحُمْـرَةٍ وَبَيَّنَـا

مَن أرادَ أن يَكتبَ كتابًا رُويَ بروايات مُتعدِّدةٍ كـ(صحيحِ البُخاريِّ) مثلًا، كانَ عليه أوَّلًا أن يَكتُبَ فِي صُلْبِ كتابِه إحدَىٰ هذه الرِّواياتِ، ويَستمرَّ عليها مِن أوَّلِه إلىٰ آخرِه، ثمَّ يَكتُبُ فَوارقَ الأُخرَىٰ فِي حَواشي النُّسخةِ وهوامشِها.

وقد اختَلفَ العلماءُ فِي طَريقةِ بيانِ ذلكَ: فمِنهم؛ مَن ذَهبَ إلىٰ كتابةِ فَوارقِ كلِّ رِوايةٍ مع ذِكْرِ اسمِ صاحبِها فِي آخرِها كاملًا، أو بِرمْزٍ يُبيِّنُه الكاتبُ فِي أوَّلِ الكتابِ أو آخرِه. ومِنهم؛ مَن ذَهبَ إلىٰ كتابةِ فَوارقِ الرِّواياتِ بمِدادٍ آخَرَ يخالِفُ المِدادَ الذي كُتبت بِه النُّسخةُ؛ فالزِّيادةُ تُلحَقُ بحُمْرةٍ، والنَّقصُ يُحوَّقُ عليه بحُمْرةٍ. وكذلكَ يُذكَرُ الخِلافُ الذي بينَ الرِّواياتِ.

وَكَتَبُـوا: «حَـدَّثَنَا» «ثَنَـا» وَ«نَـا» وَ«دَثَنَـا»، ثُـمَّ «أَنَـا» «أَخْبَرَنَـا»
أَوْ «أَرَنَـا» أَوْ «أَبَنَـا» أَوْ «أَخَنَـا» «حَـدَّثَني» قِـسْهَا عَلَى «حَـدَّثَنَا»
وَ«قَـالَ» «قَافًـا» مَـعْ «ثَنَـا» أَوْ تُفْـرَدُ وَحَـذْفُهَا فِي الخَـطِّ أَصْـلًا أَجْـوَدُ

هذه الرُّموزُ اصطَلحَ المحدِّثون علىٰ كتابتِها؛ اختصارًا مِن ألفاظِ الرِّوايةِ:

فاختَصروا (حدَّثَنا) علىٰ ثلاثةِ أوجهٍ: **الأوَّلُ**: (ثَنا). و**الثَّانِي**: (نا). و**الثَّالثُ**: (دثنا). و(حدَّثَني) تُقاسُ علىٰ (حدَّثَنا)، فتُكتَبُ (ثني) أو (نِي) أو (دثني).

واختَصروا (أخبَرنا) علىٰ أربعةِ أوجهٍ: **الأوَّلُ**: (أنا). **والثَّاني**: (أرنا). **والثَّالثُ**: (أبنا). **والرَّابعُ**: (أخنا).

واختَصروا كلمةَ (قالَ) فكتَبوها (قافًا) فقط. ثمَّ مِنهم مَن يَجمعُ بينَها وبينَ لفظِ التَّحديثِ مُختصَرًا، هكذا (قثنا) أو (قثني) متَّصلتَين، وبعضُهم يَجمعُهما مُنفصلَتين، هكذا (ق ثنا) أو (ق ثني). وهذان المُصْطلحانِ مَتْروكانِ.

وَكَتَبُوا «حَ» عِنْدَ تَكْرِيرِ سَنَدْ ... فقِيلَ: مِنْ «صَحَّ»، وَقِيلَ: ذَا انْفَرَدْ
مِنَ الحَدِيثِ، أَوْ لِتَحْوِيلٍ وَرَدْ ... أَوْ حَائِلٍ، وَقَوْلُهَا لَفْظًا أَسَدّْ

يوجَدُ فِي كُتُبِ الحديثِ حَرفُ (الحاءِ) مكتوبًا فِي أثناءِ الكلامِ هكذا (ح)، وإنَّما يَكتبونَه بينَ إسنادَين رُويَ متنُ الحديثِ بكلِّ واحدٍ مِنهما.

وللعُلَماءِ فِي بيانِ العِبارةِ التي اختصِرَتْ منها خِلَافٌ: فذهبَ قومٌ إلىٰ أنَّها مُقتَطعَةٌ مِن كلمةِ (صَحَّ) التي هِي عَلامةُ التَّصحيحِ التي تُوضعُ فوقَ كلامٍ صَحيحٍ معنًىٰ ورِوايةً وهو عُرضةٌ للشَّكِّ. وذَهَبَ جَماعةٌ إلىٰ أنَّها مُقتَطعَةٌ من كلمةِ (الحَدِيثِ) أي كأنَّه يقولُ: (إلىٰ آخرِ الحديثِ). واختارَ النَّوويُّ أنَّها مأخوذةٌ من (التحوِيلِ) أي تَحوُّلِ الحديثِ من إسنادٍ إلىٰ آخَرَ.

ثمَّ إنَّ التَّلفُّظَ به (حاءً) مفرَدةً كما كُتِبَت عندَ الانتهاءِ إليها، والاستمرارَ فِي قراءةِ ما بعدَها هو الأحسَنُ والأحوَطُ، وإن كانَ غيرَ متعيِّنٍ.

وَكَاتِبُ التَّسْمِيعِ فَلْيُبَسْمِلِ ... وَيَذْكُرِ اسْمَ الشَّيْخِ نَاسِبًا جَلِي
ثُمَّ يَسُوقُ سَنَدًا وَمَتْنَا ... لِآخِرٍ، وَلْيَتَجَانَبْ وَهْنَا
وَيَكْتُبُ التَّأْرِيخَ مَعْ مَنْ سَمِعُوا ... فِي مَوْضِعٍ مَا، وَابْتِدَاءً أَنْفَعُ
وَلْيَكُ مَوْثُوقًا، وَلَوْ بِخَطِّهِ ... لِنَفْسِهِ، وَعَدُّهُمْ بِضَبْطِهِ

أَوْ ثِقَـةٍ، وَالـشَّيْخُ لَـمْ يُحْـتَجْ إِلَى تَـصْحِيحِهِ، وَحَـذْفُ بَعْـضٍ حُظِـلَا

ويَنبغي لكاتبِ التَّسميعِ مراعاةُ آدابِه، وحاصِلُه:

أولًا: بعدَ سَماعِ الكتابِ عن الشَّيخِ يَنبغي للرَّاوي أن يَكتُبَ ذلكَ علىٰ نسختِه فِي أيِّ مكانٍ مِنها، وكونُه فِي أوَّلِ النُّسخةِ أفضَلَ، لكن لا بأسَ بكتابتِه آخرَها.

ثانيًا: إذا شَرَعَ فِي الكتابةِ كتَبَ البسْمَلةَ وتلفَّظَ بِها، ثمَّ يَكتُبُ بعدَها اسمَ الشَّيخِ وكُنْيَتَه ذاكرًا نسَبَه واضِحًا كامِلًا، ثمَّ يَذكرُ سَندَ الشَّيخِ إلىٰ مؤلِّفِ الكتابِ، فإن كانَ يَروي أحاديثَ عن شَيخِه فِي غيرِ كتابٍ مؤلَّفٍ؛ ذَكرَ السَّندَ ومتْنَه عَقِيبَه.

ثالثًا: ثمَّ يَكتُبُ التَّاريخَ الذي حَصلَ فيه السَّماعُ، ويَعُدُّ السَّامِعين واحِدًا فواحِدًا، ويَضبطَ أسماءَهم وكُناهم وأنسابَهم- يَضبطُ ذلكَ بنفْسِه أو بثقةٍ غيرِه- ويَكتُبُ أسماءَ الطُّلَّابِ الذين سمِعوا معَه، ولا يَصحُّ له أن يُسقِطَ ذكرَ أحدِهم لغرضٍ مِن الأغراضِ الفاسدةِ.

رابعًا: يَنبغي أن يكونَ هذا الكاتبُ ثقةً معروفَ الخطِّ، ولا بأسَ أن يَكتُبَ الطَّالبُ سَماعَه لنفسِه بخطِّ نفْسِه إن كانَ ثقةً، ولا يضُرُّ- متىٰ كانَ كاتبُ التَّسميعِ ثقةً- ألَّا يَكتُبَ الشَّيخُ تصحيحَه علىٰ هذا التَّسميعِ.

وَمَـنْ سَـمَاعُ الغَـيْرِ فِي كِتَابِـهِ بِخَطِّـهِ أَوْ خُـطَّ بِـالرِّضَى بِـهِ

تَلْزِمُـهُ بِـأَنْ يُعِـيرَهُ، وَمَـنْ بِغَـيْرِ خَـطٍّ أَوْ رِضَـاهُ فَلْيُـسَنّْ

وَلْيُـسْرِعِ المُعَـارُ ثُـمَّ يَنْقُـلُ سَـمَاعَهُ مِنْ بَعْـدِ عَـرْضٍ يَحْـصُلُ

كذلكَ يَنبغي مراعاةُ حقِّ كاتبِ التسميعِ ومَن سَمِعَ الكتابَ معه، وحاصِلُه:

أولًا: كلُّ كانَ سماعُ الغيرِ مثبَتًا فِي كتابِه؛ يَلزمُه أن يُعِيرَه هذا الكتابَ إذا كانَ السَّماعُ كُتِبَ بخطِّ صاحبِ الكتابِ، أو بخطِّ غيرِه معَ رضاهُ به، فإن كانَ كُتِبَ علىٰ نُسخةِ كتابِه بغيرِ خطِّه وبغيرِ رضاهُ؛ لَم يَلزمه ذلكَ، وإنَّما يُسَنُّ.

ثانيًا: علىٰ مَن استعارَ الكتابَ أن يُسرِعَ إلىٰ ردِّه، ولا يُبطئ علىٰ مالكِه إلَّا بقدْرِ حاجتِه.

ثالثًا: عَلىٰ المُسْتَعِيرِ إذا نسخَ الكتابَ، ألَّا ينقُلَ سَماعَه إلىٰ نسختِه إلَّا بعدَ العَرضِ والمُقابَلةِ.

صِفَةُ رِوَايَةِ الحَدِيثِ

وَمَـنْ رَوَى مِـنْ كُتُـبٍ وَقَـدْ عَـرِي ... حِفْظًـا أَوِ الـسَّمَاعَ لَمَّـا يَـذْكُرِ

أَوْ غَابَ أَصْـلٌ إِنْ يَـكُ التَّغْيِـيرُ ... يَنْـدُرُ أَوْ أُمِّيٌّ اوْ ضَرِيـرُ

يَـضْبِطُهُمَا مُعْتَمَـدٌ مَـشْهُورُ ... فَـكُلُّ هَـذَا جَـوَّزَ الجُمْهُـورُ

مَن كانَ ضبطُه ضبطَ كتابٍ؛ كتابُه صَحيحٌ؛ لكنَّه غيرُ حَافظٍ له، فليسَ له إلَّا أن يحدِّثَ مِن كتابِه، ومثلُه إن حدَّثَ مِن حفظِه لَم يُقبَلْ مِنه.

ومَن رَوىٰ من كتابِه الذي قابلَه بالشُّروطِ السَّابقةِ، فإنَّ روايتَه مقبولةٌ: سواءٌ رأىٰ سماعَه فِي كتابِه بخطِّه، أو بخطٍّ غيرِه ممَّن يَثِقُ به، إذا كانَ غيرَ مُتَذكِّرٍ سماعَه وعدَمَه. وسواءٌ أكانَ كتابُه لَم يَخرُج مِن يدِه أم كانَ قد غابَ عنه، متىٰ كانَ الغالِبُ علىٰ ظنِّه سلامتَه مِن التَّغييرِ والتَّبديلِ. أو وَقعَ فيه تَغييرٌ لكنَّه حافظٌ لكتابِه، أو كانَ عالمًا بخطِّه مميِّزًا له، أو فاهِمًا للحديثِ بحيثُ لا يَخفىٰ عليه التَّغييرُ، ولو لَم يكن فِي الحالتَين حافظًا للكتابِ.

والأعمَىٰ إذا كانَ لا يَحفظُ ما يَسمعُه، فاستعانَ بثقةٍ فِي كتابةِ سماعِه وضَبْطِه وحفْظِه مِن التَّغييرِ، واحتاطَ لذلكَ إلىٰ حينِ القراءةِ عليه؛ صحَّتْ روايتُه، وكذلكَ البصيرُ الأُمِّيُّ؛ وقد مَنعَ روايتَهما غيرُ واحدٍ مِن العلماءِ.

وكلُّ ذلكَ علىٰ القولِ الرَّاجحِ الذي قالَ به الجمهورُ، خلافًا لمَن تَشدَّدَ فبالغَ حيثُ مَنعَ أن يَرويَ أحدٌ إلَّا ما يَحفظُه ويتذكَّرُه، أو تساهلَ فقصَّرَ حيثُ رَوىٰ كلَّ ما

يأتيه به أيُّ أحدٍ، فيقولُ: هذا مِن حديثِك، فيحدِّثُه بِه مُقلِّدًا له، كابنِ لَهيعةَ وأمثالِه.

وَمَـنْ رَوَى مِـنْ غَـيْرِ أَصْـلِهِ بِـأَنْ ... يَـسْمَعَ فِيهَـا الـشَّيْخُ أَوْ يُـسْمِعَ: لَـنْ
يُجَـــوِّزُوهُ، وَرَأَى أَيُّـــوبُ ... جَـــوَازَهُ، وَفَـــصَّلَ الخَطِيـــبُ
إِنِ اطْمَـــأَنَّ أَنَّهَـــا المَـــسْمُوعُ ... فَـــإِنْ يُجِـــزْهُ يُـــبَحِ المَجْمُـــوعُ

اختَلفوا فِي الذي يُريدُ الرِّوايةَ مِن نُسخةٍ ليسَ فيها سَماعُه، ولا هي مُقابَلةٌ به، ولكنَّها سُمِعَت علىٰ شيخِه الذي سَمعَ هو عليه، أو كانَ فيها سَماعُ شيخِه علىٰ الشَّيخِ الأعلَىٰ، أو كُتِبَت عن شيخِه واطمأنَّتْ نفسُه إليها؛ هل تَجوزُ له الرِّواية مِن هذه النُّسخةِ، أو لا؟ ذهبَ عامَّةُ المحدِّثين إلىٰ أنَّه لا يَجوزُ له أن يَرويَ مِنها. وذهبَ أيُّوبُ السَّخْتيانيُّ ومحمَّدُ بنُ بكرٍ البُرْسَانيُّ إلىٰ الجوازِ.

وذَهبَ الخطيبُ إلىٰ أنَّه متىٰ عَرفَ أنَّ هذه الأحاديثَ هي التي سَمعَها مِن الشَّيخِ جازَ له أن يرويَها عنه إذا سَكنَتْ نفسُه إلىٰ صحَّتِها وسلامتِها، وإلَّا فلا.

وذهبَ ابنُ الصَّلاح إلَىٰ أنَّه إذا كانتْ لَه إجازةٌ عامَّةٌ عن شيخِه لمرويَّاتِه، أو لهذا الكتابِ جازَتْ له الرِّوايةُ مِن النُّسخةِ، فإن لَم تكن له إجازةٌ عامَّةٌ لَم تَجُزْ.

وإذا كانَ فِي النُّسخةِ سماعُ شيخِ شيخِه، أو مَسموعِه علىٰ شيخِ شيخِه؛ احتاجَ أن تكونَ له إجازةٌ عامَّةٌ مِن شيخِه، ويكونَ لشيخِه إجازةٌ مِثلُها مِن شيخِه.

مَـنْ كُتْبَـهُ خِـلَافَ حِفْظِـهِ يَجِـدْ ... وَحِفْظُـهُ مِنْهَـا؛ الكِتَـابَ يَعْتَمِـدْ
كَـذَا مِـنَ الـشَّيْخِ وَشَـكَّ، وَاعْتَمَـدْ ... حِفْظًـا إِذَا أَيْقَـنَ، وَالجَمْـعُ أَسَـدّْ
كَمَـا إِذَا خَـالَفَ ذُو حِفْـظٍ، ....

وإذا وَجدَ الحافظُ الحديثَ فِي كتابه مُخالِفًا لما يَحفظُه؛ يُفَصَّلُ فِي أمرِه: فإن كانَ قد حَفظَ الحديثَ مِن الكتابِ اعتمدَ ما فِي الكتابِ، ولَم يُرجِّح حفظَه عليه؛

فإنَّ الإنسانَ عُرْضةٌ للنِّسيانِ. وإن كانَ قد حَفظَ مِن فَمِ الشَّيخِ: فإن لَم يَعتَرِه شكٌّ فِي حفظِه كانَ عليه أن يَعتمدَ حفظَه، وإن كانَ بحيثُ يُخامرُه الشَّكُّ اعتمَدَ الكتابَ دونَ الحِفظِ.

وقد استَحسنَ المحدِّثون له أن يَجمعَ فِي تحديثِه بينَ ما يَحفظُه وما يجدُه فِي كتابِه؛ فيقولَ: (الذي أحفَظُه كَيتَ وكَيتَ، والذي أجدُه فِي كتابي كَيتَ وكَيتَ)؛ فإنَّه حينئذٍ يَخرجُ مِن العُهدةِ بيقينٍ، وكذلكَ كانَ يَفعلُ شُعْبةُ.

وإذا كانَ حفظُه مُخالِفًا لحفظِ شَخصٍ آخَرَ مَوثوقٍ به؛ لزمَه كذلكَ أن يَجمعَ بينَ ما يَحفظُه هو وما يحفظُه الآخَرُ؛ فيقولُ: (حِفظي كَيتَ وكَيتَ، وقال فُلانٌ: كَيتَ وكَيتَ)؛ ليَخرُجَ مِن العُهدةِ، وكذلكَ فَعلَ الثَّوريُّ وغيرُه.

.... وَفِي ... مَنْ يَرْوِ بِالمَعْنَى خِلَافُ قَدْ قُفِي:

فَالأَكْثَرُونَ جَوَّزُوا لِلْعَارِفِ ... ثَالِثُهَا: يَجُوزُ بِالمُرَادِفِ

وَقِيلَ: إِنْ أَوْجَبَ عِلْمًا الخَبَرْ ... وَقِيلَ: إِنْ يَنْسَ، وَقِيلَ: إِنْ ذَكَرْ

وَقِيلَ: فِي المَوْقُوفِ، وَامْنَعْهُ لَدَى ... مُصَنَّفٍ وَمَا بِهِ تُعُبِّدَا

وَقُلْ أَخِيرًا: «أَوْ كَمَا قَالَ» وَمَا ... أَشْبَهَهُ، كَالشَّكِّ فِيمَا أُبْهِمَا

أجمعَ العلماءُ علىٰ أنَّ الرَّاويَ إذا لَم يكن عالمًا بالألفاظِ ومدلولاتِها ومقاصدِها، خبيرًا بما يُحيلُ معانِيها، بَصيرًا بمقاديرِ التَّفاوتِ بينَها؛ فإنَّه لا تجوزُ له الرِّوايةُ بالمَعنىٰ؛ بل يَتعيَّنُ عليه أن يؤدِّيَ نفسَ اللَّفظِ الذي سمِعَه، لا يَخرِمُ مِنه شيئًا، ولا يُبدِلَ لفظًا بلفظٍ.

واختَلفوا فيما إذا كانَ الرَّاوي عالمًا، ولهم فِي ذلكَ أقوالٌ:

الأوَّلُ: لا يَجوزُ أيضًا إلَّا باللَّفظِ الذي سَمعَه.

والثَّانِي: يَجوزُ فِي غيرِ الأحاديثِ المرفوعةِ إلىٰ النَّبيِّ ﷺ.

والثَّالثُ: يَجوزُ فِي الأحاديثِ المرفوعةِ وغيرِها إذا قطعَ بأنَّ اللَّفظَ الذي يَروي بِه يُؤدِّي المَعنىٰ الذي سَمعَه. وذلكَ هو الذي تَشهدُ به أحوالُ الصَّحابةِ والسَّلفِ، وتَدلُّ عليه روايتُهم القِصَّةَ الواحِدةَ بألفاظٍ مختلِفةٍ، وهو قولُ جُمهورِ السَّلفِ والخلَفِ.

والرَّابعُ: يَجوزُ إبدالُ لفظٍ بلفظٍ آخَرَ مرادِفٍ له.

والخامسُ: إن كَانَ المطلوبُ بالحديثِ عَملًا لم يَجُز، وإنْ كانَ المطلوبُ به عِلْمًا كالعقَائدِ جَازَ؛ لأَنَّ المُعَوَّلَ فِي العلمِ عَلَىٰ مَعْنَاهُ لَا لَفْظِهِ.

السَّادسُ: إنْ كانَ ذاكِرًا اللَّفظَ الذي سَمِعَه لم يَجُز أنْ يُغَيِّرَه، وإن لم يَكُن ذاكِرًا إيَّاه جَازَ.

وجَميعُ ما تقدَّمَ يَتعلَّقُ بالجوازِ وعدمِه، ولا شكَّ أنَّ الأَولىٰ إيرادُ الحديثِ بألفاظِه دونَ التَّصرُّفِ فيه.

وهذا الخِلافُ لا يَجري فيما تُعُبِّدَ بلفظِه؛ كالتَّشهُّدِ والقُنوتِ ونحوِهما. ولا فِي الكتُبِ المصنَّفةِ؛ فإنَّه إن جازَ تغييرُ اللَّفظِ، فلا يَجوزُ تغييرُ التَّأليفِ.

ويَنبغي لمَن يَروي بالمَعنىٰ أن يقولَ عَقِيبَ روايتِه: (أو كما قالَ) ونحوَ ذلكَ. وكذلكَ الذي اشتَبهَت عليه لفظةٌ أن يقولَ بعدَها: (أو كما قالَ).

وَجَـائِزٌ حَـذْفُكَ بَعْـضَ الخَـبَرِ ... إنْ لَـمْ يُخِـلَّ البَـاقِ عِنْـدَ الأَكْـثَرِ
وَامْنَـعْ لِذِي تُهَمَـةٍ، فَـإِنْ فَعَـلْ ... فَلَا يُكَمِّلْ خَوْفَ وَصْفٍ بِخَلَـلْ
وَالخُلْفُ فِي التَّقْطِيعِ فِي التَّصْنِيفِ ... يَجْـرِي، وَأَوْلَى مِنْـهُ بِـالتَّخْفِيفِ

اتَّفقَ العلماءُ علىٰ أنَّه إذا كانَ بعضُ الحديثِ متَّصلًا ببعضِه الآخَرِ بحيثُ يَختلُّ بحذفِ بعضِه، فإنَّه لا يجوزُ للرَّاوي أن يَختصرَه. فإن لَم يكنِ الحديثُ بِهذه المَنزلةِ، فقد اختَلفوا فِي جوازِ اختصارِه: **فمَنعَه** بعضُهم مطلَقًا، بناءً علىٰ مَنعِ الرِّوايةِ بالمَعنىٰ. **ومَنعَه** بعضُهم- معَ تَجويزِه الرِّوايةَ بالمَعنىٰ- إذا لَم يكنِ الرَّاوي أو غيرُه قد رَواهُ

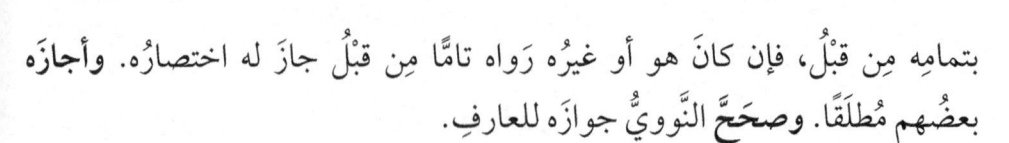

بتمامِه مِن قبْلُ، فإن كانَ هو أو غيرُه رَواه تامًّا مِن قبْلُ جازَ له اختصارُه. **وأجازه** بعضُهم مُطلَقًا. **وصحَحَّ** النَّوويُّ جوازَه للعارفِ.

وهَذَا كلُّه إِذَا ارتَفَعتْ منزلتُه عن أنْ تُلصَقَ به تُهمةٌ؛ فأمَّا من رَواه مرةً تامًّا، فخافَ إنْ رَواه بعدَها ناقِصًا أَن يُتَّهمَ بالزِّيادةِ أَو النِّسيانِ أَو الغَفْلةِ أَو قلَّةِ الضَّبطِ؛ فإنَّه لَا يَجُوزُ له اختصَارُه، وكذلك إنْ رَواه أوَّلًا ناقِصًا ثم أرادَ رِوَايتَه تامًّا، وكانَ ممن لَا تُجلُّ مَنزِلتُه عن اتِّهامِهِ؛ كانَ له العذْرُ فِي تركِ رِوَايتِه تامًّا.

وأمَّا تَقطيعُ المصنِّفِ متنَ الحديثِ الواحدِ وتَفريقُه فِي الأبوابِ؛ فهو إلىٰ الجوازِ أقربُ، ومِن المنعِ أبعَدُ؛ وذلكَ بالشَّرطِ المذكورِ أيضًا، وقد فعلَه مالكٌ والبُخاريُّ وأبو داودَ وغيرُ واحدٍ مِن أئمَّةِ الحديثِ. واللهُ أعلمُ.

وَاحْذَرْ مِـنَ اللَّحْنِ أَوِ التَّـصْحِيفِ ... خَوْفًـا مِـنَ التَّبْـدِيلِ وَالتَّحْرِيـفِ

فَـالنَّحْوُ وَاللُّغَـاتُ حَـقُّ مَـنْ طَلَـبْ ... وَخُـذْ مِـنَ الأَفْـوَاهِ لَا مِـنَ الكُتُـبْ

وليَحذَرِ المحدِّثُ مِن اللَّحنِ- وهو الخطأُ فِي الإعرابِ- ومن التَّصحيفِ- وهو الخطأُ فِي الحروفِ بالنُّقَطِ أو بالشَّكلِ- فِي الحديثِ وفِي الأسماءِ؛ لما يترَتَّبُ علىٰ ذلكَ مِن المفاسدِ.

وليَحذَرِ الشَّيخُ علىٰ حديثِه مِن الطَّالبِ اللَّحَّانِ الكَثيرِ اللَّحْنِ، وكذا ليَحذَرْ مِن المُصَحِّفِ فِي الألفاظِ النَّبويَّةِ وفِي أسماءِ الرُّواةِ، ولو كانَ لا يَلحَنُ، خوفَ التَّحريفِ فِي حركاتِه أو ضَبْطِه مِن كلٍّ مِنهما فِي الحالِ والمَآلِ. فيَدخلُ الشَّيخُ حينئذٍ- وكذا الطَّالبُ مِن بابِ أَولىٰ- فِي جُملةِ قولِه ﷺ: «مَن كَذَبَ عليَّ متعمِّدًا فلْيَتبوَّأْ مقعدَه مِن النَّارِ»؛ لأنَّه ﷺ لَم يكُن يَلحَنُ.

فيَنبغي لطالبِ العلمِ- وبخاصَّةٍ الذي يَطلبُ علمَ الحديثِ- أن يَتعلَّمَ مِن النَّحوِ واللُّغةِ المقدارَ الذي يَسْلمُ معَه مِن اللَّحنِ والتَّصحيفِ.

وطَريقُ طالبِ الحديثِ إلىٰ السَّلامةِ مِن التَّصحيفِ واللَّحنِ: أن يَأخذَ عن أفواهِ أهلِ المعرفةِ والضَّبطِ، لا أن يَأخذَ مِن بُطونِ الكُتبِ.

فِي خَطَإٍ وَلَحْنِ أَصْلٍ يُرْوَى عَلَى الصَّوَابِ مُعْرَبًا؛ فِي الأَقْوَى
ثَالِثُهَا: تَرْكُ كِلَيْهِمَا، وَلَا تَمْحُ مِنَ الأَصْلِ؛ عَلَى مَا انْتُخِلَا
بَلْ أَبْقِهِ مُضَبَّبًا وَبَيِّنِ صَوَابَهُ فِي هَامِشٍ، ثُمَّ إِنِ
تَقْرَأْهُ قَدِّمْ مُصْلَحًا فِي الأَوْلَى وَالأَخْذُ مِنْ مَتْنٍ سِوَاهُ أَوْلَى

وإذا وقعَ فِي رِوايةِ الرَّاوي لحنٌ أو تحريفٌ، فَقَد اختُلفَ فيما عليه فعلُه: فذهبَ قومٌ إلىٰ أنَّه يرويهِ علىٰ الخطإِ كما سَمعَه. قالَ ابنُ الصَّلاحِ: «وهذا غُلوٌّ فِي اتِّباعِ اللَّفظِ، والمَنعِ مِن الرِّوايةِ بالمَعنىٰ». وذهبَ الأكثرون مِن المحدِّثين إلىٰ أنَّه يَرويه علىٰ الصَّوابِ، لا سيَّما فِي اللَّحْنِ الذي لا يَختلفُ المَعنىٰ به.

واختَلفوا فِي جوازِ إصلاحِ الكتابِ وتَغييرِ ما وقعَ فيه مِن اللَّحنِ: **فأجازَه** بعضُهم. **والصَّوابُ** عند جَمهرةِ المحدِّثين: تقريرُه فِي الأصلِ وإبقاؤُه علىٰ حالِه، ولكن يُضبِّبُ عليه، ويبيِّنُ الصَّوابَ فِي الحاشيةِ. وهذا أجمَعُ للمصلحةِ، وأنفىٰ للمفسدةِ، فقد يأتِي مَن يَظهرُ له وجهُ صحَّتِه، ولو فُتِحَ بابُ التَّغييرِ لجَسَرَ عليه مَن ليسَ بأهلٍ.

وأحسَنُ أوجهِ الإصلاحِ: ما كانَ بما جاءَ فِي روايةٍ أُخرَىٰ، أو حديثٍ آخَرَ؛ فإنَّ الذي يَفعلُ ذلكَ يأمَنُ مِن التَّقوُّلِ علىٰ الرَّسولِ ﷺ.

ثمَّ إذا أرادَ أن يَقرأَه، فالرَّاجحُ أنَّه يَقرؤه علىٰ الصَّوابِ، ثمَّ يقولُ: (فِي روايتِنا- أو عند شَيخِنا، أو مِن طَريقِ فُلانٍ- كذا)، وله أن يَقرأَ ما فِي الأصلِ أوَّلًا ثمَّ يَذكرُ الصَّوابَ، لكن الأوَّل أولىٰ.

وَإِنْ يَكُ السَّاقِطُ لَا يُغَيِّرُ ... كَـ«ابْنٍ» وَحَرْفٍ؛ زِدْ وَلَا تَعَسَّرُ
كَذَاكَ مَا غَايَرَ حَيْثُ يُعْلَمُ ... إِتْيَانُهُ مِمَّنْ عَلَا، وَأَلْزَمُوا
«يَعْنِي»، وَمَا يَدْرُسُ فِي الكِتَابِ ... مِنْ غَيْرِهِ يُلْحَقُ؛ فِي الصَّوَابِ
كَمَا إِذَا يَشُكُّ وَاسْتَثْبَتَ مِنْ ... مُعْتَمَدٍ، وَفِيهِمَا - نَدْبًا - أَبِنْ
وَمَنْ عَلَيْهِ كَلِمَاتٌ تُشْكِلُ ... يَرْوِي عَلَى مَا أَوْضَحُوا؛ إِذْ يَسْأَلُ

وإن كانَ الإصلاحُ بِزيادةِ كلمةٍ سَقطَتْ مِن الأصلِ؛ نُظِرَ: فإن كانَت زيادتُها لا تغيِّرُ مَعنىٰ الأصلِ، فلا بأسَ بإلحاقِه فِي الأصلِ مِن غيرِ تنبيهٍ علىٰ سُقوطِه، وذلكَ كحرفٍ، أو كلفظةِ (ابن).

وإن كانَ السَّاقطُ يغيِّرُ مَعنىٰ الأصلِ، تأكَّدَ الحكمُ بذكرِ الأصلِ مَقرونًا بالبيانِ، فإنْ عَلمَ أنَّ بعضَ الرُّواةِ قد أسقطَه وحدَه، وأنَّ مَن فوقَه مِن الرُّواةِ أَتىٰ به؛ فله أن يُلحِقَه فِي نفسِ الكتابِ، لكن عليه أن يَزيدَ كلمةَ (يَعْني).

هذا إذا عَلمَ أنَّ شيخَه رَواه له علىٰ الخطإِ، فأمَّا إن رَواه فِي كتابِ نفْسِه وغلَبَ علىٰ ظنِّه أنَّ السَّقطَ مِن كتابِه لا مِن شيخِه؛ فالمتَّجِهُ حينئذٍ إصلاحُه فِي كتابِه وفِي روايتِه عند تحديثِه به.

ومِثلُ ذلكَ: إذا دَرسَ مِن كتابِه بعضُ السَّندِ أو المتنِ بسببِ تَقطُّعٍ أو بَللٍ؛ فإنَّه يَجوزُ له استدراكُه مِن كتابِ غيرِه، إذا عَرَفَ صحَّتَه ووَثِقَ به واطمأنَّت نفسُه إلىٰ أنَّ هذا هو السَّاقطُ، وقد فَعلَ ذلكَ نُعيْمُ بنُ حمَّادٍ.

ومِثلُ ذلكَ: إذا شَكَّ فِي شيءٍ، فاستَثبتَ مِن ثقةٍ معتمَدٍ عليه، فثبَّتَه مِن حفظِه أو كتابِه؛ جازَ له الاعتمادُ علىٰ ذلكَ والرِّوايةُ به، رُويَ ذلكَ عن أبي عَوانةَ وأحمدَ بنِ حَنْبلٍ وغيرِهما. ويُندَبُ له أنْ يبيِّنَ حالَ الرِّوايةِ.

ومِثْلُ ذلكَ: مَن وَجدَ فِي كتابِه كَلمةً مِن غريبِ العَربيَّةِ غيرَ مَضبوطةٍ وأشكلَتْ عليه؛ جازَ أن يَسأَلَ عنها العلماءَ بِها، ثمَّ يَرويها علىٰ ما يُخبِرونَه.

وَمَنْ رَوَى مَتْنًا عَنَ اشْيَاخٍ وَقَدْ | تَوَافَقَا مَعْنًى وَلَفْظٌ مَا اتَّحَدْ
مُقْتَصِرًا بِلَفْظِ وَاحِدٍ وَلَمْ | يُبَيِّنِ اخْتِصَاصَهُ؛ فَلَمْ يُلَمْ
أَوْ قَالَ: «قَدْ تَقَارَبَا فِي اللَّفْظِ» أَوْ | «وَاتَّحَدَ المَعْنَى»؛ عَلَى خُلْفٍ حَكَوْا
وَإِنْ يَكُنْ لِلَفْظِهِ يُبَيِّنُ | مَعْ «قَالَ» أَوْ «قَالَا» فَذَاكَ أَحْسَنُ

إذا كانَ الحديثُ عندَ الرَّاوي عن شيخَين فأكثرَ، وقد اتَّفقوا فِي المَعنىٰ، ولكنَّ ألفاظَهم مختلِفةٌ؛ فله أن يَجمعَ شيخَيه أو شيوخَه فِي الإسنادِ بأسمائِهم، ثمَّ يَسوقَ الحديثَ علىٰ لفظِ أحدِهم، فيقولَ مثلًا: (حدَّثَنا فُلانٌ وفُلانٌ، واللَّفظُ لفُلانٍ)، أو يقولَ: (هذا لَفظُ فُلانٍ).

فإن لَم يَخصَّ أحدَ شُيوخِه بنِسبةِ اللَّفظِ إليه، بل أَتىٰ ببعضِ لفظِ هذا وببعضِ لَفظِ ذاك، فقالَ: (أخبَرنا فُلانٌ وفُلانٌ، قالا: حدَّثَنا... إلخ) مثلًا، فإن قالَ معَ ذلكَ: (وتَقارَب لفظُهما) أو (والمَعنىٰ واحدٌ)؛ فإنَّ الذين يُجوِّزون الرِّوايةَ بالمَعنىٰ يُجوِّزون ذلكَ، والذين لَم يُجوِّزوا الرِّوايةَ بالمَعنىٰ يأبَوْن قَبولَه.

فإن لَم يَقُل: (وتقارَبا فِي اللَّفظِ)، ولا شِبهَه، فقد قالَ النَّوويُّ: «لا بأسَ بِه أيضًا علىٰ جَوازِ الرِّوايةِ بالمَعنىٰ، وإن كانَ قَد عِيبَ به البُخاريُّ وغيرُه».

وَإِنْ رَوَى عَنْهُمْ كِتَابًا قُوبِلَا | بِأَصْلِ وَاحِدٍ يُبِينُ؛ احْتَمَلَا
جَوَازُهُ وَمَنْعُهُ، وَفُصِّلَا | مُخْتَلِفٌ بِمُسْتَقِلٍّ وَبِلَا

وإذا رَوىٰ الرَّاوي كتابًا مصنَّفًا عن عدَّةِ شُيوخٍ، وقابلَ هذا الكتابَ علىٰ أصلِ واحدٍ مِن هؤلاءِ الشُّيوخِ، ولَم يقابِلْه علىٰ أصولِ الأشياخِ الباقِين، ثمَّ أرادَ أن يَرويَه،

ويَذكرَ جميعَهم فِي الإسنادِ ناسِبًا اللَّفظَ لواحدٍ، بأن يقولَ: (حدَّثَنا فُلان وفُلانٌ وفُلان، واللَّفظُ لفُلانٍ).

قيلَ: هذا يَحتمِلُ الجوازَ والمَنعَ؛ فإنَّ ما يُوردُه فِي روايتِه قد سَمعَه بنَصِّه ممَّن نسبَ إليه التَّلفُّظَ به؛ وهذه تَحتمِلُ الجوازَ، والثَّانيةُ أنَّه لعدمِ مقابَلتِه علىٰ أصولِ الباقِين مِن الأشياخِ لا علمَ عندَه بكيفيَّةِ رواياتِهم؛ فهذه تسبِّبُ المَنعَ.

وفصَّلَ ابنُ جَماعةَ؛ بأنَّه إن كانَت الطُّرقُ مُتباينةً بأحاديثَ مُستقلَّةٍ؛ لَم يَجُزْ، وإن كَان اختلافُها وتفاوتُها فِي ألفاظٍ أو لُغاتٍ أو اختلافِ ضبطٍ؛ جازَ.

وَلَا تَـزِدْ فِي نَـسَبٍ أَوْ وَصْـفِ مَـنْ فَـوْقَ شُـيُوخٍ عَـنْهُمُ مَـا لَـمْ يُـبَنْ
بِنَحْـوِ «يَعْـنِي» وَبِـ«أَنَّ» وَبِـ«هُـو» أَمَّـا إِذَا أَتَمَّـهُ أَوَّلَهُ
أَجِـزْهُ فِي البَـاقِي لَدَى الجُمْهُـورِ وَالفَـصْلُ أَوْلَى قَـاصِرَ المَـذْكُورِ

ليسَ للرَّاوي أن يَزيدَ فِي السَّندِ بذِكرِ نَسبِ شَيخِ شيخِه، أو وَصْفِه؛ إلَّا بأن يقولَ: (هو فُلانُ بنُ فُلانٍ)، أو يقولَ: (يَعني فُلانَ بنَ فُلانٍ) ونحوَ ذلكَ.

فإن كانَ شيخُه قد ذَكرَ نسبَ شيخِه أو أوصافَه فِي أوَّلِ الكتابِ؛ فإنَّه يَجوزُ للرَّاوي أن يذكُرَه فيما بعدُ؛ حَكىٰ ذلكَ الخطيبُ عن الجُمهورَ.

ويُستَحسَنُ فِي هذه الحالِ أيضًا ألَّا يَزيدَ إلَّا معَ قولِه: (يَعني) أو (هو) كما قدَّمْنا، كأن يقولَ: (حدَّثَنا فُلانٌ عن فُلانٍ، يَعني: ابنَ فُلانٍ)، أو نحوَه.

وَ«قَـالَ» فِي الإِسْنَادِ قُلْهَـا نُطْقًـا اوْ «قِيـلَ لَهُ»، وَالـتَّرْكَ جَـائِزًا رَأَوْا

جَرَتْ عادةُ المحدِّثين بحذفِ كلمةِ (قال)، فيما بينَ رجالِ السَّندِ مِن الكتابةِ طلبًا للاختصارِ، فعندَ الرِّوايةِ يَحسُنُ قولُها نُطْقًا، وذَكرَ ابنُ الصَّلاحِ أنَّه لا بُدَّ مِنها.

ورُبَّما جاءَ فِي الإسنادِ (قُرِئَ علىٰ فُلانٍ، أَخبرَكَ فُلانٌ)، أو (قُرِئَ علىٰ فُلانٍ،

حدَّثنا فُلانٌ)، فعلىٰ القارئ فِي هذه الحالِ أن يَقرأَ: (قُرئَ علىٰ فُلانٍ، قيلَ له: أَخبرَكَ فُلانٌ)، فيَزيدَ كلمةَ (قيلَ له)، ويَقرأَ الثَّانِي (قُرئَ علىٰ فُلانٍ، قالَ: حدَّثَنا فُلانٌ)، وما أَشبهَ ذلكَ.

وجعلَ ابنُ الصَّلاحِ مَن تركَ ذلكَ مُخطئًا. ومعَ التَّركِ فالرِّوايةُ صحيحةٌ.

وممَّا يُحذَفُ فِي الخطِّ أيضًا- لا فِي اللَّفظِ-: لفظُ (أنَّه) ولفظُ (كِلاهُما). واللهُ أعلمُ.

وَنُسَخٌ إسْنَادُهَا قَدِ اتَّحَدْ ... نَدْبًا أَعِدْ فِي كُلِّ مَتْنٍ؛ فِي الأَسَدّْ
لَا وَاجِبًا، وَالبَدْءُ فِي أَغْلَبِهِ ... بِهِ، وَبَاقٍ أَدْرَجُوا مَعْ «وَبِهِ»
وَجَازَ مَعْ ذَا ذِكْرُ بَعْضٍ بِالسَّنَدْ ... مُنْفَرِدًا عَلَى الأَصَحِّ المُعْتَمَدْ
وَالمَيْزُ أَوْلَى، وَالَّذِي يُعِيدُ ... فِي آخِرِ الكِتَابِ لَا يُفِيدُ

إذا رَوىٰ الرَّاوي نُسخةً أو كتابًا إسنادُ أحاديثِها كلِّها واحدٌ، كنُسخةِ (همَّام بنِ مُنَبِّهٍ عن أبي هُرَيرةَ) التي رواها عبدُ الرَّزَّاقِ عن مَعْمرٍ عنه؛ فهل يجبُ علىٰ الرَّاوي كُلَّما انتهىٰ مِن حديثٍ أن يَذكرَ- معَ الذي بعده- السَّندَ، أو يكفيه أن يَذكرَ السَّندَ فِي أوَّلِ حديثٍ، ثمَّ يقولَ بعدَ ذلكَ فِي كلِّ حديثٍ: (وبه) أو (وبإسنادِه)، أو نحوَ ذلكَ؟ ذهبَ بعضُ أهلِ التَّشديدِ إلىٰ وجوبِ ذكْرِ السَّندِ معَ كلِّ حديثٍ مِن أحاديثِها. وذهبَ جَمْهرةُ العلماءِ إلىٰ أنَّ ذِكرَ السَّندِ معَ كلِّ حديثٍ جائزٌ وهو أحوَطُ وأفضَلُ، لا واجبٌ.

هذا إذا رَوىٰ النُّسخة كلَّها، أمَّا إذا أرادَ أن يَرويَ بعضَ أحاديثِ هذه النُّسخةِ مُنفرِدًا عن باقيها- معَ عِلْمكَ أنَّ روايتَه بسندِه لكلِّ النُّسخةِ لا بعضِها- فهل يجوزُ له ذلكَ، أو لا؟ ذهبَ الأكثرون إلىٰ جوازِه؛ لأنَّ جميعَ أحاديث النُّسخةِ مَعطوفٌ علىٰ الأوَّلِ، فالسَّندُ المذكورُ معَ الأوَّلِ فِي حُكمِ المذكورِ فِي كلِّ حديثٍ، ولأنَّ هذا

الصَّنيعَ لا يَزيدُ بحالٍ عن تقطيعِ المتنِ الواحدِ فِي أبوابٍ متعدِّدةٍ، وقد أجازَه الجمهورُ علىٰ ما سبقَ بيانُه. **وقيلَ**: لا يَجوزُ.

وللخُروجِ مِن هذا الخلافِ، رَأىٰ المحدِّثون أنَّ مَن أرادَ فِعلَ ذلكَ حسُنَ له أن يُبيِّنَ حالَ روايتِه، ولهُم فِي بَيانِ ذلكَ طَريقتانِ:

الأُولىٰ- وهِي طَريقةُ الإمامِ مُسلمٍ-: أن يَذكرَ إسنادَ النُّسخةِ، ثمَّ يقولَ: (وذَكرَ أحاديثَ منها) ثمَّ يَذكرَ المتنَ المرادَ.

الثَّانيةُ- وهِي طَريقةُ الإمامِ البُخاريِّ-: أن يَذكرُ إسنادَ النُّسخةِ معَ أوَّلِ حديثٍ فيها، ثمَّ يقولَ: (وبإسنادِه) ثمَّ يَذكرُ الحديثَ المرادَ.

وبعضُ المحدِّثين يَذكرُ الإسنادَ فِي أوَّلِ الجزءِ الذي رُوِيتْ أحاديثُه بسندٍ متَّحِدٍ، ثمَّ يَذكرُ هذا الإسنادَ مرَّةً أُخرىٰ فِي آخرِ الجزءِ؛ وهذا الصَّنيعُ لا يفيدُه فِي الخروجِ مِن خلافِ الذين أَوجَبوا ذِكرَ الإسنادِ معَ كلِّ حديثٍ. نعم؛ نَفْيُ الإفادةِ بالكُلِّيَّةِ ممنوعٌ؛ لأنَّه يفيدُ تأكيدًا واحتياطًا، ويَتضمَّنُ إجازةً بالغةً مِن أعلىٰ أنواعِها. واللهُ أعلمُ.

وَسَابِقٌ بِالمَتْنِ أَوْ بَعْضِ سَنَدْ ... ثُمَّ يُتِمُّهُ؛ أَجِزْ، فَإِنْ يُرَدْ

حِينَئِذٍ تَقْدِيمُ كُلِّهِ رَجَحْ ... جَوَازُهُ، كَبَعْضِ مَتْنٍ فِي الأَصَحّْ

وَابْنُ خُزَيْمَةَ يُقَدِّمُ السَّنَدْ ... حَيْثُ مَقَالٌ، فَاتَّبِعْ وَلَا تَعَدّْ

مِن المحدِّثين مَن يقدِّمُ متنَ الحديثِ علىٰ سَندِه، كأن يقولَ: (قال رسولُ اللهِ ﷺ كَيْتَ وكَيْتَ، أخبَرنا به فُلانٌ ... إلخ الإسنادِ)، ومِنهم مَن يقدِّمُ بعضَ السَّندِ، ويؤخِّرُ بعضَه، ويَجعلُ المتنَ بينَهما؛ كأن يقولَ: (حدَّثنا نافعٌ عن ابنِ عُمَرَ قالَ رَسولُ اللهِ ﷺ كَيْتَ وكَيْتَ؛ حدَّثَنا به أحمدُ عن الشَّافعيِّ عن مالكٍ عن نافعٍ)؛ وذلكَ الصُّنْعُ جائزٌ.

وإذا تحمَّلَه الرَّوي علىٰ هذا الوجهِ، فهل يجبُ عليه عندَ رِوايتِه أن يَرويَه مقدَّمًا ومؤخَّرًا كما سمِعَه، أو يَجوزُ له روايتُه علىٰ المَهْيَعِ المُعتادِ بتَقديمِ السَّندِ كلِّه وتأخيرِ

المتنِ؟ اختلَفَ العلماءُ فِي ذلكَ، والرَّاجحُ عندَ الكافَّةِ جوازُه، وقالَ الإمامُ النَّوويُّ: «إنَّ الجوازَ هو القولُ الصَّحيحُ».

وإذا سَمعَ الرَّاوي حديثًا، فهل يجوزُ أن يَرويه بتقديمِ بعضِ متنِه علىٰ بعضٍ؟ الأصحُّ: أنَّه جائزٌ أيضًا إذا لَم يكن للمقدَّمِ ارتباطٌ بالمؤخَّرِ، والقَولُ بجوازِ ذلكَ مَحكيٌّ عن الحسَنِ والشَّعْبيِّ وآخَرين.

وابنُ خُزيمةَ فِي «صَحيحِه» قد صرَّح بأنَّ ما يُوردُه بِهَذِه الكَيفيَّةِ ليسَ علىٰ شَرطِه، وحَرَّجَ علىٰ مَن يغيِّرُ هذه الصِّيغةَ إذا أَخرجَ مِنه شيئًا علىٰ هذه الكيفيَّةِ.

وَلَوْ رَوَى بِسَنَدٍ مَتْنًا وَقَدْ ... جَدَّدَ إِسْنَادًا وَمَتْنٌ لَمْ يُعَدْ

بَلْ قَالَ فِيهِ: «نَحْوَهُ» أَوْ «مِثْلَهُ»؛ ... لَا تَرْوِ بِالثَّانِي حَدِيثًا قَبْلَهُ

وَقِيلَ: جَازَ إِنْ يَكُنْ مَنْ يَرْوِهِ ... ذَا مَيْزَةٍ، وَقِيلَ: لَا فِي «نَحْوِهِ»

الحَاكِمُ: اخْصُصْ «نَحْوَهُ» بِالمَعْنَى ... وَ«مِثْلَهُ» بِاللَّفْظِ؛ فَرْقٌ سُنَّا

وَالوَجْهُ؛ أَنْ يَقُولَ: «مِثْلَ خَبَرِ ... قَبْلُ وَمَتْنُهُ كَذَا»، فَلْيَذْكُرِ

مِن المحدِّثين مَن يَروي حديثًا ما بسندٍ ما، ثمَّ بعدَ ذلكَ يَذكرُ سندًا آخَرَ لهذا الحديثِ، وإذا انتَهىٰ مِن السَّندِ قالَ (نحوَه) أو (مِثلَه). وهذا الفعلُ جائزٌ.

لكن؛ إذا أرادَ الرَّاوي عنه روايةَ الحديثِ، فهل يجوزُ له أن يَذكرَ فِي روايتِه له السَّندَ الثَّانيَ معَ المتنِ المذكورِ فِي السَّندِ الأوَّلِ، أو لا يجوزُ له ذلكَ؟ لهم فِي ذلكَ أربعةُ مذاهبَ:

الأوَّل: عدمُ الجوازِ مطلَقًا.

الثَّاني: إن كانَ الرَّاوي يثِقُ بأنَّ الشَّيخَ ضابِطٌ مُتحفِّظٌ، يَذهبُ إلىٰ تمييزِ الألفاظِ وعَدِّ الحروفِ؛ جازَ له ذلكَ مطلَقًا.

الثَّالثُ: إن كانَ الشَّيخُ قالَ: (مثلَه) جازَ، وإن كانَ قالَ: (نحوَه) لَم يَجُزْ.

الرَّابعُ: أنَّ علىٰ الرَّاوي أن يَذكرَ السَّندَ الثَّانِي ثمَّ يقولَ: (مِثْلُ حديثٍ قبْلَه مَتنه كَيْتَ وكَيْتَ) فتكون صورةُ روايتِه هكذا: (حدَّثنا فُلانٌ، حدَّثنا فُلانٌ، حدَّثنا فُلانٌ، حدَّثنا فُلانٌ، مِثلَ حديثٍ ذُكرَ قبْلَه متنُه... إلخ).

وَإِنْ بِبَعْضِهِ أَتَى وَقَوْلِهِ: «وَذَكَرَ الحَدِيثَ» أَوْ «بِطُولِهِ»؛
فَلَا تُتِمَّهُ، وَقِيلَ: جَازَا إِنْ يَعْرِفَا، وَقِيلَ: إِنْ أَجَازَا
وَقُلْ- عَلَى الأَوَّلِ-: «قَالَ: وَذَكَرْ حَدِيثَهُ، وَهْوَ كَذَا»، وَائْتِ الخَبَرْ

مِن المحدِّثين مَن يَذكرُ سندَه كاملًا، فإذا وَصلَ المتنَ ذَكرَ بعضَه ثُمَّ قالَ: (الحديثَ) أو (وذَكرَ الحديثَ) أو (الحديثَ بطولِه)، أو ما أشبهَ ذلكَ.

وهذا الصَّنيعُ جائزٌ، لكن هل يجوزُ لمَن تحمَّلَه عنه أن يَذكرَ إسنادَه ثمَّ يَذكرَ المتنَ كاملًا مِن روايةِ شيخٍ آخرَ؟ **قيلَ**: لا يجوزُ. **وقيلَ**: إذا كانَ كلٌّ مِن الشَّيخِ والرَّاوي عَنه عارِفَين متنَ الحديثِ؛ جازَ إتمامُه، وإلَّا فلا. **وقيلَ**: إن كانَ الشَّيخُ قد أجازَ الرَّاويَ عنه صحَّ له إتمامُ الحديثِ، وتكون روايتُه له مِن قَبيلِ الرِّوايةِ بالإجازةِ لا بالسَّماعِ؛ وإن لَم يكن قد أجازَه لَم يصحَّ له ذلكَ.

ويجبُ علىٰ الرَّاوي- عند مَن مَنعَ الإتمامَ- أن يَذكرَ فِي روايتِه للحديثِ عبارةً تدلُّ علىٰ حالِ تحمُّلِه، بأن يقولَ: (حدَّثنا فُلانٌ عن فُلانٍ؛ إلىٰ آخرِ الإسنادِ) وقالَ: (وذَكرَ الحديثَ، وهو كَيْتَ وكَيْتَ)؛ وهذا الصَّنيعُ مُستحسَن عندَ القائلِين بالجوازِ، لا واجبٌ.

وَجَازَ أَنْ يُبْدَلَ بِـ«النَّبِيِّ» «رَسُولُهُ»، وَالعَكْسُ؛ فِي القَوِيِّ

إذا قالَ الشَّيخُ فِي تحديثِه: (عن رَسولِ اللهِ ﷺ)، فهل يجوزُ للرَّاوي عنه أن يبدِلَ لفظَ (رَسولِ اللهِ) بلفظِ: (النَّبيِّ)، أو لا يجوزُ؟ وهل يجوزُ عكسُ ذلكَ، أو لا يجوزُ؟.

الصَّحيحُ: أنَّ ذلكَ جائزٌ. ونُقِلَ عن الإمامِ أحمدَ بنِ حَنْبلٍ عدمُ تَجويزِه. وذهبَ ابنُ جَماعةَ إلىٰ أنَّه يجوزُ إبدالُ لفظِ (النَّبيِّ) بلفظِ (الرَّسولِ)، ولا يجوزُ عَكْسُه، مِن قِبَلِ أنَّ فِي لفظِ (الرَّسولِ) معنًىٰ زائدًا علىٰ ما فِي لفظِ (النَّبيِّ).

لكنَّ الجوازَ مشروطٌ بما إذا كانَ إبدالُ أحدِهما بالآخَرِ لا يضُرُّ بالمعنىٰ، وعلىٰ هذا يُحمَلُ مذهبُ أحمدَ. واللهُ أعلَمُ.

وَسَامِعٌ بِالوَهْنِ كَالمُذَاكَرَهْ ... بَيَّنَ- حَتْمًا-. وَالحَدِيثُ مَا تَرَهْ

عَنْ رَجُلَيْنِ ثِقَتَيْنِ أَوْ جُرِحْ ... إِحْدَاهُمَا؛ فَحَذْفَ وَاحِدٍ أَبِحْ

الرَّاوي الذي تحمَّلَ الحديثَ ببعضِ الضَّعفِ، كمَن يَسمعُ فِي حالِ المذاكَرةِ؛ لأنَّ الغالِبَ عليهم التَّساهلَ فيها، أو كمَن يَسمعُ مِن غيرِ أصلٍ، أو يَسمعُ وقتَ القراءةِ، أو وقتَ النَّسْخِ، أو يَسمعُ قراءةَ مَن يَلحَنُ، أو نحوَ ذلكَ؛ يجبُ عليه فِي عامَّةِ هذه الأحوالِ وما أشبهَها أن يبيِّنَ عندَ روايتِه الحالةَ التي كانَ عليها فِي تحمُّلِه؛ كأن يقولَ: (حدَّثنا فُلانٌ مذاكَرةً).

وإذا كانَ الحديثُ مَرويًّا عن ثِقتَين، أو كانَ مَرويًّا عن ثقةٍ وضعيفٍ؛ كالحديثِ الذي يُروَىٰ (عن ثابتٍ البُنانيِّ وأبانَ بنِ أبي عيَّاشٍ عن أنسٍ)، فهل يجوزُ لمَن تحمَّلَه أن يَرويَه بإسقاطِ أحدِهما، أو لا يجوزُ له ذلكَ؟ الذي ذهبَ إليه كافَّةُ المحدِّثين جوازُه، وإن كانَ الأَولَىٰ عندَهم ذكرُهما جميعًا؛ مِن قِبَلِ أنَّه يجوزُ أنْ يكونَ فِي الحديثِ لفظٌ رَواه أحدُهما ولَم يروِه الآخَرُ، وقد حملَ الشَّيخُ لفظَ أحدِهما علىٰ الآخَرِ.

وَمَنْ رَوَىٰ بَعْضَ حَدِيثٍ عَنْ رَجُلْ ... وَبَعْضَهُ عَنْ آخَرٍ، ثُمَّ جَمَلْ

ذَلِكَ عَنْ ذَيْنِ مُبَيِّنًا بِلَا ... مَيْزٍ؛ أَجِزْ، وَحَذْفُ شَخْصٍ حُظِلَا

مُجَرَّحًا يَكُونُ أَوْ مُعَدَّلَا ... وَحَيْثُ جَرْحُ وَاحِدٍ لَا تَقْبَلَا

إذا رَوىٰ الرَّاوي بعضَ الحديثِ عن رجلٍ مِن شيوخِه، ورَوىٰ بعضَه الآخَرَ عن شيخٍ آخَرَ بأيِّ طريقٍ مِن طُرقِ الرِّوايةِ، ثمَّ أرادَ روايةَ ذلكَ كلِّه:

فإن ذَكرَ الشَّيخَين جميعًا وبيَّنَ قولَ كلِّ واحدٍ مِنهما مُتميزًّا عن قولِ الآخَرِ فذلكَ أفضَلُ ما يَصنعُ.

وإن ذَكرَ الشَّيخَين وذَكرَ كلامَيهما، ولَم يبيِّنْ أنَّ بعضَه عن أحدِهما، وبعضَه الآخَرَ عن الشَّيخِ الآخَرِ، فليسَ ذلكَ بجائزٍ أصلًا.

وإن بيَّنَ علىٰ طَريقِ الإجمالِ أنَّ بعضَ هذَين الكلامَين عن أحدِهما، وبعضَه عن الآخَرِ مِن غيرِ أن يميِّزَ ما قالَه كلُّ واحدٍ عمَّا قالَه الآخَرُ؛ فذلكَ جائزٌ، ويكونُ كلُّ جُزءٍ مِن الكلامَين؛ كأنَّه رَواه عن أحدِهما مبْهَمًا.

ولا يَجوزُ فِي هذه الحالِ للرَّاوي أن يحذفَ واحدًا مِن الشَّيخَين أو الشُّيوخِ، سواء أكانَ المحذوفُ عدلًا أم كانَ مجروحًا؛ لأنَّ المذكورَ لَم يحدِّثه بجميعِ الكلامَين، وإنَّما حدَّثَه بأحدِهما؛ فكيفَ يَنسُبُهما له؟!

ثمَّ علىٰ مَن أرادَ أن يَستدلَّ بمِثلِ هذا الحديثِ أن يَنظرَ فِي حالِ هذَين الشَّيخَين؛ فإن وَجدَ أحدَهما مجروحًا لَم يَجُزْ له أن يَستدلَّ بشيءٍ مِن الحديثِ؛ لاحتمالِ كلِّ لفظٍ مِن ألفاظِه لأَنْ يكونَ مرويًّا عن هذا المجروحِ.

آدابُ المُحَدِّثِ

وَأَشْرَفُ العُلُومِ عِلْمُ الأَثَرِ فَصَحِّحِ النِّيَّةَ، ثُمَّ طَهِّرِ

قَلْبًا مِنَ الدُّنْيَا، وَزِدْ حِرْصًا عَلَى نَشْرِ الحَدِيثِ، ثُمَّ مَنْ يُحْتَجْ إِلَى

مَا عِنْدَهُ حَدَّثَ: شَيْخًا أَوْ حَدَثْ وَرَدَّ لِلأَرْجَحِ نَاصِحًا وَحَثّْ

ابْنُ دَقِيقِ العِيدِ: لَا تُرْشِدْ إِلَى أَعْلَى فِي الِاسْنَادِ إِذَا مَا جَهِلَا

وَمَـنْ يُحَـدِّثْ وَهُنَـاكَ أَوْلَى فَلَـيْسَ كُرْهًـا أَوْ خِـلَافَ الأَوْلَى
هَـذَا هُـوَ الأَرْجَـحُ وَالـصَّوَابُ عَهْـدَ النَّـبِيِّ حَـدَّثَ الـصِّحَابُ
وَفِي الـصِّحَابِ حَـدَّثَ الأَتْبَـاعُ يَكَـادُ فِيـهِ أَنْ يُـرَى الإِجْمَـاعُ
وَهْـوَ عَلَى العَـيْنِ إِذَا مَـا انْفَـرَدَا فَـرْضُ كِفَايَـةٍ إِذَا تَعَـدَّدَا

أشرَفُ العلومِ علمُ الحديثِ؛ لأنَّه صلةٌ بينَ المحدِّثِ ورَسولِ اللهِ ﷺ، ولأنَّه ذَريعةٌ لنَفيِ الدَّغَلِ عمَّا يُنسَبُ إليه، ولأنَّه مُحتاجٌ إليه فِي كلِّ علومِ الشَّريعةِ؛ فِقهِها وحديثِها وتفسيرِها. لذلكَ كلِّه؛ كانَ علىٰ المحدِّثِ أن يُخلِص فيه النِّيَّةَ للهِ تعالىٰ، ويُطهِّرَ قلبَهُ مِن أعراضِ الدُّنيا وعلائقِها، فلا يَطلُبُ الأجرَ عليه إلَّا مِن اللهِ تَعالىٰ.

وعلىٰ المحدِّثِ أن يَشتدَّ حرصُه علىٰ نشرِ الحديثِ وتَبليغِه، وأنْ يَعْقدَ مَجلسًا للتَّحديثِ، وذلكَ فِي أيِّ سنٍّ كانَ؛ فإنَّ كثيرًا مِن السَّلفِ تَصدَّوا لذلكَ فِي حَداثَةِ سنِّهم، ولَمْ يُنكَرْ عَليهم ذلكَ.

ويَنبغي له إذا التَمسَ مِنه مُلتمِسٌ أن يحدِّثَه حديثًا ما، وهو يَعلمُ أنَّ حديثَه موجودٌ عندَ غيرِه بإسنادٍ أعلَىٰ أو طَريقٍ أرجَح أن يُرْشدَه للذي عندَه الأرجَحُ أو الأعلَىٰ، سواءٌ أكانَ فِي بلدِه أو غيرِ بلدِه.

والأرجَحُ عندَ محقِّقي المحدِّثين أنَّه يجوزُ للمحدِّثِ أن يحدِّثَ بما عندَه معَ وجودِ مَن هو أَولىٰ مِنه بالتَّحديثِ بسببِ علمِه أو سِنِّه أو علوِّ إسنادِه، أو نحوِ ذلكَ. وقد اسْتَدَلُّوا لِذَلك بأنَّ الصَّحَابةَ قد حدَّثُوا والنبيُّ ﷺ مَوْجُودٌ بينَ ظَهْرَانيهم مِنْ غيرِ نَكِيرٍ، وَأنَّ التَّابعينَ قد حدَّثُوا معَ وُجُودِ الصَّحَابةِ.

وحُكْمُ رِوايةِ الحَديثِ: أنَّه فَرضُ كفايةٍ؛ إذا قامَ به مَن يَكفِي الأمَّةَ سَقطَ الإثمُ عن الباقِينَ؛ وإلا أثمَ الجميعُ؛ كلٌّ بحَسبِ قُدرتِه.

وَمَـنْ عَلَى الحَـدِيثِ تَخْلِيطًـا يَخَـفْ لِهَـرَمٍ أَوْ لِعَـمًى وَالـضَّعْفِ؛ كَـفْ

ومتىٰ خافَ المحدِّثُ أن يخلِّطَ فِي حديثِه بأن يَرويَ ما ليسَ مِن روايتِه؛ لكبَرِ سِنٍّ أو عمًىٰ أو ضعفٍ، فإنَّه يَنبغي له أن يكُفَّ عن التَّحديثِ. والمعتبَرُ؛ حصولُ الخوفِ مِن غيرِ تقييدٍ بسِنٍّ معيَّنٍ، وبعضُ العلماءِ قد ضبطَ ذلكَ بسِنِّ الثَّمانِين، وهو مَبنيٌّ علىٰ أنَّ مَن بَلغَ هذا السِّنَّ أصابَه الضَّعفُ غالبًا وخُشيَ مِنه التَّخليطُ، ولكنَّه غيرُ مطَّرِدٍ.

وَمَـنْ أَتَى حَـدِّثْ وَلَـوْ لَـمْ تَنْـصَلِحْ نِيَّتُـهُ فَإِنَّهَـا سَـوْفَ تَـصِحّْ

فَقَـدْ رَوَيْنَـا عَـنْ كِبَـارٍ جِلَّـهْ: «أَبَى عَلَيْنَـا العِلْـمُ إِلَّا لِلَّهِ»

ويَنبغي للمحدِّثِ أن يحدِّثَ مَن جاءَ طالبًا حديثَه مِن غيرِ بحثٍ عن صدقِ نيَّتِه وإخلاصِه فِي طلبِه؛ فإنَّ بركةَ الحديثِ ستدفعُه يومًا إلىٰ الإخلاصِ فيه. ولقد رُوي عَن كَثير من أكابر العُلَماء- بألفاظٍ متفاوتةٍ، والمَعنىٰ وَاحِد- قَوْلهم: «طَلبنا العِلمَ لغيرِ الله، فأبىٰ علَينا العلمُ أنْ يَكونَ إلَّا للهِ».

وَلِلْحَـدِيثِ؛ الغُـسْلُ وَالتَّطَهُّـرُ وَالطِّيـبُ وَالـسِّوَاكُ وَالتَّبَخُّـرُ

مُـسَرِّحًا، وَاجْلِـسْ بِـصَدْرٍ بِـأَدَبْ وَهَيْبَـةٍ، مُتَّكِئًـا عَلَى رَتَـبْ

وَلَا تَقُـمْ لِأَحَـدٍ، وَمَـنْ رَفَـعْ صَـوْتًا عَلَى الحَـدِيثِ فَـازْبُرْهُ وَدَعْ

وَلَا تُحَـدِّثْ قَائِمًـا أَوْ مُـضْطَجِعْ أَوْ فِي الطَّرِيـقِ أَوْ عَلَى حَـالٍ شَـنِعْ

وَافْتَـتِحِ المَجْلِـسَ كَالتَّتْمِـيمِ بِالحَمْـدِ وَالـصَّلَاةِ وَالتَّـسْلِيمِ

بَعْـدَ قِـرَاءَةٍ لآيٍ وَدُعَا وَلْيَـكُ مُقْـبِلًا عَلَـيْهِمُ مَعَـا

وَرَتِّـلِ الحَـدِيثَ، وَاعْقِـدْ مَجْلِـسَا يَوْمًـا بِأُسْـبُوعٍ لِلِإمْـلَاءِ ائْتِـسَا

ويُستحبُّ لقراءةِ الحديثِ الغُسْلُ، والتَّزيُّنُ باستعمالِ الطِّيْبِ فِي بدنِه وثوبِه، والاستياكُ، والتَّبخُّرُ، وتَسريحُ شَعرِ رأسِه ولحيتِه، ولُبْسُ الثِّيابِ البِيضِ والعمامةِ.

ثمَّ يَجلسُ المحدِّثُ فِي وَسَطِ المَجلسِ معَ الكمالِ، والأدَبِ، والهَيبةِ، والخُشوعِ، ويتمكَّنُ فِي مجلسِه، ولا يقومُ لأحدٍ كائنًا مَن كان.

تَنْبِيهٌ: قَوْلُهُ: (وَهَيبَةٍ) فِي نُسْخَةٍ: (وَهَيْئَةٍ).

وإذا رفعَ أَحدُ الطُّلَّابِ صوتَه علىٰ الحديثِ فِي مَجلسِه انتهرَه وزجرَه وتركَه حتىٰ يَخرجَ ويَتركَ المَجلسَ.

ولا يحدِّثُ قائمًا، أو مضطجِعًا، أو فِي أثناءِ الطَّريقِ، أو وهو علىٰ حالٍ تسوءُ معها أخلاقُه؛ كالجوعِ والشِّبَعِ الشديدَين.

وإذا أرادَ أن يَبدأَ التَّحديثَ أمرَ قارئًا حسنَ الصَّوتِ بقراءةِ بعضِ آيِ القُرآنِ، ودعا بالتَّوفيقِ والإعانةِ والعِصْمةِ، ثمَّ سمَّىٰ اللهَ تعالىٰ وحمِدَه، وصلَّىٰ وسلَّمَ علىٰ الرَّسولِ ﷺ.

ثمَّ استَقبلَ القِبلةَ وأَقبلَ علىٰ طلَّابِه جميعًا، ومِن المحدِّثين مَن كانَ يجلسُ مُستدبرَ القبلةِ وطلَّابُه أمامَه مستقبلوها كحالِ الخُطبةِ فِي الجُمُعةِ ونحوِها.

فإذا شَرَعَ فِي قراءةِ الحديثِ رَتَّلَه وتأنَّىٰ فِي قراءتِه، ولَم يَسرُدْها سَرْدًا، فيَمنع السَّامعَ مِن فَهمِ بعضِه.

ويُسَنُّ له أن يعقِدَ مجلِسًا فِي كلِّ أسبوعٍ لإملاءِ الحديثِ لمَن يكتبُه، اقتداءً بالصَّحابةَ والتَّابعِين وغيرِهم.

ثُمَّ اتَّخِذْ مُسْتَمْلِيًا مُحَصِّلَا ... وَزِدْ إِذَا يَكْثُرُ جَمْعٌ وَاعْتَلَى

يُبَلِّغُ السَّامِعَ أَوْ يُفَهِّمُ ... وَاسْتَنْصَتَ النَّاسَ لِكَيْمَا يَفْهَمُوا

وَبَعْدَهُ بَسْمَلَ ثُمَّ يَحْمَدُ ... مُصَلِّيًا، وَبَعْدَ ذَاكَ يُورِدُ:

«مَا قُلْتَ» أَوْ «مَنْ قُلْتَ» مَعْ دُعَائِهِ ... لَهُ، وَقَالَ الشَّيْخُ فِي انْتِهَائِهِ:
«حَدَّثَنَا» وَيُورِدُ الإِسْنَادَا ... مُتَرْجِمًا شُيُوخَهُ الأَفْرَادَا
وَذِكْرُهُ بِالوَصْفِ أَوْ بِاللَّقَبِ ... أَوْ حِرْفَةٍ؛ لَا بَأْسَ إِنْ لَمْ يَعِبِ

ولَا بأسَ بأن يتَّخِذَ المحدِّثُ مستَملِيًا مُحصِّلًا متيقِّظًا لا بليدًا، يُبلِّغُ عنه، وقد فعلَ ذلكَ رَسولُ اللهِ ﷺ وأصحابُه وأكابرُ العلماءِ. فإذا كانَ المستملي الواحدُ لا يَكفِي لإبلاغِ الحاضرِين لكثرتِهم، زادَ مِن المستملِين بقدرِ الحاجةِ.

وعلىٰ المستَملي أن يَستَنصِتَ الحاضرِين لكي يَفهَموا كلامَ الشَّيخِ، ثمَّ يُسمِّي اللهَ تعالىٰ ويَحمَدُه جلَّ شأْنُه، ويصَلِّي علىٰ النَّبيِّ ﷺ. ثمَّ يقولُ للشَّيخِ: «مَن قلتَ مِن الشُّيوخِ» أو: «ما قلتَ مِن الأحاديثِ» ويَدعو للشَّيخِ بنحوِ قولِه: «رحمَكَ اللهُ». فإذا أَتمَّ المستَملي ذلكَ شرَعَ الشَّيخُ فِي روايةِ ما لديه مِن الأحاديثِ، فيَقول: «حدَّثَنا فُلانٌ عن فُلانٍ» حتىٰ يَنتهيَ مِن الإسنادِ.

تَنْبيهٌ: فِي نُسْخةٍ: (وَاسْتَنْصَتَ النَّاسَ إِذَا تَكَلَّمُوا).

ويَنبغي للشَّيخِ أن يُتَرجِمَ شيوخَه ويَذكُرَ مناقِبَهم علىٰ وجهِ التَّعظيمِ والإجلالِ، كما كانَ عطاءٌ يقولُ: «حدَّثَني البَحْرُ ابنُ عبَّاسٍ» وكما كانَ مَسروقٌ يقولُ: «حدَّثَتْني الصِّدِّيقةُ بنتُ الصِّدِّيقِ حبيبةُ حبيبِ اللهِ المبرَّأةُ» يريدُ: عائشةَ رَضِيَ اللهُ عَنْهَا.

وليكُن معتدلًا فِي ترجمةِ شيخِه، ولْيَحذَر مِن التَّجاوزِ فِي ذلكَ، كأن يَصفَه بالحفظِ وهو غيرُ حافظٍ؛ لما يَترتَّبُ علىٰ ذلكَ مِن الضَّررِ.

ويجوزُ علىٰ سبيلِ الوَصفِ والتَّعريفِ أن يُذكرَ الرَّاوي بلقبه ولو كانَ لقبًا مَعيبًا؛ كـ(الأَعْمَشِ) و(الأحْولِ) و(الأعْرَجِ)، ونحوِ ذلكَ، أمَّا إذا كانَ علىٰ جهةِ الذَّمِّ أو العَيبِ؛ فهذا لا يجوزُ بحالٍ، ذلكَ أنَّه أمرٌ لا حيلةَ معَه؛ إذ الرَّاوي قد اشتَهرَ بِهذا اللَّقبِ وغَلبَ عليه، فكانَ ذِكرُه به علىٰ سَبيلِ التَّعريفِ والتَّمييزِ أمرًا تَقتضيه الضَّرورةُ. واللهُ أعلمُ.

وَارْوِ فِي الإِمْلَا عَنْ شُيُوخٍ عُدِّلُوا عَنْ كُلِّ شَيْخٍ أَثَرًا، وَيَجْعَلُ
أَرْجَحَهُمْ مُقَدَّمًا، وَحَرِّرِ وَعَالِيًا قَصِيرَ مَتْنٍ اخْتَرِ
ثُمَّ أَبِنْ عُلُوَّهُ وَصِحَّتَهْ وَضَبْطَهُ وَمُشْكِلًا وَعِلَّتَهْ
وَاجْتَنِبِ الْمُشْكِلَ كَالصِّفَاتِ وَرُخَصًا مَعَ الْمُشَاجَرَاتِ
وَالزُّهْدُ مَعْ مَكَارِمِ الأَخْلَاقِ أَوْلَى فِي الإِمْلَاءِ بِالِاتِّفَاقِ

وعلىٰ المحدِّثِ أن يَرويَ فِي إملائِه عن شيوخٍ معدَّلِين ولا يَروي عن غيرِهم؛ كالكَذَبةِ والفُسَّاقِ والمبتَدِعة. وأن يتجنَّبَ التَّدليسَ؛ إيهامًا لعلوِّ ما ليسَ بعالٍ، أو كثرةِ الشُّيوخِ، ونحوِ ذلكَ ممَّا يَنبغي ألَّا يُوصفَ به المحدِّثَ.

ويَنبغي له أن يَرويَ فِي المجلسِ عن كلِّ شَيخٍ حديثًا واحدًا، ويقدِّمَ أرجحَهم بعُلوِّ سنَدٍ أو نحوِه، ويحرِّرَ ما يُمليه ويَتحرَّىٰ المستفادَ مِنه. ويَختارَ أحاديثَ صحيحةً وحسنةً، وإن كانَ فيها بعضُ الضَّعفِ؛ فلا تكون منكَرةً أو باطلةً أو موضوعةً، ويَختارَ أعلىٰ الأحاديثِ إسنادًا وأقْصرَها مُتونًا.

ويَنبغي له أن يبيِّنَ ما فِي الحديثِ مِن علومٍ، إسناديَّةً كانَت أو مَتْنيَّةً؛ كعلوِّ الإسنادِ، وصحَّتِه وحُسنِه، ثمَّ يَضبطَ مُشْكِلَ أسمائِه وألفاظِه ويوضِّحَ ما غَمَضَ مِن معانِيه، وإن كانَ مُعَلَّلًا أو ضَعيفًا أبانَ علَّتَه وسببَ ضعفِه.

وليحدِّثْ بأحاديثِ الزُّهدَ والأدبِ ومكارمِ الأخلاقِ، للتَّشبُّهِ برَسولِ اللهِ ﷺ وبأصحابِه رَضِيَ اللَّهُ عَنْهُمْ فِي ذلكَ، وكذلكَ بأحاديثِ الفقهِ والأحكامِ التي يَحتاجُها الطَّالبُ فِي عملِه علىٰ وَفْقِ السُّنَّةِ، وكذلكَ بأحاديثِ العقائدِ والتَّوحيدِ، لتصحيحِ الاعتقادِ والوقوفِ علىٰ أدلَّةِ مذاهبِ السَّلفِ فيه مِن الأحاديثِ؛ فكلُّ ذلكَ أَولىٰ مِن غيرِه فِي الإملاءِ باتِّفاقِ عامَّةِ المحدِّثين.

وليَجتنبِ المُشْكِلَ الذي لا تَحتمِلُه عُقولُ العوامِّ ولا يَفهمونَه، كأحاديثِ الرُّخَصِ والمخاصَماتِ بينَ الصَّحابةِ، فإنَّهم لا يَعرفون أوجُهَ هذه الأحاديثِ؛ لكن معَ ذلكَ إن حدَّثَ فِي المجلسِ بشيءٍ مِن ذلكَ، فيَنبغي ألَّا يُخليَ المقامَ مِن بيانِ وجهِ الحديثِ والإجابةِ عمَّا يُمكِن أن يُستشكَلَ.

وَاخْتِمْــهُ بِالإِنْـشَادِ وَالنَّـوَادِرِ   وَمُـتْقِنٌ خَرَّجَـهُ لِلْقَـاصِرِ
أَوْ حَـافِظٍ بِمَـا يُهِـمُّ يُـشْغَلُ   وَقَابِـلِ الإِمْـلَاءَ حِـينَ يَكْمُـلُ

والأفضَلُ للشَّيخِ المُمْلِي أن يَختِمَ مجلسَ إملائه بإنشادِ الشِّعرِ المناسبِ لما هو بصدَدِه، ويَذكُرَ النَّوادرَ والحكاياتِ والحكمَ والنِّكاتِ الدَّقيقةَ. وقد كانَ ذلكَ كلُّه عادةَ أئمَّةِ هذا الشَّأنِ.

وإذا كانَ مريدُ الإملاءِ قاصِرًا عن تَخريجِ ما يُمْلِيه، وهناك مُتقِنٌ حافظٌ عارفٌ بالتَّخريجِ؛ فإنَّ المتقِنَ يخرِّجُه للقاصرِ إعانةً له علىٰ قَصْدِه، وكذا إذا كانَ مريدُ الإملاءِ حافظًا عارفًا بالتَّخريجِ ولكنَّه مشتغلٌ بغيرِ ذلكَ مِن المهمَّاتِ كالإفتاءِ والتَّصنيفِ؛ فعلىٰ حافظٍ آخَرَ أن يُعينَه فِي تخريجِ الأحاديثِ التي يريدُ إملاءَها، وقد فعلَه جماعةٌ مِن الحفَّاظِ.

ثمَّ إذا فَرَغَ المُمْلي مِن إملائِه قابلَه؛ لإتقانِه وإصلاحِ ما فسدَ مِنه بزيغِ القلمِ وطُغْيانِه. وقد تقدَّمَ أنَّ المقابَلةَ بعدَ الكتابةِ واجبةٌ، والمقابَلةُ هنا مثلُها واجبةٌ؛ إذ لا فرْقَ.

مَسْأَلَةٌ

وَذَا الحَـدِيثِ وَصَـفُوا فَاخْتَـصَّا   بِـ«حَـافِظٍ»؛ كَـذَا الخَطِيـبُ نَـصَّا
وَهْـوَ الَّذِي إِلَيْـهِ فِي التَّـصْحِيحِ   يُرْجَـعُ وَالتَّعْـدِيلِ وَالتَّجْـرِيحِ
أَنْ يَحْفَـظَ الـسُّنَّةَ مَـا صَـحَّ وَمَـا   يَـدْرِي الأَسَـانِيدَ وَمَـا قَـدْ وَهِمَـا

فِيهِ الرُّوَاةُ زَائِدًا أَوْ مُدْرَجَا وَمَا بِهِ الإِعْلَالُ فِيهَا نُهِجَا
يَدْرِي اصْطِلَاحَ القَوْمِ وَالتَّمَيُّزَا بَيْنَ مَرَاتِبِ الرِّجَالِ مَيَّزَا
فِي ثِقَةٍ وَالضَّعْفِ وَالطِّبَاقِ كَذَا الخَطِيبُ حَدَّ لِلْإِطْلَاقِ
وَصَرَّحَ المِزِّيُّ أَنْ يَكُونَ مَا يَفُوتُهُ أَقَلَّ مِمَّا عَلِمَا
وَدُونَهُ «مُحَدِّثٌ» أَنْ تُبْصِرَهْ مِنْ ذَاكَ يَحْوِي جُمَلًا مُسْتَكْثَرَهْ
وَمَنْ عَلَى سَمَاعِهِ المُجَرَّدِ مُقْتَصِرٌ لَا عِلْمَ؛ سِمْ بِـ«مُسْنِدِ»
وَبِـ«أَمِيرِ المُؤْمِنِينَ» لَقَّبُوا أَئِمَّةَ الحَدِيثِ قِدْمًا نَسَبُوا

(الحافظِ) فِي اصطِلَاحِ علماءِ الحديثِ له عِدَّةُ تفسيرَاتٍ، من أجمعها ما ذَكَرَه الخطيبُ: أَنَّه هُوَ: «الذي يُرجَعُ إِلَيهِ فِي تَصحِيحِ المتونِ والأَسَانِيدِ، وفِي تَعدِيلِ الرُّوَاةِ وتَجريحِهِم، وذلكَ بسببِ حِفْظِهِ السُّنَّةَ النَّبوِيةَ، ومَعرِفتِهِ الأسبابَ التي يُعرَفُ بها صحةُ الأَسَانِيدِ ومَا يَهِمُ فِيهِ الرُّواةُ بزيادةٍ أَو إِدْرَاجٍ، ومَعرِفتِهِ بالأَسْبَابِ القَادِحَةِ، وهُوَ- مَعَ ذَلِكَ كُلِّه- عالمٌ باصطِلَاحِ المُحَدِّثِينَ، مُمَيزٌ بينَ مَراتبِ الرُّوَاةِ الكَثِيرَةِ».

وذَكَرَ الحافظُ المِزِّيُّ أنَّه «الذي يكونُ مَا يَفُوتُه من الرِّجَالِ وتَراجِمِهم وأحوَالِهم وبُلْدَانِهم أقلَّ مِمَّا عَلِمَه من ذَلِكَ؛ ليكونَ الحُكْمُ للغَالبِ».

ودونَ «الحافظِ» فِي الرُّتبةِ: «المُحَدِّثُ»، قالَ التَّاجُ السُّبكِي: هو «مَن عَرَفَ الأسانِيدَ، والعِلَلَ، وأسماءَ الرجالِ، والعَالي والنَّازِلَ، وحَفِظَ مَعَ ذَلِكَ جملةً مُستكثَرةً من المتُونِ، وسَمِعَ الكُتُبَ السِّتَّةَ، و(مسندَ أحمدَ بنِ حنبل)، و(سُننَ البيهقيِّ)، و(مُعجمَ الطَّبرانِيِّ)، وَضَمَّ إلىٰ هَذَا القَدْرِ ألفَ جُزْءٍ منَ الأَجْزَاءِ الحَدِيثيَّةِ، هَذَا أقلُّ دَرَجَاتِه، ثم يَزِيدُ الله مَنْ يشاءُ مَا يَشَاءُ».

تَنْبِيهٌ: فِي نُسْخةٍ: (جُملَةً مُسْتَكْثَرَهْ).

و(المُسنِدُ)- بكسرِ النُّونِ-؛ هو مَن يَروي الحديثَ بِسندِه، سواء أكانَ عندَه عِلمٌ به، أم ليسَ له إلَّا مجرَّدُ الرِّوايةِ. وغالبًا ما يُطلِقونَه علىٰ المُكثِرِ مِن الرُّوايةِ، فيَقولُون: «فُلَانٌ مُسنِدُ أَهلِ زَمانِه»، أو «مُسنِدُ وَقتِه»، وهو يَكثُرُ فِي استعمالِ المتأخِّرين بِهذا المعنَىٰ.

و(أَميرُ المُؤمنينَ فِي الحديثِ)، هذا لقبٌ لَم يَظفر بِه إلَّا النَّوادرُ، الذين هُم أئمَّةُ هذا الشَّأنِ، والمَرجوعُ إلَيهم فِيه، كشُعْبةَ بنِ الحجَّاجِ، وسُفيانَ الثَّوريِّ، وإسحاقَ بنِ رَاهويه، وأحمدَ بنِ حَنبلٍ، والبُخاريِّ، والدَّارَقُطنيِّ وغيرِهم، وفِي المتأخِّرين ابنُ حَجَرٍ العَسْقَلانِيُّ.

تَنْبيهٌ: فِي نُسْخةٍ: (ذَوِي الحَدِيثِ قِدَمًا ذَا مَنْقَبُ).

آدَابُ طَالِبِ الحَدِيثِ

وَصَحِّحِ النِّيَّةَ، ثُمَّ اسْتَعْمِلِ مَكَارِمَ الأَخْلَاقِ، ثُمَّ حَصِّلِ
مِنْ أَهْلِ مِصْرِكَ العَلِيِّ فَالعَلِي ثُمَّ البِلَادَ ارْحَلْ، وَلَا تَسَهَّلِ
فِي الحَمْلِ، وَاعْمَلْ بِالَّذِي تَرْوِيهِ وَالشَّيْخَ بَجِّلْ لَا تُطِلْ عَلَيْهِ

علىٰ الطَّالبِ أن يُخلِص فيه النِّيَّةَ للهِ تعالىٰ، وأن يُفرِغَ جُهدَه فِي التَّحصيلِ مِن أهلِ مِصرِه؛ أعلاهم رتبةً فِي العلمِ والشُّهرةِ والدِّينِ والإسنادِ وغيرِ ذلكَ، ثمَّ الذي يَليه، فإذا انتَهىٰ مِن التَّحصيلِ علىٰ أهلِ مِصرِه رحلَ إلىٰ البلادِ الأُخَرِ؛ فإنَّ الرِّحلةَ عادةُ الحفَّاظِ المبرَّزين. ولا يَنبغي له أن يَتساهلَ فِي تحمُّلِ الحديثِ بالإخلالِ بشرطٍ مِن شروطِ التَّحمُّلِ التي سَبقَ بيانُها.

وأوَّلُ شيءٍ عليه إذا رَوىٰ أحاديثَ فِي الفَضائلِ أن يَعملَ بما يَرويه؛ فإنَّ زكاةَ الحديثِ العملُ به. وعليه أن يعظِّمَ شيخَه، ويَنظرَ إليه بعَينِ الإكبارِ والإجلالِ، ويعتقدَ فيه الكمالَ، وألَّا يُثاقِلَ عليه، أو يُضجِرَه.

وَلَا يَعُوقَنْكَ الحَيَا عَنْ طَلَبِ ... وَالكِبْرُ، وَابْذُلْ مَا تُفَادُ، وَاكْتُبِ
لِلْعَالِ وَالنَّازِلِ لِاسْتِبْصَارِ ... لَا كَثْرَةِ الشُّيُوخِ لِافْتِخَارِ
وَمَنْ يُفِدْكَ العِلْمَ لَا تُؤَخِّرِ ... بَلْ خُذْ وَمَهْمَا تَرْوِ عَنْهُ فَانْظُرِ
فَقَدْ رَوَوْا: «إِذَا كَتَبْتَ قَمِّشِ ... ثُمَّ إِذَا رَوَيْتَهُ فَفَتِّشِ»

ولا يَنبغي له أن يَقعُدَ عن طلبِ العلمِ لحياءٍ أو كِبْرٍ. ويَنبغي له أن يَكتبَ لكلِّ مَن أمكنَه أن يَكتبَ عنه؛ عاليًا كانَ أو نازلًا، قاصدًا بذلكَ الاستبصارَ لا كثرة الشُّيوخِ، ولا الافتخارَ بِها. ويَنبغي عليه أن يُرشِدَ غيرَه مِن طلبةِ الحديثِ إلىٰ الشُّيوخِ الثِّقاتِ ليبادِروا إلىٰ السَّماعِ مِنهم، كما سمِعَ هو مِنهم؛ فإنَّ هذا مِن بابِ التَّعاونِ علىٰ البِرِّ والتَّقوىٰ.

وإذا أفادَه أحدُ الشُّيوخِ علمًا لَم يَتأخَّرْ عن كتابتِه، بل يَكتبُه عنه، حتىٰ إذا أرادَ أن يَرويَه نَظرَ فيه وتأمَّلَه وبَحثَ عنه. وقد قالَ أبو حَاتمٍ الرَّازِيُّ: «إذا كَتَبْتَ فَقَمِّشْ، وإذا رَوَيْتَ ففَتِّشْ».

وَتَمِّمِ الكِتَابَ فِي السَّمَاعِ ... وَإِنْ يَكُنْ لِلانْتِخَابِ دَاعِ
فَلْيَنْتَخِبْ عَالِيَهُ وَمَا انْفَرَدْ ... وَقَاصِرٌ أَعَانَهُ مَنِ اسْتَعَدّْ
وَعَلَّمُوا فِي الأَصْلِ لِلْمُقَابَلَهْ ... أَوْ لِذَهَابِ فَرْعِهِ فَعَادَ لَهْ

ويَنبغي للطَّالبِ أن يتمِّمَ سماعَ الكتابِ أو الجُزءِ وكتابتَه، ولا يَنتخِبَ بعضَه ويَتْركَ بعضَه. فإن كانَ ولا بدَّ مِن الانتِخابِ لكونِ الشَّيخِ مكثِرًا فِي الرِّوايةِ أو الطَّالبِ غريبًا لا يَستطيعُ طُولَ الإقامةِ؛ فعلىٰ الطَّالبِ حينئذٍ أن يَنتخِبَ عاليَه وما تَكرَّرَ مِن رواياتِه وما انفرَدَ بروايتِه بحيثُ لا يَجدُه عندَ غيرِه.

ثمَّ إن كانَ أهلًا للانتِخابِ بنفسِه فعلَ وإن لَم يكُن أهلًا استعانَ بمَن تأهَّلَ لذلكَ.

وقد جرَتِ العادةُ أنَّهم يَرسِمون علامةً فِي أصل الشَّيخ علىٰ ما ينتَخِبُه؛ لأجلِ سُهولةِ المقابَلةِ بينَ الأصلِ وذلكَ المنتَخَبِ مِنه، أو لأنَّه يحتملُ ضياعُ هذا المنتخَبِ فيَسهُلُ الرُّجوعُ إليه فِي الأَصلِ، أو لإمساكِ الشَّيخِ أصلَه بيدِه، أو للتَّحديثِ مِنه.

وَسَامِعُ الحَدِيثِ بِاقْتِصَارِ عَنْ فَهْمِهِ كَمَثَلِ الحِمَارِ
فَلْيَتَعَرَّفْ ضَعْفَهُ وَصِحَّتَهْ وَفِقْهَهُ وَنَحْوَهُ وَلُغَتَهْ
وَمَا بِهِ مِنْ مُشْكِلٍ وَأَسْمَا رِجَالِهِ وَمَا حَوَاهُ عِلْمَا

ومَن كانَ همَّه سماعُ الحديثِ أو كتابتُه، معَ قُصورِه عن فَهمِه ومَعرفتِه؛ فهو كالحمارِ يَحملُ أسفارًا، لم يَنتَفِعْ بما سَمِعَه من علمٍ. فعَلَيه؛ أن يَعرفَ ضَعفَ الحديثِ وصحَّتَه، ومَعانِيَ ألفاظِه وفِقهَه ونحوَه، وما فيه مِن مُشكِلٍ، وأسماءَ رجالِه وكُناهم وألقابَهم وأنسابَهم، وما اشتملَ عليه الحديثُ مِن العلمِ، كمُجمَلِه ومُبيَّنِه، وناسِخِه ومَنسوخِه، وخاصِّه وعامِّه، وغيرِ ذلكَ.

وَاقْرَأْ كِتَابًا تَدْرِ مِنْهُ الاِصْطِلَاحْ كَـ«هَذِهِ» وَ«أَصْلِهَا» وَ«ابْنِ الصَّلَاحْ»

ويَنبغي علىٰ الطَّالبِ العنايةُ التَّامةُ بأصولِ هذا العلمِ وقواعدِه ومصطلَحاتِ أهلِه، وأن يُتقنَ معرفةَ ذلكَ غايةَ الإتقانِ، وذلكَ يكونُ بمطالعةِ كتبِ علومِ الحديثِ علىٰ اختلافِ أنواعِها وأحجامِها، مِثل هذه «الألفية»، و«ألفية العراقي»، و«عُلوم الحَديثِ» لابن الصلاح.

وَقَدِّمِ «الصِّحَاحَ» ثُمَّ «السُّنَنَا» ثُمَّ «المَسَانِيدَ» وَمَا لَا يُغْتَنَى
وَاحْفَظْهُ مُتْقِنًا وَذَاكِرْ، ....

وعلىٰ طالبِ الحديثِ أن يقدِّمَ فِي سماعِه وضبطِه وتَفهُّمِه «صحيحَي البُخاريِّ ومُسْلمٍ». ثمَّ كتبَ «السُّنَنِ» لأبي داودَ والتِّرمذيِّ والنَّسائيِّ وابنِ ماجَهْ. ثمَّ (المسانِيدَ)

كـ«مسنَدِ أحمدَ بنِ حَنْبلٍ»، والجوامعَ كـ«مُوطَّإِ مالكِ بنِ أنسٍ».

وينبغي لطالبِ الحَدِيثِ أنْ يحفَظَه ويَتَفَهَّمه، وأنْ يُتقِنَ ذَلِكَ إتقانًا، وأن يُذَاكِرَ أهلَ العلمِ بما حَفِظَ، وأن يُبَاحِثَ فِيهِ أهلَ المَعرِفَةِ؛ فإِنَّ ذَلِكَ خَلِيقٌ أنْ يَثْبُتَ معهَ حِفْظُه، ويَقْوَىٰ به إِدْرَاكُه وفهمُه.

وممَّا لا غِنىٰ لطالبِ الحديثِ عنه «كُتبُ العِلَلِ»، و«كُتبُ أسماءِ الرُّواةِ»، و«كُتبُ الجَرحِ والتَّعديلِ»، و«كُتبُ غريبِ الحديثِ».

.... وَرَأَوْا   جَوَازَ كَتْمٍ عَنْ خِلَافِ الأَهْلِ أَوْ

مَنْ يُنْكِرُ الصَّوَابَ إِنْ يُذَكَّرِ   ....

وقد رَأىٰ العلماءُ أنه يجُوزُ لطالبِ الحديثِ كِتمانُه عن أحدِ رَجُلَينِ: إمَّا رَجُلٌ غير مُستَحِقٍّ له، ولَا فِيهِ أَهْلِيَّةٌ لاستماعِهِ والمُذَاكرَةِ معه، وإمَّا رَجُلٌ مُعَانِدٌ لَا يُذْعِنُ لصوابٍ ولَا يَعتَرِفُ به، وإذا أُرشِدَ إِلَيهِ لم يَقْبَلْهُ.

تَنْبيهٌ: فِي نُسْخةٍ: (يَدَعُ) بَدَلَ: (يُنْكِرُ).

....   ثُمَّ إِذَا أُهِّلْتَ صَنِّفْ تَمْهَرِ

وَيُبْقِ ذِكْرًا مَا لَهُ مِنْ غَايَهْ   وَإِنَّهُ فَرْضٌ عَلَى الكِفَايَهْ

فَبَعْضُهُمْ يَجْمَعُ بِـ«الأَبْوَابِ»   وَقَوْمٌ «المُسْنَدَ» لِلصِّحَابِ

يَبْدَأُ بِالأَسْبَقِ أَوْ بِالأَقْرَبِ   إِلَى النَّبِي أَوِ الحُرُوفَ يَجْتَبِي

وَخَيْرُهُ مُعَلَّلُ، وَقَدْ رَأَوْا   أَنْ يَجْمَعَ «الأَطْرَافَ» أَوْ «شُيُوخًا» اوْ

«أَبْوَابًا» اوْ «تَرَاجِمًا» أَوْ «طُرُقَا»   وَاحْذَرْ مِنَ الإِخْرَاجِ قَبْلَ الِانْتِقَا

ثمَّ إذا أصبَح الطَّالبُ أهلًا، وتمَّت فيه المَلكةُ، ورَسَختْ قدمُه، فقد استَحسنَ

له العلماءُ مِن أهلِ الدِّرايةِ به أن يُصنِّفَ فِي ذلكَ؛ فإنَّ التَّصنيفَ يُثبِّتُ الحِفظَ، ويُذْكي القلبَ، ويَشْحَذُ الطَّبعَ. ثم إنَّه يخلدُ ذِكْرَ صَاحِبِهِ ويرفعُ شَأنَه، وهُوَ سببٌ فِي ثوابِ الله تعالىٰ وجزيلِ مَثُوبَتِه، مَا كانَ مَعَ الإِخلَاصِ فِيهِ لِوجهِهِ.

وصفةُ تصنيفِ الحديثِ: إمَّا علىٰ المسانِيدِ: بأن يَجمعَ مسنَدَ كلِّ صَحابيٍّ علىٰ حِدةٍ، فإن شاءَ رتَّبَه علىٰ سَوابِقِهم، وإن شاءَ رتَّبَه علىٰ حروفِ المعجَمِ، وهو أسهلُ تَناولًا. أو علىٰ الأبوابِ الفِقهيَّةِ، أو غيرِها: بأنْ يَجمعَ فِي كُلِّ بابٍ ما وَردَ فيه ممَّا يَدُلُّ علىٰ حُكمِه إثباتًا أو نفيًا. والأَولىٰ والأحسنُ؛ أن يَقتصرَ علىٰ ما صحَّ أو حَسُنَ، فإن جمعَ الجميعَ، فلْيُبيِّن علَّةَ الضَّعفِ.

أو علىٰ العللِ: فيَذكرُ المتنَ وطُرقَه، وبيانَ اختلافِ نقلَتِه. والأحسَنُ؛ أن يرتِّبَها علىٰ الأبوابِ ليسهُلَ تناولُها. أو علىٰ الأطرافِ: فيَذكرُ طَرفَ الحديثِ الدَّالِّ علىٰ بقيَّتِه، ويَجمعُ أسانِيدَه: إمَّا مستوعِبًا، وإمَّا متقيِّدًا بكُتبٍ مخصوصةٍ.

أَو علىٰ شُيوخِه، يجمع أحاديثَ كلِّ شَيْخ عَلَىٰ انفرَادِهِ، أَو علىٰ الأبواب، كل بَابٍ عَلَىٰ حِدَتِه. أَو يجمعَ ترجمةً بإسنادٍ مُعَيَّنٍ. أَو يجمعَ طُرُقًا لحديثٍ وَاحدٍ؛ إلىٰ غيرِ ذَلِكَ.

ويَنبغي أن يَعتنيَ بكتابِه، ولا يُخرجَه قبلَ تَهذيبِه وتَحريرِه ومعاودتِه بالنَّظرِ.

وَهَلْ يُثَابُ قَارِئُ الآثَارِ كَقَارِئِ القُرْآنِ؛ خُلْفٌ جَارِي

اختَلَفَ العلمَاءُ: هل لقَارِئِ مُتُونِ الأَحادِيثِ منَ الأَجْرِ مثل مَا لقَارِئِ القُرْآنِ؟.

فذهبَ الشَّيخُ أبو إِسحَاقَ إلىٰ أَنَّ قِراءتَها لَا يتعلَّقُ بِها ثوابٌ خَاصٌّ؛ لجوازِ قِراءتِها وَرِوايتِها بالمَعنىٰ؛ وَاستَظْهَرَه ابنُ العِمَاد.

وذهبَ بعضُهم إلىٰ حُصُولِ الثَّوابِ بقرَاءتِهَا والاستِمَاع لهَا؛ واستَوجَهَهُ ابنُ حَجَرٍ الهيتَميُّ، وقَالَ: «لأَنَّ سَماعَها لا يَخلُو مِنْ فَائدَةٍ لو لم يكُن إِلَّا عودُ بَرَكَتِه عَلَىٰ القَارِئِ والمُسْتَمِعِ».

هَذَا كُلُّه إِذَا لم يَقصِدْ بقِرَاءتِه أَو سَمَاعِه الحِفْظَ وتَعَلُّمَ الأحْكَامِ والصَّلاةَ عَلَىٰ النَّبيِّ ﷺ واتِّصالَ السَّنَدِ، فإِنْ قَصَدَ ذَلِكَ أَو شَيْئًا منه فَلا خِلافَ فِي حُصُولِ الثَّوَابِ به. واللهُ أعلمُ.

هذا؛ والمرادُ مِن كونِ قارئِ الحديثِ كقارئِ القُرآنِ فِي الثَّوابِ، أي: مِن حيثُ أصلُ الثَّوابِ، وإلَّا فثوابُ القُرآنِ بكلِّ حرفٍ بخلافِ غيرِه. واللهُ أعلمُ.

العَالِي وَالنَّازِلُ

قَدْ خُصَّتِ الأُمَّةُ بِالإِسْنَادِ ... وَهْوَ مِنَ الدِّينِ بِلَا تَرْدَادِ

وَطَلَبُ العُلُوِّ سُنَّةٌ، وَمَنْ ... يُفَضِّلُ النُّزُولَ عَنْهُ مَا فَطَنْ

قد خَصَّ اللهُ تعالىٰ هذه الأمَّةَ المحمَّديَّةَ بالإسنادِ المُتَّصل إلىٰ نبيِّها ﷺ، فَلا يُعرفُ الإسنادُ فِي غيرِ هَذه الأمَّةِ المُحمَّديَّةِ، بلْ لا يُعرفُ فِي طائفَةٍ من الطَّوائفِ إلَّا عندَ أهلِ السُّنَّةِ والجَماعَةِ خاصَّةً.

والإسنادُ مِن الدِّينِ بلا تَردُّدٍ فِي ذلكَ، وطَلبُه وطَلَبُ العُلُوِّ فِيه سُنَّةٌ مِن السُّننِ المؤَكَّدةِ. ولا شكَّ أنَّ العُلوَّ أفضلُ مِن النُّزولِ، وهو سُنَّة عمَّن سلَفَ.

ولهذا كانَ مَرغوبًا فيه، لكَونِه أقربَ إلىٰ الصِّحةِ وقِلَّةِ الخطَإِ؛ لأنَّه ما مِن راوٍ إلَّا والخَطأُ جائزٌ عَلَيه؛ فكُلَّما كَثُرَتِ الوَسائِطُ وطالَ السَّندُ؛ كثُرَتْ مَظانُّ التَّجْويزِ، وكُلَّما قلَّتْ؛ قلَّتْ.

إلَّا أنَّ بعضَ أهلِ النَّظرِ ذهبَ إلىٰ تَفضيلِ النُّزولِ، مُستدِلًّا بأنَّ الإسنادَ كُلَّما نَزلَ زادَ عددُ رجالِه، فزادَ الاجتهادُ فيه، فتزيدُ المَشقَّةُ، فيَعظُمُ الأجرُ.

وهَؤلاءِ لَم يَفطِنوا إلىٰ مَقصودِ المُحدِّثينَ من العُلوِّ؛ فإنَّهم إنما رَغِبوا فيه وحثُّوا عَلَيه طَلبًا لتحقُّق المَقْصودِ الأَسْمىٰ مِن الرِّوايةِ، أَلَا وهو صحَّةُ المَرويِّ.

وَقَسَّمُوهُ خَمْسَةً كَمَا رَأَوْا: قُرْبٌ إِلَى النَّبِيِّ، أَوْ إِمَامٍ، او
بِنِسْبَةٍ إِلَى كِتَابٍ مُعْتَمَدْ يَنْزِلُ لَوْ ذَا مِنْ طَرِيقِهِ وَرَدْ
فَإِنْ يَصِلْ لِشَيْخِهِ: «مُوَافَقَهْ» أَوْ شَيْخِ شَيْخٍ: «بَدَلٌ»، أَوْ وَافَقَهْ
فِي عَدَدٍ: فَهْوَ «المُسَاوَاةُ»، وَإِنْ فَرْدًا يُزَدْ: «مُصَافَحَاتٌ»؛ فَاسْتَبِنْ
وَقِدَمُ الوَفَاةِ، أَوْ خَمْسِينَا عَامًا تَقَضَّتْ أَوْ سِوَى عِشْرِينَا
وَقِدَمُ السَّمَاعِ، وَالنُّزُولُ نَقِيضُهُ، فَخَمْسَةٌ مَجْعُولُ

يَنقسمُ (العلوُّ) إلىٰ خمسةِ أقسامٍ:

أوَّلُها- وهو أجلُّها-: القُربُ مِنَ رَسُولِ اللهِ ﷺ، بِإسنادٍ صَحيحٍ قَويٍّ نَظيفٍ خالٍ مِنَ الضَّعفِ، بِخِلافِ مَا إِذَا كانَ مَع الضَّعفِ؛ فَلَا التِفاتَ إِليهِ.

وثانيها: القُربُ مِن إمامٍ مِن الأَئمةِ، كَالأَعمَشِ وَابنِ جُرَيجٍ وَمالِكٍ وَشُعبةَ وَغَيرِهِم، مَع صِحَّةِ الإِسنادِ إِليهِ أَيضًا، وَإِن كَثُرَ بَعدَهُ العَدَدُ إِلىٰ رَسولِ اللهِ ﷺ.

وثالثُها: العُلوُّ بالنِّسبةِ إلىٰ كِتابٍ مِن الكُتبِ المُعتَمَدةِ المَشْهورةِ؛ كأَنْ تَأتِيَ إِلىٰ حَديثٍ رَواهُ البُخارِيُّ مَثَلًا، فَتَروِيهِ بِإِسنادِكَ إِلىٰ شَيخِ البُخاريِّ أَو شَيخِ شَيْخِهِ، وَهَكذا، وَيكُونُ رِجالُ إِسنادِكَ فِي الحديثِ أَقَلَّ عَدَدًا مِمَّا لَوْ رَوَيته مِن طَرِيقِ البُخاريِّ.

وقد تَفَنَّنَ المُتَأَخِّرونَ فِي تَقسِيمِ هَذا القِسمِ الثَّالثِ، فَقَسَّمُوهُ إِلَىٰ: (المُوافقةِ) وهِيَ الوُصولُ إلىٰ شَيخِ أَحدِ المُصَنِّفِينَ مِن غيرِ طَرِيقِهِ. و(البَدَلِ) وهو الوُصولُ إلىٰ شَيخِ شَيخِهِ كَذلِكَ. و(المُساواةِ) وهِيَ اسْتِواءُ عَددِ الإِسنادِ مِنَ الرَّاوِي إلىٰ آخِرِهِ مَع إِسنادِ أَحدِ المُصَنِّفِينَ. و(المُصافَحةِ) وهِيَ الاسْتِواءُ مَع تِلميذِ ذلكَ المُصَنِّفِ علىٰ الوَجهِ المَشْرُوحِ.

ورابعُها: العُلوُّ بتَقدُّمِ وَفاةِ الرَّاوي؛ وذلكَ بأن يَتَقَدَّمَ مَوْتُ الرَّاوي الذي في أحدِ الإسنادَينِ على مَوْتِ الذي في السَّنَدِ الآخَرِ - مَعَ أنَّهما مِن طَبقةٍ واحدةٍ ويَرويانِ عن شَيخٍ واحدٍ-؛ فيكونَ الأوَّلُ أعلى، وإن كانا مُتَساوِيَينِ في العَدَدِ.

ثُمَّ إنَّ هذا في العُلوِّ المُنْبَني على تَقَدُّمِ الوَفاةِ، المُستَفادِ مِن نِسبةِ شيخٍ إلى شَيخٍ، وقياسِ راوٍ براوٍ، أمَّا العُلوُّ المُستَفادُ مِن مُجَرَّدِ تَقَدُّمِ وَفاةِ شَيخِكَ مِن غَيرِ نَظَرٍ إلى قياسِه براوٍ آخَرَ، فقَد حَدَّهُ بعضُ أهلِ هذا الشَّأنِ بثلاثينَ سَنةً، وحَدَّهُ البَعضُ الآخَرُ بخَمسينَ سَنةً.

وخامِسُها: العُلوُّ بتَقدُّمِ السَّماعِ مِنَ الشَّيخِ؛ فمَن سَمِعَ مِنَ الشَّيخِ قديمًا أعلى ممَّن سَمِعَ منهُ أخيرًا.

وأمَّا (النُّزولُ)، فهو عكسُ العُلوِّ، فأقسامُه خمسةٌ أيضًا؛ خِلافًا لمَن زعمَ أنَّ العُلوَّ قد يقعُ غيرَ تابعٍ لنزولٍ.

وَإِنَّمَا يُذَمُّ مَا لَمْ يَنْجَبِرْ	لَكِنَّهُ عُلُوُّ مَعْنًى يَقْتَصِرْ
ولابنِ حِبَّانَ: «إِذَا دَارَ السَّنَدْ	مِنْ عَالِمٍ يَنْزِلُ أَوْ عَالٍ فَقَدْ
فَإِنْ تَرَى لِلْمَتْنِ فَالأَعْلَامْ	وَإِنْ تَرَى الإِسْنَادَ فَالعَوَامْ»

وإذا لم يَحصُل للسَّنَدِ النَّازلِ شيءٌ يجبُرُ ما فيهِ مِن النُّزولِ يظلُّ العلوُ أفضلَ منه، أمَّا إن كانَ في النُّزولِ مَزيَّةٌ ليست في العُلوِّ؛ فلا تَرَدُّدَ في أنَّ النُّزولَ حينئذٍ يكونُ أولى مِن العُلوِّ؛ وذلكَ كأن يكونَ رجالُه أوثقَ منه، أو أحفظَ، أو أفقَهَ، أو الاتِّصالُ فيه أظهَرَ.

وأمَّا مَن قالَ مِن أهلِ العِلمِ: إنَّ العلوَّ هو صِحَّةُ الإسنادِ، وإن كانَ إسنادُه نازلًا؛ فهذا ليسَ مِن قَبيلِ العُلوِّ المُتَعارَفِ إطلاقُه بينَ أهلِ الحديثِ، وإنَّما هو علوٌّ مِن حيثُ المَعنى فحَسبُ. واللهُ أعلمُ.

وفَصَّلَ ابنُ حِبَّانَ بما حاصِلُه: إن أردنا متنَ الحَديثِ فالإسنادُ النَّازِلُ الذي رُواتُه

أَفقهُ أفضلُ منَ الإِسْنَادِ العَالي الذي رُواتُه جهلةٌ، وإنْ أَردنا الإِسنادَ فالعالي أَوْلىٰ وأفضلُ. واللهُ أعلمُ.

المُسَلْسَلُ

هُوَ الَّذِي إِسْنَادُهُ رِجَالَهْ ... قَدْ تَابَعُوا فِي صِفَةٍ أَوْ حَالَهْ
قَوْلِيَّةٍ فِعْلِيَّةٍ كِلَيْهِمَا ... لَهُمْ أَوِ الإِسْنَادِ فِيمَا قُسِّمَا
وَخَيْرُهُ: الدَّالُّ عَلَى الوَصْفِ، وَمِنْ ... مُفَادِهِ زِيَادَةُ الضَّبْطِ زُكِنْ
وَقَلَّمَا يَسْلَمُ فِي التَّسَلْسُلِ ... مِنْ خِلَلٍ، وَرُبَّمَا لَمْ يُوصَلِ
كَـ«أَوَّلِيَّةٍ» لِسُفْيَانَ انْتَهَى ... وَخَيْرُهُ: مُسَلْسَلٌ بِالفُقَهَا

(الإسنادُ المسلسَلُ): هو الإسنادُ الذي توارَدَ رجالُه واحِدًا فواحِدًا؛ علىٰ حالةٍ واحِدةٍ، أو صِفةٍ واحِدةٍ. سَواءٌ كانَت الصِّفةُ للرُّواةِ أو للإسنادِ، وسَواءٌ كانَ ما وَقعَ مِنه فِي الإسنادِ فِي صِيَغِ الأداءِ، أَم متعلِّقًا بزَمنِ الرِّوايةِ أو بالمكانِ، وسَواءٌ كانَت أحوالُ الرُّواةِ أو أوصافُهم أقوالًا أو أفعالًا أو هُما معًا.

وأفضَل أنواعِه: ما دَلَّ علىٰ الوَصْفِ المُنبئِ عن الاتِّصالِ وعدمِ التَّدليسِ.

تَنْبيهٌ: قولُه: (عَلَىٰ الوَصْفِ) كأنَّ صوابَه: (عَلَىٰ الوَصْلِ). واللهُ أعلمُ.

وفِي التَّسلسُلِ: دليلٌ علىٰ زِيادةِ الضَّبطِ؛ لأنَّ حِفْظَ الرَّاوِي للتَّسلسُلِ المقتَرِنِ بالرِّوايةِ دالٌّ علىٰ حفظِه للرِّوايةِ ذاتِها؛ إِذْ إنَّه لَو لَم يَكُن حَفِظَ الرِّوايةَ كمَا يَنْبَغِي؛ لبَعُدَ عَلَيْه حِفْظُ التَّسَلْسُلِ مِن بابِ أَوْلَىٰ.

وقلَّما تَسْلَمُ المسلسَلاتُ مِن ضَعفٍ فِي وَصفِ التَّسلسُلِ؛ وعليه: فلا تَلازُمَ بينَ حُكْمِ التَّسلسُلِ وحُكمِ المتنِ مِن حيثُ الصِّحةُ وعَدمُها؛ إلَّا أنَّ أغلَبَ المسلسَلاتِ لا تَصِحُّ؛ إمَّا فِي كلِّ السِّلسِلةِ أو فِي بعضِها.

وقَدْ يقَعُ التَّسَلْسُلُ فِي بَعْضِ الإِسْنادِ، دُونَ الباقِي، كحديثِ: (المُسَلْسَل بالأَوَّلِيَّةِ)؛ فإنَّ السِّلْسِلةَ تنتهي فيهِ إِلَىٰ (سُفيان بن عُيينة) فَقَطْ، ومَن رَواهُ مُسَلْسَلًا إِلَىٰ مُنتهاهُ؛ فقَدْ وَهِمَ.

وأفضَلُ أنواعِه أيضًا: المسلسَلُ بالحفَّاظِ معَ الفقهاءِ، لا سيَّما حيثُ لا يكونُ غريبًا، وقد ذَكرَ ابنُ حَجَرٍ أنَّ هذا النَّوعَ بِهذا الوَصفِ مما يفيدُ العلمَ القَطعيَّ.

غَرِيبُ أَلْفَاظِ الحَدِيثِ

أَوَّلُ مَنْ صَنَّفَ فِيهِ مَعْمَرُ ... وَالنَّضْرُ؛ قَوْلَانِ، وَقَوْمٌ أَثَرُوا
وَابْنُ الأَثِيرِ الآنَ أَعْلَى، وَلَقَدْ ... لَخَّصْتُهُ مَعَ زَوَائِدَ تُعَدّْ
فَاعْنَ بِهِ، وَلَا تَخُضْ بِالظَّنِّ ... وَلَا تُقَلِّدْ غَيْرَ أَهْلِ الفَنِّ
وَخَيْرُهُ: مَا جَاءَ مِنْ طَرِيقِ اوْ ... عَنِ الصَّحَابِيِّ وَرَاوٍ قَدْ حَكَوْا

غَرِيبُ ألفاظِ الحديثِ: هو ما وقعَ فِي مُتونِ الأحاديثِ مِن ألفاظٍ غامضةٍ بعيدةٍ عن الفَهمِ؛ لقلَّةِ استعمالِها.

وقد صنَّفَ فيه جماعةٌ من أكابرِ العُلماءِ، منهمُ: أبوعُبيدةَ معمرُ بنُ المُثَنَّىٰ المتوفىٰ سنةَ (٢١٠)، ومنهم: أبو الحَسنِ النَّضرُ بنُ شميلٍ المتوفىٰ سنة (٢٠٤). واختلفَ العُلماءُ فِي أيِّ هذينِ أسبقُ منَ الآخرِ تأليفًا. ثمَّ تبعهما العلماءُ فِي التصنيف فيه، منهم: أبو عبيدٍ القاسمُ بنُ سلامٍ المتوفىٰ سنة (٢٢٤)، وابنُ قتيبةَ الدِّينوريُّ المتوفىٰ سنةَ (٢٧٦)، وجماعةٌ آخرونَ.

ثُمَّ جاءَ أبو السَّعاداتِ مباركُ بنُ محمدِ بنِ الأثيرِ الجزريُّ، صاحبُ كتابِ «النِّهايةِ فِي غَريبِ الحَديثِ والأَثَرِ»، وكِتابُه أَجْمَعُ كتابٍ فيهِ؛ لأنَّه ضَمَّنَه ما فِي كُتبِ السَّابقينَ وزادَ عَليهم أشياءَ كَثِيرةً. ثُمَّ جاءَ النَّاظِمُ فلخَّصَ «نهايةَ ابنِ الأَثِيرِ» فِي كتابٍ سمَّاه «الدُّرُّ النَّثِيرُ» وزادَ عَليه أشياءَ.

ويَنْبغي العِنايَةُ بِهذا الفَنِّ غايةَ العِنايةِ، والحَذَرُ من الخَوْضِ فيهِ بالحَدَسِ والتَّخْمينِ، بل الواجِبُ الرُّجُوعُ إِلَىٰ أَهْلِه وأخْذُه عَنْهم. وقد كانَ كثيرٌ مِن الأئمَّةِ الفُحولِ يَتحرَّجُونَ من تفسيرِ كَلامِ الرَّسولِ ﷺ. رُوِي عن أحمدَ بنِ حَنبلٍ أنَّه سُئِلَ عن حرفٍ منَ الغرَيبِ، فَقَالَ: «سَلُوا أصحابَ الغريبِ؛ فإنِّي أكرَهُ أَنْ أتكلَّم فِي حديثِ رسولِ الله ﷺ بِالظنِّ».

وأفضلُ تَفسيرِ الغَريبِ: ما كَان عن رِوايةٍ أُخرىٰ مِن الحديثِ، أو ما كَان منقولًا عن أحدِ الصَّحابةِ، أو عن عُلَماءِ الغَريبِ الذين اختصُّوا بمعرفتِه.

المُصَحَّفُ وَالمُحَرَّفُ

وَالعَسْكَرِي صَنَّفَ فِي التَّصْحِيفِ   وَالدَّارَقُطْنِي أَيَّمَا تَصْنِيفِ
فَمَا يُغَيَّرْ نَقْطُهُ: «مُصَحَّفُ»   أَوْ شَكْلُهُ لَا أَحْرُفٌ: «مُحَرَّفُ»
فَقَدْ يَكُونُ: سَنَدًا، وَمَتْنَا   وَسَامِعًا، وَظَاهِرًا، وَمَعْنَىٰ
فَأَوَّلٌ: «مُرَاجِمٌ» صَحَّفَهُ   يَحْيَىٰ «مُزَاحِمًا» فَمَا أَنْصَفَهُ
وَبَعْدَهُ: «يُشَقِّقُونَ الخُطَبَا»   صَحَّفَهُ وَكِيعُ قَالَ: «الحَطَبَا»
وَثَالِثٌ: كَـ«خَالِدِ بْنِ عَلْقَمَهْ»   شُعْبَةُ قَالَ: «مَالِكُ بْنُ عُرْفُطَهْ»
وَرَابِعٌ: مِثْلُ حَدِيثِ «احْتَجَرَا»   صَحَّفَهُ بِالمِيمِ بَعْضُ الكُبَرَا
وَخَامِسٌ: مِثْلُ حَدِيثِ «العَنَزَهْ»   ظَنَّ القَبِيلَ عَالِمٌ مِنْ عَنَزَهْ

مَعرِفَةُ المُصحَّفِ وَالمُحرَّفِ ممَّا تَمَسُّ الحاجَةُ إِليه؛ فإِنَّه مِن مَزالِقِ أَقدامِ الفُحُولِ، ولا سِيَّما فِي الأعلامِ الَّتي لَيسَ للذِّهنِ فِيها مَجالٌ، ولا هِي شَيءٌ يُقاسُ، أَو يَأْخُذُه الإِنسانُ بِقَواعِدَ وضَوابِطَ.

وأَوَّلُ من صَنَّفَ فيه: أبو أحمدَ الحسنُ بنُ عبدِ اللهِ بنِ سعيدٍ العسكريُّ، المتوفىٰ سنة (٢٨٣)، ثم صنَّف الحافظُ أبو الحسنِ عليُّ بنُ عمرَ الدارقطنيُّ المتوفىٰ سنة (٣٨٥) كتابًا مفيدًا.

وقَد غَايَرَ ابنُ حَجَرٍ - وتَبِعَه النَّاظِمُ - بينَ «المُصَحَّفِ» وَ«المُحَرَّفِ»؛ فَجَعَلَ (التَّصْحِيفَ) خَاصًّا بِتَغيِيرِ حَرفٍ أو حُرُوفٍ فِي (نَقْطِ) الكَلِمةِ، مَع بَقَاءِ صُورةِ الخَطِّ فِي السِّيَاقِ. وَجَعَلَ (التَّحْرِيفَ) خَاصًّا بِتَغيِيرِ حَرفٍ أو حُرُوفٍ فِي (شَكْلِ) الكَلِمةِ، مَع بَقَاءِ صُورةِ الخَطِّ فِي السِّيَاقِ. وقد كانَ المُتَقَدِّمُونَ يُطلِقُونَهُمَا علىٰ شَيءٍ واحِدٍ، وعلىٰ إطلَاقِهِم اعتبَرَهُمَا ابنُ الصَّلاحِ وَمَن تَابَعَهُ فَنًّا واحِدًا.

والتَّصْحِيفُ: يَقَعُ فِي الإِسنادِ، وفِي المَتنِ؛ والواقِعُ فِيهِما قَد يَنشَأُ مِن (البَصَرِ)، أَي مِن القِراءَةِ فِي الصُّحُفِ - وذلكَ هو الأَكثَرُ -؛ لاشتِبَاهِ الخَطِّ علىٰ بَصَرِ القارِئِ. وقد يَنشَأُ مِن (السَّمْعِ)؛ لاشتِبَاهِ الكَلامِ علىٰ السَّامعِ. وَيَنشَأُ أيضًا مِن (المَعنَىٰ)؛ فَقَد يَفهَمُ الرَّاوِي مِن اللَّفظِ مَعنًىٰ غَيرَ صَحِيحٍ، فَيَروِيهِ علىٰ ما فَهِمَ لا علىٰ ما سَمِعَ. وَعلىٰ هَذا؛ فَالتَّصْحِيفُ: قِسمانِ - بِاعْتِبَارِ مَوضِعِه -، وَثَلاثَةٌ - بِاعْتِبَارِ مَنْشَئِه -؛ فَالأَقْسامُ - عَلىٰ هَذا - خَمسَةٌ:

فمثالُ التَّصحيفِ فِي الإسنادِ: ما وَقَع لابنِ مَعينٍ فِي (العَوَّامِ بنِ مُراجِمٍ) - بالرَّاءِ المُهْمَلَةِ، والجِيمِ المُوحَّدةِ - فقَد صحَّفه إلَىٰ (العَوَّامِ بنِ مُزاحِمٍ) بالزَّاي مُوحَّدةً، والحَاءِ مُهْمَلةً.

ومثالُ التَّصحيفِ فِي المتنِ: ما وَقَع لوَكِيعِ بنِ الجَرَّاحِ فِي حَدِيثِ: «لعَنَ رَسُولُ اللهِ ﷺ الَّذِين يُشقِّقُون الخُطبَ تَشقِيقَ الشِّعْرِ»؛ فَقَد صحَّفه فقالَ: (يُشقِّقُون الحَطَبَ) بالحاءِ المُهْمَلةِ مَفْتوحةً، بَدَلَ الخَاءِ المُعْجَمَةِ مَضْمُومةً.

ومثالُ تصحيفِ السَّمعِ: وما وقعَ فِي (خَالِدِ بن عَلقمةَ)، فَقَد صحَّفَه شعبةُ بنُ الحجَّاجِ إلىٰ (مالكِ بنِ عُرْفُطَةَ).

ومِثالُ تصحيفِ البصرِ: ما وَقَع لابنِ لَهِيعةَ فِي حَدِيثِ زَيدِ بنِ ثابتٍ: «أنَّ النَّبيَّ ﷺ احْتَجَرَ فِي المَسجِدِ»؛ فَقَد صحَّفَه فقالَ: «احتَجَمَ فِي المَسجِدِ». ومَعْنىٰ (احْتَجَر) اتَّخذَ حُجْرَةً مِن حَصِيرٍ أو نَحوِه.

ومثالُ تَصحيفِ المَعنىٰ: مَا وَقَعَ لأبي مُوسىٰ محمدِ بنِ المُثنىٰ العَنَزي، من قبيلةٍ تُسمَّىٰ «عَنَزَةَ»، فِي حديثٍ رُوي فِيهِ «أَنَّ النبيَّ ﷺ صلَّىٰ إلىٰ عَنَزَةَ»، و«العَنَزةُ» هنا حربةٌ أَو عَصا كانت قد نُصبتْ بينَ يدي النبيِّ ﷺ فَصلَّىٰ إِليها، فلم يَفْهم ذَلِكَ أبو موسىٰ، حتَّىٰ رُوي عنه أنَّه قَالَ: نحنُ قومٌ لنا شرفٌ، نحنُ من عَنَزَة- التي هي قبيلةٌ- قد صلَّىٰ النبيُّ ﷺ إلينا!!.

النَّاسِخُ وَالمَنْسُوخُ

النَّسْخُ: رَفْعٌ أَوْ بَيَانٌ، وَالصَّوَابْ ... فِي الحَدِّ: رَفْعُ حُكْمِ شَرْعٍ بِخِطَابْ

فَاعْنَ بِهِ؛ فَإِنَّهُ مُهِمُّ ... وَبَعْضُهُمْ أَتَاهُ فِيهِ الوَهْمُ

يُعْرَفُ بِالنَّصِّ مِنَ الشَّارِعِ أَوْ ... صَاحِبِهِ، أَوْ عُرِفَ الوَقْتُ، وَلَوْ

صَحَّ حَدِيثٌ وَعَلَى تَرْكِ العَمَلْ ... أُجْمِعَ؛ فَالوَفْقُ عَلَى النَّاسِخِ دَلّْ

مُرادُ عامَّةِ السَّلفِ بالنَّاسِخِ والمَنْسوخِ رَفْعُ الحُكْمِ بجُمْلَتِه تارةً، وهو اصْطِلاحُ المتأخِّرين، ورَفعُ دَلالةِ العامِّ والمُطْلَقِ والظَّاهِرِ وغَيرِها تارةً، إمَّا بتَخْصِيصٍ أو تَقْييدٍ أو حَمْلِ مُطْلَقٍ علىٰ مُقيَّدٍ وتَفْسِيره وتَبْيينِه، فَالنَّسخُ عِنْدَهُمْ وفِي لِسانِهِمْ هو بَيانُ المُرادِ بغَيْرِ ذلكَ اللَّفْظِ، بَلْ بِأَمرٍ خارجٍ عَنهُ.

وهَذَا الفنُّ منَ المُهمَّاتِ التي يجب العنايةُ بِها، فإنَّه لَايجوزُ للباحثِ فِي الأَحكامِ الشَّرعيةِ أَنْ يبحثَ قبلَ مَعْرفتِها. ويَنْبغي أنْ يَحترزَ فِي هذا البابِ غايةَ الاحترازِ، وأنْ لَا يَتسرَّعَ إِلَىٰ الحُكْمِ بالنَّسْخِ بمُجرَّدِ الاحْتِمالَاتِ معَ إِمكانِ الجَمْعِ والتَّوفِيقِ

بينَ الأَحادِيثِ. وأَخْذُه عَن أَهْلِ الاخْتِصاصِ فيهِ والمَعْرِفَة بِه أَقْرَبُ إِلَىٰ السَّلامَةِ وأَبْعَدُ عَن المَلامَةِ.

ويُعرَفُ النَّسخُ بأمورٍ: **أَصرحُها**: ما وردَ فِي النَّص عن رسول الله ﷺ. **ومِنها**: ما يَجزِمُ الصَّحابيُّ بأَنَّه مُتأخِّرٌ. **ومِنها**: ما يُعرَفُ بالتَّاريخِ، وهو كَثيرٌ. وأمَّا الإجماعُ؛ فليسَ بناسِخٍ، بل يَدُلُّ علىٰ ذلكَ.

مُختَلِفُ الحَدِيثِ، وَالمُحْكَمُ، وَالمُتَشَابِهُ

أَوَّلُ مَنْ صَنَّفَ فِي «المُخْتَلِفِ» الشَّافِعِي، فَكُنْ بِذَا النَّوْعِ حَفِي
فَهْوَ مُهِمٌّ، وَجَمِيعُ الفِرَقِ فِي الدِّينِ تُضْطَرُّ لَهُ؛ فَحَقِّقِ
وَإِنَّمَا يَصْلُحُ فِيهِ مَنْ كَمَلْ فِقْهًا وَأَصْلًا وَحَدِيثًا وَاعْتَمَلْ
وَهْوَ: حَدِيثٌ قَدْ أَبَاهُ آخَرُ فَالجَمْعُ - إِنْ أَمْكَنَ - لَا تَنَافُرُ
كَمَتْنِ «لَا عَدْوَى» وَمَتْنِ «فِرَّا» فَذَاكَ لِلطَّبْعِ وَذَا لِاسْتِقْرَا
وَقِيلَ: بَلْ سَدُّ ذَرِيعَةٍ، وَمَنْ يَقُولُ: مَخْصُوصٌ بِهَذَا؛ مَا وَهَنْ
أَوْ لَا؛ فَإِذْ يُعْلَمُ نَاسِخٌ قُفِي أَوْ لَا؛ فَرَجِّحْ، وَإِذَا يَخْفَى قِفِ

أَوَّلُ مَن صنَّفَ فِي (مُختَلِفُ الحَديثِ) الإمامُ الشافعيُّ، ولم يقصدِ استِيفاءَهُ، بل ذَكَرَ جُملَةً منه يُنَبِّهُ بها عَلَىٰ طَرِيقِه. فكُن علىٰ عناية فائقةٍ بِهِ، فهُو مِنْ أَهمِّ الأنواعِ، ويَضطرُّ إلىٰ مَعْرِفَتِه جميعُ العُلماءِ مِنَ الطَّوائِفِ، وإنَّما يَكمل له الأَئمةُ الجامِعونَ بينَ الحَديثِ والفِقْهِ، والأصوليونَ الغوَّاصونَ عَلَىٰ المعانِي.

وهُوَ: أَنْ يأتِي حَديثان مُتضادَّانِ فِي المَعنَىٰ ظَاهِرًا، فَيُوفَّقُ بَيْنَهُما أو يُرَجَّحُ أَحدُهما. وذلكَ بأن يُنظَرَ أَوَّلًا: إن أمكنَ الجمعُ بينَ مَدلولَيهما، وإبداءُ وَجهٍ مِن وجوهِ

التَّأويلِ، يُزيلُ الإشكالَ، ويَنفِي الاختلافَ بينَهما؛ بغيرِ تَعسُّفٍ ولا تكلُّفٍ؛ تعيَّنَ المصيرُ إليه.

وذلكَ بأن يُنظَرَ أوَّلًا: إن أمكنَ الجمعُ بينَ مَدلولَيهما، وإبداءُ وَجهٍ مِن وجوهِ التَّأويلِ، يُزيلُ الإشكالَ، ويَنفِي الاختلافَ بينَهما؛ بغيرِ تَعسُّفٍ ولا تكلُّفٍ؛ تعيَّنَ المصيرُ إليه.

مِثالُ ما صَلُحَ فِيه الجَمْعُ: حديثُ: «لا عَدْوَىٰ ولا طِيَرَةَ»، مَع حديثِ: «فِرَّ مِن المَجذُومِ فرارَكَ مِنَ الأسَدِ». وكِلاهُما فِي «الصَّحِيحِ»، وظاهِرُهما التَّعارُض! **فالأوَّلُ**: يَنفِي العَدْوَىٰ وَأَنْ يَكُونَ للمَرِيضِ تَأْثِيرٌ علىٰ المُصِحِّ، **والثَّانِي**: يُثْبِتُ وُجُودَ العَدْوَىٰ وَتَأْثِيرَها عَلَيه؛ حَيثُ أَمَرَهُ بِالفرارِ مِن المَجْذُومِ.

وَقَدْ سَلَكَ النَّاسُ فِي الجَمْعِ مَسالِكَ، ذكر الناظمُ منها ثلاثةً، وهي:

الأَوَّلُ: أَنَّ هذِهِ الأمراضَ لا تُعْدِي بِطَبْعِها؛ لكنَّ اللهَ جَعَل مُخالَطَة المريضِ بِها للصَّحِيحِ سَببًا لإِعْدائِه مَرَضَهُ. ثُمَّ قدْ يَتخَلَّفُ ذَلكَ عَن سَبَبِه، كَما فِي غَيْرِه مِن الأسبابِ. وهَذا مَسْلَكُ ابْنِ الصَّلاحِ؛ تبعًا لِغيرِه.

الثَّانِي: أَنَّ نَفْيَه للعَدْوَىٰ باقٍ علىٰ عُمومِه؛ وأمَّا الأَمْرُ بالفرارِ مِن المَجْذُومِ؛ فَمِن بابِ سَدِّ الذَّرائعِ؛ لئلَّا يَتَّفِقَ للشَّخْصِ الذي يُخالِطُه شيءٌ مِن ذَلكَ (بِتَقْدِيرِ اللهِ ابْتِداءً لا بالعَدْوَىٰ المَنفيَّةِ)؛ فيَظُنَّ أنَّ ذَلكَ بسببِ مُخالَطَتِه؛ فَيَعْتَقِدَ صِحَّةَ العَدْوَىٰ؛ فيَقَعَ فِي الحَرَجِ؛ فأَمَرَ بِتَجَنُّبِه حَسْمًا للمادَّةِ. وهَذا مَسْلَكُ ابنِ حَجَرٍ؛ تَبعًا لِغَيْرِهِ.

الثالثُ: أَنَّ إثباتَ العَدوىٰ فِي الجُذَامِ ونَحوِه مخصوصٌ من عُمومِ نَفْيِ العَدْوىٰ؛ فيكونُ معنىٰ قولِه: «لَا عَدوىٰ» أي: إِلَّا منَ الجُذَامِ ونحوِه؛ فكأنَّه قَالَ بمجموعِ الحَديثَين: لَا يُعدِي شيءٌ إِلَّا فيما تَقدَّم تبيينُ لَهُ أَنَّه يُعدِي. وهذا مسلكُ القاضي أبي بكر الباقلانِيِّ.

فإذا لَم يَحتمِل الحديثان إلَّا الاختلافَ؛ وثبتَ أنَّ أحدَهما ناسخٌ والآخرَ

مَنسوخٌ، فيُعمَلُ بالنَّاسخ ويُتْرَكُ المنسوخُ. وحيثُ تَعذَّرَ الجَمعُ، ولا عُرِفَ النَّاسخُ مِن المَنسوخِ، لجأْنا إلىٰ التَّرجيحِ بتَقديمِ إحدَىٰ الرِّوايتَين علىٰ الأُخرَىٰ. وإلَّا وجبَ التَّوقُّفُ عن العَملِ بأحدِ الحديثَين.

وَغَيْرُ مَا عُورِضَ فَهْوَ «الْمُحْكَمْ» تَرْجَمَ فِي «عِلْمِ الْحَدِيثِ» الْحَاكِمُ

وَمِنْهُ «ذُو تَشَابُهٍ»: لَمْ يُعْلَمِ تَأْوِيلُهُ، فَلَا تَكلَّمْ تَسْلَمِ

مِثْلُ حَدِيثِ: «إِنَّهُ يُغَانُ» كَذَا حَدِيثُ: «أُنْزِلَ الْقُرآنُ»

أمَّا الحديثُ المُحكَمُ: فهو الحديثُ المقبولُ (الصَّحيحُ أو الحسَنُ) الَّذي يَسلَمُ مِن مُعارَضةِ مثلِه له، وقد أَفْردَه أبُو عَبدِ الله الحاكِمُ النَّيسابُورِيُّ فِي «مَعْرِفَةِ عُلُومِ الحَدِيثِ» بنَوعٍ وتَرْجَمَةٍ. وأكثرُ الأحاديثِ مِن المُحكماتِ، والمُتعارِضُ مِنها قليلٌ جدًّا، إذا ما قُورِنَت بالمحكَماتِ مِنها.

و(المُتشابِهُ) هو الحديثُ الذي لا يُعلَم تأويلُه علىٰ وجهِ الجَزمِ، وهل يُمكنُ الاطِّلاعُ علىٰ علمِه، أو علمُه عِنْد اللهِ ورسولِه ﷺ لا يَعلمُه إلَّا هما؟ خلافٌ بينَ العلماءِ. ويَنبغي السكوت عن الخَوضِ فِيهِ، وتركُ عِلْمِهِ لعَالِمِهِ. وذكرَ النَّاظِمُ له مثالينِ:

أحدهما: حديثُ «إنَّه لَيُغَان عَلَىٰ قَلْبِي، وإنِّي لأستغفرُ اللهَ فِي اليومِ مائةَ مَرَّةٍ». وقد سُئِلَ عنهُ الأصمعيُّ فَقَالَ: «لو كانَ قلبَ غيرِ النبيِّ ﷺ لتكلَّمتُ عليهِ، ولكنَّ العربَ تَزْعُمُ أَنَّ (الغينَ) الغيمُ الرَّقيقُ».

وثانيهما: حديثُ: «أُنْزِلَ القُرْآنُ عَلَىٰ سبعةِ أَحْرفٍ». وقد ذكر له فِي «الإِتقانِ» نحوَ أربعينَ قولًا: أَحدها: «أنَّه منَ المُشكلِ الذي لَا يُدرَىٰ معناهُ؛ لأَنَّ الحَرْفَ يَصدقُ فِي اللغةِ عَلَىٰ حَرْفِ الهِجاءِ، وعلَىٰ الكلمةِ، وعلَىٰ المَعْنَىٰ، وعلَىٰ الجهةِ». قال الشيخ أحمد شاكر: هذا المثال لا نوافقه عليه.

أَسْبَابُ الحَدِيثِ

أَوَّلُ مَنْ قَدْ أَلَّفَ الجُوبَارِي ... فَالعُكْبَرِي فِي سَبَبِ الآثَارِ
وَهْوَ - كَمَا فِي سَبَبِ القُرْآنِ - ... مُبَيِّنٌ لِلْفِقْهِ وَالمَعَانِي
مِثْلُ حَدِيثِ: «إِنَّمَا الأَعْمَالُ» ... سَبَبُهُ - فِيمَا رَوَوْا وَقَالُوا -:
مُهَاجِرٌ لِأُمِّ قَيْسٍ كَيْ نَكَحْ ... مِنْ ثَمَّ ذِكْرُ امْرَأَةٍ فِيهِ صَلَحْ

أَوَّلُ مَن صَنَّفَ فِي معرفةِ أسبابِ الحديثِ: أبو حَامدِ ابن كزناهُ الجوبارِيُّ، قَالَ الذهبيُّ: «لم يُسْبَق إلىٰ ذَلِكَ». ثم مِنْ بَعدِه أبو حفصٍ عمرُ بنُ محمدِ بنِ رجاء العُكْبَرِيُّ أحدُ مشايخِ أبي يعلىٰ ابنِ الفراءِ الحَنبليِّ.

ومعرفتُه مِن المُهمّاتِ، كمعرفةِ أسبابِ نُزولِ القُرآنِ، فإنَّه يُبيِّنُ فقهَ الحديثِ ومَعْناهُ؛ وقد لا يُمكنُ مَعْرفة تفسيرِ الحديثِ دُونَ الوقوفِ علىٰ سببِ ورودِه.

وقدْ عدَّ النَّاظمُ- تبَعًا لِغَيْرِهِ- مِن أَمْثِلَتِه: حديثَ «إِنَّما الأَعْمالُ بالنِّياتِ»؛ لما صحَّ عَن ابنِ مَسعُودٍ قالَ: «مَن هاجرَ يَبتَغي شَيئًا فإنَّما لَه ذَلكَ، هاجرَ رَجُلٌ لِيَتزوَّجَ امْرَأَةً يُقال لَها: أُمُّ قَيسٍ، فكانَ يُقال لَه: مُهاجِرُ أُمِّ قَيسٍ». لكِنْ قالَ ابنُ حَجرٍ: «لَكنْ لَيس فِيه أنَّ حَديثَ الأَعْمالِ سِيقَ بِسببِ ذَلك، وَلم أَرَ فِي شَيءٍ مِن الطُّرُقِ ما يَقتَضي التَّصريحَ بِذَلكَ».

مَعْرِفَةُ الصَّحَابَةِ رَضِيَ اللهُ عَنهُم

حَدُّ «الصَّحَابِي»: مُسْلِمًا لَاقَى الرَّسُولْ ... وَإِنْ بِلَا رِوَايَةٍ عَنْهُ وَطُولْ
كَذَاكَ الاَتْبَاعُ مَعَ الصَّحَابَةِ ... وَقِيلَ: مَعْ طُولٍ وَمَعْ رِوَايَةِ
وَقِيلَ: مَعْ طُولٍ، وَقِيلَ: الغَزْوِ أَوْ ... عَامٍ، وَقِيلَ: مُدْرِكُ العَصْرِ وَلَوْ

وَشَرْطُهُ: المَوْتُ عَلَى الدِّينِ، وَلَوْ تَخَلَّلَ الرِّدَّةُ، وَالجِنُّ رَأَوْا
دُخُولَهُمْ دُونَ مَلَائِكٍ، وَمَا نَشْرِطْ بُلُوغًا- فِي الأَصَحِّ- فِيهِمَا

الصَّحابيُّ: هو مَن لَقيَ النَّبيَّ ﷺ مؤمِنًا به، وماتَ علىٰ الإيمانِ.

فخرَجَ بذلكَ: مَن لاقاهُ كافرًا، فليسَ بصاحِبٍ؛ لأنَّه عدُوَّه، وخرَج أيضًا: مَن لَقيَه بعدَ الموتِ؛ كـ(أبي ذُؤيبٍ) الذي خرَجَ مِن بيتِه مؤمِنًا ليَلقىٰ النَّبيَّ ﷺ فدَخلَ المَدينةَ، والنَّبيُّ ﷺ ميِّتٌ.

ويَدخلُ فيمَن لَقيَه مَن طالتْ مُجالستُه أو قَصُرت، ومَن رَوىٰ عَنه أو لَم يَرو، ومَن غَزا معَه أو لَم يَغْزُ، ومَن راٰهُ رؤيةً ولَم يُجالسه، ومَن لَم يَره لعارضٍ؛ كالعمَىٰ.

وكذلك؛ التَّابِعيُّ: هو مَن لَقيَ الصَّحابيَّ مُؤمنًا، وماتَ علىٰ الإيمانِ. سواءٌ سَمعَ مِنه أو لَم يَسمَع مِنه، وسواءٌ طالَت مُجالستُه له أم قصُرَت.

وليسَ مِنهم مَن أَدركَ زمانَ النَّبيِّ ﷺ مُؤمِنًا به، ولَم يقَع له لقاءٌ بالنَّبيِّ ﷺ؛ كـ(النَّجاشيِّ) وأمثالِه، وإنَّما هؤلاء مَعدودون فِي كبارِ التَّابِعين. ومَن أَدخلَهم فِي مصنَّفه فِي الصَّحابةِ، إنَّما قَصد حصرَ مَن كَان مُسلِمًا فِي زمانِ رَسُولِ اللهِ ﷺ، سَواء أثبَتت لَهم الصُّحبةُ أو لَم تَثبُت؛ وقَد نَصَّ بعضُ هؤلاء العلماءِ علىٰ ذلكَ؛ كابنِ عبدِ البَرِّ.

وشَرْطُ بقاءِ اسمِ الصَّحابيِّ: أن يَستمرَّ مؤمِنًا حتَّىٰ يموتَ علىٰ الإيمانِ؛ فإن ارتدَّ بعدَ لُحوقِ الاسمِ انقطعَ عنه حتىٰ يَرجعَ إلىٰ الإيمانِ؛ فإن ماتَ علىٰ الكُفرِ- كـ(عُبَيْدِ الله بنِ جَحشٍ)- زالَ عَنه الاسمُ.

والجِنُّ مِن جُمْلةِ المُكَلَّفِينَ الذين شَمِلَتْهُم الرِّسالةُ والبَعْثةُ؛ فكانَ ذِكْرُ مَنْ عُرِفَ اسْمُهُ مِمَّنْ رَآهُ- أي: فِي الصَّحابةِ- حَسَنًا؛ بخِلَافِ المَلَائِكةِ والنَّبِيِّينَ؛ فَإنَّ الظَّاهِرَ اشْتِرَاطُ رُؤْيَتِه ﷺ فِي عَالَمِ الشَّهَادَةِ؛ فلا يُطْلَقُ اسْمُ الصُّحْبةِ علىٰ مَنْ رَآهُ مِنَ المَلائِكةِ والنَّبيِّينَ.

وَتُعْرَفُ الصُّحْبَةُ بِالتَّوَاتُرِ وَشُهْرَةٍ، وَقَوْلِ صَحْبٍ آخَرِ
أَوْ تَابِعِيٍّ، وَالأَصَحُّ: يُقْبَلُ إِذَا ادَّعَى مُعَاصِرٌ مُعَدَّلُ

وتُعرَف الصُّحبةُ بواحِدٍ مِن خمسةِ أمورٍ:

الأوَّلُ: التَّواترُ، كالخُلفاءِ الأربعةِ، وبقيَّةِ العَشرةِ، ونحوِهم.

الثَّاني: الشُّهرةُ والاستفاضةُ، كضِمامِ بنِ ثَعلبةَ، وعُكَّاشةَ بنِ مِحْصَنٍ.

الثَّالثُ: قولُ صَحابيٍّ آخَرَ مَعروفِ الصُّحبةِ، كصُحبةِ حَممةَ بنِ أبي حَممةَ الدَّوسيِّ الذي شَهدَ بصحبتِه أبو مُوسىٰ الأشعَريُّ.

الرَّابعُ: قولُ أَحدِ التَّابِعين الثِّقاتِ؛ علىٰ القَولِ بقَبولِ التَّزكيةِ مِن واحِدٍ.

الخامسُ: ادِّعاءُ عَدلٍ معاصِرٍ للنَّبيِّ ﷺ لنفسِه ذلكَ؛ علىٰ الأصحِّ؛ فإنَّ عدالتَه تمنعُه مِن الكذبِ فِي ذلكَ.

وَهُمْ عُدُولٌ كُلُّهُمْ لَا يَشْتَبِهْ النَّوَوِي: أَجْمَعَ مَنْ يُعْتَدُّ بِهْ

والصَّحابةُ كلُّهم عُدولٌ، سواء فِي ذلكَ مَن لابَسَ الفِتنَ، ومَن لَم يلابِسْها- قالَ النَّوويُّ: «بِإِجْماعِ مَنْ يُعْتَدُّ بِه»- وذلكَ ممَّا لا يَشتبهُ فِيه أحدٌ مِن علماءِ المُسْلمين الذين انتهَت إليهم زَعامةُ العِلمِ.

وقَد ذهبَ قَومٌ- ممَّن لا يُعتَدُّ بخلافِهم- إلىٰ أنَّه لا فَضلَ للصَّحابيِّ علىٰ غيرِه، وأنَّ شأنَ الصَّحابةِ فِي عدالتِهم كشأنِ غيرِهم؛ يُبحَثُ عنهم، وقد يكونُ فِيهم غيرُ عَدلٍ؛ وهو قولٌ شاذٌّ، لم يُوافِق عليه أحدٌ مِن السَّادةِ الأعلامِ.

وَالمُكْثِرُونَ فِي رِوَايَةِ الأَثَرْ: «أَبُو هُرَيْرَةٍ»، يَلِيهِ «ابْنُ عُمَرْ»
وَ«أَنَسٌ»، وَ«البَحْرُ»، كَـ«الخُدْرِيِّ» وَ«جَابِرٌ»، وَ«زَوْجَةُ النَّبِيِّ»

أكثَرُ الصَّحابةِ رِوايةً عن رَسولِ اللهِ ﷺ: أبو هُريرةَ. **ثُمَّ** عبدُ اللهِ بنُ عُمَرَ بنِ

الخطَّابِ. ثمَّ أَنسُ بنُ مالكٍ. ثمَّ أمُّ المُؤمنين عائشةُ الصِّدِّيقةُ. ثمَّ البَحرُ عبدُ اللهِ بنُ العَبَّاسِ. ثمَّ جابرُ ابنُ عبدِ اللهِ. ثمَّ أبو سَعيدٍ الخُدْريُّ رَضِيَ اللهُ عَنْهُمْ. وليسَ فِي الصَّحابةِ مَن يزيدُ حديثُه علىٰ ألفٍ سِوىٰ هؤلاء.

وَ«البَحْرُ» أَوْفَاهُمْ فَتَاوَى، وَ«عُمَرْ» و«نَجْلُهُ»، وَ«زَوْجَةُ الهَادِي الأَبَرّْ»

ثُمَّ «ابْنُ مَسْعُودٍ»، وَ«زَيْدٌ»، وَ«عَلِي» وَبَعْدَهُمْ عِشْرُونَ لا تُقَلِّلِ

وَبَعْدَهُمْ مَنْ قَلَّ فِيهَا جِدَّا عِشْرُونَ بَعْدَ مِائَةٍ قَدْ عُدَّا

أكثرُ الصَّحابةِ فِي الفَتاوىٰ: البَحرُ ابنُ عَبَّاسٍ، وعُمَرُ بنُ الخطَّابِ، وعبدُ اللهِ بنُ عُمَرَ، وأمُّ المُؤمنين عائشةُ، وعبدُ اللهِ بنُ مَسعودٍ، وزيدُ بنُ ثَابتٍ، وعليُّ بنُ أبي طالبٍ.

وبعدَ هؤلاءِ السَّبعةِ: عِشْرونَ صَحَابيًّا فتواهم أقلُّ من فَتْوىٰ هؤلاءِ السَّبْعةِ. وبعدَ هؤلاءِ جماعةٌ من الصَّحابةِ لهم فَتاوىٰ قليلةٌ جدًّا، وقدْ عدَّهم قومٌ فبلَغُوا مائةً وعشرينَ صَحَابيًّا.

وَكَانَ يُفْتِي الخُلَفَا ابْنُ عَوْفٍ - ايْ عَهْدَ النَّبِي - زَيْدٌ مُعَاذٌ وَأُبَيّْ

وكَانَ يُفْتي النَّاسَ فِي عَهْدِ النَّبيِّ ﷺ: الخُلَفاءُ الأَرْبعةُ، وعَبدُ الرَّحمنِ بنُ عَوْفٍ، وزَيْدُ بنُ ثابتٍ، ومُعاذُ بنُ جَبلٍ، وأُبيُّ بنُ كَعْبٍ رَضِيَ اللهُ عَنْهُمْ.

وَجَمَعَ القُرآنَ مِنْهُمْ عِدَّهْ فَوْقَ الثَّلاثِينَ فَبَعْضٌ عَدَّهْ

وقد حَفِظَ القُرآنَ عن ظهرِ قلبٍ جَماعةٌ من الصَّحابةِ فوقَ الثَّلاثينَ، وقد جمعَهم البعضُ فذكرَ منهم: الخلفاءَ الأربعةَ، والعبادلةَ الأربعةَ، وآخَرينَ.

وَشُعَرَاءُ المُصْطَفَى ذَوُو الشَّانْ: ابْنُ رَوَاحَةَ وَكَعْبٌ حَسَّانْ

وَشُعراءُ النَّبيِّ ﷺ أَهْلُ الشَّأْنِ والمَنْزِلَةِ العَالِيَةِ: عَبدُ الله بنُ رَوَاحةَ، وكَعْبُ بنُ مَالكٍ، وحَسَّانُ بنُ ثابتٍ رَضِيَ اللهُ عَنْهُمْ.

وَالبَحْـرُ وَابْنَـا عُمَـرٍ وَعَمْـرِو وَابْـنُ الـزُّبَيْرِ فِي اشْـتِهَارٍ يَجْـرِي

دُونَ ابْـنِ مَـسْعُودٍ؛ لَهُـمْ «عَبَـادِلَهْ» وَغَلَّطُـوا مَـنْ غَـيْرَ هَـذَا مَـالَ لَهْ

وقد اشْتهرَ إطلاقُ لفظِ (العَبادلِة) علىٰ أربعةٍ مِن الصَّحابةِ، كُلُّ واحِدٍ مِنهم اسمُه (عبدُ الله)، وهم: ابنُ العبَّاسِ، وابنُ عُمَرَ، وابنُ عَمرٍو، وابنُ الزُّبَيرِ.

وليسَ منهم ابنُ مَسعودٍ عند إطلاقِ اللَّفظِ، ومَن أبدَلَه بِواحِدٍ مَن هَؤلاءِ الأربعةِ فلَم يُصِبْ، ولا جَرىٰ علىٰ الاصطِلاحِ.

وَالعَـدُّ لَا يَحْـصُرُهُمْ، تُـوُفِّي عَمَّـا يَزِيـدُ عُـشْرَ أَلْـفِ أَلْـفِ

وأصحابُ النَّبيِّ ﷺ كثيرون لا يَحصُرُهم عادٌّ، مِن أهلِ المدينةِ ومكَّةَ والأعرابِ، ومَن شَهِدَ معَه حَجَّةَ الوداعِ؛ كُلٌّ رآه وسمِعَ مِنه بعرفةَ. وقَالَ أبو زرعَة: قبضَ النَّبيُّ ﷺ عن مائةِ ألفٍ وأربعةَ عشرَ ألفًا من الصَّحابةِ.

وَأَوَّلُ الجَـامِعِ لِلـصَّحَابَةِ هُـوَ البُخَـارِيُّ، وَفِي «الإِصَـابَةِ»

أَكْـثَرُ مِـنْ جَـمْعٍ وَتَـحْرِيرٍ، وَقَـدْ لَخَّـصْتُهُ مُجَـلَّدًا، فَلْيُـسْتَفَدْ

أوَّلُ من صَنَّفَ فِي الصَّحابةِ هُوَ الإِمَامُ البخاريُّ، ثم تَلَاه ابنُ حِبَّان، وابنُ مَنْدَه، وآخرون. وكتابُ الحافظِ ابنِ حجرٍ «الإِصَابةُ فِي تمييزِ الصَّحابةِ» جمعَ غالبَ مَا فِي الكُتُبِ السَّابقةِ عَلَيهِ، وأكثَرَ من الجمعِ والتحريرِ، وقد لخَّصَه النَّاظِمُ فِي كتابٍ سَمَّاه «عينُ الإِصَابةِ».

وَهُـمْ طِبَـاقٌ؛ قِيـلَ: خَمْـسٌ وَذُكِـرْ عَـشْرٌ مَـعَ اثْنَـيْنِ وَزَائِـدٌ أُثِـرْ:

فَـالأَوَّلُونَ أَسْـلَمُوا بِمَكَّـةِ يَلِـيهِمُ أَصْـحَابُ دَارِ النَّـدْوَةِ

ثُـمَّ المُهَـاجِرُونَ لِلْحَبَـشَةِ ثُـمَّ اثْنَتَـانِ انْـسُبْ إِلَى العَقَبَـةِ

فَــأَوَّلُ المُهَــاجِرِينَ لِقُبَــا   فَأَهْــلُ بَــدْرٍ، وَيَــلِي مَــنْ غَرَّبَـا
مِــنْ بَعْــدِهَا، فَبَيْعَــةُ الرِّضْــوَانِ، ثُــمّْ   مَنْ بَعْدَ صُلْحٍ هَاجَرُوا، وَبَعْـدُ ضُـمّْ
مُــسْلِمَةَ الفَــتْحِ، فَــصِبْيَانٌ رَأَوْا   ....

واصْطَلح العلماءُ علىٰ تَقسيمِ الصَّحابةِ إلىٰ طَبقاتٍ: وجعلَها ابنُ سَعدٍ فِي كتابهِ «الطَّبقات» خَمسًا، وذهبَ قَومٌ إلَىٰ جَعلِها اثْنَتي عشرةَ طبقةً، وزادَ بعضُهم علىٰ ذلكَ.

فالطَّبقةُ الأولىٰ: الذين أسلَمُوا بمكةَ وسَبَقُوا بالإِسلَامِ، كالخُلفاءِ الأَربعَةِ الرَّاشِدين. **ويلي هؤلاء**: الذين أَسْلَمُوا قبلَ تَشاوُرِ قريشٍ فِي دارِ النَّدوةِ عَلَىٰ المكرِ بالنَّبيِّ ﷺ. **ويَليهِم**: الذين هَاجرُوا للحبشَةِ. **ويَلِيهِم**: أهلُ العَقبةِ الأُولَىٰ. **ثمَّ** أهلُ العَقَبةِ الثَّانِيةِ، وأكثرُ هاتين الطَّبقَتينِ من أَهلِ المدينةِ. **ثمَّ**: أولُ المُهاجِرين الَّذينَ وَصَلُوا إلىٰ النَّبيِّ ﷺ بقُباءٍ قبلَ دخولِه المدينةَ. **ثمَّ**: أهلُ بدرٍ، وهم ثَلَاثُمائةٍ وبضعةَ عشرَ. **ثمَّ**: الذين هَاجرُوا إلىٰ المدينةِ بعدَ غزوةِ بدرٍ وقبلَ الحُديبيةِ. **ثمَّ**: أهلُ بيعةِ الرِّضْوَانِ فِي الحديبيةِ. **ثمَّ**: الذينَ هَاجَرُوا بعدَ صُلحِ الحدَيبيَةِ وقبلَ فتحِ مكةَ، كخالدِ بنِ الوَليدِ وعمرِو بنِ العَاصِ. **ثمَّ**: الذينَ أَسْلَمُوا فِي فتحِ مَكَّةَ. **ثمَّ** الصِّبيانُ والأَطفَالُ الذين رَأَوا النَّبيَّ ﷺ يومَ الفتحِ وفِي حَجَّةِ الوداعِ؛ فتلكَ اثنتَا عَشْرَةَ طبقةً.

....   والأَفْضَلُ «الصِّدِّيقُ»؛ إِجْمَاعًا حَكَوْا
وَ«عُمَــرٌ» بَعْــدُ، وَ«عُثْمَــانٌ» يَــلِي   وَبَعْــدَهُ أَوْ قَبْــلُ - قَــوْلَانِ - «عَــلِي»
فَــسَائِرُ العَــشْرَةِ، فَالبَدْرِيَّــهْ   فَأُحُــدٌ، فَالبَيْعَــةُ الزَّكِيَّــهْ

أجمعَ علماءُ السَّلفِ علىٰ أنَّ أفضلَ الصَّحابةِ علىٰ الإطلاقِ: أبو بَكرٍ صِدِّيقُ رَسولِ اللهِ ﷺ، وصاحبُه فِي الغَارِ، ولا مُبالاةَ بأهلِ التَّشيُّعِ والأهواءِ. **وبعدَه فِي الفَضلِ**: أبو حَفصٍ عُمَرُ بنُ الخطَّابِ الفاروقُ. **وبعدَه**: ذو النُّورَين شهيدُ الدَّارِ عثمانُ

ابنُ عفَّانَ. **وبعدَه**: اللَّيثُ المِغوارُ أميرُ المُؤمنين عليُّ بنُ أبي طالبٍ، ومِنهم مَن يُقدِّمُه علىٰ عُثمانَ.

ثمَّ بعدَ هؤلاءِ الأربعَةِ: بقيةُ العشرةِ المبشَّرينَ بالجنَّةِ، وهم: سعدُ بنُ أبي وقَّاصٍ، وسعيدُ بنُ زيدٍ، وطلحةُ بنُ عبيدِاللهِ، والزُّبيرُ بنُ العوَّامِ، وعبدُ الرحمنِ بنُ عوفٍ، وأبوعبيدةَ بنُ الجرَّاح. **ثمَّ**: مَن شَهِدَ بدرًا من الصَّحابةِ. **ثمَّ**: مَن شَهِدَ أُحُدًا. **ثمَّ** مَنْ حَضَر بيعة الرِّضْوانِ فِي الحديبيةِ.

وَالسَّابِقُونَ لَهُمُ مَزِيَّهْ ... فَقِيلَ: أَهْلُ البَيْعَةِ المَرْضِيَّهْ
وَقِيلَ: أَهْلُ القِبْلَتَيْنِ، أَوْ هُمُ ... بَدْرِيَّةٌ، أَوْ قَبْلَ فَتْحٍ أَسْلَمُوا

وأجمعَ المسلمون علىٰ أنَّ السَّابقِين الأوَّلِين مِن المُهاجِرين والأنصارِ أفضلُ ممَّن جاءَ بعدَهم: كُلُّ سابقٍ مِن نوعٍ أفضلُ مِن كُلِّ مُتأخِّرٍ مِن نوعِه.

واختلفوا فِي المُرادِ بـ(السَّابقِين): **فقِيلَ**: أهلُ بَيعةِ الرِّضوانِ. **وقِيلَ**: مَن صلَّىٰ إلَىٰ القِبلتَين: الكعبةِ وبيتِ المَقدسِ. **وقِيلَ**: أهلُ بَدرٍ. **وقِيلَ**: مَن أسلمَ قَبلَ الفَتحِ.

وَاخْتَلَفُوا: أَوَّلُهُمْ إِسْلَامَا ... وَقَدْ رَأَوْا جَمْعَهُمُ انْتِظَامَا:
أَوَّلُ مَنْ أَسْلَمَ فِي الرِّجَالِ ... «صِدِّيقُهُم»، وَ«زَيْدُ» فِي المَوَالِي
وَفِي النِّسَا «خَدِيجَةٌ»، وَذِي الصِّغَرْ ... «عَلِيٌّ»، وَالرِّقِّ «بِلَالٌ» اشْتَهَرْ

اختلَفَ المسلِمون فِي أوَّلِ المُسلِمينَ إسلامًا: **فقيلَ**: «أبو بكرٍ الصديقُ» **وقيلَ**: «خديجةُ» **وقيلَ**: «زيدُ بنُ حارثةَ» **وقيلَ**: «عليُّ بنُ أَبي طالبٍ».

والذي ذهبَ إليه المحقِّقون: الأخذُ بالأورَعِ، وهو التَّفصيلُ فِي ذلكَ والجمعُ بينَ هذه الأقوالِ بأنْ نقولَ: أوَّلُ مَن أَسْلَم مِن الرِّجَال «أبو بكرٍ»، ومِن النِّساءِ «خَدِيجةُ»، ومِن الصِّبيانِ «عليٌّ»، ومِن الموالي «زيدُ بنُ حارِثةَ»، ومِن الأرِقَّاءِ «بِلالٌ».

وقد عدَّ بعضُ أهلِ العلمِ الأوَّلَ إسلامًا غيرَ هؤلاء.

وَأَفْـــضَلُ الأَزْوَاجِ بِـــالتَّحْقِيقِ ... «خَدِيجَـةٌ» مَـعَ «ابْنَـةِ الـصِّدِّيقِ»

وَفِيهِمَـا؛ ثَالِثُهَــا: الوَقْــفُ، وَفِي ... «عَائِـشَةٍ» وَ«ابْنَتِـهِ»؛ الخُلْـفُ قُـفِي

يَلِيهِمَــا: «حَفْــصَةُ»، فَــالبَوَاقِي ... .

أجمعَ المسلِمون علىٰ أنَّ أفضلَ أُمَّهاتِ المُؤمنِين خَديجةُ بِنتُ خُويلِدٍ، وعائشةُ بنتُ أبي بكرٍ الصِّدِّيقِ، ثمَّ حَفصةُ بنتُ عُمَرَ، ثمَّ مَن عَداهُنَّ مِنهُنَّ.

واختلَفُوا فِي (خَديجةَ وعائشةَ) أيَّتِهما أَفضلُ: فذهبَ قومٌ إلىٰ تَفضيلِ خديجةَ، وذهبَ قومٌ إلىٰ تفضيلِ عائشةَ، وذهبَ آخَرون إلىٰ التوقُّفِ فِي ذلكَ.

وحُكِيَ خِلَافٌ فِي هَلْ (عَائِشةُ أفضلُ أمْ فَاطِمةُ بنتُ النَّبيِّ ﷺ)؟ ولهم فِي ذلكَ ثَلَاثةُ أقوالٍ: **قيل**: فاطِمةُ أفضلُ. **وقيلَ**: عَائِشةُ أفضلُ. **وقيل** بالتَّوقُّفِ.

.... وَآخِــرُ الــصِّحَابِ بِاتِّفَــاقِ

مَوْتًــا «أَبُــو الطُّفَيْــلِ»، وَهْــوَ آخِــرُ ... بِمَكَّــةٍ، وَقِيــلَ: فِيهَــا «جَــابِرُ»

بِطَيْبَةَ «السَّائِبُ» أَوْ «سَهْلٌ»، «أَنَـسْ» ... بِبَــصْرَةٍ، وَ«ابْــنُ أَبِي أَوْفَى» حُــبِسْ

بِكُوفَــةٍ، وَقِيــلَ: «عَمْــرٌو» أَوْ «أَبُــو ... جُحَيْفَــةٍ»، وَالــشَّامُ فِيهَــا صَــوَّبُوا

«البَــاهِلِي» أَوِ «ابْــنُ بُــسْرٍ»، وَلَدَى ... مِصْرَ «ابْنُ جَزْءٍ» و«ابْنُ الاكْوَعِ» بَدَا

وَ«الحَـبْرُ» بِالطَّـائِفِ، وَ«الجَعْـدِيُّ» ... بِأَصْــبَهَانَ، وَقَــضَى «الكِنْــدِيُّ»

العُــرْسُ» فِي جَزِيــرَةٍ، بِبَرْقَــةِ ... «رُوَيْفِـعُ»، «الهِرْمَـاسُ» بِاليَمَامَــةِ

وَقُــبِضَ «الفَــضْلُ» بِــسَمَرْقَنْدَا ... وَفِي سِجِــسْتَانَ الأَخِــيرُ «العَــدَّا»

اتَّفقوا عَلَىٰ أَنَّ آخِرَ الصَّحَابةِ وفاةً عَلَىٰ الإِطلَاقِ: أبوالطُّفيلِ عامرُ بنُ وَاثِلَة اللَّيثيُّ، وقد تُوفِّي بمكةَ سنةَ مِائةٍ، **وقيل**: اثنتين ومائةٍ، **وقيل**: سبعٍ ومائةٍ؛ فهو آخرُ مَنْ ماتَ بمكةَ من الصَّحَابةِ بلَا تردُّدٍ. **وقِيلَ**: آخرُ مَنْ تُوفِّي بمكةَ جِابرُ بنُ عبدِاللهِ الأنصَارِيُّ، لكنَّ المشهورَ وفاتُه بالمدينةِ.

وبالمدينةِ: السائِبُ بنُ يزيدَ، سنةَ ثمانِين، **وقيل**: ستٍّ وثمانِينَ، **وقيل**: إحدىٰ وتسعين. **وقِيلَ**: سهلُ بنُ سعدٍ الأنصارِيُّ، سنةَ ثمانٍ وثمانِينَ.

وبالبَصرَةِ: أنسُ بنُ مالكٍ، سنةَ إحدىٰ أَو اثنتين أَو ثلاثٍ وتسعينَ.

وبالكُوفةِ: عبدُ اللهِ بنُ أبي أَوفىٰ، سنةَ ستٍّ أَو سبعٍ أَو ثمانٍ وثمانِينَ. **وقيل**: عمرُو ابنُ حُريثٍ، بناءً عَلَىٰ أَنَّ وفَاتَه سنةَ ثمانٍ وتسعينَ، والأشهرُ: أَنَّه ماتَ سنة خمسٍ وثمانِينَ. **وقِيلَ**: أبو جُحيفَة، وهُوَ خطأٌ؛ لأَنَّ وفاتَه سنةَ ثلاثٍ وثمانِينَ.

وبالشَّام: أبو أمامة صُدَيُّ بنُ عَجلَان البَاهِلِيُّ، **وقيل**: عبدُ الله بنُ بسرٍ المازنيُّ، وهُوَ آخرُ من ماتَ ممن صلَّىٰ إلىٰ القِبلَتينِ.

وبمصرَ: عبدُ الله بنُ الحارثِ بنُ جَزْءٍ الزُّبيدِيُّ، سنةَ خمسٍ أَو ستٍّ أَو سبعٍ أَو ثمانٍ أَو تسعٍ وثمانِينَ.

وبالبَادِيةِ: سلمةُ بنُ الأكوع. وبالطَّائفِ: عبدُ اللهِ بنُ عباسٍ. وبأصبهانَ: النَّابغةُ الجَعْدِيُّ. وبالجزيرةِ: العرسُ بنُ عُميرةَ الكِنديُّ. وببرقةَ: رويفعُ بنُ ثابتٍ، سنةَ ثلاثٍ أَو ستٍّ وستينَ. وباليمامةِ: الهِرمَاسُ بنُ زيادٍ البَاهليُّ. وبسمرقند: الفضلُ بنُ العبَّاسِ. وبِسجِسْتان: العَدَّاءُ بنُ خالدِ بنِ هَوْذَةَ.

النَّـوَوِي: مَـا عَرَفُـوا مَـنْ شَـهِدَا ... بَـدْرًا مَـعَ الـوَالِدِ إِلَّا «مَرْثِـدَا»

وَالبَغَـــوِيُّ زَادَ: أَنَّ «مَعْنَـــا» ... وَأَبَـــهُ وَجَـــدَّهُ بِـــالمَعْنَى

قالَ النَّوويُّ: «لَا يُعرفُ أَبٌ وابنُهُ شَهِدا بدرًا إلَّا مَرْثَدٌ وأبوهُ أبو مَرْثَدِ بنُ الحُصَينِ

الغَنَويُّ». وزادَ البغويُّ: «أَنَّ مَعْنَ بنَ يَزِيدَ بنِ الأَخْنَسِ السُّلَمِيَّ شَهِدَ هُو وأَبوه وجَدُّه بَدْرًا».

وَأَرْبَعٌ تَوَالَدُوا صَحَابَهْ: «حَارِثَةُ المَوْلَى» «أَبُو قُحَافَهْ»

ليسَ فِي الصَّحَابةِ من هُوَ وابنُه وطبقَتانِ من بعدِ ذَلِكَ مِنْ نَسْلِه كلُّهم صَحَابةٌ إِلَّا حارِثَةُ، وابنُه زيدُ بنُ حَارِثَة مَولَىٰ رسولِ الله ﷺ، وابنُه أسامةُ بنُ زيدٍ، وابنُه.

وكذلك؛ أبو قُحافةَ، وابنُه أبو بكرٍ الصِّدِّيقُ، وابنته أسماءُ بنتُ أبي بكرٍ، وابنُها عبدُ الله بنُ الزُّبيرِ؛ كلُّهم صَحَابةٌ. وأيضًا؛ أبو قُحَافةَ، وابنُه أبو بكرٍ، وابنُه عبدُ الرَّحمنِ، وابنُه محمدٌ؛ كلُّهم صَحَابةٌ.

ومَا سِوَى «الصِّدِّيقِ» مِمَّنْ هَاجَرَا مَنْ وَالِدَاه أَسْلَمَا قَدْ أُثِرَا

قالَ النَّاظمُ: ليس من الصحابة المهاجرين من أسلم أبواه غير أبي بكر الصديق رَضِيَ اللَّهُ عَنْهُ. وأبوه: هو أبو قحافة، وأمه: أم الخير سلمىٰ بنت صخر.

وَلَيْس فِي صَحَابةٍ أَسَنُّ مِنْ «صِدِّيقِهِمْ» مَعَ «سُهَيلٍ» فَاسْتَبِنْ

قالَ النَّاظمُ: أكبرُ الصَّحابةِ سِنًّا هو أبو بكرٍ الصِّدِّيقُ، وكذلكَ سُهيلُ بنُ عَمرِو بنِ عبدِ شَمسٍ القُرَشيِّ العامِريِّ، وقد أَسلَمَ يومَ الفَتحِ.

أَجَمَلُهم: «دِحْيَةُ» الجَمِيْلُ جَاءَ عَلَى صُورَتِهِ جِبْرِيلُ

أَجْمَلُ الصَّحابَةِ: دِحْيَةُ بنُ خَلِيفَةَ الكَلْبِيُّ، كانَ يُضْرَبُ بِه المَثَلُ فِي حُسْنِ الصُّورَةِ، وكانَ جِبريلُ يَأْتِي النَّبيَّ ﷺ علىٰ صُورَتِه.

مَعْرِفَةُ التَّابِعِينَ وَأَتْبَاعِهِمْ

وَمِنْ مُفَادِ عِلْمِ ذَا وَالأَوَّلِ مَعْرِفَةُ المُرْسَلِ وَالمُتَّصِلِ

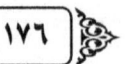

من فوائد مَعرِفةَ الصَّحابةِ والتَّابِعِينَ وَأَتْباعِهِمْ مَعْرِفةُ المتَّصلِ والمرسلِ من الأسانِيدِ؛ فكل من روىٰ عمَّن يُعرَفُ مِن طبقتَيهما أنَّهما لَم يَتعاصرا، أو تَعاصرا تَعاصرًا يَبعُدُ معَه حصولُ لِقاءٍ بينَهما أو سماعٍ فهو مرسل.

وَالتَّابِعُونَ طَبَقَاتٌ عَشَرَهْ مَعْ خَمْسَةٍ؛ أَوَّلُهُمْ: ذُو العَشَرَهْ
وَذَاكَ «قَيْسٌ» مَا لَهُ نَظِيرُ وَعُدَّ عِنْدَ حَاكِمٍ كَثِيرُ
وَآخِرُ الطِّبَاقِ: لَاقِي أَنَسِ وَسَائِبٍ كَذَا صُدَيٌّ، وَقِسِ

اختَلفَ العلماءُ فِي طَبقاتِ التَّابِعِين: فعَدَّهم مُسْلمٌ ثَلاثًا، وعدَّهم ابنُ سَعدٍ أربعًا، وعَدَّهم الحاكِمُ خمسَ عَشرةَ طبقةً. وهُوَ الذي جَرىٰ عَلَيهِ النَّاظمُ.

فالأُولَىٰ: الذين ثَبَت لُقِيُّهم للعشرةِ المُبشَّرينَ بالجنَّةِ. ومنْهم قيسُ بنُ أبي حَازِمٍ. ويرىٰ الناظم- تبعًا لابنِ الصلاح- أنَّه التابعيُّ الوحيدُ الَّذي سَمِع من العشرةِ ورَوَىٰ عنهم. مع أنَّ فِي سَمَاعِه من عبدِ الرَّحمنِ بنِ عَوْفٍ خِلَافٌ.

وعدَّ الحَاكِمُ أبو عبدِ اللهِ سِوَىٰ «قيسٍ» جماعةً، منهم: أبو عثمانَ النَّهدِيُّ، وقيسُ ابنُ عَبَّادٍ، وأبو وائل، وسعيدُ بنُ المُسيِّبِ. قالَ ابنُ الصَّلَاحِ: «وعليه فِي بعضِ هؤلاء إنكارٌ؛ فإِنَّ ابنَ المسيَّبِ وُلِدَ فِي خِلَافةِ عمرَ ولم يسمعْ من أكثرِ العشرةِ».

وآخرُ طبقاتِ التَّابعينَ: الذين لاقَوا آخر من مات من الصحابة فِي كل بلد، كاللذينَ لَاقَوا أنسَ بنَ مالكٍ من أهلِ البصرةِ، والذين لَاقَوا السَّائبَ بنَ يزيدَ من أهلِ المدينةِ؛ وهَلُمَّ جرًّا.

وَخَيْرُهُمْ «أُوَيْسُ»، أَمَّا الأَفْضَلُ فَـ«ابْنُ المُسَيَّبِ»، وَكَانَ العَمَلُ
عَلَىٰ كَلَامِ «الفُقَهَاءِ السَّبْعَةِ»: «هَذَا» «عُبَيدِ اللهِ» «سَالِمْ» «عُرْوَةِ»
«خَارِجَةٍ» وَ«ابْنِ يَسَارٍ» «قَاسِمِ» أَوْ فَـ«أَبُو سَلَمَةٍ» عَنْ «سَالِمِ»

وخيرُ التَّابعِين: (أُويسُ بنُ عَامِرٍ القَرَنِيُّ)؛ لحديثٍ رَواهُ مُسْلمٌ عن عُمَرَ بنِ الخطَّابِ قالَ: سمعتُ رَسُولَ اللهِ ﷺ يقولُ: «إنَّ خَيرَ التَّابعِينَ رجلٌ يُقالُ له: أُوَيسٌ» الحديثَ. وقال أَحمدُ بنُ حَنبلٍ: أَفضلُ التَّابعِين سعيدُ بنُ المُسيَّبِ.

قال البُلْقينيُّ- وتَبعَه النَّاظِمُ-: «الأَفضلُ مِن حيثُ الزُّهدُ والورَعُ: أُوَيسٌ، ومِن حيثُ حِفظُ الخبَرِ والأثَرِ: سعيدٌ». ويُروَىٰ عن أحمدَ أيضًا: أنَّ أَفضلَهم قَيسُ بنُ أبي حازمٍ، وعَدَّ آخَرين.

ومِن أماثِلِ التَّابعِين وأَفاضِلِهم: (الفُقهاءُ السَّبعةُ) مِن أهلِ المَدينةِ، وقد كانَ العِلمُ فِي عَصرِ التَّابعِين علىٰ أقوالِهم، وهم: (سَعيدُ بنُ المُسيَّبِ)، و(القَاسمُ بنُ مُحمَّدِ بنِ أبي بَكرٍ الصِّدِّيقِ)، و(عُروةُ بنُ الزُّبَيرِ)، و(خارجةُ بنُ زَيدٍ)، و(أبو أَيُّوبَ سُليمانُ بنُ يَسارٍ الهلاليُّ)، و(عُبيدُ اللهِ بنُ عَبدِ اللهِ بنِ عُتْبةَ).

ثمَّ مِن العلماءِ قومٌ يَعدُّون السَّابعَ (أبا سَلمةَ بنَ عبدِ الرَّحمنِ بنِ عَوفٍ)، ومِنهم قَومٌ يَعدُّونَه (أبا بكرِ بنَ عبدِ الرَّحمنِ)، ومِنهم قَومٌ يَعدُّونَه (سَالمَ بنَ عبدِ الله بنِ عُمَرَ ابنِ الخطَّابِ).

وَ«بِنْتُ سِيرِينَ» وَ«أُمُّ الدَّرْدَا» خَيْرُ النِّسَا مَعْرِفَةً وَزُهْدَا

خَيرُ النِّساءِ التَّابعيَّاتِ: حَفصةُ بنتُ سِيرينَ، وعَمْرةُ بِنتُ عَبدِ الرَّحمَنِ، وأمُّ الدَّرْداءِ- وهي هُجَيمةُ، ويُقالُ: جُهَيمةُ- والمُرادُ: أمُّ الدَّرْداءِ الصُّغرَىٰ؛ فأمَّا أمُّ الدَّرْداءِ الكُبرَىٰ فصحابيَّةٌ.

وَمِنْهُمُ: «المُخَضْرَمُونَ»: مُدْرِكُ نُبُوَّةٍ وَمَا رَأَى؛ مُشْتَرَكْ
يَلِيهِمُ: المَوْلُودُ فِي حَيَاتِهِ وَمَا رَأَوْهُ عُدَّ مِنْ رُوَاتِهِ

مِن التَّابعِين (المُخضرَمون): وهم: الذين أَدركوا الجَاهليَّةَ والإسلامَ، ولَم يَروْا

النَّبيَّ ﷺ. والصَّحيحُ: أَنَّهم مَعدودون مِن كبارِ التَّابعِين، سَواء عُرف أنَّ الواحِدَ مِنهم كانَ مُسلِمًا فِي زمنِ النَّبيِّ ﷺ- كـ(النَّجاشيِّ)- أم لا. والمُرادُ بـ(إدراكِ الجاهليَّةِ): إدراكُ قَومِه أو غيرِه علىٰ الكُفرِ قبلَ فَتحِ مكَّةَ.

ويَلِي (المُخَضْرَمِينَ) فِي الطبقة: الصِّبيانُ الذين ماتَ رَسولُ اللهِ ﷺ وهم صِغارٌ دونَ سنِّ التَّمييزِ؛ والبعضُ يَعُدُّهم فِي الصَّحابةِ؛ لكنَّ روايتَهم عن رَسول اللهِ ﷺ مِن قَبيلِ المُرسَلِ؛ لأنَّهم إنَّما سَمِعوا مِن الصَّحابةِ وكبارِ التَّابعِين؛ مثلُ محمَّدِ بنِ أبي بكرٍ الصِّديقِ، الذي ماتَ رَسولُ اللهِ ﷺ وله ثَلاثةُ أَشهرٍ وأيَّامٌ.

وَمِـنْهُمُ مَـنْ عَـدَّ فِي الأَتْبَـاعِ ... صَـحَابَةً لِغَلَـطٍ أَوْ دَاعِ

وَالعَكْسَ وَهْمًا، وَالتِّبَاعُ قَدْ يُعَدّْ ... فِي تَابِعِ الأَتْبَاعِ إِذْ حَمْلٌ وَرَدْ

مِن العُلَماء جماعةٌ عَدُّوا فِي التَّابعِين جماعةً معروفِين بالصُّحبةِ؛ لغَلطٍ، أو لسببٍ دعا إلىٰ ذلكَ؛ ككونِه مِن صغارِ الصَّحابةِ يُقارِبُ التَّابعِين فِي كونِ روايتِه كلِّها- أو غالِبِها- عن الصَّحابةِ. ومِنهم مَن عَدَّ بعضَ التَّابعِين فِي الصَّحابةِ خطأً، وأكثرُ ذلكَ بسببِ إرسالِ التَّابِعيِّ حديثَه.

وكذلكَ قَد يُخطئُ بعضُ العلماءِ، فيَعدُّون فِي تَابعِ التَّابعِين جماعةً مِن التَّابعِين؛ لكونِ الغالبِ عليه أن يَرويَ عن الأتباعِ، لا عن الصَّحابةِ. ومِنهم مَن عَدَّ بعضَ تابعِ التَّابعِين فِي التَّابعِين خطأً، بسببِ روايتِه عن الصَّحابةِ منقطِعًا.

ومِن أغربِ ذلكَ عَدُّ بعضِ تابعِي التَّابعِين فِي الصَّحابةِ، لاشتباهِ اسمِه معَ اسمِ بعضِ الصَّحابةِ، وهو أبو وَهْبٍ الكَلاعيِّ، مِن أتباعِ التَّابعِين، فقد وَهِمَ بعضُ الرُّواةِ، فنَسبَه جُشَميًّا، وزَعمَ أنَّ له صُحبةً، والصَّوابُ أنَّهما رجُلانِ: أحدُهما: جُشَميٌّ وهو صحابيٌّ، والآخَرُ: كَلاعيٌّ وهو مِن أتباعِ التَّابعِين.

وَ«مَعْمَـرٌ» أَوَّلُ مَـنْ مِـنْهُمْ قَـضَى   وَ«خَلَـفٌ» آخِـرُهُمْ مَوْتًـا مَـضَى

أَوَّلُ مَن ماتَ مِن التَّابِعينَ: (أبو زَيدٍ مَعمَرُ بنُ زَيدٍ)، وماتَ بخُراسانَ- وقيلَ: بأَذْرَبيجانَ- سنةَ ثلاثين.

وقالَ النَّاظِمُ- تبعًا لغيرِه-: آخِرُ التَّابِعينَ موتًا: (خلفُ بنُ خَليفةَ) ماتَ سنةَ ثَمانِين ومِائة، وإنَّما بَنَوا هذا علىٰ ما جاءَ عَنه مِن قولِه: «رأيتُ عَمرَو بنَ حُريثٍ» الصَّحابيَّ؛ وهذا لا يصحُّ عند مُحقِّقي العلماءِ؛ بل هو عندَهم ليسَ مَعدودًا فِي التَّابعِين أصلًا.

ومِن أدلِّ دَليلٍ علىٰ ذَلكَ: ما صَحَّ عَنه مِن قَولِه: «فَرَضَ لي عُمرُ بنُ عَبدِ العَزيزِ وأنا ابنُ ثَمانِي سِنينَ». قالَ الذَّهبيُّ: «هَذا يَنْفِي رُؤيَته عَمْرَو بنَ حُرَيْثٍ».

ووَجْهُه: أنَّ عُمَرَ وَلِي الخِلافَةَ سَنةَ تِسْعٍ وتِسْعينَ بلا خِلافٍ، فلَو كانَ فَرضَ لخَلَفٍ فِي أوَّلِ خِلافَتِه، فيكُونُ مَولِدُ خَلفٍ حِينئذٍ سنةَ إحْدَىٰ وتِسْعينَ، وعَمْرُو بنُ حُرَيثٍ تُوفِّي سَنةَ خَمْسٍ وثَمانِينَ، فيكُونُ خَلفٌ وُلِد بعدَ وَفاةِ عَمْرٍو بِستِّ سِنينَ، فكَيفَ يَراهُ؟!.

رِوَايةُ الأَكَابِرِ عَنِ الأَصَاغِرِ، والصَّحَابَةِ عَنِ التَّابِعِينَ

وَقَـدْ رَوَى الكِبَـارُ عَـنْ صِـغَارِ   فِي الـسِّنِّ أَوْ فِي العِلْـمِ وَالمِقْـدَارِ

أَوْ فِيهِمَـا، وَعِلْـمُ ذَا أَفَـادَا   أَنْ لَا يُظَـنَّ قَلْبُـهُ الإِسْـنَادَا

وَمِنْـهُ: أَخْـذُ الـصَّحْبِ عَـنْ أَتْبَـاعِ   وَتَـابِعٍ عَـنْ تَـابِعِ الأَتْبَـاعِ

كَـ«الـبَحْرِ عَنْ كَعْبٍ»، وَكَـ«الزُّهْرِيِّ   عَـنْ مَالِـكٍ؛ وَيَحْـيَ الأَنْـصَارِيِّ»

روايةُ الأكابرِ عن الأصاغرِ: هو أن يَرويَ الرَّاوي عمَّن هو دونَه فِي السِّنِّ، أو فِي اللُّقيِّ، أو فِي العلمِ والمِقدارِ والمَنزلةِ؛ كأن يَرويَ الكَبيرُ عن الصَّغيرِ، أو الأبُ عن

الابنِ، أو الصَّحابيُّ عن التَّابِعيِّ، ونحو ذلكَ.

ومِن فَوائِدِ معرفتِه: أن لا يُظَنَّ أنَّه وقعَ فِي الإسنادِ قلبٌ؛ لأنَّ العادةَ أنَّ الصَّغيرَ يَروي عن الكبيرِ، فإن حَصلَ العَكسُ؛ لرُبَّما ظُنَّ أنَّ قلبًا وقعَ. ومِنْها: ألَّا يُتوهَّمَ أنَّ المَرويَّ عَنه أَفْضلُ وأكبَرُ مِن الرَّاوي؛ لكَونِه الأَغْلبَ فِي ذَلِك.

ومِنها: روايةُ جماعةٍ مِن الصَّحابةِ عن التَّابعِين؛ كـ(روايةِ ابنِ العبَّاسِ وسائرِ العَبادلةِ وأبي هُرَيرةَ عن كَعبِ الأحبارِ).

ومِنها: روايةُ جماعةٍ مِن التَّابعِين عن تابعِ التَّابعِين؛ كـ(روايةِ ابنِ شِهابِ الزُّهْريِّ عن مالكٍ) و(روايةِ يَحيَىٰ بنِ سعيدٍ الأنصاريِّ عن مالكٍ) أيضًا.

رِوَايَةُ الصَّحَابَةِ عَنِ التَّابِعِينَ عَنِ الصَّحَابَةِ

وَمَا رَوَى الصَّحْبُ عَنِ الأَتْبَاعِ عَنْ ... صَحَابَةٍ فَهْوَ ظَرِيفٌ لِلْفَطِنْ

أَلَّفَ فِيهِ الحَافِظُ الخَطِيبُ ... وَمُنْكِرُ الوُجُودِ لَا يُصِيبُ

كَـ«سَائِبٍ عَنِ ابْنِ عَبْدٍ عَنْ عُمَرْ» ... وَنَحْوُ ذَا قَدْ جَاءَ عِشْرُونَ أَثَرْ

وممَّا يَتفرَّعُ مِن رِوايَةِ الأَكابِرِ عَن الأَصاغِرِ: روايةُ الصَّحابيِّ عن التَّابعيِّ عن الصَّحابيِّ. ومَن زَعمَ أنَّه لا وجودَ له، وذهبَ إلىٰ تعليلِ ذلكَ بأنَّ الصَّحابةَ إنَّما رَوَوا عن التَّابِعين الإسرائيليَّاتِ، ولا يُعقَلُ رجوعُها إلىٰ الصَّحابةِ؛ فالأصلُ وتَعليلُه خطأٌ، فإنَّ ذلكَ موجودٌ، كـ(روايةِ السَّائب بن يَزيدَ الصَّحابِيِّ، عَن عبدِ الرَّحمَن بنِ عَبدٍ القَاريِّ التَّابِعيِّ، عَن عُمر بنِ الخطَّاب الصَّحابِيِّ، عَن النَّبيِّ ﷺ)، وهِي فِي مُسْلمٍ.

رِوَايَةُ الأَقْرَانِ

وَوَقَعَتْ رِوَايَةُ الأَقْرَانِ ... وَعِلْمُهَا يُقْصَدُ لِلْبَيَانِ

أَنْ لَا يُظَنَّ الزَّيْدُ فِي الإِسْنَادِ أَوْ ... إِبْدَالُ «عَنْ» بِالوَاوِ؛ وَالحَدَّ رَأَوْا:

إِنْ يَكُ فِي الإِسْنَادِ قَدْ تَقَارَبَا ... وَالسِّنِّ دَائِمًا، وَقِيلَ: غَالِبَا

وَفِي الصِّحَابِ أَرْبَعٌ فِي سَنَدِ ... وَخَمْسَةٌ، وَبَعْدَها لَمْ يُزَدِ

الأقرانُ: هُم الرُّواةُ المُتقارِبون فِي السِّنِّ والإسنادِ، أو فِي الإسنادِ فقط.

ومَعنىٰ (رِوايةُ الأقرانِ): أن يَشتِركَ الرَّاوي والمَرويُّ عَنه فِي أمرٍ مِن الأمورِ المُتعلِّقةِ بالرِّوايةِ، مثل: السِّنِّ (أي: هم مِن طبقةٍ واحِدةٍ)، واللُّقيِّ (وهو الأخذُ عن المشايخِ)؛ لأنَّ الرَّاويَ حينئذٍ يكونُ راويًا عن قرينِه.

ومِن فوائدِ مَعرفتِه: ألَّا يُظَنَّ الزِّيادةُ فِي الإسنادِ؛ إذ قَد يُتَوهَّمُ أنَّ ذِكرَ أحدِ المُتقاربَين قد زِيدَ فِي الإسنادِ خطأً. ومِنها: ألَّا يُظَنَّ إبدالُ (عن) بـ(الواوِ)؛ إذ قد يُتَوهَّمُ أنَّ (عن) التي بينَ الرَّاوي والمَرويِّ عنه صوابُها (واوُ العطفِ).

مثالُه: حَدِيثُ: الزُّهريِّ عَن السَّائبِ بنِ يَزيدَ عَن حُوَيطِبِ بنِ عَبدِ العُزَّىٰ عَن عبدِ اللهِ بنِ السَّعْديِّ عَن عُمرَ مَرْفوعًا: «ما جاءَكَ اللهُ به مِن هَذا المالِ مِن غَيرِ إشرافٍ ولا سُؤالٍ؛ فَخُذْه، وما لا؛ فَلا تُتبِعْهُ نَفْسَكَ». متفق عليه.

فهَذا الإسْنادُ قَد اشتَمَلَ علَىٰ أَرْبَعةٍ مِن الصَّحابَةِ، يَرْوي بَعْضُهم عَن بَعْضٍ؛ وهُم: (السَّائبُ بنُ يَزيدَ) فمَن فَوْقَه؛ فهَذا مِن رِوايَة الأقرانِ فِي الصَّحابَةِ.

فَإِنْ رَوَى كُلٌّ مِنَ القِرْنَيْنِ عَنْ ... صَاحِبِهِ فَهْوَ «مُدَبَّجٌ» حَسَنْ

فَمِنْهُ فِي الصَّحْبِ: رَوَى الصِّدِّيقُ ... عَنْ عُمَرٍ، ثُمَّ رَوَى الفَارُوقُ

وَفِي التِّبَاعِ: عَنْ عَطَاءِ الزُّهْرِي ... وَعَكْسُهُ، وَمِنْهُ بَعْدُ فَادْرِ

فَتَارَةً رَاوِيهِمَا مُتَّحِدُ ... وَالشَّيْخُ أَوْ أَحْدُهُمَا يَتَّحِدُ

مِن رِوايةِ الأقرانِ: (المُدبَّجُ)، وهو أن يكونَ كلُّ واحِدٍ مِن القَرينَين قَد رَوىٰ عن الآخَرِ. فكلُّ مُدبَّجٍ أقرانٌ، ولَيس كُلُّ أقرانٍ مُدبَّجًا.

وبعضُ أهلِ العلمِ لم يُقيِّد المُدبَّجَ بكونِ الرَّاويَين قرينَين، بل كلُّ اثنَين رَوىٰ كلٌّ مِنهما عن الآخَرِ يُسمَّىٰ بذلكَ عندَه، وإن كانَ أحدُهما أكبرَ.

وهَذا الَّذِي ذَكرناهُ عَن بَعضِ أَهْلِ العِلْمِ يَقْتضي أنَّ (رِوايَةَ الأكابِرِ عَن الأصاغِرِ) داخِلَةٌ فِي (المُدبَّجِ). لكِن؛ مَن قيَّدَ المُدبَّجَ بأنْ يَكونَ الرَّاويَين قَرينَين يَظْهرُ عِنْده الفَرقُ بَيْنَهما؛ فـ(المُدبَّجُ) فِي رِوايَةِ الأَقْرانِ، و(رِوايَةُ الأَكابِرِ عَن الأَصاغِرِ) فِي رِوايَةِ الشَّيخِ عَن التِّلمِيذِ.

ومِن أَمْثلَتِه فِي الصَّحابَةِ: (رِوايَةُ أبي بَكْرٍ عَن عُمَرَ) مَع (رِوايَةِ عُمَرَ عَن أبي بَكْرٍ)؛ و(رِوايَةُ أبي هُريرَةَ عَن عائشَةَ) معَ (رِوايَةِ عائشَةَ عَن أبي هُريرَةَ).

ومن أَمثلتِه فِي التابعينَ: عطاءٌ والزهريُّ، وعمرُ بنُ عبدِ العزيزِ والزهريُّ.

والمُتقارنانِ قد يكونُ الرَّاوِي عنهُما واحدًا وشيخُهُما واحدًا، وقد يكونُ الرَّاوي عنهُما واحدًا وشيخُهُما مختلفًا، وقد يكونُ شيخُهُما واحدًا والرَّاوي عنهُما مُختلفًا.

وَمِنْـــــهُ فِي المُـــــدَبَّجِ المَقْلُــــوبُ ... مُـــسْتَوِيًا، مِثَـــالُهُ عَجِيـــبُ:

مَالِكُ عَنْ سُفْيَانَ عَنْ عَبْدِ المَلِـكْ ... وَذَا عَنِ الثَّـوْرِيِّ عَـنْ مَالِـكْ سُـلِكْ

هذا النَّوعِ مِن التَّدبيجِ نوعٌ يَنقلِبُ تَدبيجُه معَ كونِه مستويًا فِي جميعِ الأمورِ المُتعلِّقةِ بالرِّوايةِ، وهذا النَّوعُ عجيبٌ طريفٌ. كـ(روايةِ مالكٍ عن الثَّوريِّ عن ابنِ جُرَيجٍ)، مَع (رِوايةِ ابنِ جُرَيجٍ عن الثَّوريِّ عن مالكٍ).

الإِخْوَةُ وَالأَخَوَاتُ

وَمُـــسْلِمٌ وَالنَّـــسَئِيُّ صَـــنَّفَا ... فِي إِخْـــوَةٍ، وَقَـــدْ رَأَوْا أَنْ يُعْرَفَـــا

كَيْ لَا يُرَى عِنْدَ اشْتِرَاكٍ فِي اسْمِ الأَبْ ... غَـــيْرُ أَخٍ أَخًـــا وَمَـــا لَهُ انْتَـــسَبْ

أَرْبَـــعُ إِخْـــوَةٍ رَوَوْا فِي سَـــنَدِ: ... أَوْلَادُ سِـــيرِينَ بِفَـــرْدٍ مُـــسْنَدِ

وَإِخْـوَةٌ مِـنَ الـصِّحَابِ بَـدْرَا قَـدْ شَـهِدُوهَا سَـبْعٌ: ابْنَـا عَفْـرَا
وَتِـسْعَةٌ مُهَـاجِرُونَ: هُـمْ بَنُـو حَـارِثِ الـسَّهْمِيِّ؛ كُلٌّ مُحْـسِنُ

صنَّفَ فِي (مَعرفةُ الإخوةِ والأخواتِ): عليُّ بنُ المدينيِّ، ومُسلمُ بنُ الحَجَّاجِ، والنَّسائيُّ، وأبوداودَ، وغيرهم. وهو مِن مُلحَقاتِ الأنسابِ.

وفائدتُه: أن يَعلمَ الواقِفُ علىٰ هذا النَّوعِ الإخوةَ مِن الرُّواةِ وغيرَ الإخوةِ؛ فلا يَظُنَّ روايَين اشترَكا فِي اسمِ أبيهما أنَّهما أخَوان، وليسا كذلكَ. ورُبَّما اشتبَه ذلكَ، خصوصًا إذا كانوا مِن بلدٍ واحدةٍ وفِي عصرٍ واحدٍ.

فمِن الإخوةِ مِن الصَّحابةِ: (عُمَرُ بنُ الخطَّابِ) وأخوه: (زيدٌ). و(عَليُّ بنُ أبي طالبٍ) وأخواه: (جَعْفَرٌ) و(عَقِيلٌ). ومِن التَّابعِين: (أَرْقَمُ بنُ شُرَحْبِيلَ) وأخوه: (هُذَيْلٌ).

ومِمَّن اشترَكُوا فِي اسمِ الأبِ ولَيْسُوا بإخوةٍ: (أَحمدُ بنُ إِشْكابَ) و(عَليُّ بنُ إِشْكابَ) و(مُحمَّدُ بنُ إِشْكابَ).

ومن لطيفِ هَذَا الفنِّ؛ أربعُ إخوةٍ رووا فِي سندٍ واحدٍ، وهم: محمدُ بنُ سيرينَ، عن أخيه يحيىٰ، عن أخيهِ سعيدٍ، عن أخيه أنسٍ، عن أنسِ بنِ مالكٍ.

ومِنْهُ: سبعةُ إخوةٍ منَ الصَّحابةِ شَهِدوا بدرًا، وهم: معاذُ بنُ عفراءَ، وإخوتُه: مُعَوِّذٌ، وخالدٌ، وعاقلٌ، وأنسٌ، وعامرٌ، وعَوْفٌ.

ومِنْهُ: تسعةُ إخوةٍ منَ الصحابةِ هَاجَروا مِنْ مكةَ إلىٰ المدينةِ، وهم: بشرُ بنُ حارثِ بنِ قيسٍ السهميُّ، وإخوتُه: تميمٌ، والحارثُ، والحجاجُ، والسَّائبُ، وسعيدٌ، وعبدُ اللهِ، ومعمرٌ، وأبوقيسٍ؛ رَضِيَ اللَّهُ عَنْهُمْ.

رِوَايَةُ الآبَاءِ عَنِ الأَبْنَاءِ، وَعَكْسُهُ

وَأَلَّـفَ الخَطِيـبُ فِي ذِي أَثْـرِ عَـنِ ابْنِـهِ؛ كَوَائِـلٍ عَـنْ بَكْـرِ

وَالْـوَائِلِي فِي عَكْـسِهِ، فَـإِنْ يُـزَدْ عَـنْ جَـدِّه فهْـوَ مَعَـالٍ لَا تُـحَدّْ
أَهَمُّـــهُ: حَيْـــثُ أَبٌ وَالجَــدُّ لَا يُـسَمَّى، وَالأَبَـا قَـدِ انْتَهَـتْ إِلَى
عَـــشَرَةٍ وَأَرْبَـــعٍ فِي سَـــنَدِ مُجَهَّـــلٍ لِأَرْبَعِـــينَ مُـــسْنَدِ

ومِن (رِوايَةِ الأَكابِرِ عَن الأَصاغِرِ): رِوايةُ الآباءِ عن الأبناءِ، كـ(روايةِ العبَّاسِ بنِ عبدِ المُطَّلِبِ عن ابنِه الفَضلِ) و(روايةِ وائلِ بنِ داودَ عن ابنِه بكرٍ). وقد صنَّفَ فيه الخطيبُ البغداديُّ.

وعَكسُه هو الأكثَر فِي الرِّوايةِ، وهو: (رِوايةُ الأبناءِ عن الآباءِ). وقد صنَّفَ فيه أبو نصرٍ الوائليُّ. وهو علىٰ نوعَين:

الأوَّلُ: روايةُ الرَّجلِ عن أبيه فحَسب، وذلكَ كَثيرٌ، كـ(رِوايةِ أَبِي العُشَراءِ الدَّارِميِّ عن أَبِيه عن النَّبيِّ ﷺ).

والثَّانِي: أنْ يَزِيدَ (عَنْ أَبيهِ) فتكُون رِوايتُه عن أَبيه عن جدِّه، كـ(رِوايةِ عَمرِو ابنِ شُعَيبٍ عن أَبيه عن جدِّه)، و(رِوايةِ بَهزِ بنِ حَكيمٍ عن أَبيه عن جدِّه). وقال بعضُ العلماءِ: الإسْنادُ بَعضُه عَوالٍ، وبَعضُه مَعالِي، وقولُ الرَّجل: حدَّثني أبي عن جدِّي مِن المَعالي.

وهذا **الثَّانِي**: علىٰ قِسمين: **أحدُهما**: ما يَعودُ الضَّمير فِي قولِه: (عن جَدِّه) علىٰ الرَّاوي الأوَّل (الابْن)، فيكونُ (الجدُّ) هو (أبا الأبِ)، أي: (جَدُّ الابنِ). **ثانِيهما**: ما يَعودُ الضَّميرُ فِيه علىٰ الأبِ، فيكونُ (الجَدُّ) هو (جدَّ الأبِ)، لا (جَدَّ الابنِ).

وقَالَ العِراقيُّ: «أكثرُ مَا وَقَعَ لنا التَّسلسُلُ بأربعةَ عشرَ أبًا من روايةِ أَبي محمدٍ الحسنِ بنِ عليِّ بنِ أبي طالب بنِ الحسنِ بنِ عُبيدِ اللهِ بنِ محمدِ بنِ عُبيدِ اللهِ بنِ عليِّ ابنِ الحَسنِ بنِ الحُسينِ بنِ جعفرِ بنِ عُبيدِ اللهِ بنِ الحَسنِ الأَصغرِ ابنِ عليٍّ زينِ العَابدينَ ابنِ الحُسينِ بنِ عليٍّ، عن آبائِه مَرفوعًا بأربعين حديثًا منها: (المجالسُ

بالأَمانةِ) وفِي الآباءِ مَنْ لَا يُعرفُ حَالُه».

وَمَا لِعَمْرِو بْنِ شُعَيْبٍ عَنْ أَبِهْ — عَنْ جَدِّهِ؛ فَالأَكْثَرُونَ احْتَجَّ بِهْ

حَمْلًا لِجَدِّهِ عَلَى الصَّحَابِي — وَقِيلَ: بِالإِفْصَاحِ وَاسْتِيعَابِ

وَهَكَذَا نُسْخَةُ بَهْزٍ، وَاخْتُلِفْ — أَيُّهُمَا أَرْجَحُ؟ وَالأُولَى أُلِفْ

اختُلِفَ فِي نسخَةِ (عَمرِو بنِ شُعيبِ بنِ محمدِ بنِ عبدِ اللهِ بنِ عمرِو بنِ العَاصِ عن أبيهِ عن جَدِّه):

فذَهَبتْ طائفةٌ إلىٰ أنَّه لَا يُحتجُّ بها، حملًا علىٰ أنَّ الضَّميرِ فِي «جدِّهِ» عائدٌ إلىٰ «عمرٍو» نفسِه، فجَدُّهُ حِينَئذٍ «محمدُ بنُ عبدِ اللهِ»، وهُوَ تابعيٌّ، فالحديثُ مرسلٌ.

وذهب الأَكثَرونَ إلىٰ أنَّه يُحتجُّ بها، حملًا علىٰ أنَّ الضميرَ عائدٌ عَلَىٰ «شعيبٍ»، فجدُّه «عبدُ اللهِ بنُ عمرٍو»، وهُوَ صحابيٌّ جليلٌ، فالحديثُ متصلٌ.

ومن النَّاسِ من زَعَمَ أنَّه عَلَىٰ فَرْضِ عَوْدِ الضميرِ عَلَىٰ «شعيبٍ»، لَا يُحتجُّ به؛ لكونِ شعيبٍ لم يَلْقَ جدَّه عبدَ اللهِ؛ وهُوَ غيرُ صحيحٍ فقد نصُّوا عَلَىٰ ثبوتِ سماعِ شعيبٍ من عبدِ اللهِ.

وقيلَ: إنْ أفصحَ باسم جَدِّه وأنه «عبدُ اللهِ» احتُجَّ به، وإن لم يُفصِحْ لم يُحتجَّ بهِ. ومثلُ إِفْصاحِه: أَنْ يَذْكُرَ سمَاعَ جَدِّه منِ النبيِّ ﷺ.

وقيلَ: إن استَوعبَ ذِكْرَ آبائه كلِّهم وأَفصحَ بأَسْمائِهم، كأَن يقالَ: «عن عمرِو بنِ شعيبٍ عن أَبيهِ عن محمدِ بنِ عبدِ اللهِ بنِ عمرٍو عن أَبيهِ» فهو حجةٌ، وإنْ لم يَستوعِبْهُم أَو لم يُفصحْ بأَسْمائِهم فليسَ بحجةٍ.

واختُلِفَ أيضًا فِي نسخةِ «بَهزِ بنِ حكيمِ بنِ معاويةَ بنِ حيدةَ القشيريِّ عن أَبيهِ عن جَدِّه». فذهبَ ابنُ معين إلىٰ تَصْحِيحها، واستَشْهدَ بِها البخاريُّ. وقَالَ الحاكمُ: إنَّها شاذةٌ لَا متابعَ لَهُ فيها، ولِذا أُسقِطتْ منَ الصَّحيحِ.

وعلَىٰ القولِ بصحةِ النسختينِ، ذَهَبَ البعضُ إلىٰ أَنَّ نسخةَ (بَهزٍ) أرجحُ من نسخةِ (عمرٍو)، ولَا دليلَ له إِلَّا استشهادَ البخاريِّ بها. وذهبَ قومٌ- منهمُ أبوحاتمٍ- إلىٰ ترجيحِ نُسخةِ (عمرٍو)، وقد صحَّحَ البخاريُّ نسخةَ (عمرٍو)، وذلكَ أقوىٰ من استشهادِه بنسخةِ (بَهزٍ).

وَاعْدُدْ هُنَا: مَـنْ تَـرْوِ عَـنْ أمٍّ بِحَـقّْ عَنْ أُمِّهَا، مِثْلَ حَدِيثِ «مَـنْ سَـبَقْ»

وممَّا يُعدُّ فِي رِوايةِ الأبْناءِ عنِ الآباءِ؛ مَن تَروِي مِن النِّساءِ عن أمِّها عن جدَّتِها، وهذا عَزيزٌ جدًّا، كـ(رِوايةِ أمِّ جَنوبٍ بنتِ نُميلةَ، عَن أمِّها سُويدةَ بنتِ جابرٍ، عَن أمِّها عقيلةَ بنتِ أَسمر بنِ مُضرس)، وهي عند أبي داودَ فِي «سُنَنه».

السَّابِقُ وَاللَّاحِقُ

فِي «سَـابِقٍ وَلَاحِـقٍ» قَـدْ صُـنِّفَا: مَنْ يَـرْوِ عَنْـهُ اثْنَـانِ وَالمَـوتُ وَفَـا

لِوَاحِـدٍ وَأُخِّـرَ الثَّـانِي زَمَـنْ كَمَالِـكٍ عَنْـهُ رَوَى الزُّهْـرِي وَمِـنْ

وَفَاتِــهِ إِلَى وَفَــاةِ الــسَّهْمِي قَــرْنٌ وَفَــوْقَ ثُلْثِــهِ بِعِلْــمِ

وَمِـنْ مُفَـادِ النَّـوْعِ: أَنْ لَا يُحْـسَبَا حَــذْفٌ وَتَحْـسِينُ عُلُـوٍّ يُجْتَــبَى

بَـيْنَ أَبِي عَـلِيٍّ وَالــسِّبْطِ الــذَّا لِلــسِّلَفِي قَــرْنٌ وَنِـصْفٌ يُحْتَـذَى

السَّابِق واللَّاحِقُ: أنْ يَشتَرِكَ فِي الرِّوايةِ عن أحدِ الشُّيوخِ راويان، تتقدَّمُ وَفاةُ أحدِهما، وتتأخَّرُ وفاةُ الثَّانِي تأخُّرًا شديدًا، حتَّىٰ يكونَ بينَهما أَمَدٌ طويلٌ. وقد صنَّفَ فيهِ الحَافِظُ أبو بكرٍ الخطيبُ البغدَادِيُّ كتابًا مُفردًا.

مثالُه: الإمام مالكٍ: رَوَىٰ عنه محمدُ بنُ شِهَابِ الزُّهريُّ وأحمدُ بنُ إسماعيلَ السَّهمِيُّ، ووفاةُ الزُّهريِّ سنة أربعٍ وعشرينَ ومائةٍ، ووفاةُ السَّهمِيِّ سنة تسعٍ وخمسينَ ومائتين، فَبَيْنَ وفَاتَيهِمَا مائةُ سنةٍ وخمسٌ وثلاثون سنةً.

ولمعرفةِ السَّابقِ واللاحقِ فوائدُ: مِنها: ألَّا يُظَنَّ سُقوطُ شيءٍ مِن الإسنادِ. ومِنها: أنَّه يَنشأُ عن ذلكَ تَحسينٌ، هو علُوُّ الإسنادِ.

ومن أمثلتِه أيضًا: الحافِظُ السِّلَفيُّ: رَوَىٰ عنه شيخُه أبوعليٍّ البَرَدَانِيُّ حديثًا، وماتَ عَلَىٰ رأسِ الخَمسِمائةِ، ثمَّ كَانَ آخرُ أصحابِ السِّلَفِيِّ بالسَّماعِ سِبْطَه أبا القَاسمِ عبدَ الرحمنِ ابنَ مكيٍّ، وَفَاتُه سنةَ خمسينَ وستِّمائةٍ؛ فبينهما قَرْنٌ ونصفُ قرنٍ.

مَنْ رَوَى عَنْ شَيْخٍ، ثُمَّ رَوَى عَنْهُ بِوَاسِطَةٍ

وَمَــنْ رَوَى عَــنْ رَجُــلٍ، ثُــمَّ رَوَى ... عَــنْ غَــيْرِهِ عَنْــهُ مِــنَ الفَــنِّ حَــوَى

أَنْ لَا يُظَــنَّ فِيــهِ مِــنْ زِيَــادَهْ ... أَوِ انْقِطَــاعٍ فِي الَّذِي أَجَــادَهْ

رُبَّما رَوَىٰ راوٍ حديثًا عن شيخ مُباشَرَةً، ثمَّ رَوَىٰ عنهُ هَذَا الحديثَ بِوَاسِطَةٍ. وهَذَا مما ينبغي مَعرفَتُه؛ لأَنَّه قد يُظَنُّ فِي السَّندِ الذي لَا وَاسِطَةَ فِيهِ- إِذَا قَارَنَه بما فِيهِ الوَاسِطَةُ- أنَّه منقطِعٌ، أَو يظنُّ فِي الذي فِيهِ الوَاسِطَةُ أَنَّها زِيَادَةٌ غلطٌ.

الوُحْدَانُ

صَنَّفَ فِي «الوُحْدَانِ» مُسْلِمٌ: بِأَنْ ... لَـمْ يَـرْوِ عَنْـهُ غَـيْرُ وَاحِـدٍ، وَمِـنْ

مُفَــادِهِ: مَعْرِفَــةُ المَجْهُــولِ ... وَالــرَّدُّ؛ لَا مِــنْ صُــحْبَةِ الرَّسُــولِ

مِثَــالُهُ: لَــمْ يَــرْوِ عَــنْ مُــسَيَّبِ ... إِلَّا ابْنُــهُ، وَلَا عَــنِ ابْــنِ تَغْلِــبِ

عَمْرٍو سِوَى البَصْرِي، وَلَا عَنْ وَهْبِ ... وَعَامِــرِ بْــنِ شَــهْرٍ الَّا الــشَّعْبِي

وَفِي «الصَّحِيحَيْنِ» صِحَابٌ مِنْ أُولَا ... كَثِـيرٌ، الحَـاكِمُ عَـنْهُمْ غَفَـلَا

الوُحْدان: جَمعُ واحِدٍ، وهو الذي جُهلَتْ عينُه، فلَم يَروِ عَنه إلَّا واحِدٌ، ويكونُ فِي الصَّحابةِ، ومَن بَعدَهم. وقد صنَّفَ فيه الإِمَامُ مُسلِمٌ كِتَابًا مفردًا.

وفائدةُ معرفتِه: معرفةُ المجهُولِ من الرُّواةِ، وردُّ حَدِيثِه عندَ جمهرَةِ المُحدِّثينَ، مَا لم يَكُنْ من الصَّحَابةِ، عَلَىٰ مَا تقدَّم ذكرُه فِي (مَعرفَةِ الصَّحابةِ).

وفِي (الصَّحيحَينِ) كثيرٌ مِنْهم مِنَ الصَّحابةِ، **ففيهما**: «المسيبُ بنُ حَزْنٍ القُرَشِيُّ»: لم يروِ عنه إِلَّا ابنُه سعيدُ بنُ المسيِّبِ. **وفِي البخاري**: (مِرداسُ بنُ مَالك الأسْلَميُّ)، لم يَرو عَنه إلَّا قَيسُ بنُ أبي حازم، و«عمرُو بنُ تَغْلِب الكِنْدِيُّ»: لم يَروِ عنه إِلَّا الحسنُ البصرِيُّ. **وفِي مسلِمٍ**: (رَبيعةُ بنُ كَعب الأَسلميُّ)، لم يَرو عَنه إلَّا أبو سَلمةَ بنُ عَبدِ الرَّحمَن، **وفِي غيرهما**: «عامرُ بنُ شهرٍ الهَمْدَانِيُّ»: لم يروِ عنه إِلَّا الشَّعْبِيُّ. كما قِيلَ.

ومِن هُنا؛ تَعلَم أنَّ الحاكِمَ حِين ذَكرَ أنَّ الشيخَين لَم يَرويا لمَن هذه حَالُه قد أَخطأَ كُلَّ الخَطإِ، وغَفلَ غفلةً شديدةً عمَّا هو ثابتٌ بالوجُودِ فِي الكتابَين.

مَنْ لَمْ يَروِ إِلَّا حَدِيثًا وَاحِدًا

وَلِلْبُخَـــارِيِّ كِتَـــابٌ يَحْـــوِي ... مَـــنْ غَـــيْرَ فَـــرْدٍ مُـــسْنَدٍ لَـــمْ يَـــرْوِ

وَهْـــوَ شَـــبِيهُ مَـــا مَـــضَى وَيَفْـــتَرِقْ ... كُلٌّ بِـــأَمْرٍ فَدِرَايَـــةٌ تَـــحِقّْ

مِثْـــلُ: «أُبَيِّ بْـــنِ عِمَـــارَةٍ» رَوَى ... فِي الخُفِّ لَا غَيْرُ، فَكُنْ مِمَّنْ حَـوَى

صنَّفَ الإِمَامُ البُخاريُّ كِتَابًا مفردًا فِي (مَن لَم يَروِ إلَّا حديثًا واحِدًا)، كـ(أُبَيِّ ابنِ عِمارةَ المَدنِيِّ)، له حديثٌ واحِدٌ فِي (المَسحِ علىٰ الخُفَّينِ).

وبيْنَه وبيْنَ (الوُحدانِ) فرقٌ؛ فإِنَّه قَد يَكونُ رَوىٰ عَنه أكثرُ مِن واحِدٍ، وليسَ له إلَّا حديثٌ واحِدٌ، وقد يكونُ رُويَ عَنه غيرُ حديثٍ، وليسَ له إلَّا رَاوٍ واحِدٌ؛ وذلكَ موجودٌ مَعروفٌ.

مَنْ لَمْ يَرْوِ إِلَّا عَنْ وَاحِدٍ

وَمِـــنْهُمُ مَـــنْ لَـــيْسَ يَـــرْوِي إِلَّا ... عَـــنْ وَاحِـــدٍ، وَهْـــوَ ظَرِيـــفٌ جَـــلَّا

كَابْـنِ أَبِي العِـشْرِينَ عَـنْ أَوْزَاعِي ... وَعَـنْ عَـلِي عَاصِـمُ فِي الأَتْبَـاعِ

وَابْـنِ أَبِي ثَـورٍ عَـنِ الحَـبْرِ وَمَـا ... عَنْـهُ سِـوَى الزُّهْـرِيِّ؛ فَـرْدٌ بِـهِمَا

ومِن الرُّواةِ أيضًا (مَن لَم يروِ إلَّا عن شيخ واحِدٍ) ليسَ لَه شَيخٌ غيرُه؛ كـ(أبي العشرين عبدِ الحَميدِ بنِ حَبيبٍ)، لا يَروي إلَّا عن عبدِ الرَّحمَن بنِ عَمرِو الأَوْزاعيِّ. وكـ(عاصِم بن ضَمْرةَ)، وليس له رِوايةٌ إلَّا عن عليِّ بنِ أبي طالِبٍ.

ورُبَّما كَان الرَّاوي مِن الوُحدانِ، ومِن هذا النَّوعِ أيضًا؛ فلَم يَرو عَنه إلَّا واحِدٌ، ولَم يَرو هو إلَّا عن واحِد، كـ(ابنِ أبي ثورٍ) ليس لَهُ روايةٌ إلَّا عن الحَبْرِ عبدِ اللهِ بنِ العبَّاسِ، ولم يروِ عَنْه سِوىٰ ابن شهابٍ الزهريِّ. وكـ(سعيدِ بنِ بشيرٍ الأَنْصاريِّ النَّجَّاريِّ) فإنَّه رَوىٰ عن محمَّدِ بنِ عبدِ الرَّحمنِ بنِ البَيْلَمانِيِّ، ورَوىٰ عنه اللَّيثُ بنُ سعدٍ، ولَم يَروِ عنه غيرُه.

مَنْ أُسْنِدَ عَنْهُ مِنَ الصَّحَابَةِ الذِينَ مَاتُوا فِي حَيَاتِهِ ﷺ

وَاعْـنَ بِمَـنْ قَـدْ عُـدَّ مِـنْ رُوَاتِـهِ ... مَـعْ كَوْنِـهِ قَـدْ مَـاتَ فِي حَيَاتِـهِ

يُـدْرَى بِـهِ الإِرْسَـالُ، نَحْـوُ جَعْفَـرِ ... وَحَمْـزَةٍ خَدِيجَـةٍ؛ فِي أُخَـرِ

بعض الصَّحابةِ تُوفُّوا فِي حياةِ النَّبيِّ ﷺ، كجَعفرِ بنِ أبي طالبٍ وحمزةَ بنَ عبدِ المطَّلبِ وخَديجةَ، وقد تُروَىٰ عنهم أحاديثُ، وقد يكونُ الرَّاوي عنهم تابعيًّا، فيُحكَمُ علىٰ روايتِه عنهُم بالإرسالِ، لأنَّه لَم يُدرِك النَّبيَّ ﷺ، فأولَىٰ ألَّا يدرِكَ مَن تُوفِّيَ قبلَه.

مَنْ ذُكِرَ بِنُعُوتٍ مُتَعَدِّدَةٍ

وَأَلَّـفَ الأَزْدِيُّ فِـيمَنْ وُصِـفَا ... بِغَـيْرِ مَـا وَصْـفٍ إِرَادَةَ الخَفَـا

وَهْـوَ عَـوِيصٌ عِلْمُـهُ نَفِـيسُ ... يُعْـرَفُ مِـنْ إِدْرَاكِـهِ التَّـدْلِيسُ

مِثَالُهُ: مُحَمَّدُ المَصْلُوبُ   خَمْسِينَ وَجْهًا اسْمُهُ مَقْلُوبُ

مِن مُلحَقاتِ الأنسابِ: (مَعرفةُ مَن ذُكِرَ بنُعوتٍ مُتعدِّدةٍ)، فرُبَّما وُصفَ الرَّاوي الواحدُ بأوصافٍ مُتعدِّدةٍ، مِن أسماءٍ وكنًى وألقابٍ وأنسابٍ: إمَّا مِن جماعةٍ ممَّن يَروي عنه؛ بأن يَصفَه كلُّ واحدٍ مِنهم بوصفٍ، وإمَّا مِن شخصٍ واحدٍ يَقصِدُ إلى إخفائِه، أو إيهامِ كثرةِ شيوخِه، فيَذكرُه مرَّةً بِهذا ومرَّةً بِهذا.

ومعرفةُ ذلكَ ممَّا لا يَنبغي التَّساهلُ فيه، وهو معَ ذلكَ فنٌّ عَويصٌ يَصعُبُ على كثيرٍ مِن المحصِّلين وأهلِ النَّظرِ، بَلْهَ البُسطاءَ والمبتدِئين. وله فَوائدُ عَظيمةٌ جدًّا، مِنها: أن يُعرفَ به تَدليسُ الرَّاوي.

مثالهُ: محمدُ بنُ قيسٍ الشاميُّ المَصلوبُ فِي الزَّندَقَةِ؛ فإنَّ اسمَه قد قُلِبَ عَلَى خَمسينَ وجهًا، وقيلَ: قُلِبَ عَلَىٰ أكثَرَ مِنْ مائةِ وجهٍ. فقيلَ فِيه: مُحمَّدُ بنُ سَعيدٍ، وَقيلَ: مُحمَّدٌ مَوْلَىٰ بَني هاشِمٍ، وقيلَ: مُحمَّدُ بنُ قَيْسٍ، وقيلَ: مُحمَّدُ بنُ الطَّبريِّ، وقيلَ غيرُ ذلكَ.

أَفْرَادُ العَلَمِ

وَالبَرْذَعِي صَنَّفَ «أَفْرَادَ العَلَمْ»   أَسْمَاءً اوْ أَلْقَابًا اوْ كُنًى تُضَمّْ

كَـ«أَجْمَدٍ» وَكَـ«جُبَيْبٍ» «سَنْدَرِ»   وَ«شَكَلٍ» «صُنَابِحِ بْنِ الأَعْسَرِ»

«أَبِي مُعَيْدٍ» وَ«أَبِي المُدِلَّهْ»   «أَبِي مُرَايَةَ» اسْمُهُ عَبْدُ اللهْ

«سَفِينَةٍ» مِهْرَانَ ثُمَّ «مِنْدَلِ»   بِالكَسْرِ فِي المِيمِ وَفَتْحُهَا جَلِي

الأسماءُ المُفرَدةُ: المرادُ بِها: (العَلَمُ الذي لَم يُطلَق إلَّا علىٰ واحدٍ مِنهم)؛ سواءٌ أكانَت أسماءً أم ألقابًا أم كنًى. وقد صنَّفَ فيهِ الحافظُ أبو بكرٍ أحمدُ بنُ هارونَ البرذعيُّ كتابًا مفردًا. ومَعرفةُ ذلكَ ممَّا تَدعو الحاجةُ إليه مخافةَ التَّصحيفِ

والتَّحريفِ؛ لا سيَّما عندَ اشتباهِ الرَّسمِ وتقارُبِ الحروفِ.

فمِن الأسماءِ: (أَجمَدُ)- بالجيم، خِلافًا لمَن ضبطَه بالحاءِ المهمَلةِ- ابنُ عُجيانَ- بوزنِ سُفْيانَ، وقِيلَ: بوزنِ عُلَيَّانَ- صحابيٌّ هَمْدانِيٌّ. **ومِنهم**: (جُبَيبٌ) ابنُ الحارثِ، صحابيٌّ أيضًا، وصحَّفَه ابنُ شاهِينَ فجعلَه بالخاءِ المعجَمةِ. **ومِنهم**: (سَنْدَرٌ) الخَصيُّ، مَولَىٰ زِنْباعِ الجُذاميِّ. **ومِنهم**: (شَكَلٌ)- بفتحتَين- ابنُ حُميدٍ العَبْسيُّ. ومِنهم: (صُنَابِح) ابنُ الأَعْسرِ البَجَليُّ الأَحْمَسيُّ.

ومِن الكُنىٰ: (أبو مُعَيدٍ) حفصُ بنُ غَيلانَ. **ومنهم**: (أبو المُدِلَّةِ) عُبيدُ اللهِ بنُ عبدِ اللهِ. **ومنهم**: (أبو مُرَايةَ) عبدُاللهِ بنُ عمرٍو العجليُّ.

ومِن الألقابِ: (سَفِيْنة) مَولَىٰ رَسولِ اللهِ ﷺ، قيلَ: اسمُه مِهرانُ، وقيلَ غيرُ ذلكَ. **ومِنهم**: (مِندَلٌ)- بكسرِ الميمِ، ورجَّحَ ابنُ ناصرٍ فتحَها، وقيلَ مثلَّثُ الميمِ- واسمُه: عمرُو بنُ عليٍّ العَنَزيُّ الكُوفِيُّ.

الأَسْمَاءُ وَالكُنَى

وَاعْـنَ بِالأَسْـمَا وَالكُـنَى، فَرُبَّمَـا — يُظَـنُّ فَـرْدٌ عَـدَدًا تَوَهُّمَـا
فَتَـارَةً يَكُـونُ الِاسْـمَ الكُنْيَـهْ — وَتَـارَةً زَادَ عَلَى ذَا كُنْيَـهْ
وَمَـنْ كُـنِي وَلَا نَـرَى فِي النَّـاسِ — اسْـمًا لَهُ نَحْـوُ «أَبِي أُنَـاسِ»
وَتَـارَةً تَعَـدَّدُ الكُـنَى، وَقَـدْ — لُقِّـبَ بِالكُنْيَـةِ مَـعْ أُخْـرَى وَرَدْ
وَمِـنْهُمُ مَـنْ فِي كُنَـاهُمُ اخْتُلِـفْ — لَا اسْـمٍ، وَعَكْـسُهُ، وَذَيْـنِ، أَوْ أُلِـفْ
كِلَاهُمَـا، وَمِـنْهُمُ مَـنِ اشْـتَهَر — بِكُنْيَـةٍ أَوْ بِاسْـمِهِ؛ إِحْـدَى عَـشَرْ

يَنبغي للمحدِّثِ أن يَعتنيَ بِمعرفةِ أسماءِ مَن اشتَهروا بكُناهم وكُنىٰ مَن اشتَهروا بأسمائِهم؛ فإنَّ ذلكَ ممَّا تَدعو حاجتُه إليه؛ لئلَّا يَتوهَّم أنَّ الرَّاويَ الواحدَ اثنان إذا

وَجدَه قد ذُكرَ مرَّةً باسمِه ومرَّةً بكُنيتِه أو لقبِه، ونحوَ ذلكَ.

وهذا النَّوعُ علىٰ أقسامٍ، ذَكرَ ابنُ الصَّلاحِ منها أحدَ عشرَ نوعًا، وتبعه العراقيُّ فِي «الألفية»، وزادَ ابنُ حجرٍ أَنواعًا أُخْرىٰ، وتَبعَهُ السُّيوطيُّ فذكَرَها، وقَد بلغَ مَجموعُ ما ذَكَروه واحدًا وعِشرينَ نوعًا:

الأوَّلُ: أن يكونَ الاسمُ هو الكُنيةَ، ولا كنيةَ له غيره؛ كـ(أبي بلالٍ الأشعَريِّ).

الثَّانِي: أن يكونَ الاسمُ هو الكُنيةَ، وله كُنيةٌ أُخرَىٰ، كـ(أبي بكرِ بنِ عبدِ الرَّحمنِ)، أحدِ الفقهاءِ السَّبعةِ: اسمُه أبو بكرٍ، وكنيتُه أبو عبدِ الرَّحمنِ.

الثَّالثُ: أن تكونَ له كنيةٌ معروفةٌ بينَ النَّاسِ، ولا يَدرُون أهي اسمُه أم له اسمٌ سِواها؛ كـ(أبي أُنَاسٍ) الصَّحابيِّ الكِنانِيِّ، وقيلَ: الدِّيليُّ.

الرَّابعُ: أنْ تَتعدَّدَ الكُنَىٰ، كـ(ابنِ جُرَيجٍ): أبي الوليدِ، وأبي خالدٍ.

الخامسُ: أن تكونَ الكُنيةُ بحسَبِ الظَّاهرِ لقبًا فِي الحَقيقةِ، وتكونَ له كُنيةٌ أُخرَىٰ واسمٌ؛ كـ(عليِّ بنِ أبي طالبٍ): يُلقَّبُ أبا تُرابٍ، وكُنيتُه أبو الحسَنِ.

السَّادسُ: مَن اختُلفَ فِي كنيتِه بعدَ الاتِّفاقِ علىٰ اسمِه؛ كـ(أسامةَ بنِ زيدٍ)، قيلَ: أبو زيدٍ، وقيلَ: أبو محمَّدٍ، وقيلَ: أبو عبدِ اللهِ، وقيلَ: أبو خارجةَ.

السَّابعُ: مَن اتُّفِقَ علىٰ كُنيتِه واختُلفَ فِي اسمِه؛ كـ(أبي هُرَيرةَ): اتَّفقوا علىٰ كُنيتِه، واختَلفوا فِي اسمِه واسمِ أبيه علىٰ نحوِ ثلاثِين أو أربَعين وَجهًا.

الثَّامنُ: مَن اختُلفَ فِي كُنيتِه واسمِه جميعًا، كـ(سَفِينةَ مَولَىٰ النَّبيِّ ﷺ)؛ فإنَّ هذا لَقبٌ لقَّبَه به ﷺ، واختُلفَ فِي اسمِه: فقيلَ: عُمَيرٌ، وقيلَ: صالحٌ، وفِي كُنيتِه: فقيلَ: أبو عبدِ الرَّحمنِ، وقيلَ: أبو البَخْتَرِيِّ، وقيلَ غيرُ ذلكَ فيهما.

التَّاسعُ: أن تكونَ له كُنيةٌ معروفةٌ واسمٌ معروفٌ، واشتَهرَ بِهما جميعًا، ولَم يَختلفوا فِي واحدٍ مِنهما، كـ(الخُلفاءِ الأربعةِ).

العاشرُ: أنْ يكونَ له اسمٌ وكُنيةٌ مَعروفان، ولا خلافَ فِي أحدِهما، ولكنَّ شُهرته بالكُنيةِ دونَ الاسمِ؛ كـ(أبي إدريسَ الخَوْلانِيِّ عائذِ اللهِ).

الحادِي عشرَ: أن تكونَ له كُنيةٌ معروفةٌ واسمٌ معروفٌ، ولا خِلافَ فِي أحدِهما، ولكنَّ شُهرتَه بالاسمِ دونَ الكُنيةِ، كـ(عبدِ الرَّحمنِ بنِ عَوفٍ)، و(طَلْحةَ بنِ عُبيدِ اللهِ)، وكنيتُهما جميعًا: أبو عبدِ اللهِ.

أَنْوَاعٌ عَشَرَةٌ مِنَ الأَسْمَاءِ وَالكُنَى مَزِيدَةٌ عَلَى ابْنِ الصَّلَاحِ وَالأَلْفِيَّةِ

وَأَلَّفَ الخَطِيبُ فِي الَّذِي وَفَا كُنْيَتُهُ مَعَ اسْمِهِ مُؤْتَلِفَا

مِثْلُ «أَبِي القَاسِمِ» وَهْوَ «القَاسِمُ» فَذَاكِرٌ بِوَاحِدٍ لَا وَاهِمُ

الثَّانِي عشرَ: أن تكونَ للرَّاوي كُنيةٌ مَعروفةٌ واسمٌ مَعروفٌ، وكنيتُه موافِقةٌ لاسمِه، مثلُ: (أبي القاسمِ القاسمُ بنُ محمَّدِ بنِ أحمدَ بنِ محمَّدِ بنِ سُليمانَ بنِ الطَّيْلَسان الأَوْسيُّ حافظُ الأندلسِ).

وَفِي الَّذِي كُنْيَتُهُ قَدْ أَلِفَا اسْمَ أَبِيهِ؛ غَلَطٌ بِهِ انْتَفَى

نَحْوُ «أَبِي مُسْلِمِ ابْنِ مُسْلِمِ» هُوَ «الأَغَرُّ المَدَنِيُّ» فَاعْلَمِ

الثالثَ عشرَ: أن تكونَ للرَّاوي كُنيةٌ واسمٌ معروفان، وتكونَ كُنيتُه موافقةً لاسمِ أبيهِ، مثلُ: (أبي مُسْلمٍ الأغَرِّ بنِ مُسْلمٍ المَدنيِّ).

وَأَلَّفَ الأَزْدِيُّ عَكْسَ الثَّانِي نَحْوُ «سِنَانِ بْنِ أَبِي سِنَانِ»

الرَّابعَ عشرَ: أن يكونَ للرَّاوي اسمٌ معروفٌ ولأبيهِ كُنيةٌ، واسمُه يوافِقُ كنيةَ أبيهِ، مثلُ: (سِنانِ بن أبي سِنانٍ الأسديِّ)، ومثل: (مَعْقلِ بنِ أبي مَعْقلٍ)، ومثلُ: (أَوْسِ بنِ أبي أَوْسٍ).

وَأَلَّفُوا مَنْ وَرَدَتْ كُنْيَتُهُ وَوَافَقَتْهُ كُنْيَةً زَوْجَتُهُ
مِثْلُ «أَبِي بَكْرٍ» وَ«أُمِّ بَكْرِ» كَذَا «أَبُو ذَرٍّ» وَ«أُمُّ ذَرِّ»

الخامسَ عشرَ: أن تكونَ للرَّاوي كُنيةٌ ولزوجتِه كُنيةٌ، توافِقُ كُنيتُه كُنيةَ زوجتِه، مثلُ: (أبي ذَرٍّ وأمِّ ذَرٍّ)، ومثلُ: (أبي بكرٍ الصِّدِّيقِ وزوجِه أمِّ بكرٍ)، وكانَت زوجُه فِي الجاهليَّةِ، ولَم يَصحَّ إسلامُها.

وَفِي الَّذِي وَافَقَ فِي اسْمِهِ الأَبَا نَحْوُ «عَدِيٍّ بْنِ عَدِيٍّ» نَسَبَا
وَإِنْ يَزِدْ مَعْ جَدِّهِ فَحَسِّنِ كَـ«الحسنِ بْنِ الحَسَنِ بْنِ الحَسَنِ»

السَّادسَ عشرَ: أن يكونَ للرَّاوي اسمٌ معروفٌ، ولأبيهِ اسمٌ كذلكَ، ويَتوافقُ الاسمان، كَـ(الحجَّاجِ بنِ الحجَّاجِ الأسْلَميِّ)، و(عَديِّ بنِ عَديِّ الكِنديِّ)، و(حُجْرِ ابنِ حُجْرٍ الكَلاعيِّ). فإن تَوافقَ اسمُه واسمُ أبيهِ واسمُ جدِّه؛ فهو حسنٌ، مثلُ: (الحسنِ بنِ الحسنِ بنِ الحسنِ بنِ عليِّ بنِ أبي طالبٍ).

أَوْ شَيْخَهُ وَشَيْخَهُ قَدْ بَانَا «عِمْرَانُ عَنْ عِمْرَانَ عَنْ عِمْرَانَا»

السَّابعَ عشرَ: أن يَتَّفقَ اسمُ الرَّاوي واسمُ شيخِه وشيخِ شيخِه، كَـ(عِمْرانَ القَصيرِ، عن عِمْرانَ أبي رجاءٍ العُطارِديِّ، عن عِمْرانَ بنِ حُصَينٍ الصَّحابيِّ).

أَوِ اسْمُ شَيْخٍ لِأَبِيهِ يَأْتَسِي «رَبِيعُ بْنُ أَنَسٍ عَنْ أَنَسِ»

الثَّامنَ عَشرَ: أن يَتَّفقَ اسمُ أبي الرَّاوي معَ اسمِ شيخِه، مثلُ: (الرَّبيعِ بنِ أنسٍ البَكريِّ، عن أنسِ بنِ مالكٍ الأنصاريِّ). وقد يَظُنُّ مَن لا علمَ له أنَّ الرَّاويَ يَروي عن أبيه، وليسَ كذلكَ.

أَوْ شَيْخُهُ وَالرَّاوِ عَنْهُ الجَارِي يَرْفَعُ وَهْمَ القَلْبِ وَالتَّكْرَارِ

مِثْلُ «البُخَارِي رَاوِيًا عَنْ مُسْلِمِ ... وَمُسْلِمٌ عَنْهُ رَوَى»؛ فَقَسِّمِ
وَفِي «الصَّحِيحِ» قَدْ رَوَى «الشَّيْبَانِي ... عَنِ ابْنِ عَيْزَارٍ عَنِ الشَّيْبَانِي»

التَّاسعَ عشرَ: أن يَتَّفقَ اسمُ شيخِ الرَّاوي معَ اسمِ تلميذِه، مثلُ: (البُخاريِّ)، رَوىٰ عن مُسْلمِ بنِ إبراهيمَ الفَراديسيِّ، وروىٰ عن البُخاريِّ مُسْلمُ بنُ الحجَّاجِ القُشَيريُّ صاحبُ «الصَّحيحِ»، فقد يَظُنُّ مَن لا علمَ له إذا سمِعَ: (حدَّثَنا مُسْلمٌ، عن البُخاريِّ، عن مُسْلمٍ) أنَّ هذا إسنادٌ مُقلوبٌ، أو تكرَّرَ فيه بعضُ الأسماءِ، وليسَ كذلكَ.

ووَقعَ فِي «صَحيحِ البُخاريِّ»: (عن الشَّيبانِيِّ، عن الوليدِ بن عَيْزارٍ، عن الشَّيبانِيِّ، عن ابنِ مَسعودٍ)؛ فالشَّيبانِيُّ الأوَّلُ هو: أبو إسحاقَ سُليمانُ بنُ فَيروزَ الكُوفِيُّ، والثَّانِي هو: أبو عَمرٍو سعدُ بنُ إياسٍ.

أَوِ اسْمُهُ وَنَسَبٌ فَادَّكِرِ ... كَـ«حِمْيَرِيِّ بْنِ بَشِيرِ الحِمْيَرِي»
وَمَنْ بِلَفْظِ نَسَبٍ فِيهِ سُمِي ... مِثَالُهُ: «المَكِّيُّ» ثُمَّ «الحَضْرَمِي»

العِشرُونَ: أن يَتَّفقَ اسمُ الرَّاوي ونسَبُه، مثلُ: (حِمْيَريِّ بنِ بَشيرٍ الحِمْيَريِّ).

الحَادي والعِشرونَ: أن يكونَ اسمُ الرَّاوي بصورةِ لَفظِ النَّسبِ، سواءٌ أكانَ نَسبَه أم لَم يكُن. مثالُه: (المكِّيُّ بنُ إبراهيمَ البَلْخيُّ)، ومثلُ: (الحَضْرميِّ، والدِ العَلاءِ بنِ الحَضْرميِّ)، ومثلُ: (حَرَميِّ بنِ عُمارةَ).

الأَلْقَابُ

وَاعْنَ بِالالقَابِ؛ لِمَا تَقَدَّمَا ... وَسَبَبِ الوَضْعِ، وَأُلِّفْ فِيهِمَا
كَـ«عَارِمٍ» وَ«قَيْصَرٍ» وَ«غُنْدَرِ» ... لِسِتَّةٍ مُحَمَّدُ بْنُ جَعْفَرِ
وَ«الضَّالِ» وَ«الضَّعِيفِ» سَيِّدَانِ ... وَيُونُسَ «القَوِيِّ» ذُو لِيَانِ

وَيُـونُسَ «الصَّـدُوقِ» وَهْـوَ مُـوهِنُ وَيُـونُسَ «الكَـذُوبِ» وَهْـوَ مُـتْقِنُ

يَنبغي للمحدِّثِ أن يَعرفَ (ألقابَ الرُّواةِ)، واللَّقبُ: عِبارةٌ عن وَصفٍ بمَدحٍ أو بذَمٍّ غلَبَ علىٰ صاحبِه، وكذلكَ أن يَعرفَ أسبابَ إطلاقِها عليهم؛ فإنَّ مَن لَم يَعرف ذلكَ يَقع فِي الوَهَمِ، فقد يُذكَرُ الرَّاوي مرَّةً باسمِه ومرَّةً بلقبِه، فإن لَم يَعرف أنَّ هذا لَقبٌ لصاحبِ هذا الاسمِ اعتبَرَهما شخصَين.

ومن الألْقَابِ: «عَارِمٌ» وهُوَ لقبُ أبي النعمانِ محمدِ بنِ الفَضْل السَّدُوسِيِّ. **ومنها**: «قَيصَرُ» وهُوَ لقبُ أبي النَّضرِ هاشمِ بنِ عبدِ القَاسمِ. **ومنها**: «غُنْدَرٌ» وهُوَ لقبٌ لِستَّةٍ من العُلَماءِ كلُّ واحدٍ منهم اسمُه (محمدُ بنُ جعفرٍ).

ومِن الألقابِ ما يَدُلُّ ظاهرُه علىٰ صفةٍ مِن صفاتِ قَبولِ الحديثِ أو ردِّه، ومعَ هذا فحالُ الرَّاوي يَتنافَىٰ معَ ظاهرِ هذا اللَّقبِ، فإذا لَم يَعرف المحدِّثُ أسبابَ إطلاقِ اللَّقبِ وقعَ فِي الخطإِ والوَهَمِ.

فمِنها: «الضَّالُّ» لقبُ معاويةَ بنِ عبدِ الكريمِ، ضَلَّ فِي طريقِ مكَّةَ فلُقِّبَ بذلكَ.

ومِنها: «الضَّعيفُ» لقبُ عبدِ اللهِ بنِ محمَّدٍ الضَّابطِ المتقنِ، كانَ ضعيفَ الجسمِ فلُقِّبَ بذلكَ، ولَم يكُن ضعيفًا فِي الحديثِ.

ومِنها: «القويُّ» لقبُ يونسَ بنِ يزيدَ الذي يَروي عن التَّابعِين، كانَ قويًّا فِي عبادتِه كثيرَ الطَّوافِ فلُقِّبَ بذلكَ، وكانَ فِي حديثِه لِينٌ.

ومِنها: «يونسُ الكَذوبُ»، معاصِرٌ للإمامِ أحمدَ، وكانَ حافظًا متقِنًا لا وَهَنَ فيه.

ومِنها: «يونسُ الصَّدوقُ»، مَن صغارِ التَّابعِين، وفِي حديثِه ضعفٌ بل هو كَذَّابٌ، وقالَ الذَّهبيُّ: «ومِنهم مَن يقولُ فيه (الصَّدوقُ) علىٰ سبيلِ التَّهكُّمِ».

المُؤْتَلِفُ وَالمُخْتَلِفُ

خَطًّا، وَلَكِـنْ لَفْظُـهُ قَـدِ اخْتَلَـفْ أَهَـمُّ أَنْـوَاعِ الحَـدِيثِ مَـا ائْتَلَـفْ

وَجُلُّـــهُ يُعْـــرَفُ بِالنَّقْـــلِ وَلَا ... يُمْكِـــنُ فِيـــهِ ضَـــابِطٌ قَـــدْ شَـــمَلَا

أَوَّلُ مَـــنْ صَـــنَّفَهُ عَبْـــدُ الغَـــنِي ... وَالذَّهَـــبِيُّ آخِـــرًا، ثُـــمَّ عُـــنِي

بِـالجَمْعِ فِيـهِ الحَـافِظُ ابْـنُ حَجَـرِ ... فَجَــاءَ أَيَّ جَــامِعٍ مُحَــرَّرِ

المؤتلِفُ والمختلِفُ: هو ما يَتَّفِقُ مِن الأسماءِ خطًّا، ويَختلفُ نُطقًا، سواء كانَ مَرجعُ الاختلافِ: النَّقْطَ أو الشَّكْلَ.

وهو فنٌّ جليلٌ، يَقبُحُ جهلُه بأهلِ العلمِ، لا سيَّما أهلُ الحديثِ، ومَن لَم يَعرفه يكثُرْ خطؤُه، ويَفتضِحْ بينَ أهلِه. قالَ عليُّ بنُ المَدينيِّ: «أشَدُّ التَّصحيفِ ما يَقعُ فِي الأسماءِ». وذلكَ أنَّه شيءٌ لا يَدخلُه القِياسُ، ولا قَبْلَه ولا بَعْدَه شيءٌ يَدُلُّ عليه.

وأَوَّلُ أفردَه بالتَّصنيفِ الحافظُ عبدُ الغني بنُ سعيدٍ المصريُّ الأزديُّ؛ إذ جمعَ فِيهِ كِتَابينِ أحدُهما فِي مُشْتَبِه الأَسْماءِ، والثَّانِي فِي مُشْتَبهِ النِّسْبَةِ.

ويعتبَرُ كتابُ أبي نصرِ ابنِ مَاكُولَا «الإكمالُ فِي رَفْع الارتيابِ عنِ المؤتلِفِ والمختَلِفِ فِي الأَسماءِ والكُنىٰ والأَنْسابِ» مِن أَجْمعِ كُتُبِ الفَنِّ، وهُوَ العُمْدةُ وعليه مُعوَّلُ أهلِ الحَديثِ.

وجَمَعَ الحافِظُ أَبو عَبدِ الله الذَّهبيُّ مُختصرًا سمَّاه «المُشْتَبِهُ فِي الرِّجَالِ، أَسمائِهم وأَنسابِهِم» لكنَّه مفرطٌ فِي الاختصارِ، واعتمد فِيهِ علىٰ ضبط القَلَم، وهو لَا يُؤمَنُ التَّحْريفُ عَلَيْهِ. وأهمُّ مَا جُمِعَ فيه كتابُ الحافظِ ابنِ حجرٍ العَسْقَلانِيِّ، وهُوَ كتابٌ جامعٌ محرَّرٌ، واسمه «تبصيرُ المُنْتَبه، بتَحْريرِ المُشْتَبهِ».

وَهَـــذِهِ أَمْثِلَـــةٌ مِمَّـــا اخْتَـــصَرْ ... ابْـــنُ الـــصَّلَاحِ مَـــعْ زَوَائِـــدَ أُخَـــرْ:

بَكْرِيُّـــهُمْ وَابْـــنُ شُرَيْـــحٍ «أَسْـــفَعُ» ... وَجَـــاهِلِيُّونَ، وَغَـــيْرٌ «أَسْـــقَعُ»

«أَسْفَعُ» بالسِّينِ المهمَلةِ والفاءِ الموحَّدةِ: أسفعُ البَكرِيُّ، وأسفعُ بنُ شُرَيح،

وجماعةٌ جَاهِليُّون. وغَيْرهُم: «أَسْقَعُ» بالقَافِ المثناةِ بدلَ الفاءِ المُوحَّدةِ.

«أُسَيْدُ» بِالضَّمِّ وَبِالتَّصْغِيرِ ... أَبْنَا أَبِي الجَدْعَاءِ وَالحُضَيْرِ
وَأَخْنَسٍ أُحَيْحَةٍ وَثَعْلَبَهْ ... وَابْنُ أَبِي إِيَاسٍ فِيمَا هَذَّبَهْ
وَرَافِعٍ سَاعِدَةٍ وَزَافِرِ ... كَعْبٍ وَيَرْبُوعٍ ظُهَيْرٍ عَامِرِ
ثُمَّ أَبُو عُقْبَةَ مَعْ تَمِيمِ ... وَجَدُّ قَيْسٍ صَاحِبٍ تَمِيمِي
وَاكْنُ «أَبَا أُسَيْدٍ» الفَزَارِي ... وَابْنَا عَلِي وَثَابِتٍ بُخَارِي

«أُسَيْدُ» بالتَّصغِير اسمُ جَماعةٍ، وهُم ابنُ أبي الجَدْعاءِ، وابنُ الحُضَيرِ، وابنُ أَخْنَس، وابنُ أُحَيْحَة الجُمَحِي، وابنُ ثَعْلَبة، وابنُ أَبي إياسٍ- كذا وفِي التَّبصِير: (أُنَاس) بالنُّونِ، وقيلَ: (أَسِيد) بالفَتْح - وابنُ رافعِ بنِ خُدَيج- وقيلَ بالتَّكْبير- وابنُ ساعِدَة بنِ عاصِمٍ الأنصاريُّ الحارثيُّ، وابنُه يزيدُ، وابنُ زافِرٍ وَالِي إِرْمِينَةَ، وابنُه يزيدُ، وابنُ كعبٍ القُرَظيُّ، وابنُ يَرْبُوع السَّاعِديُّ، وابنُ ظُهَيرِ بنِ رافعٍ الأنصاريُّ الحارثيُّ، وابنُ عامرِ بنِ سلمِ بنِ تيمٍ جدُّ أبي صالحٍ مُحَمَّدِ بنِ عِيسَىٰ الكاتبِ الذُّهليِّ أحدِ الحُفَّاظِ.

ومِن الآباءِ: وَالدُ عُقبةَ، وهُو الصَّدَفيُّ، تابعيٌّ، ووالدُ تَميمٍ، وهُو أبو رِفاعةَ الصَّحابيُّ، وجدُّ قيسٍ - الصَّحابيِّ التَّميميِّ - ابنِ عاصِمِ بنِ أُسَيدِ بنِ جَعُونةَ.

ومِن الكُنَىٰ: أبو أُسَيدٍ الفَزاريُّ، وأبو أُسَيدٍ ابنُ عَليِّ بنِ مالكٍ الأَنْصاريُّ، وأبو أُسَيدٍ عبدُ الله بنُ ثابتٍ الأَنْصاريُّ.

تَنْبيهٌ: قَوْلُه: (بُخَارِي) لَعلَّه مُصَحَّفٌ مِنْ (نَجَّارِي). والله أعلَمُ.

ثُمَّ ابْنُ عِيسَى وَهْوَ فَرْدٌ «أَمَنَهْ» ... وَغَيْرُهُ «أُمَيَّةٌ» أَوْ «آمِنَهْ»

«أَمَنَة»- بالفَتْح وتَخْفيفِ النُّونِ- ابنُ عِيسَىٰ. وبالمَدِّ وكَسْرِ المِيمِ: «آمِنَة» أُمُّ

النَّبيِّ ﷺ. وأبو آمِنَة، له صُحْبةٌ. وآمِنَة جَماعةُ نِسْوةٍ. أمَّا «أُمَيَّة» فكثيرٌ.

مُحَمَّـدُ بْـنُ «أَتَـشٍ» الـصَّنْعَانِي ... بِالتَّــاءِ وَالــشِّينِ بِـلَا تَــوَانِ

مُحَمَّدُ بنُ «أَتَش» - بالتَّاءِ والنُّونِ - الصَّنعانِيُّ، مِن أَقْرانِ عبدِ الرَّزَّاقِ. وأَخُوه عليُّ بنُ أَتَش. أمَّا «أَنَس» فكثيرٌ.

«أَثْـوَبُ» نَجْـلُ عُتْبَـةٍ وَالأَزْهَـرِ ... وَوَالِدُ الحَـارِثِ، ثُـمَّ اقْتَـصِرِ

«أَثْوَب» - بسُكُونِ المُثلَّثةِ وفَتْح الواوِ - ابنُ عُتْبَةَ، قيلَ: له صُحْبةٌ. وابنُ أَزْهر، أَخُو بني جَنابٍ، وهُو زَوْجُ قَيْلَةَ بنتِ مَخْرمةَ الصَّحابِيَّةِ. والحارِثُ بنُ أَثْوَب، رأىٰ عليًّا. قالَ ابنُ ماكُولا: إنَّما هُو «ثُوَب» بلا ألفٍ. وأمَّا «أَيُّوب» فكثيرٌ.

وَأَبَــوَا عَالِيَــةٍ وَمَعْــشَرِ ... أُذَيْنَــةٌ حَمَّــادُ «بَـرَّاءُ» اذْكُـرِ

«البَرَّاء» - بفَتْح الباءِ وتَشْديدِ الرَّاءِ - أَبو العالِيَةِ، وأَبو مَعْشَر، وأُذَيْنةُ، وحَمَّادُ بنُ سَعيدٍ المَازِنيُّ، رَوىٰ عنهُ الأعْمَشُ. وأمَّا «البَرَاء» - بالفَتْح وتَخْفيفِ الرَّاءِ - فجماعةٌ. وقد يكُونُ (أُذَيْنَةُ) هُو (أبا العَالِيَةِ)، فَقَد قِيلَ ذلكَ فِي اسْمِه.

إِلَى بُخَـارَى نِـسْبَةُ «البُخَـارِي» ... وَمَـنْ مِـنَ الأَنْـصَارِ فَـ«النَّجَّـارِي»

وَلَـيْسَ فِي الـصَّحْبِ وَلَا الأَتْبَـاعِ ... مَـنْ يُنْـسَبُ الأَوَّلَ بِالإِجْـمَاعِ

«البُخَاريُّ» كثيرٌ. و«النَّجَّاريُّ» مِن الأَنْصارِ مِن الصَّحابَةِ وأَوْلادِهم التَّابعينَ. قالَ الذَّهبيُّ: وما فِي الصَّحابَةِ ولا التَّابعينَ بُخَاريٌّ. قالَ ابنُ حَجَرٍ: فِيه نَظَرٌ؛ لأنَّ ابنَ مَنْده ذكرَ فِي الصَّحابَةِ: الأَسْوَدَ بنَ حازِمِ بنِ صَفْوانَ، نزلَ بُخَارَىٰ.

وَالِدُ رَافِـعٍ وَفَـضْلٍ كَـبِّرِ ... «خَـدِيجُ» أَهْمِـلْ غَـيْرَ ذَا وَصَـغِّرِ

«حُدَيج» - بمُهْملةٍ مُصغرًا - كثيرٌ. و«خَدِيج» - بمُعْجمةٍ مَفْتُوحةٍ - والدُ رافعٍ.

ووالدُ فُضَيل، شيخ لأبي مِخْنَف لُوطِ الأَخْباريِّ. ومِن الضَّوابطِ: قَالَ الدَّارَقُطْنِيُّ: «لَيْسَ فِي الأَنْصار حُدَيج، وَإِنَّمَا فيهم خَديجٌ بِالخَاءِ».

تَنْبيهٌ: ما فِي النَّظْم: (فَضْل) مُكَبَّرًا لم أَجِدْه فِي كُتُبِ المُشْتَبه إلا (فُضَيْل) مُصَغَّرًا.

«حِرَاشٌ» ابْنُ مَالِكٍ كَوَالِدِ ... رِبْعِيٍّ اهْمِلْهُ بِغَيْرِ زَائِدِ

«حِرَاش» - بحاءٍ مُهْملةٍ - ابنُ مالكٍ، مُعاصرٌ لشُعبةَ. ورِبْعِيُّ بنُ حِرَاش وإخْوَتُه. وبمُعْجَمةٍ: «خِرَاش» عَن أَنَسٍ. كَذَّابٌ. وعبدُ الرَّحمنِ بنُ محمدِ بنِ خِرَاش الحافظ، كانَ قبلَ الثَّلاثمِئَة، وآخرونَ.

كُلُّ قُرَيْشِيٍّ «حِزَامٌ» وَهْوَ جَمّْ ... وَمَا فِي الأَنْصَارِ «حَرَامٌ» مِنْ عَلَمْ

كُلُّ مَن كانَ فِي قُريشٍ فهُو «حِزَام» - بحاءٍ مكسورةٍ وزاي - وهو جمٌّ كثيرٌ، وكُلُّ مَن كانَ فِي الأنصارِ فهُو «حَرَام» - بحاءٍ مفتوحةٍ وراءٍ.

قالَ العِراقيُّ: «قد يُتوهَّم من هذا أنَّه لا يقعُ الأوَّلُ إلَّا فِي قُريشٍ ولا الثَّاني إلَّا فِي الأَنْصارِ، وليسَ مرادًا، بل المُرادُ أنَّ ما وقعَ مِن ذلكَ فِي قُريشٍ يكُونُ بالزَّاي، وفِي الأَنْصارِ يكُونُ بالرَّاءِ».

أُهْمِلَ لَيْسَ غَيْرُ «الحُضَيْرُ» ... أَبُو أُسَيْدٍ، غَيْرُهُ «خُضَيْرُ»

«حُضَير» - بالحاءِ المُهمَلةِ - والدُ أُسَيْد، وما له نَظيرٌ، وكانَ يُقالُ له: (حُضَير الكَتائِبِ). وأمَّا غيْرُه فـ«خُضَير» - بالخاءِ المُعْجَمةِ - وهُو كثيرٌ.

عِيسَى وَمُسْلِمٌ هُمَا «حَنَّاطُ» ... وَإِنْ تَشَأْ «خَبَّاطُ» اوْ «خَيَّاطُ»

عِيسىٰ بنُ أبي عِيسىٰ، يُقالُ فيه: «الحَنَّاطِ، والخبَّاطُ، والخيَّاطُ»؛ لأنه كان يبيعُ الخَبَطَ - وهُو ما تَأْكُله الإبلُ - والحِنْطَةَ، وكانَ خيَّاطًا، لكنَّه أَشْهرُ بـ«الحنَّاطِ» وكذلكَ مُسْلِمٌ «الخيَّاطُ»؛ فهو أيضًا باشَرَ الثَّلاثةَ.

وَصِفْ أَبَا الطَّيِّبِ بِـ«الجَرِيـرِي» ابْـنَ سُـلَيْمَانَ وَبِـ«الحَرِيـرِي»

أبو الطَّيِّبِ أَحْمدُ بنُ سُلَيمانَ «الجَرِيريُّ»- بجيمٍ- ثُمَّ «الحَرِيريُّ»- بحاءٍ مُهْملةٍ-، نزلَ مِصْرَ، وَكَانَ أيضًا يبيع الحَرِيرَ؛ اجْتَمَعتْ فِيهِ النِّسْبتانِ.

وَلَـيْسَ فِي الـرُّوَاةِ بِالإِهْمَـالِ وَصْـفًا سِـوَى هَـارُونِ «الحَمَّـالِ»

ليسَ فِي رُواةِ الحَديثِ خاصَّةً «الحَمَّالُ»- بالحاءِ المُهْملةِ-، إلَّا هارونُ بنُ عبدِ اللهِ الحَمَّالُ، أمَّا «الجَمَّالُ» فكثيرٌ.

«الخَـدَرِي» مُحَمَّـدُ بْـنُ حَـسَنِ وَمَـنْ عَـدَاهُ فَاضْـمُمَنْ وَسَـكِّنِ

«الخدَرِي»- بفتحِ الخاءِ والدَّالِ- هُو أبو جَعْفرٍ مُحمَّدُ بنُ الحَسَنِ الخَدَريُّ، يَروي عَن ابنِ أبي حاتمٍ، وغَيْرُه «الخُدْرِي» بضمِّ الخاءِ وسُكونِ الدَّالِ.

عَـلِيُّ النَّـاجِي وَلَدُ «دُؤَادِ» وَابْـنُ أَبِي «دُؤَادٍ» الإِيَـادِي

«دُؤاد»- بضمِّ الدَّالِ بعدَها واو مَهْموزةٌ ثم ألفٌ ثم دالٌ- عَلي بنُ دُؤادٍ النَّاجيُّ، وأَحْمَد بنُ أبي دُؤادٍ الإياديُّ، وغَيرُهُما «داودُ»، وهو كثيرٌ.

«الدَّبَـرِي» إِسْـحَاقُ، وَ«الدُّرَيْـدِي» نَحْوِيُّـهُمْ، وَغَـيْرُهُ «زَرَنْـدِي»

«الدَّبَري»- بفتحِ الدَّالِ والباءِ الموحَّدةِ- هو إسحاقُ بنُ إبراهيمَ، يَروىٰ عَن عبدِ الرَّزَّاقِ، وأبُوه رَوىٰ أيضًا عنهُ. و«الدُّرَيْدِي»- بضمِّ الدَّالِ وفتحِ الرَّاءِ وسُكُونِ الياءِ بعدَها دالٌ- هُو النَّحويُّ المَشهورُ أبو بكرٍ مُحمَّدُ بنُ الحسنِ بنِ دُرَيْدٍ. وغَيرُ ما ذُكِر «زَرَنْدِي»- بزاي مَفْتوحةٍ ونونٍ ساكنةٍ.

بِـالفَتْحِ «رَوْحٌ» سَـالِفٌ وَوَاهِـمْ مَنْ قَالَ: ضُـمَّ «رَوْحُ» ابْـنُ القَاسِـمْ

«رَوْح»- بالفتحِ-، جَماعةٌ فِي المُتقدِّمينَ. و«رُوح»- بالضمِّ- فِي المُتأخِّرينَ،

ومن ضَبَطَ (رَوْحَ بنَ القاسِمِ) بالضمِّ فقد أَخْطَأَ.

ابْـنُ «الـزَّبِيْرِ» صَـاحِبٌ وَنَجْلُـهُ   بِـالفَتْحِ وَالكُـوفِيُّ أَيْـضًا مِثْلُـهُ

«الزَّبير» - بالفتحِ - عبدُ الرَّحمنِ بنُ الزَّبيرِ، صحابيٌّ. وولَدُه الزَّبير - كذا لكنْ ذكر ابنُ حَجرٍ الابنَ بالضمِّ -. قالَ النَّاظمُ: ومثلُه بالفتحِ: عبدُ الله بنُ الزَّبير الكوفيُّ الأَسَديُّ الشَّاعرُ المشهورُ. قلتُ: وكذلكَ ابنُه الزَّبيرُ بنُ عبدِ الله، شاعرٌ كأَبيه بالفتحِ. ولعلَّ النَّاظمَ التبسَ عليهِ ابنُ الصَّحابيِّ بِهذا. والله اعلَمُ.

«السَّفْرُ» بِالسُّكُونِ فِي الأَسْمَاءِ   وَالفَتْحُ فِي الكُنَى بِـلَا امْتِرَاءِ

«السَّفْر» - بإسكانِ الفاءِ - فِي الأسماءِ، كالسَّفْر بنِ نُسَير. و«السَّفَر» - بفتحِ الفاءِ - فِي الكُنىٰ، كأبي السَّفَر سَعيدٍ والدِ عبدِ اللهِ بنِ أبي السَّفَر.

عَمْرُو وَعَبْدُ اللهِ نَجْلَا «سَلِمَهْ»   بِالكَسْرِ مَعْ قَبِيلَةٍ مُكَرَّمَهْ

وَالخُلْفُ فِي وَالِدِ عَبْدِ الخَالِقِ   وَ«السُّلَمِيُّ» لِلْقَبِيلِ وَافِقِ

فَتْحًا، وَمَنْ يَكْسِرْهُ لَا يُعَوَّلُ   ثُمَّ «سَلَامٌ» كُلُّهُ مُثَقَّلُ

إِلَّا أَبَا الحَبْرِ مَعَ البِيكَنْدِي   بِالخُلْفِ وَابْنَ أُخْتِهِ مَعْ جَدِّ

أَبِي عَلِي وَالنَّسَفِي وَالسَّيِّدِي   وَابْنِ أَبِي الحُقَيْقِ ذِي التَّهَوُّدِ

وَابْنِ مُحَمَّدِ بْنِ نَاهِضٍ، وَفِي   سَلَامِ بْنِ مِشْكَمٍ خُلْفٌ قُفِي

«سَلَّامَةٌ» مَوْلَاةُ بِنْتِ عَامِرِ   وَجَدُّ كُوفِيٍّ قَدِيمِ آثِرِ

«سَلِمَة» - بكسرِ اللَّامِ - عَمْرُو بنُ سَلِمَة الجَرْميُّ إمامُ قومِه. وعبدُ الله بنُ سَلِمَة أحدُ بني العَجْلانِ، بدريٌّ استُشْهِد بأُحُدٍ. وبنو سَلِمَة القَبيلةِ المَشْهُورةِ. ومَن عدا ذلكَ

فهو بفَتْحِها، وهُم كَثيرونَ. قلتُ: زادَ ابنُ حجرٍ علىٰ هؤلاءِ آخَرينَ. وقالَ النَّاظمُ: وأمَّا والدُ عبدِ الخالقِ، شَيخِ شُعبةَ، فَفِيهِ خِلافٌ.

«السَّلَمِي»- بفتحِ اللَّام- فِي النَّسبِ للقبيلةِ المَعروفَةِ المَذْكُورة آنفًا، وذلكَ علىٰ الرَّاجحِ، وعَليهِ أهلُ العَربيةِ، كَما قِيلَ فِي نَمِرَةٍ: نَمَرِيٌّ. وأكثرُ المُحدِّثينَ يكْسِرونَ لامَهُ، قالَ ابنُ الصَّلاحِ: وهُو لَحْنٌ.

«سَلَّام» كلُّه بتشديدِ اللَّام، إلَّا ما استثناهُ، وهُم: والدُ الحَبْر عبدِ الله بنِ سَلَامٍ الصَّحابيِّ الإسرائيليِّ، ثم الأنصاريِّ، مع والدِ محمدِ بنِ سلَام البيكَنْديِّ شيخِ البُخاريِّ- علىٰ خلافٍ فيه، والتَّخفيفُ أثبتُ- وسلَامُ ابنُ أختِ عبدِ الله بنِ سَلَامٍ الحَبْرِ. وجدُّ أبي عليٍّ محمدِ بن عبدِ الوهَّابِ بنِ سلَامٍ الجُبَّائيِّ المُعْتزليِّ. وجدُّ أبي نصرٍ محمدِ بنِ يعقوبَ بنِ إسحاقَ بنِ محمدِ بنِ موسىٰ بن سَلَام النَّسَفيِّ. وجدُّ سعدِ ابنِ جعفرِ بنِ سَلَام السَّيِّدي. وسَلَامُ بنُ أبي الحُقَيْقِ اليَهُوديُّ- وفيهِ خِلافٌ أيضًا-. وسَلَام- وقيلَ: سَلَامة- ابنُ محمدِ بنِ نَاهِضٍ. واختُلِفَ أيضًا في: سلام بنِ مِشْكَم.

«سلَّامة»- بتشديد اللَّامِ- هِي مولاةٌ لعائشةَ بنتِ عامرٍ، تروي عَن هشامِ بنِ عُروةَ. وجدُّ عليِّ بنِ الحُسَينِ بنِ سَلَّامةَ الكوفيِّ. وبالتَّخفيفِ جماعةٌ.

«شِيرِينُ» نِسْوَةٌ وَجَدُّ ثَانِي مُحَمَّدِ بْنِ أَحْمَدَ الجُرْجَانِي

«شِيرين»- بالشِّين- لنوعَي الرِّجالِ والنِّساءِ: الأولُ: لجَماعةِ نِسْوةٍ. والثَّاني: لجدِّ محمدِ بنِ أحمدَ بنِ شِيرين الجُرْجانِيِّ. وغيرُهُم: «سِيرين»- بالسِّينِ.

«السَّامِرِيُّ» شَيْخُ نَجْلِ حَنبَلِ وَمَنْ عَدَاهُ فَافْتَحَنْ وَثَقِّلِ

«السَّامِرِيُّ»- بكَسْر الميم وتخفيفِ الرَّاءِ- هُو إبراهيمُ بنُ أَبي العَبَّاسِ السَّامِرِيُّ، شيخُ الإمامِ أحمدَ بنِ حَنْبل. وغيْره «السَّامَرَّائي»- بفتحِ المِيمِ وتَشْديدِ الرَّاءِ- وهُم كثيرونَ، نِسبةً إلىٰ مدينةِ (سُرَّ مَنْ رَأَىٰ) بالعراقِ.

وَاكْسِرْ أُبَيَّ بْنَ «عِمَارَةٍ» فَقَدْ   وَ«عَسَلُ» هُوَ ابْنُ ذَكْوَانَ انْفَرَدْ

«عِمَارَة»- بكَسْر العَينِ- والدُ أُبَيّ بن عِمَارة، ومنهُم مَن ضمَّه. وغيرُه فجُمْهُورُهم بالضمِّ، وفيهم جَماعةٌ بالفَتْحِ والتَّشْدِيدِ.

و«عَسَل»- بفتحتينِ- ابنُ ذَكْوانٍ، أَخْبارِيٌّ. وغيرُه «عِسْل»- بكَسْرٍ فسُكُونٍ.

فِي البَصْرَةِ «العَيْشِيُّ»، وَ«العَنْسِيُّ»   بِالشَّامِ، وَالكُوفَةِ قُلْ «عَبْسِيُّ»

«العَيْشي»- بالعينِ والشِّينِ- فِي البَصْرةِ. و«العَنْسي»- بالنُّونِ والسِّينِ- فِي الشَّامِ. و«العَبْسي»- بالباءِ- فِي الكُوفةِ. قالَ ابنُ الصَّلاحِ: هَذا علىٰ الغَالِبِ.

بِالنُّونِ وَالإِعْجَامِ كُلُّ «غَنَّامْ»   إِلَّا أَبَا عَلِيٍّ بْنَ «عَثَّامْ»

«غَنَّام»- بالغَيْنِ المُعْجمةِ والنُّونِ المُشدَّدةِ-، إلَّا والد عليِّ بنِ «عَثَّامٍ» فإنَّه بالعَيْنِ المُهْملةِ والمُثلَّثةِ المُشدَّدةِ، العامِري الكوفي.

«قَمِيرُ» بِنْتُ عَمْرٍو لَا تُصَغِّرِ   وَفِي «خُزَاعَةَ» «كَرِيزٌ» كَبِّرِ

«قَمير»- بفتح القافِ وكسرِ الميمِ، مكبَّرًا- هي بنتُ عَمرٍو، امرأةُ مَسْرُوقِ بنِ الأَجْدَعِ. وغيرُها «قُمَير»- بضمِّ القافِ وفتحِ الميمِ، مُصغَّرًا.

«كَرِيز» فِي خُزَاعةَ مُكبَّرٌ، وفِي غيرِها «كُرَيْز» مُصَغَّرٌ.

وَنَجْلُ مَرْزُوقٍ رَأَوْا «مُسَوَّرُ»   وَابْنُ يَزِيدَ، وَسِوَى ذَا «مِسْوَرُ»

«مُسَوَّر»- بضمِّ الميمِ وفتحِ السِّينِ وتشديدِ الواوِ- هو ابنُ مَرْزوقٍ، وابنُ يزيدَ الكاهِلِيُّ الأَسَديُّ، صحابيٌّ. قلت: وفِيهما خلافٌ. وغيرُهما «مِسْوَر»- بكسرِ المِيم وإسكانِ السِّينِ وفتحِ الواوِ المخفَّفةِ-، وهُم جماعةٌ.

كُلُّ «مُسَيَّبٍ» فَبِالفَتْحِ سِوَى   أَبِي سَعِيدٍ فَلِوَجْهَيْنِ حَوَى

«مُسَيَّب» كلُّه بفتحِ الياءِ بِصِيغَةِ المَفْعولِ، وهم جماعةٌ. إلَّا والد سعيدٍ التَّابعي الجَلِيل، فإنَّه قيلَ فيهِ بالوَجْهَينِ.

«أَبُو عُبَيْدَةَ» بِضَمٍّ أَجْمَعُ   زَيْدُ بْنُ «أَخْزَمَ» سِوَاهُ يُمْنَعُ

«أبو عُبَيدَة» هَذه الكُنية، كلُّهم بالضَّمِّ مُصغَّرًا، قالَه الدَّارقُطْنيُّ. قالَ ابنُ حجرٍ: وهو كذلكَ فِي المُتقدِّمينَ فمَن بعدَهم مِن المَشارِقَةِ، ووُجد فِي المائةِ الخامِسَةِ من المَغارِبَة: أحمدُ بنُ عبدِ الصَّمَدِ بنِ أبي عَبِيدَة.

«أَخْزَم»- بالخاءِ المُعجمة والزاي- والد زيد، شيخ البخاري لا نظير له. وغيره «أَحْرَم» بمُهْملَتين، أو «أَجْرَم» بجيمٍ فراءٍ مهملة، أو «أَخْرَم» بخاءٍ معجمةٍ، أو «أَحْزَم» بمهملةٍ فمعجمةٍ.

تَنْبيهٌ: بَدَل الشَّطْرِ الثَّاني فِي نُسْخَةٍ: (نَصَّ عَلَيْهِ الدَّارَقُطْني فَاسْمَعُوا).

وَلَيْسَ فِي الرُّوَاةِ مِنْ «حُضَيْنِ»   إِلَّا أَبُو سَاسَانَ عَنْ يَقِينِ

ليسَ فِي الرُّواةِ «حُضَين»- بالضَّادِ المعجمةِ- إلَّا أبو ساسانَ حُضَينُ بنُ المُنْذرِ، صاحبُ عليٍّ، وذلكَ بلا خلافٍ.

وَلِلْقَبِيلِ نِسْبَةُ «الهَمْدَانِي»   وَبَلَدٍ أَعْجِمْ بِلَا إِسْكَانِ

فِي القُدَمَاءِ غَالِبٌ ذَاكَ، وَذَا   فِي الآخِرِينَ، فَهْوَ أَصْلٌ يُحْتَذَى

نسبةُ «الهَمْدَانِي»- بإسكانِ الميمِ وإهمالِ الدالِ- إلىٰ قَبيلةٍ باليمنِ، ونسبةُ «الهَمَذَانِي»- بفتحِ الميمِ وإعجامِ الذَّالِ- إلىٰ بَلْدَةٍ فِي العَجَم، والأولُ غالبٌ فِي المُتقدِّمين من الصَّحابةِ والتَّابعينَ وتابِعيهم، والثَّاني غالبٌ فِي المُتأخِّرينَ.

وَمِنْ هُنَا خُصَّ صَحِيحُ الجُعْفِي   لِكُلِّ مَا يَأْتِي بِهِ مُوَفِّي
«أُخَيْفٌ» جَدُّ مِكْرَزٍ، وَ«الأَقْلَحُ»   كُنْيَةُ جَدِّ عَاصِمٍ قَدْ نَقَّحُوا

في «صَحِيحِ البُخَارِيِّ»: «الأُخَيْفُ» - بالخاءِ المُعجمةِ ثم ياءٍ مثناةٍ من تحتٍ - هو جَدُّ مِكْرَزِ بنِ حَفْصِ بنِ الأُخَيْفِ العامِرِيِّ. وغيرُه «الأَحْنَفُ».

وفيه: «الأَقْلَحُ» - بالقافِ - كُنْيَةُ جَدِّ عاصمِ بنِ ثابتِ بنِ أبي الأَقْلَحِ، له صُحْبَةٌ. وغيرُه «أَفْلَحُ» بالفاءِ، وهو كَثِيرٌ.

وَكُلُّ مَا فِيهِ فَقُلْ «يَسَارُ»   إِلَّا أَبَا مُحَمَّدٍ «بَشَّارُ»

كل ما فيه: «يَسَار» - بياءٍ مفتوحةٍ وسينٍ مهملةٍ -، وهو كثيرٌ؛ إلَّا والدُ محمَّدِ بنِ «بَشَّارٍ»، فهو بباءٍ موحَّدةٍ شينٍ معجمةٍ.

المَازِنِي وَابْنُ سَعِيدٍ الحَضْرَمِي   وَابْنُ عُبَيْدِ اللهِ «بُسْرٌ» فَاعْلَمِ

وفيه: «بُسْرٌ» - بباءٍ مضمومةٍ وسينٍ مهملةٍ - هو والدُ عبدِ اللهِ بنِ بُسْرٍ المازِنيِّ، وابنُ سَعِيدٍ الحَضْرَمِيُّ، وابنُ عُبَيْدِ اللهِ الحَضْرَمِيُّ، وغيرُهم «بِشْر» - بباءٍ مكسورةٍ وشينٍ معجمةٍ.

وَابْنُ يَسَارٍ وَابْنُ كَعْبٍ قُلْ «بُشَيْرْ»   وَقُلْ «يُسَيْرْ» فِي ابْنِ عَمْرٍو أَوْ «أُسَيْرْ»

وفيه: «بُشَيْر» - بمُوحَّدةٍ تحتانيَّةٍ شينٍ مُعجمةٍ مصغَّرًا - هو ابنُ يَسارٍ الحَارِثيُّ المَدَنيُّ، وابنُ كعبٍ العدويُّ. و«يُسَيْر» - بالتحتانيَّةِ والمهملةِ مصغَّرًا - هو ابنُ عَمْرٍو أو ابنُ جابرٍ - تابعيٌّ، وقيلَ فيه: «أُسَيْر» - بالهمزةِ -. وغيرُ هؤلاءِ فهو «بَشِير» مكبَّرًا، وهو كَثِيرٌ.

أَبُــو «بَــصِيرٍ» الثَّقَــفِي مُكَـــبَّرُ   وَابْـنُ أَبِي الأَشْـعَثِ نُونًـا صَـغَّرُوا

وفيه: «أبو بَصِير» - بالباءِ مكبَّرًا - عُتبةُ بنُ أَسِيدِ بنِ جارِيةَ الثَّقفيُّ. و«نُصَير» - بالنُّونِ مصغَّرًا - ابنُ أبي الأَشْعَثِ الأَسَديُّ الكوفيُّ.

يَحْـيَ وبِـشْرٌ وَابْـنُ صَـبَّاحٍ بِـرَا   «بَـزَّارُ»، وَ«النَّـصْرِيُّ» بِـالنُّونِ عَـرَا

مَالِــكَ عَبْــدَ واحِــدٍ، «تُمَيْلَــهْ»   كُنْيَــةُ يَحْــيَ، غَــيْرُهُ «نُمَيْلَــهْ»

وفيه: «البَزَّار» - بزاي وراءٍ -: يَحْيَىٰ بنُ محمدِ بنِ السَّكَنِ. وبِشْرُ بنُ ثابتٍ، والحسنُ بنُ الصَّبَّاحِ. وغيرُهم «البَزَّار» - بزايينِ.

وفيه: «النَّصْري» - بالنُّونِ -: مالكُ بنُ أَوْسِ بنِ الحَدَثانِ، مُخضرَمٌ. وعبدُ الواحِدِ ابنُ عبدِ الله أبو بِشْرٍ الدِّمَشقيُّ. وغيرُهما «البَصْري».

وفيه: «تُمَيْلَة» - بمثناةٍ فوقيةٍ - كُنيةُ يَحيىٰ بنِ واضِحِ الأنصاريِّ المَرْوزيِّ. وغيرُه «نُمَيْلَة» - بالنُّونِ - وهو جدُّ محمَّدِ بنِ مِسْكِينٍ.

اسْـــمُ أَبِي الهَيْـــثَمِ «تَيِّهَـــانُ»   وَاسْـــمُ أَبِي صَـــالِحِهِمْ «نَبْهَـــانُ»

وفيه: «التَّيِّهان» - بمثناةٍ فوقانيةٍ وياءٍ تحتانيةٍ مشددةٍ مكسورةٍ - والدُ أبي الهَيْثم الصَّحابيِّ. ولو قالَ النَّاظمُ: (أَبُو أَبِي الهَيْثَمِ تَيِّهَانُ) لاستقامَ؛ إذ عبارتُه تُوهِمُ أنَّ (التَّيِّهان) اسمُ أبي الهَيْثَمِ نفسِه، وإنَّما هو اسمُ والدِه، وأما اسْمُه فمالكٌ. و«نَبْهان» - بنونٍ وباءٍ موحَّدةٍ ساكنةٍ - هو والدُ صالحِ مَوْلىٰ التَّوْأَمَة.

مُحَمَّـــدُ بْـــنُ الـــصَّلْتِ «تَـــوَّزِيُّ»   مُـــسَيَّبٌ بِـــالغَيْنِ «تَغْلِـــبِيُّ»

وفيه: «التَّوَّزي» - بفتحِ المُثناةِ الفوقانيةِ والواوِ المشددةِ ثمَّ زاي - هو أبو يَعْلَىٰ محمدُ بنُ الصَّلْتِ. وغيرُه «الثَّوْرِي» - بالمثلَّثةِ والواوِ السَّاكنةِ ثم راءٍ.

وفيه: «التَّغْلبي»- بتاءٍ فوقانيةٍ وغينٍ معجمةٍ ولامٍ مكسورةٍ- هو المُسَيَّبُ بنُ رافعٍ. وغيرُه «الثَّعْلَبي»- بالثاءِ المُثلَّثةِ والعينِ المُهملةِ وفتحِ اللَّامِ.

أَبُو «حَرِيزٍ» وَابْنُ عُثْمَانَ يُرَى بالحَاءِ وَالزَّاي، وَغَيْرُهُ بِرَا

وفيه: «حَرِيز»- بحاءٍ وراءٍ مهملتينِ وآخره زاي- أبو حَرِيز عبدُ الله بنُ الحسينِ القاضي. وحَرِيزُ بنُ عُثمانَ الرَّحَبِيُّ. وغيرُهما «جَرِير»، وهو كثيرٌ.

يَحْيَى هُوَ ابْنُ بِشْرٍ «الحَرِيرِي» وَغَيْرُهُ بِالضَّمَّةِ «الجُرَيْرِي»

وقيلَ: فيه: «الحَرِيري»- بالحاءِ والراءِ المهملتينِ، مكبَّرًا- يَحْيَىٰ بنُ بِشْرٍ الأَسَديُّ الكوفيُّ. وإنَّما انفردَ بِه مسلمٌ. وشيخُ البخاريِّ إنَّما هو يحيىٰ بنُ بِشْرٍ البَلْخيُّ الفَلَّاسُ. وغيرُه «الجُرَيْرِي»- بضمِّ الجيمِ وفتحِ الراءِ مصغَّرًا.

«جَارِيَةٌ» جِيمًا أَبُو يَزِيدِ وَابْنُ قُدَامَةَ أَبُو أَسِيدِ

وفيه: «جَارِيَة»- بالجيمِ-: والدُ يزيدَ بنِ جَارِيَة الأنصاريِّ. وجاريةُ بنُ قُدامَةَ. ووالدُ أَسِيد، جدِّ عمرِو بنِ أبي سُفيانَ بنِ أَسِيد بنِ جَارِيَة. وغيرُهم «حَارِثَة».

«حَيَّانُ» بِاليَاءِ سِوَى ابْنِ مُنْقِذِ وَابْنِ هِلَالٍ فَافْتَحَنْ وَوَحِّدِ

أَبْنَا عَطِيَّةَ وَمُوسَى العَرِقَهْ بِالكَسْرِ وَالتَّوْحِيدِ فِيمَا حَقَّقَهْ

وفيه: «حَبَّان»- بفتحِ الحاءِ والباءِ المُوحَّدَةِ- ابنُ مُنْقِذٍ الأنصاريُّ الصَّحابيُّ. وابنُ هِلالٍ الباهِليُّ البصريُّ. وغيرُهما «حَيَّان»- بالياءِ المثناةِ التَّحتانيةِ-. والَّذي فِي البُخاريِّ: وَاسِعُ بنُ حَبَّان بنِ مُنْقِذٍ، وابنُ ابنِه محمدُ بنُ يَحْيَىٰ بنِ حَبَّان، وإنَّما أرادَ النَّاظمُ ضبطَ اسمِ «حَبَّان»، فيشملُ مَن يَنْتَسِبُ إليهِ.

وفيه: «حِبَّان»- بكسرِ الحاءِ والباءِ الموحَّدةِ- ثلاثةٌ: حِبَّانُ بنُ عَطِيَّةَ السَّلَمِيُّ، وحِبَّانُ بنُ مُوسىٰ بنِ سَوَّارٍ، وحِبَّانُ بنُ العَرِقَةِ.

أَبَا «حَصِينٍ» الأَسَدِيَّ كَبِّرِ ... ثُمَّ رُزَيْقَ بْنَ «حُكَيْمٍ» صَغِّرِ

وفيه: «أبو حَصِين» - بالحاءِ والصَّادِ المُهملتينِ مكبَّرًا - عثمانُ بنُ عاصمٍ الأَسَديُّ. ومن عَداه «حُصَيْن» - مصغَّرًا.

وفيه: «حُكَيْم» - بالضمِّ مصغَّرًا - هو رُزَيق بنُ حُكَيْم أبو حُكَيْم، على المَشْهورِ، وقيل فيه بالفتحِ. وغيرُه «حَكِيم» بالفتحِ مكبَّرًا.

«حَيَّةُ» بِاليَاءِ ابْنُهُ جُبَيْرُ ... مُحَمَّدُ بْنُ «خَازِمٍ» الضَّرِيرُ

وفيه: «حَيَّةُ» - بالياءِ التحتانيةِ - والدُ جُبَيرٍ الثَّقفيِّ. وفيه: «حَبَّة» - بالباءِ الموحَّدَةِ - أبو حَبَّةَ الأنصاريُّ. قالَ ابنُ حَجَرٍ: ما فيه بِهذه الصُّورَةِ غيرُ هذينِ.

وفيه: «خَازِم» - بالخاءِ المعجمةِ والزاي - والدُ محمدٍ أبي مُعاوِيةَ الضَّريرِ.

ابْنُ حُذَافَةَ «خُنَيْسٌ» فَقَدِ ... «خُبَيْبُ» شَيْخُ مَالِكٍ وَابْنُ عَدِي

وَكُنْيَةٌ لِابْنِ الزُّبَيْرِ، «الجُرَشِي» ... يُونُسُ وَالنَّضْرُ فَلَا تُفَتِّشِ

وفيه: «خُنَيْس» - بالخاءِ المعجمةِ مصغَّرًا - هو ابنُ حُذَافَةَ الصَّحابيُّ فقطْ، وأمَّا «حُبَيْش» ابنُ الأَشْعَثِ، فمختلفٌ فيهِ.

وفيه: «خُبَيْب» - بضمِّ المعجمةِ وفتحِ الموحَّدةِ -: خُبيبُ بنُ عبدِ الرَّحمنِ شيخُ مالكٍ. وكنيةُ عبدِ الله بنِ الزُّبيرِ. وخُبَيْبُ بنُ عَدِي. وغيرُهم «حَبِيب».

وفيه: «الجُرَشِي» - بضمِّ الجيمِ - يُونسُ بنُ القاسِمِ اليَمَاميُّ. والنَّضْرُ بنُ محمدٍ. وغيرُهما «الحَرَشي» - بالشينِ المعجمةِ.

ثُمَّ عُبَيْدُ اللهِ فَـ«الخَرَّازُ» ... بِالرَّاءِ بَدْءًا، غَيْرُهُ «خَزَّازُ»

وفيه: «الخَرَّاز» - براءٍ ثم زاي - عُبيدُ الله بنُ الأَخْنَسِ. وغيرُه «الخَزَّاز» - بزايينِ - وهو كثيرٌ. وليسَ فيه «الجَزَّار» - بالجيمِ بعدها زاي وبعدَ الألفِ راءٌ.

بِنْتُ مُعَوِّذٍ وَبِنْتُ النَّضْرِ «رُبَيِّعٌ»، وَابْنُ حُكَيْمٍ فَادْرِ
«رُزَيْقُ» بِالرَّا أَوَّلًا «رَبَاحُ» وَالِدُ زَيْدٍ وَعَطَا إِفْصَاحُ

وفيه: «الرُّبَيِّع» - بالضمِّ وفتحِ الباءِ وتثقيلِ الياءِ - بنتُ مُعَوِّذِ بنِ عَفْرَاءَ. وبنتُ النَّضْرِ عمَّةُ أنسِ بنِ مالكٍ، صحابيتانِ. وغيرُهما «الرَّبيع» مكبَّرًا، وهو كثيرٌ.

وفيه: «رُزَيْق» - بتقديمِ الراءِ - ابنُ حُكَيْم. و«زُرَيْق» - بتقديمِ الزاي - فهو فِي نسبِ الأنصارِ: (بني زُرَيْق).

وفيه: «رَبَاح» - بفتحِ الراءِ والباءِ الموحَّدةِ - والدُ زيدِ بنِ رَباحٍ المدنيِّ. وكنيةُ والدِ عطاءِ بنِ أبي رَبَاح. وغيرُهما «رِيَاح» - بكسرِ الراءِ وبالياءِ المثناةِ.

مُحَمَّدٌ يُكْنَى «أَبَا الرِّجَالِ» وَعُقْبَةٌ يُكْنَى «أَبَا الرَّحَّالِ»

وفيه: «أبو الرِّجَال» - براءٍ مكسورةٍ وجيمٍ خفيفةٍ - محمدُ بنُ عبدِ الرَّحمنِ بنِ حارِثَةَ المدنيُّ. و«أبو الرَّحَّال» - براءٍ مفتوحةٍ وحاءٍ مشددةٍ - عقبةُ بنُ عُبَيْدٍ.

«سُرَيْجٌ» ابْنَا يُونُسٍ وَالنُّعْمَانْ وَاكْنِ أَبَا أَحْمَدَ، وَابْنُ حَيَّانْ
«سَلِيمُ» بِالتَّكْبِيرِ، وَ«السِّينَانِي» فَضْلٌ، وَمَنْ عَدَاهُ فَـ«الشَّيْبَانِي»

وفيه: «سُرَيْج» - بالمهملةِ وبالجيمِ - ابنُ يُونسَ، وابنُ النُّعمانِ، ووالدُ أحمدَ بنِ أبي سُرَيج. وغيرُهم «شُرَيْح» - بالشينِ المعجمةِ والحاءِ المهملةِ.

وفيه: «سَلِيم» - مكبَّرًا - ابنُ حَيَّانَ الهُذَلِيُّ البصريُّ. وغيرُه «سُلَيم» - مصغَّرًا.

وفيه: «السِّينَانِي» - بكسرِ المُهملةِ وقبلَ الألفِ نونٌ - الفَضْلُ بنُ مُوسىٰ فقطْ. وغيرُه «الشَّيْبانِي» - بفتحِ المعجمةِ وقبلَ الألفِ باءٌ موحَّدةٌ.

مُحَمَّــدُ عَبَّـــادُ وَالنَّـــاجِيُّ وَعَبْـــدُ الأَعْلَى كُلُّهُـــمْ «سَـــامِيُّ»

وفيه: «السَّامي» - بالمهملةِ - محمدُ بنُ عَرْعَرَةَ بنِ البِرِنْد. وعبَّادُ بنُ منصورٍ. وأبو المُتَوَكِّلِ النَّاجيُّ. وعبدُ الأعلَىٰ بنُ عبدِ الأعْلَىٰ. وغيرُهم «الشَّامي».

«صَـــبِيحَ» وَالِدَ الرَّبِيـــعِ فَافْتَحَـــا وَاضْـــمُمْ أَبَـــا لِمُـــسْلِمٍ أَبِي الـــضُّحَى

وفيه: «صَبيح» - بفتح أوَّلِهِ - والدُ الرَّبيعِ بنِ صَبيحٍ البصريِّ. ووالدُ مُسلمٍ أبي الضُّحَىٰ: اسمُه «صُبَيح» - بضمِّ أوَّلِهِ.

«عَيَّـــاشٌ» الرَّقَّـــامُ وَالحِمْـــصِيُّ أَبَـــا كَـــذَاكَ المُقْـــرِئُ الكُـــوفِيُّ

وفيه: «عَيَّاش» - بالمثناةِ والمعجمةِ - ابنُ الوليدِ الرَّقَّامُ. ووالدُ عليِّ بنِ عَيَّاشٍ الحِمْصيِّ، ووالد أبي بكرِ بنِ عَيَّاشٍ. وغيرُهم «عَبَّاس» - بالموحَّدةِ والمهملةِ - وهو كثيرٌ. والأوَّلُ يَشْتبهُ بـ(عَبَّاسِ بنِ الوليدِ النَّرسِيِّ) لكونِهما مِن شُيوخِه.

وَافْـــتَحْ «عَبَـــادَةً» أَبَـــا مُحَمَّـــدِ وَاضْـــمُمْ أَبَـــا قَـــيْسٍ «عُبَـــادَ» تَرْشُـــدِ

وفيه: «عَبَادَة» - بفتحِ العينِ - والدُ محمدِ بنِ عَبَادَةَ. وغيرُه «عُبَادَة» - بالضمِّ.

وفيه: «عُبَاد» - بالضمِّ وتخفيفِ الموحَّدةِ - والدُ قيسِ بنِ عُبَاد. وغيرُه «عَبَّاد».

وَفَتَحُـــوا بَجَالَـــةَ بْـــنَ «عَبَـــدَهْ» كَـــذَا «عَبِيـــدَةُ» بْـــنُ عَمْـــرٍو قَيِّـــدَهْ

وَالِدُ عَامِـــرٍ كَـــذَا وَابْـــنُ حُمَيْـــدْ وَكُلُّ مَـــا فِيـــهِ مُـــصَغَّرٌ «عُبَيْـــدْ»

وفيه: «عَبَدَة» - بفتحِ الموحدةِ - والدُ بَجَالَةَ التَّميميِّ. وغيرُه بإسكانِها.

وفيه: «عَبِيدة» - بفتحِ العينِ وكسرِ الموحَّدةِ - ابنُ عَمرٍو السَّلمانِي. ووالدُ عامرِ ابنِ عَبِيدَةَ القاضي البصريِّ. وابنُ حُميدٍ الكوفيِّ الحذَّاءِ. وغيرُهم «عُبَيْدَة».

وكلُّ ما فيه: «عُبَيْد» - بالضمِّ مصغَّرًا بلا هاءٍ -، وليسَ فيه «عَبِيد» - بالفتحِ.

وَوَلَدُ القَاسِمِ فَهْوَ «عَبْثَرُ» وَابْنُ سَوَاءٍ السَّدُوسِي «عَنْبَرُ»

وفيه: «عَبْثَر»- بإسكانِ المُوحَّدةِ بعدها ثاءٌ مثلَّثةٌ ثم راءٌ- ابنُ القاسمِ. و«عَنْبَر»- بنونٍ ثم موحَّدةٍ- جدُّ محمدِ بنِ سَوَاءِ بنِ عَنْبَرٍ السَّدُوسيِّ.

«عُيَيْنَةٌ» وَالِدُ ذِي المِقْدَارِ سُفْيَانَ، وَابْنِ حِصْنٍ الفَزَارِي

وفيه: «عُيَيْنَة»- بياءينِ تحتانِيتينِ بعدهُما نونٌ مصغَّرًا- والدُ سُفيانَ الإمامِ المَشْهورِ. وابنُ حِصْنٍ الفَزَاريُّ. وغيرُهما «عُتَيْبَة».

«عَتَّابُ» بِالتَّا ابْنُ بَشِيرِ الجَزَرِي «عُقَيْلُ» بِالضَّمِّ فَرَاوِي الزُّهْرِي

وفيه: «عَتَّاب»- بفتحِ المهملةِ والتاءِ المشدَّدةِ وبالموحَّدةِ- ابنُ بَشِير الجَزَريُّ. وغيرُه «غِيَاث»- بكَسرِ المُعجمةِ وبمثناةٍ تحتيةٍ و ثاءٍ مثلَّثةٍ.

وفيه: «عُقَيْل»- بضمِّ أوَّلِه مصغَّرًا- ابنُ خالدٍ، الرَّاوي عنِ ابنِ شهابٍ الزَّهريِّ. وغيرُه «عَقِيل»- بالفتحِ مكبَّرًا.

ابْنَ سِنَانٍ «العَوَقِيَّ» أَفْرِدِ «قَارِيُّهُمْ» هُوَ ابْنُ عَبْدٍ شَدِّدِ

وفيه: «العَوَقِي»- بفتحتينِ- مُحمدُ بنُ سِنانٍ. وغيرُه «العَوْفِي»- بسُكونِ الواوِ بعدَها فاءٌ.

وفيه: «القَارِيُّ»- بتشديدِ الياءِ- عبدُ الرَّحمنِ بنُ عَبْدٍ، وحَفِيدُ أخِيه يعقوبُ بنُ عَبْدِ الرَّحمنِ بنِ محمدِ بنِ عبدِ الله بنِ عَبْدٍ. وغيرُهما «القَارِئ»- بهمزةٍ آخِرَه.

تَنْبِيهٌ: هَذا البَيْتُ فِي نُسْخَةِ الأصلِ هكذا: (ابْنُ سِنَانٍ العَوَقِي، وَالقَارِي * يُشَدَّدُ ابنُ عَبْدٍ...) ناقصًا. وزِيدَ فِي نسخةٍ: (ذَاكَ السَّارِي).

أَبُــو عُبَيْــدِ اللهِ فَهْــوَ «مُحْــرِزُ» صَــفْوَانَ، أَمَّــا المُــدْلِجِي «مُجَــزِّزُ»

وفيه: «مُحْرِز» - بحاءٍ مهملةٍ ساكنةٍ وراءٍ مكسورةٍ بعدَها زاي - والدُ عبيدِ الله. ووالدُ صفوانَ، تابعيٌّ. و«مُجَزِّز» - بجيمٍ مفتوحةٍ فزايينِ - المُدْلِجيُّ، صحابيٌّ.

وَالِدُ عَبْــدِ اللهِ قُــلْ «مُغَفَّــلُ» مُنْفَــرِدٌ، وَمَــنْ سِــوَاهُ «مَعْقِــلُ»

وفيه: «مُغَفَّل» - بغينٍ معجمةٍ وفاءٍ مشدَّدةٍ - والدُ عبدِ الله، وهو مُنْفَرِدٌ. وغيرُه «مَعْقِل» - بعينٍ مهملةٍ وقافٍ، وهُم جماعةٌ.

«مُعَمَّــرٌ» يُــشَدَّدُ ابْــنُ يَحْــيَ وَ«مُنْيَــةٌ» بِاليَــاءِ أُمُّ يَعْــلَى

وفيه: «مُعَمَّر» - بضمِّ الميمِ وفتحِ العينِ وتشديدِ الميمِ - ابنُ يَحْيَىٰ بنِ سامٍ، لكن الأكثرونَ يُخفِّفونَه. وغيرُه «مَعْمَر» - بفتحٍ فسكونٍ ففتحٍ.

وفيه: «مُنْيَة» - بسكونِ النُّونِ وفتحِ الياءِ التحتانيةِ - أُمُّ يَعْلَىٰ الصحابيِّ، واسمُ أبيه: (أُمَيَّة). وغيرُه «مُنَبِّه» - بفتحِ النُّونِ وتشديدِ المُوحَّدَةِ وكَسْرِها.

ابْــنُ شُرَحْبِيــلَ فَقُــلْ «هُزَيْــلُ» بِــالزَّاي، لَكِــنْ غَــيْرُهُ «هُــذَيْلُ»

وفيه: «هُزَيْل» - بالزَّاي - ابنُ شُرَحْبِيل الأَوْدِيُّ الكوفيُّ المُخضْرَمُ. وغيرُه «هُذَيْل» - بالذَّالِ المعجمةِ.

نَجْــلُ أَبِي بُــرْدَةَ قُــلْ «بُرَيْــدُ» وَابْــنُ «البِرِنْــدِ»، غَــيْرُ ذَا «يَزِيــدُ»

هَــذَا جَــمِيعُ مَــا حَــوَى البُخَــارِي فَاضْــبِطْهُ ضَــبْطَ حَــافِظٍ ذَكَّارِ

وفيه: «بُرَيْد» - بباءٍ موحَّدةٍ وراءٍ مهملةٍ مصغَّرًا - ابنُ أبي بُرْدَة. و«البِرِنْد» - بباءٍ موحَّدَةٍ ثم راءٍ - جدُّ محمدِ بنِ عَرْعَرَة. وغير هذين «يَزِيد».

فِي مُسْلِمٍ خَلَفُ «البَزَّارُ» وَسَالِمٌ «نَصْرِيُّهُمْ» «جَبَّارُ»
هُوَ ابْنُ صَخْرٍ وَعَدِيُّ بْنُ «الخِيَارْ» «جَارِيَةٌ» أَبُو العَلَا بِالجِيمِ سَارْ

فِي «صحيح مسلم»: «البَزَّار»- بزاي معجمةٍ ألفٍ آخِرَه راءٌ مهملةٌ- خَلَفُ بنُ هِشامٍ شيخُ مسلمٍ. وغيرُه «البَزَّاز»- بزايينِ، وهو كثيرٌ.

وفيه: «النَّصْرِي»- بالنُّونِ- سالمُ بنُ عبدِ اللهِ أبو عبدِ الله، تابعيٌّ، يقالُ له: مَوْلىٰ النَّصْرِيِّينَ. وغيره «البَصْرِي»- بالباءِ.

وفيه: «جَبَّار»- بجيمٍ مفتوحةٍ وباءٍ مشددةٍ- ابنُ صَخْرِ بنِ أُمَيَّةَ الصَّحابيُّ. و«الخِيَار»- بخاءٍ معجمةٍ مكسورةٍ وياءٍ مخففةٍ- والدُ عَدِيِّ بنِ الخِيَارِ.

وفيه: «جَارِيَة»- بالجيمِ والياءِ التحتانيةِ- جدُّ الأسودِ بنِ العلاءِ بنِ جَارِيَة. وغيرُه كلُّه «حَارِثَة»- بالحاءِ والثاءِ.

أَهْمِلْ «أَبَا بَصْرَةٍ» الغِفَارِي كَذَا اسْمُهُ «حُمَيْلُ» مَعْ إِصْغَارِ

وفيه: «أبو بَصْرَة»- بباءٍ موحَّدةٍ وصادٍ مهملةٍ- الغِفَاري، واسمه «حُمَيْل»- مصغَّرًا، وقيلَ: مكبَّرًا، وقيل: (جَمِيل)- ابنُ بَصْرَة بنِ وقَّاصٍ، صحابيٌّ.

تَنْبيهٌ: فِي نُسْخةٍ: (كَذَا أَتَىٰ حُمَيْلُ).

صَغِّرْ «حُكَيْمًا» ابْنَ عَبْدِ اللهِ ثُمّْ «عَبِيدَةَ» بْنَ الحَضْرَمِيِّ لَا تَضُمّْ

وفيه: «حُكَيم»- مصغَّرًا- ابنُ عبدِ الله المُطَّلِبيُّ القُرشيُّ التابعيُّ.

وفيه: «عَبِيدَة»- بفتحِ أوَّلِهِ مكبَّرًا- ابنُ سفيانَ بنِ الحَضْرَمِيِّ المَدنيُّ التابعيُّ.

وَافْتَحْ أَبَا عَامِرٍ ابْنَ «عَبَدَهْ» وَابْنَ «البَرِيدِ» هَاشِمٍ فَأَفْرِدَهْ

وفيه: «عَبَدَة»- بفتحِ الموحَّدةِ- والدُ عامرِ بنِ عَبَدَة الكوفيِّ البَجَليِّ. وقيلَ

بالسُّكونِ. وأمَّا (عامِرُ بنُ عَبِيدَة) الَّذي فِي طَبقةِ مِسْعَرٍ فهُو بالكَسْرِ وزيادةِ ياءٍ.

وفيه: «البَرِيد»- بفتحِ الموحَّدةِ- والدُ هاشِمِ بنِ البَرِيد الكوفيِّ. وإنَّما خرَّجَ مسلمٌ لابنِه عَليِّ بنِ هاشمِ بنِ البَرِيد.

وَاضْمُمْ «عُقَيْلًا» فِي القَبِيلِ مَعْ أَبِي ... يَحْيَى الخُزَاعِيِّ كَمَاضٍ تُصِبِ

وفيه: «عُقَيل»- بالضمِّ- فِي القبيلةِ المَعْروفةِ بـ(بني عُقَيْل). مع والدِ يحيىٰ بنِ عُقيل الخُزَاعيِّ. كما فِي (عُقَيْل) الرَّاوي عَن الزُّهريِّ الماضي ذِكْرُه.

«عَيَّاشُ» بِاليَاءِ ابْنُ عَمْرِو العَامِرِي ... مَعْ نَقْطِهِ، وَهَكَذَا ابْنُ الحِمْيَرِي

وفيه: «عَيَّاش»- بالياءِ التحتانيةِ والشينِ المعجمةِ- ابنُ عَمرٍو العَامِرِيُّ الكوفيُّ. وعَيَّاشُ بنُ عَبَّاس القِتْبانِيُّ الحِمْيَرِيُّ.

«رِيَاحُ» بِاليَاءِ أَبُو زِيَادِ ... وَكُنْيَةٌ لَهُ بِلَا تَرْدَادِ

وفيه: «رِيَاح»- بكسرِ الراءِ وبالمثناةِ التحتانيةِ- والدُ زِيادٍ القَيْسيِّ التابعيِّ. ويُكْنىٰ بـ(أبي رِيَاح) كاسمِ أبيهِ، بلا تردُّدٍ. كَذا؛ والَّذي فِي «التَّدريبِ» للنَّاظِمِ: (وقيلَ: أبا قيسٍ، وهو الصَّوابُ). وغيرُه «رَبَاح»- بالفتحِ والموحَّدةِ.

وَكُلُّ مَا فِي ذَيْنِ وَالمُوَطَّا ... فَهْوَ «الحَرَامِيُّ» بِرَاءٍ ضَبْطَا

إِلَّا الَّذِي أُبْهِمَ عَنْ أَبِي اليَسَرْ ... فِي مُسْلِمٍ فَإِنَّ فِيهِ الخُلْفَ قَرّْ

وكلُّ ما فِي «الصَّحيحينِ» و«الموطَّإِ»: فهو «الحَرَامِيُّ»- بحاءٍ وراءٍ مهملتينِ مفتوحتينِ-، إلَّا الَّذي أُبْهِم اسمُه عن أبي اليَسَر فِي «مسلمٍ»: فِي قولِه: (كانَ لِي علىٰ فُلانِ بنِ فلانٍ الحرامي مالٌ- الحَديث)؛ ففيه اختلافٌ؛ فقالَ الأَكْثرونَ: «الحَرَامِي»، وقيلَ: «الحِزَامِي»، وقيلَ: «الجُذَامِي».

وَحِّدْ «زُبَيْدًا» مَا عَدَا ابْنَ الصَّلْتِ وَ«وَاقِدٌ» بِالقَافِ فِيهَا يَأْتِي

ليسَ فِي «الصَّحيحينِ» إلَّا «زُبَيْد» - بالموحَّدةِ - وهو ابنُ الحارثِ اليَامِي. وليسَ فِي «الموطَّإ» مِن ذلكَ إلَّا «زُيَيْد» - بياءينِ مثناتينِ مِن تحت - وهو ابنُ الصَّلْتِ، ويُكْسَرُ أوَّلُه ويُضَمُّ.

وفِي الثَّلاثَةِ: «وَاقِد» - بالقافِ - ليسَ فيها «وَافِد» - بالفاءِ -، وإن وُجد فِي غيرِها.

بِاليَاءِ «الأَيْلِيُّ» سِوَى شَيْبَانَا وَإِنْ يَكُنْ بِنَسَبٍ مَا بَانَا

وكلُّ ما فِي الثَّلاثةِ: فهو «الأَيْلِي» - بفتحِ الهمزةِ وسكونِ الياءِ وتخفيفِ اللَّامِ -، إلَّا شيبانُ بنُ فَرُّوخ شيخُ مسلمٍ، فهو «الأُبُلِّيُّ» - بضمِّ الهمزةِ والمُوحَّدةِ وتشديدِ اللَّامِ -، وإنْ كانَ لم يقعْ فيها مَنْسُوبًا.

تَنْبيهٌ: فِي نُسْخةٍ: (لَكِنَّهُ بِنَسَبٍ).

وَلَمْ يَزِدْ مُوطَّأٌ إِنْ تَفْطَنِ سِوَى بِضَمِّ «بُسْرٍ» ابْنِ مِحْجَنِ

وليسَ فِي «الموطَّإ» زيادةً علىٰ «الصَّحِيحينِ» إلَّا «بُسْر» - بالضمِّ وإسكانِ المهملةِ - ابنُ مِحْجَنٍ الدِّيْلِيُّ، وقيل فيه: «بِشْر» - بالكسرِ والمعجمةِ.

المُتَّفِقُ وَالمُفْتَرِقُ

وَاعْنَ بِمَا لَفْظًا وَخَطًّا يَتَّفِقْ لَكِنْ مُسَمَّيَاتُهُ قَدْ تَفْتَرِقْ

لَا سِيَّمَا إِنْ يُوجَدَا فِي عَصْرِ وَاشْتَرَكَا شَيْخًا وَرَاوٍ فَادْرِ

المتَّفِقُ والمفتَرِقُ: هم الرُّواةُ الذين اتفقَتْ أسماؤُهم وأسماءُ آبائِهم فصاعِدًا، واختَلفَتْ أشخاصُهم؛ سواءً اتَّفقَ فِي ذلكَ اثنان مِنهم أم أكثرُ، وكذلكَ إذا اتَّفقَ اثنان فصاعِدًا فِي الكُنيةِ والنِّسبةِ ونحوِهما.

وإنَّما يَحسُنُ إيرادُ ذلكَ، فيما إذا اشْتَبَهَ الرَّاويان المتَّفِقان فِي الاسمِ أو الكُنيةِ أو النِّسبةِ، لكونِهما متعاصِرَين، واشتَرَكا فِي بعضِ شيوخِهما، أو فِي الرُّواةِ عنهما، لا سيِّما إذا كانا مِن بلدٍ واحدةٍ.

فَتَارَةً يَتَّفِقُ اسْمًا وَأَبَا أَوْ مَعَ جَدٍّ أَوْ كُنًى وَنَسَبَا
كَـ«أَنَسِ بْنِ مَالِكٍ» خَمْسٌ بَانْ وَ«أَحْمَدَ بْنِ جَعْفَرِ بْنِ حَمْدَانْ»
ثُمَّ «أَبِي عِمْرَانِ الجَوْنِيِّ» اثْنَيْنِ: بَصْرِيٍّ وَبَغْدَادِيِّ

فمِنْهُ: مَن اتَّفقَت أسماؤُهم وأسماءُ آبائِهم. مثالُه: (أنسُ بنُ مالكٍ)؛ خمسةٌ رَوَوا الحديثَ: **الأولُ**: (ابنُ النَّضرِ الأنصاريُّ مَولَىٰ رَسولِ اللهِ ﷺ وخادمُه). **والثَّاني**: الكَعْبيُّ القُشَيريُّ، وهما صحابيان. **والثَّالثُ**: أنسُ بنُ مالكٍ الفَقِيه. **والرَّابعُ**: الحِمْصِيُّ. **والخامسُ**: الكُوفيُّ.

ومِنْه: مَن اتَّفقَت أسماؤُهم وأسماءُ آبائِهم وأجدادِهم. مثالُه: (أحمدُ بنُ جَعْفَرِ ابنِ حَمْدانَ)؛ أربعةٌ، فِي عصرٍ واحدٍ، ويَروون عمَّن يُسمَّىٰ (عبد اللهِ). **الأوَّلُ**: أبو بكرٍ القَطِيعيُّ. **الثانِي**: أبو بكرٍ السَّقَطيُّ. **الثالثُ**: الدِّينَورِي. **الرَّابعُ**: الطَّرَسُوسِيُّ.

ومِنْه: ما اتَّفقَ فِي الكُنيةِ والنِّسبةِ معًا. مثالُه: (أبو عِمْرانَ الجَونِيُّ)؛ اثنان. **الأوَّلُ**: عبدُ الملكِ بنُ حبيبٍ التَّابعيُّ البَصْري. **والثَّانِي**: مُوسَىٰ بنُ سهلٍ البصرِيُّ البَغْدادي، وهو مُتأخِّر.

أَوْ فِي اسْمِهِ وَاسْمِ أَبٍ وَالنَّسَبِ أَوْ كُنْيَةٍ - كَعَكْسِهِ - وَاسْمِ أَبِ
نَحْوُ «مُحَمَّدِ بْنِ عَبْدِ اللهِ» مِنْ قَبِيلَةِ الأَنْصَارِ أَرْبَعٌ زُكِنْ
كَذَا «أَبُو بَكْرِ بْنُ عَيَّاشٍ» وَضُمّْ «ابْنَ أَبِي صَالِحٍ صَالِحًا» تَعُمّْ

ومِنْه: مَن اتَّفقَت أسماؤُهم وأسماءُ آبائِهم وأنسابُهم. مثالُه: (محمَّدُ بنُ عبدِ اللهِ

الأنصاريُّ)؛ أربعةٌ: **الأوَّل**: ابنُ المُثَنَّىٰ القاضِي. **الثَّانِي**: ابنُ حَفْص بنِ هِشَامٍ. **الثَّالثُ**: ابنُ زيدِ بنِ عَبْدِ رَبِّه. **الرَّابعُ**: ابنُ زيادٍ أبو سَلَمةَ.

ومِنْهُ: ما اتَّفقَ فِي الكُنيةِ واسمِ الأبِ. مثالُه: (أبو بكرِ بنُ عيَّاشٍ)؛ ثَلاثةٌ: **الأوَّلُ**: القَارِئُ الكُوفيُّ. **الثَّانِي**: الحمصِيُّ. **الثَّالثُ**: السُّلميُّ البَاجِدَّائيُّ.

ومِنْه: ما اتَّفقَ فِي الاسمِ وكُنَىٰ الأبِ؛ وهو عكْسُ السَّابقِ. مثالُه: (صالحُ بنُ أبي صالح)؛ أربعةٌ تابعِيُّون: **الأوَّلُ**: مولَىٰ التَّوأمة. **الثَّانِي**: السَّمَّان. **الثَّالثُ**: السَّدوسِيُّ. **الرَّابعُ**: الكُوفِيُّ مولىٰ عَمْرِو بن حُرَيثٍ.

وَتَارَةً فِي اسْمٍ فَقَطْ ثُمَّ السِّمَهْ «حَمَّادُ» لِابْنِ زَيْدِ وَابْنِ سَلَمَهْ

فَإِنْ أَتَى عَنِ ابْنِ حَرْبٍ مُهْمَلَا أَوْ عَارِمٍ؛ فَهْوَ ابْنُ زَيْدٍ جُعِلَا

أَوْ هُدْبَةٍ أَوِ التَّبُوذَكِيِّ أَوْ حَجَّاجٍ أَوْ عَفَّانَ؛ فَالثَّانِي رَأَوْا

ومِنْه: مَن اتَّفقَت أسماؤُهم فقط، أو كُناهم فقط، ويَقعُ ذِكرُه مِن غيرِ ذِكرِ أبيه أو نِسبةٍ تُميِّزُه، ويكونُ فِي طبقتِه مَن يَشترِكُ معَه فِي الاسمِ أو فِي الكُنيةِ؛ وهذا هو (المُهمَلُ). ويَتَميَّزُ بالنَّظرِ إلىٰ اختصاصِ الرَّاوي عنه بأحدِهما.

مثالُه: (حمَّادُ بنُ زَيدٍ) و(حمَّادُ بنُ سَلَمةَ): يَقَعان كثيرًا مُهمَلَين- هكذا: (حمَّاد)- ويَشتَرِكان فِي بعضِ الشُّيوخِ، وفِي بعضِ الرُّواةِ عنهما:

فإن كانَ الرَّاوي عن (حمَّادٍ) هو سُليمانُ بنُ حَرْبٍ، أو محمَّدُ بنُ الفَضلِ السَّدوسيُّ (عَارمٌ)؛ فهو: ابنُ زَيدٍ. وإن كانَ الرَّاوي عنه هو هُدْبةُ بنُ خالدٍ، أو مُوسىٰ ابنُ إسماعيلَ التَّبوذكيُّ، أو حجَّاجُ بنُ مِنهالٍ، أو عفَّانُ بنُ مُسْلمٍ؛ فهو: ابنُ سَلَمةَ.

وَحَيْثُمَا أُطْلِقَ «عَبْدُ اللهِ» فِي طَيْبَةَ فَابْنُ عُمَرٍ، وَإِنْ يَفِي

بِمَكَّةٍ فَابْنُ الزُّبَيْرِ، أَوْ جَرَى بِكُوفَةٍ فَهْوَ ابْنُ مَسْعُودٍ يُرَى

وَالبَـصْرَةِ البَحْـرُ، وَعِنْـدَ مِـصْرِ وَالـشَّامِ مَهْمَـا أُطْلِـقَ ابْـنُ عَمْـرِو

وإذا روىٰ تابعيٌّ عن «عبدِ الله» - مُهْمَلًا غيرَ مَنْسُوبٍ - فيَتَميَّزُ بأنَّه: إنْ كَانَ الرَّاوِي عنه مَدَنِيًّا فهو «ابنُ عمرَ»، وإن كَانَ مَكيًّا فهو «ابنُ الزُّبيرِ»، وإن كَانَ كُوفِيًّا فهو «ابنُ مسعودٍ»، وإن كَانَ بَصْريًّا فهو «ابنُ عبَّاسٍ»، وإن كَانَ مِصْرِيًّا أَو شَامِيًّا فهو «ابنُ عمرٍو».

وَعَـنْ «أَبِي حَمْـزَةَ» يَـرْوِي شُـعْبَةُ عَـنِ ابْـنِ عَبَّـاسٍ بِـزَايٍ عِـدَّةُ

إِلَّا «أَبَـا جَـمْرَةَ» فَهْـوَ بِـالرَّا وَهُـوَ الَّذِي يُطْلَـقُ يُـدْعَى نَـصْرَا

ومِن ذلكَ: «أبو حَمْزَةَ» - بالمهمَلةِ والزَّاي - سبعةٌ، و«أبو جَمْرَةَ» - بالمُعْجَمةِ والرَّاءِ - واحدٌ، وكلُّهم يروي عن ابنِ عَبَّاسٍ، ويَروي عنهم شعبةُ. وعَادةُ شعبةَ إِذَا رَوَىٰ عمن يُكْنَىٰ «أبا حَمزةَ» يُعَيِّنُه بذكرِ اسمِه، ولَا يُطلِقُ إِلَّا أَنْ يكونَ المروي عنه «أبا جَمْرَةَ»، واسمه: نصرُ بنُ عمرانَ الضُّبعيُّ؛ وذلكَ فِي الغالِبِ.

وَمِنْـهُ مَـا فِي نَـسَبٍ كَـ«الآمُـلِي» وَ«الحَـنَفِي» مُخْتَلِـفُ المَحَامِـلِ

ومِنْه: أن يَقعَ الاتِّفاقُ فِي النِّسبةِ مِن حيثُ اللَّفظُ، والافتِراقُ فِي المَنسوبِ إليه.

مثالُه: (الآمُليُّ): نِسبةً إلىٰ (آمُل): وهما بَلدتان: إحداهما: آمُلُ طَبَرِسْتانَ. وثانِيهما: غَربي نَهرِ جَيْحُون.

وكَذا (الحَنفيُّ): نِسبةً إلىٰ (بَني حَنيفةَ) إحدَىٰ قبائلِ العربِ المشهورةِ، أو نِسبةً إلىٰ (أبي حَنيفةَ) الإمامِ المَعروفِ.

وَاعْـدُدْ بِـهَذَا النَّـوْعِ مَـا يَتَّحِـدُ فِيـهِ الرِّجَـالُ وَالنِّـسَا، وَعَـدَّدُوا

قِـسْمَيْنِ: مَـا يَـشْتَرِكَانِ إِسْـمَا بِنْتُ عُمَـيْسٍ، ابْـنُ رِئَـابٍ «أَسْـمَا»

وَالثَّـانِ: فِي اسْـمٍ وَكَـذَا فِي اسْـمِ أَبِ كَـ«هِنْـدٍ ابْـنِ وَابْنَـةِ المُهَلَّـبِ»

ومِنْه: ما يَشتِرِكُ فيه الرِّجالُ والنِّساءُ. وهو قِسمان:

الأَوَّلُ: أن يَشتَرِكَا فِي الاسمِ فقط. مثالُه: (أَسماء)؛ فقد سُمِّيَ به جماعةٌ من الرِّجالِ، وجماعةٌ مِن النِّساءِ.

الثَّانِي: أن يَشتَرِكَا فِي الاسمِ واسمِ الأبِ. مثالُه: (هِنْدُ بنُ المُهَلَّبِ)، و(هِنْدُ بنتُ المُهَلَّبِ). و(بُسْرةُ بنُ صَفْوانَ)، و(بُسْرةُ بنتُ صَفْوانَ).

المُتَشَابِهُ

فِي «المُتَشَابِهِ» الخَطِيبُ أَلَّفَا ... وَهْوَ مِنَ النَّوْعَيْنِ قَدْ تَأَلَّفَا
يَتَّفِقَا فِي الاسْمِ وَالأَبُ ائْتَلَفْ ... أَوْ عَكْسُهُ، أَوْ نَحْوُ ذَا كَمَا اتَّصَفْ
كَـ«ابْنِ بَشِيرٍ» وَ«بُشَيْرٍ» سُمِّيَا ... أَيُّوبَ، «حَيَّانُ» «حَنَانُ» عُزِيَا
كَذَا «شُرَيْحٌ» وَلَدُ النُّعْمَانِ ... مَعَ «سُرَيْجٍ» وَلَدِ النُّعْمَانِ
وَكَأَبِي عَمْرٍو هُوَ «الشَّيْبَانِي» ... مَعَ أَبِي عَمْرٍو هُوَ «السَّيْبَانِي»
وَكَمُحَمَّدِ بْنِ عَبْدِ اللهِ ... «المَخْرَمِي» «المُخَرِّمِي» مُضَاهِي
وَكَـ«أَبِي الرِّجَالِ» الأَنْصَارِيِّ ... مَعَ «أَبِي الرَّحَّالِ» الأَنْصَارِيِّ

(المتَشابهُ): نَوعٌ مُؤلَّفٌ مِن النَّوعَين السَّابقَين، فقد أَخذَ حظًّا مِن المتَّفِقِ والمفتَرِقِ، وأَخذَ بِسَهْمٍ مِن المؤتلِفِ والمختلِفِ.

وقد صنَّفَ الخطيبُ البغداديُّ فيه كتابًا حافلًا، سمَّاهُ «تَلْخِيصُ المُتَشابِهِ»، قالَ ابنُ الصَّلاحِ: هُو مِن أَحْسَنِ كُتُبِه. ثم ذَيَّلَ عَليه بكتابٍ سماه «تالِي التَّلْخيصِ».

فمِنه: أن يَتَّفِقَ اسمُ الرَّاويَين فِي اللَّفظِ والخطِّ، ويَأتلِفَ اسمُ أبيهما خطًّا لا لفظًا. مثالُه: (أَيُّوبُ بنُ بَشِيرٍ) العِجْليُّ الشَّاميُّ. و(أَيُّوبُ بنُ بُشَيرٍ) العَدَويُّ البَصريُّ.

ومنه: أن تَتَّفِقَ نِسبتُهما لفظًا وخطًّا، ويأتلِفَ اسمُهما، أو كُنيتُهما خطًّا لا لفظًا. مثالُه: (حَيَّانُ الأَسَدِيُّ) هو ابنُ حُصَينٍ الكُوفيُّ. و(حَنَانُ الأَسَدِيُّ) هو ابنُ شَريكٍ البَصريُّ.

ومنه: أن يَأتلِفَ اسمُ الرَّاوِيَين خطًّا لا لفظًا، ويَتَّفِقَ اسمُ أبيهما لفظًا وخطًّا. مثالُه: (شُرَيحُ بنُ النُّعْمانِ) التَّابعيُّ. و(سُرَيْجُ بنُ النُّعْمانِ) بنِ مَرْوانَ اللُّؤلُؤيُّ.

ومنه: أن يَتَّفِقَ اسمُ الرَّاوِيَين أو كُنيتُهما لَفظًا وخطًّا، وتأتلِفَ نِسبتُهما خطًّا لا لفظًا. مثالُه: (أبو عَمرٍو الشَّيبانِيُّ) هو سعدُ بنُ إياسٍ التَّابعيُّ. و(أبو عَمرٍو السَّيبانِيُّ) اسمُه: زُرْعةُ، وهو تابعيٌّ مُخَضرمٌ مِن أهلِ الشَّامِ، وهو عمُّ الأَوْزاعيِّ.

و(محمَّدُ بنُ عبدِ اللهِ المَخْرَمِيُّ)- نِسبةً إلىٰ مَخْرَمَةَ بنِ نَوْفلٍ- هو المَكِّيُّ. و(محمَّدُ بنُ عبدِ اللهِ المُخَرِّميُّ)- نِسبةً إلىٰ (مُخَرِّم) وهي مَحِلَّةٌ ببَغْدادَ.

و(أبو الرِّجَالِ الأنصاريُّ) وهو محمَّدُ بنُ عبدِ الرَّحمنِ المَدنِيُّ. و(أبو الرَّحَّال الأنصاريُّ) وهو محمَّدُ بنُ خالدٍ البَصريُّ.

المُشْتَبِهُ المَقْلُوبُ

أُلِّفَ فِي «المُشْتَبِهِ المَقْلُوبِ» ... رَفْعًا عَنِ الإِلْبَاسِ فِي القُلُوبِ

كَـ«ابْنِ الوَلِيدِ مُسْلِمٍ» لَبْسٌ شَدِيدْ ... عَلَى البُخَارِي بِـ«ابْنِ مُسْلِمِ الوَلِيدْ»

(المُشتبهُ المَقلوبُ): هو أن يكونَ اسمُ أحدِ الرَّاوِيَين كاسمِ أبي الآخَرِ خطًّا ولفظًا، واسمُ الآخرِ كاسمِ أبي الأوَّلِ خطًّا ولفظًا كذلكَ.

وقد أفردَ له الخَطيبُ البَغدادِيُّ كِتابَ «رافع الارتياب فِي المَقْلُوبِ منَ الأَسمَاءِ والأَنسَابِ». وهذا ممَّا يَلتبسُ، وبخاصَّةٍ إذا اتَّفقَ مثلُ ذلكَ لمتعاصِرين.

مثالُه: «مسلمُ بنُ الوَليدِ» هو ابنِ رَبَاحٍ المَدَنيِّ، انقَلَبَ عَلَي البخاريِّ فسمَّاه «الوليدَ بنَ مسلمٍ»، وقد خَطَّأَه فِي ذَلِكَ أبو حَاتمٍ الرَّازيُّ.

مَنْ نُسِبَ إِلَى غَيْرِ أَبِيهِ

وَادْرِ الَّذِي لِغَيْرِ أَبٍّ يَنْتَسِبْ　　خَوْفَ تَعَدُّدٍ إِذَا لَهُ نُسِبْ

كَابْنِ «حَمَامَةٍ» لِأُمٍّ وَابْنِ　　«مُنْيَةَ» جَدَّةٌ، وَلِلتَّبَنِّي

مِقْدَادُ ابْنُ «الأَسْوَدِ» ابْنُ «جَارِيَهْ»　　جَدٌّ، وَفِي ذَلِكَ كُتْبٌ وَافِيَهْ

مِن مُلحَقاتِ الأنْسابِ: (معرفةُ مَن نُسِبَ إلىٰ غيرِ أبيهِ)، فقد يُنسَبُ الرَّاوي إلىٰ غيرِ أبيه فِي مَوضِعٍ، فَرُبَّما ظُنَّ أنَّه شخصٌ آخَرُ. وقد صنف فيه الحافظ علاء الدين مغلطاي تصنيفًا حسنًا.

فممَّن يُنسَبُ إلىٰ أمِّه: «بلالُ بنُ حَمامةَ الحَبَشيُّ» مُؤذِّنُ رسولِ اللهِ ﷺ؛ فإنَّ «حَمامةَ» أمُّه، وأبوه: رَباحٌ.

وممَّن يُنسَبُ إلىٰ جَدَّتِه: «يَعلَىٰ بنُ مُنْيَةَ» الصَّحابيُّ الشَّهيرُ، و(مُنْيَةُ) جَدَّةٌ له، أمُّ أبيه، وقيلَ: إنَّها أمُّه.

ورُبَّما نَسبوا لأجنبيٍّ لسَببٍ مِن الأسبابِ؛ كالتَّبنِّي. مِن ذلكَ: «المِقدادُ بنُ الأسودِ»، نُسِبَ إلىٰ الأسودِ بنِ عبدِ يَغوثَ؛ لأنَّه كانَ فِي حَجْرِه فتبنَّاه، وإنَّما هو: المِقدادُ بنُ عمرِو بنِ ثَعْلبةَ الكِنْديُّ.

وممَّن يُنسَبُ إلىٰ جدِّه: «مُجمِّعُ بنُ جاريةَ» الصَّحابيُّ، هُوَ مُجمِّعُ بنُ يزيدَ بنِ جاريةَ. و«حَمَلُ بنُ النَّابغةِ» الصَّحابيُّ، هُوَ: حَمَلُ بنُ مالكِ بنِ النَّابغةِ.

المَنْسُوبُونَ إلى خِلَافِ الظَّاهِرِ

وَنَسَبُوا «الْبَدْرِيَّ» وَ«الْخُوزِيَّا»　　لِكَوْنِهِ جَاوَرَ، وَ«التَّيْمِيَّا»

كَذَلِكَ «الْحَذَّاءُ» لِلْجَلَّاسِ　　وَ«مِقْسَمٌ مَوْلَى بَنِي عَبَّاسِ»

ومِن مُلحَقاتِ الأنسابِ: (مَعرفةُ المَنسوبين إلىٰ خِلافِ الظَّاهرِ)، فلا يَجوزُ إهمالُ مَعرفةِ هؤلاء؛ لئلَّا يسبقَ إلىٰ الوَهَمِ أنَّها نِسبةٌ حقيقيَّةٌ.

مثالُه: أبو مَسعودٍ عُقْبةُ بنُ عَمرٍو الأنصاريُّ (البَدْريُّ)؛ فإنَّه لَم يَشهَد بَدرًا- كما هو قولُ أكثرِ الحفَّاظِ- ولكنَّه سَكنَ هذا المكانَ فنُسِبَ إليه سَكَنًا.

وإبراهيمُ بنُ يزيدَ «الخُوزيُّ»- بضمِّ الخاءِ- فإنَّه ليس من الخُوزِ، لكنه جَاوَرَ بشِعْبِ الخُوزِ بمكةَ.

وأبو المُعتمرِ سليمانُ بنُ طرخانَ «التيميُّ»، ليس من بني تيمٍ، لكنَّه نَزَلَ فيهم فنُسِبَ إليهم، وهُوَ مولَىٰ بَني مُرةَ.

وخالدُ بنُ مهرانَ «الحَذَّاءُ»- بفتحِ الحاءِ المُهملةِ وتشديدِ الذالِ- كَانَ يُكثِرُ الجُلوسَ عندَ الحذَّائينَ فَنُسبَ إلىٰ حِرْفَتِهم.

و«مِقْسَمٌ مولَىٰ عبدِ اللهِ بنِ عباسٍ» هُوَ مولَىٰ عبدِ اللهِ بنِ الحارِثِ بنِ نوفلٍ، وإنَّما قِيلَ لَهُ: «مولَىٰ ابنِ عباسٍ» لكثرةِ اتصالِه به ومُلازَمَتِه إياهُ.

المُبْهَمَاتُ

وَأَلَّفُوا فِي مُبْهَمَاتِ الأَسْمَا ... لِكَيْ تُحِيطَ النَّفْسُ مِنْهَا عِلْمَا

كَرَجُلٍ وَامْرَأَةٍ وَابنٍ وَعَمّْ ... خَالٍ أَخٍ زَوْجٍ وَأَشْبَاهٍ وَأُمّْ

الإبْهام: أنْ يُذكَرَ الرَّاوي فِي الإسنادِ بلفظٍ عامٍّ؛ كـ(عن رَجُل) أو (امرأةٍ) أو (ابنِ فُلَانٍ) أو (عَمِّ فُلَانٍ) أو (خَالِ فُلَانٍ) أو (أَخي فُلَانٍ) أو نحو ذلكَ. أو فِي المتنِ؛ كأنْ يَقولَ الصَّحابيُّ: (أنَّ رَجلًا سأَلَ رَسُولَ اللهِ ﷺ) أو نحوَ ذلكَ.

وأهمُّه ما كانَ فِي الإسنادِ؛ لأنَّ الذي فِي المتنِ لا تأثيرَ له فِي الحكمِ علىٰ الحديثِ؛ وأمَّا الذي فِي الإسنادِ؛ فإن كَانَ المُبهَمُ قبلَ الصَّحابيِّ، فلا يَجوزُ الاحتجاجُ بِه حتىٰ يَتبيَّنَ المُبهَمُ ويُعرَف أنَّه ثِقةٌ؛ لأنَّ إبْهامَه جهالةٌ.

وممَّن صنَّفَ فيه: عبدُ الغنيِّ الأَزديُّ، وأبو بكرٍ الخطيبُ، وأبو الفَضلِ بنُ طَاهرٍ، وابنُ بَشكُوالٍ. واختصرَ النوويُّ كتابَ الخَطيبِ ورتَّبه وزادَ عَلَيهِ أشياءَ.

مَعْرِفَةُ الثِّقَاتِ وَالضُّعَفَاءِ

مَعْرِفَــةُ الثِّقَــاتِ وَالمُــضَعَّفِ أَجَــلُّ أَنْــوَاعِ الحَــدِيثِ فَــاعْرِفِ
بِــهِ الــصَّحِيحَ والــسَّقِيمَ، وَارْجِــعِ لِكُتُــبٍ تُوضَــعُ فِيهَــا وَاتْبَــعِ

من أهمِّ عُلُومِ الحديثِ (معرفةُ الثقاتِ والضُّعفاءِ)؛ فإنَّه بِهِ يُمَيَّزُ صحيحُ الأحاديثِ مِنْ سَقِيمِها، ويتبينُ مَا يجوزُ الاحتجاجُ به مما يجبُ طَرْحُه. وقد صنَّفَ العلماءُ فِي ذَلِكَ التصانِيفَ الكَثيرةَ فيَجِبُ الرُّجُوعُ إليها:

فمِن الكُتُبِ المُختصَّةِ بالثِّقاتِ: «الثِّقاتِ» للعِجْليِّ أو لابنِ حِبَّانَ. **ومِن الكُتُبِ المُختصَّةِ بالضُّعفاءِ:** «الضُّعفاءِ» لأبي جَعفرٍ العُقيليِّ، و«الضُّعفاءِ والمَجْروحينَ» لأبي حاتمِ ابن حِبانَ البُستيِّ، و«الكاملِ» لأبي أحمدَ بنِ عَديٍّ. **ومن الكُتُبِ الجَامِعةِ للثِّقاتِ والضُّعفاءِ:** «كتابُ الجرحُ والتَّعدِيلِ» لابن أبي حَاتمٍ.

وَجُــوِّزَ الجَــرْحُ لِــصَوْنِ المِلَّــهْ وَاحْــذَرْ مِــنَ الجَــرْحِ لأَجْــلِ عِلَّــهْ

وإنَّما يَجوزُ جَرحُ الرَّاوي لقصْدِ الذَّبِّ عن الدِّين وصِيانةِ المِلَّةِ، فأمَّا لِغرضٍ مِن الأغراضِ البعيدةِ عن ذلكَ، كجَرحِ بَعضِ أهلِ المَذاهبِ تَعصُّبًا عليهم، أو لمنافسةٍ دُنيَويَّةٍ؛ فذلكَ غيرُ جَائزٍ.

وَارْدُدْ كَلَامَ بَعْــضِ أَهْــلِ العَــصْرِ فِي بَعْـضِهِم؛ عَـنِ ابْـنِ عَبْـدِ الـبَرِّ

ويتأكَّدُ رَدُّ الجَرحِ إذا ظَهرَت مُشاحَنةٌ وعَداوةٌ بينَ المجرِّحِ والمجرَّحِ؛ فإنَّه- حِينئذٍ- لا يُقبَلُ كلامُ بعضِهم فِي بعضٍ؛ اللَّهمَّ إلَّا أنْ يَذْكُر الجارِحُ دَليلًا واضِحًا علىٰ جَرْحِه، لا يَحْتَملُ تأْوِيلًا؛ كَما قَالَ ابنُ عبدِ البرِّ وغَيرُه.

وَرُبَّمَا رُدَّ كَلَامُ الجَارِحِ   إِذْ لَمْ يَكُنْ ذَاكَ بِأَمْرٍ وَاضِحِ
الذَّهَبِي: مَا اجْتَمَع اثْنَانِ عَلَى   تَوْثِيقِ مَجْرُوحٍ وَجَرْحِ مَنْ عَلَا

ورُبَّما رُدَّ كلامُ الجَارحِ إذا لم يَكن الجَرحُ بسببٍ واضحٍ يَقتضي الردَّ؛ كما قِيلَ لشُعْبَةَ: لِمَ تَرَكْتَ حديثَ فُلانٍ؟ قالَ: رَأَيْتُهُ يَرْكُضُ عَلىٰ بِرْذَوْنٍ فَتَرَكْتُ حديثَهُ. وكما قيلَ لِلحَكَمِ بْنِ عُتَيْبَةَ: لِمَ لَم تَرْوِ عن زاذانَ؟ قالَ: كانَ كَثِيرَ الكَلامِ.

وقد قالَ الذَّهَبِيُّ: «لا يَجتمِعُ اثنانِ علىٰ تَوثيقِ ضَعيفٍ، ولا علىٰ تَضعيفِ ثِقةٍ». ومَعْناهُ: أنَّه لم يَقَع الاتِّفاقُ فِي شَخصٍ إلَّا علىٰ ما هُو فِيه حقيقةً.

وَتُعْرَفُ الثِّقَةُ بِالتَّنْصِيصِ مِنْ   رَاوٍ، وَذِكْرٍ فِي مُؤَلَّفٍ زُكِنْ
أُفْرِدَ لِلثِّقَاتِ، أَوْ تَخْرِيجِ   مُلْتَزِمِ الصِّحَّةَ فِي التَّخْرِيجِ

وتُعرَفُ (ثِقةُ) ذِي الثِّقةِ بأمرَين: الأوَّلُ: أن يَنُصَّ عالمٌ علىٰ أنَّه ثقةٌ، أو أن يُذكَرَ فِي كتابٍ خُصَّ بالثِّقاتِ، كَـ«الثِّقاتِ» لابنِ حِبَّانَ أو للعِجْليِّ. الثَّانِي: أنْ يُخرِّجَ له فِي الاحْتِجاجِ مَن لا يَحتجُّ بغيرِ الثِّقاتِ فِي كِتابِه، كالبُخاريِّ ومُسْلمٍ.

مَعْرِفَةُ مَنْ خَلَّطَ مِنَ الثِّقَاتِ

وَالحَازِمِي أَلَّفَ فِيمَنْ خَلَّطَا   مِنَ الثِّقَاتِ آخِرًا فَأُسْقِطَا
مَا حَدَّثُوا فِي الِاخْتِلَاطِ أَوْ يُشَكّ   وَبِاعْتِبَارِ مَنْ رَوَى عَنْهُمْ يُفَكّ
كَـ«ابْنَيْ أَبِي عَرُوبَةٍ» وَ«السَّائِبِ»   وذَكَرُوا «رَبِيعَةً» لَكِنْ أُبِي

المُختَلِطُ: هو مَن اعتَراه فِي آخِرِ حياتِه خَرَفٌ؛ لمَرضٍ، أو كِبَرِ سِنٍّ، أو غير ذلكَ؛ فنَسيَ حديثَه أو بعضَه، وساءَ حِفظُه له. وقد يَقولون فِيه: (تَغيَّر بأَخرةٍ). وقد صنَّفَ الحافظُ أبو بكرٍ الحَازِميُّ فِيه جزءًا لِطيفًا.

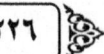

وحُكمُ حديثِ المُختلِطِ: أنَّ مَا حدَّثَ به قبلَ حَالِ الاختلاطِ؛ فمَقبولٌ، وما حدَّثَ بِه بعدَ حالِ الاختلاطِ؛ فيُتوقَّفُ فِيه، وكذا ما لَم يَتبيَّن أو يَتميَّز.

ويُميَّزُ حديثُه المُتقدِّمُ والمُتأخِّرُ باعتبارِ مَن يَروي عَنه، فما رَواه عَنه مَن سَمعَ مِنهُ قَبلَ الاختلاطِ؛ فهو صَحيحٌ، وما رَواه عَنه مَن سَمعَ مِنهُ بعدَ الاختلاطِ؛ فهو ضَعيفٌ، وما لَم يَتميَّز يُتَوقَّفُ فِيه حتَّىٰ يتبيَّنَ، وإلَّا؛ أُلْحِقَ بالضَّعيفِ.

وممَّن اختلَطَ بأخَرَةٍ: «سعيدُ بنُ أبي عَرُوبَةَ»، «عطاءُ بنُ السَّائبِ». وذَكَرَ ابنُ الصَّلاحِ فِيهم: «ربيعةَ الرأي» شيخَ مالكٍ، لكن أبىٰ ذلك العراقيُّ وغيرُه.

طَبَقَاتُ الرُّوَاةِ

وَالطَّبَقَاتُ لِلرُّوَاةِ تُعْرَفُ ... بِالسِّنِّ وَالأَخْذِ، وَقَدْ تَخْتَلِفُ

فَالصَّاحِبُونَ باعْتِبَارِ الصُّحْبَهْ ... طَبَقَةٌ، وَفَوْقَ عَشْرٍ رُتْبَهْ

وَمَنْ مُفَادِ النَّوْعِ: أَنْ يُفَصَّلَا ... عِنْدَ اتِّفَاقِ الإِسْمِ وَالَّذِي تَلَا

الطَّبقةُ: عبارةٌ عن جَماعةٍ اشتَركوا فِي السِّنِّ ولقاءِ المشَايخِ. وقد جرىٰ اصطلاحُ المُحَدِّثين علىٰ اعتبارِ الشَّخْصَين مِن طَبقةٍ واحِدةٍ إذا اشتَركا فِي السِّنِّ ولو تَقريبًا، وفِي الأخذِ عن الشُّيوخِ. ومِنهم مَن يَكتفِي بأن يَشتَركا فِي اللُّقيِّ، ولو كانَ أحدُهما شيخًا للآخَرِ.

وقد يكونُ الشَّخصُ الواحِدُ مِن طَبقتَين باعتبارَين؛ كـ(أنسِ بنِ مالكٍ)؛ فإنَّه مِن حيثُ ثُبوتُ صُحبتِه للنَّبيِّ ﷺ يُعَدُّ فِي طبقةِ العشرةِ مثلًا، ومِن حيثُ صِغرُ السِّنِّ يُعَدُّ فِي طَبقةِ مَن بَعدَهم.

ولمعرفةِ الطَّبقاتِ فوائدُ: **مِنها**: الأمنُ مِن تداخُلِ المُشتبهِين؛ بأن يُميِّزَ بينَ مَن اتَّفقَت أسماؤُهم باختلافِ طَبقاتِهم. **ومِنها**: معرفةُ المُرسَلِ. وغيرُ ذلكَ.

أَوْطَانُ الرُّوَاةِ وَبُلْدَانُهُمْ

قَدْ كَانَتِ الأَنْسَابُ لِلْقَبَائِلِ فِي العَرَبِ العَرْبَاءِ وَالأَوَائِلِ
وَانْتَسَبُوا إِلَى القُرَى إِذْ سَكَنُوا فَمَنْ يَكُنْ بِبَلْدَتَيْنِ يَسْكُنُ
فَانْسُبْ لِمَا شِئْتَ وَجَمْعٌ يَحْسُنُ وَابْدَأْ بِالأُولَى وَبِـ«ثُمَّ» أَحْسَنُ
وَمَنْ يَكُنْ مِنْ قَرْيَةٍ مِنْ بَلْدَةِ فَانْسُبْ لِمَا شِئْتَ وَلِلنَّاحِيَةِ
كَذَا لِلاقْلِيمِ، أَوِ اجْمَعْ بِالأَعَمّْ مُبْتَدِئًا وَذَاكَ بِالأَنْسَابِ عَمّْ
وَنَاسِبٌ إِلَى قَبِيلٍ وَوَطَنْ يَبْدَأُ بِالقَبِيلِ، ثُمَّ مَنْ سَكَنْ
فِي بَلْدَةٍ أَرْبَعَةَ الأَعْوَامِ يُنْسَبْ إِلَيْهَا فَارْوِ عَنْ أَعْلَامِ

هذا النَّوعُ ممَّا يَفتقرُ إليه حفَّاظُ الحديثِ؛ فبه يميَّزُ بينَ الاسمَين المتَّفقَين، ويَتعيَّنُ المهمَلُ، ويَتبيَّنُ المجمَلُ، ويَعلمُ التَّلاقي، وغيرَ ذلكَ.

وقد كانَت العَربُ زمنَ الجاهليَّةِ وصدْرَ الإسلامِ يَنتسِبون إلىٰ القبائلِ، فيقالُ: (الهُذَليُّ) و(الحَنفيُّ) و(القُرشيُّ) ونحو ذلكَ؛ لأنَّهم ما كانوا يَسكُنون المدُنَ، وما كانوا يَحترِفون أو يُزاوِلون صناعةً حتىٰ يَنتسِبوا إليها.

فلمَّا جاءَ الإسلامُ وانتشرَتْ تَعاليمُه المَدنيَّةُ، وحُبِّبَ إليهم العملُ والارتزاقُ، ومُصِّرَت الأمصارُ وسَكنوها، انتَسبوا إلىٰ الصِّناعاتِ والحِرَفِ والبُلدانِ، فقيلَ: (الخيَّاطُ) و(الحذَّاءُ) و(البزَّارُ) و(العطَّارُ) و(البُخاريُّ) و(العِراقيُّ) ونحو ذلكَ.

ومَن سَكنَ ببلدتَين؛ جازَ أن يُنسَبَ إلىٰ أيَّتِهما شاءَ النَّاسِبُ، ولكنَّه إذا جَمعَ بينَهما؛ فقالَ مثلًا: (المِصريُّ الشَّاميُّ) كانَ أحسنَ، ويَذكُرَ الأُولىٰ أوَّلًا، ويَفصِلَ بينَهما بـ(ثمَّ)، فيقولُ: (المِصريُّ ثمَّ الشَّاميُّ) إذا كانَت سُكناه مِصرَ سَابقةً.

ومَن سَكنَ ناحيةً مِن بلدةٍ؛ كأن يَسكُنَ (الجِيزَة) التي هي الآن إحدىٰ ضَواحي (القَاهرة) عاصمةِ الدِّيارِ المِصريَّةِ، جازَ أن ننسُبَه للنَّاحيتِه فنقولَ: (الجِيزيُّ)، أو للبَلدةِ فنقولَ: (القاهِريُّ)، أو للإقليمِ فنقولَ: (المِصريُّ).

وجازَ أن نَجمعَ فِي نِسبتِه بينَ هذه كلِّها، وحينئذٍ نَبدأُ بالأعمِّ مِنها ثمَّ الأخصِّ، فنَقولُ: (المِصريُّ القاهِريُّ الجيزيُّ)، ونحو ذلكَ. ولو نَسبناه إلىٰ قَبيلَتِه وكرَّرنا النَّسبَ قدَّمْنا الأعمَّ كذلكَ؛ لتَحصُلَ بالثَّانِي فائدةٌ لَم يَدُلَّ عليها اللَّفظُ الأوَّلُ، فنقولُ مثلًا: (القُرشيُّ الهاشِميُّ المُطَّلبيُّ). وإذا نَسبْتَ إلىٰ القَبيلةِ والوطَنِ جميعًا؛ فقَدِّمِ النَّسبَ إلىٰ القَبيلةِ، واذكُرْ بعدَه النَّسبَ إلىٰ الوطنِ، فلو نَسَبْتَ رَجلًا مِن (هُذَيلٍ) سكنَ (مِصْرَ) قلتَ: (الهُذَليُّ المِصْريُّ).

وقد اختُلِفَ فِي جَوازِ النَّسبِ إلىٰ البُلدانِ أو القُرَىٰ، فالمَرويُّ عن عبدِ اللهِ بنِ المُبارَكِ تَقييدُ ذلكَ بالسُّكنَىٰ أربعَ سِنين، وقالَ جمعٌ: لا حَدَّ لذلكَ.

المَوَالي

وَلَهُــمُ «مَعْرِفَــةُ المَــوَالي» وَمَــا لَهُ فِي الفَــنِّ مِــنْ مَجَــالِ
وَلَا عَتَاقَـــةٍ، وَلَاءُ حِلْـــفِ وَلَاءُ إِسْـــلَامٍ كَمِثْـــلِ الجُعْـــفِي

مِن مُلحَقاتِ الأنسابِ: (مَعرفةُ المَوالي)، فقد يُنسَبُ الرَّاوي إلىٰ قبيلةٍ مُطلَقًا؛ كـ(فُلان القُرَشيُّ)، ويكونُ مولىً لَهم، فرُبَّما ظُنَّ أنَّه مِنهم صَلِيبةً بحُكمِ ظاهرِ الإطلاقِ، فيَترَتَّبُ علىٰ ذلكَ خَلَلٌ.

وإنَّما فائدَةُ مَعْرفتِه ليسَ فِي عِلمِ الحَديثِ، بلْ فِي الأَحْكامِ الشَّرعِيَّةِ فِي الأُمورِ المُشْترطِ فيها النَّسبُ، كالإمامَةِ العُظمَىٰ والكَفاءَةِ فِي النِّكاحِ، ونحوِ ذلكَ.

والوَلاءُ ثَلاثةُ أنواعٍ:

الأوَّلُ: ولاءُ العَتاقةِ؛ وهو الأكثرُ الأغلَبُ. وممَّن نُسِبَ إلىٰ قبيلةِ مُعتقِه: (اللَّيثِ

ابنِ سَعدٍ المِصريِّ الفَهْميِّ)، و(عبدِ اللهِ بنِ المُبارَكِ الحَنْظليِّ).

الثَّاني: ولاءُ الحِلْفِ. وممَّن نُسِبَ إلىٰ قَبيلةٍ لحِلْفِ قبيلتِه إيَّاها: (مالكُ بن أنسٍ) الإمامُ الفَقيهُ؛ أصْبَحيٌّ بوَلاءِ الحِلْفِ، وهو حِمْيَريٌّ صَليبةً.

و**الثَّالثُ**: وَلاءُ الإسلامِ. ومِنهم: (الإمامُ البُخاريُّ)، قيلَ له: (الجُعْفيُّ)؛ لأنَّ جَدَّه (المُغيرةَ) كانَ مَجوسيًّا فأسلَمَ علىٰ يَدِ اليَمانِ بنِ أخْنَسٍ الجُعْفيِّ.

التَّاريخُ

مَعْرِفَةُ المَوْلِدِ لِلرُّوَاةِ ... مِنَ المُهِمَّاتِ مَعَ الوَفَاةِ

بِهِ يَبِينُ كَذِبُ الَّذِي ادَّعَى ... بِأَنَّهُ مِنْ سَابِقٍ قَدْ سَمِعَا

المقصودُ بـ(التَّاريخِ): معرفةُ مَواليدِ الرُّواةِ ووَفَياتِهم، وتاريخِ سَماعِهم ورِحلتِهم، والتَّصدُّرِ للتَّحديثِ، والبلادِ التي دخلوها، والشُّيوخِ الذين حملوا عنهم، وكذلكَ مَعرفةُ الوَقائعِ والأيَّامِ، وسيَرِ الخلفاءِ والأعلامِ.

وفَوائدُ التَّاريخِ كثيرةٌ: مِنها: معرفةُ الاتِّصالِ والانقِطاعِ، ومَن يُمكِنُ له أن يَلتقيَ بمَن رَوىٰ عنه، ومَن لا يُمكِنُ له ذلكَ. وقد ادَّعىٰ قومٌ الرِّوايةَ عن أُناسٍ، فنُظِرَ فِي التَّاريخِ، فظَهرَ أنَّهم زَعموا الرِّوايةَ عَنهم بعدَ سِنينَ مِن وَفاتِهم.

ماتَ بِإِحْدَى عَشْرَةَ «النَّبِي»، وَفِي ... ثَلَاثَ عَشْرَةَ «أَبُو بَكْرٍ» تُفِي

وَبَعْدَ عَشْرٍ «عُمَرٌ»، وَ«الأُمَوِي» ... آخِرَ خَمْسٍ وَثَلَاثِينَ، «عَلِي»

فِي الأَرْبَعِينَ، وَهْوَ وَالثَّلَاثُ ... سِتِّينَ عَاشُوا بَعْدَهَا ثَلَاثُ

تُوفِّيَ رسولُ اللهِ ﷺ سنةَ إحدىٰ عشرةَ من الهجرةِ. **وتُوفِّيَ** أبو بكرٍ الصِّديقُ سنةَ ثلاث عشرة. **وتُوفِّيَ** أبو حفصٍ عمرُ بنُ الخطَّاب سنةَ ثلاثٍ وعشرينَ. **وتُوفِّيَ** عثمانُ ابنُ عفَّانَ سنةَ خمسٍ وثلاثينَ. **وتُوفِّيَ** عليُّ بنُ أبي طالبٍ سنةَ أربعينَ.

وقد عاش النبيُّ ﷺ، ومثلُه أبو بكرٍ و عمرُ وعليٌّ ثلاثًا وستينَ سنةً.

وَ«طَلْحَةٌ» مَعَ «الزُّبَيْرِ» قُتِلَا فِي عَامِ سِتٍّ وَثَلَاثِينَ كِلَا

وَفِي ثَمَانِي عَشْرَةٍ تُوُفِّي «عَامِرُ»، ثُمَّ بَعْدَهُ «ابْنُ عَوْفِ»

بَعْدَ ثَلَاثِينَ بِعَامَيْنِ، وَفِي إِحْدَى وَخَمْسِينَ «سَعِيدٌ»، وَقُفِي

«سَعْدٌ» بِخَمْسَةٍ تَلِي خَمْسِينَا فَهُوَ آخِرُ عَشْرَةٍ يَقِينَا

وتُوفِّيَ كلٌّ من طلحةَ بنِ عبيدِ الله، والزُّبيرِ بنِ العوَّام سنةَ ستٍّ وثلاثينَ، وقد عاشَ كلٌّ منهما أربعًا وستينَ سنةً. وتُوفِّيَ أبو عُبيدَة عامرُ بنُ الجرَّاح بطَاعونِ عِمْواس سنةَ ثمانِ عشرةَ. وتُوفِّيَ عبدُ الرحمنِ بنُ عوفٍ سنة اثنتينِ وثلاثينَ. وتُوفِّيَ سعيدُ بنُ زيدٍ سنةَ إحدىٰ وخمسين. وتُوفِّيَ سعدُ بنُ أبي وقَّاصٍ سنةَ خمسٍ وخمسينَ، وهُوَ آخرُ العشرةِ المبشَّرينَ بالجنَّةِ موتًا، رَضِيَ اللهُ عَنْهُم.

وَعِدَّةٌ مِنَ الصِّحَابِ وَصَلُوا عِشْرِينَ بَعْدَ مِائَةٍ تُكَمَّلُ

سِتُّونَ فِي الإِسْلَامِ: «حَسَّانُ» يَلِي «حُوَيْطِبٌ» «مَخْرَمَةُ بْنُ نَوْفَلِ»

ثُمَّ «حَكِيمٌ» «حَمْنَنٌ» «سَعِيدُ» وَآخَرُونَ مُطْلَقًا: «لَبِيدُ»

«عَاصِمُ» «سَعْدٌ» «نَوْفَلٌ» «مُنْتَجِعُ» «الجَلَاجُ» «أَوْسٌ» وَ«عَدِيٌّ» «نَافِعُ»

«نَابِغَةٌ»، ثُمَّتَ «حَسَّانُ» انْفَرَدْ أَنْ عَاشَ ذَا أَبٌ وَجَدُّهُ وَجَدّْ

ثُمَّ «حَكِيمٌ» مُفْرَدٌ بِأَنْ وُلِدْ بِكَعْبَةٍ وَمَا لِغَيْرِهِ عُهِدْ

وَمَاتَ مَعْ «حَسَّانَ» عَامَ أَرْبَعِ مِنْ بَعْدِ خَمْسِينَ؛ عَلَى تَنَازُعِ

من الصَّحابةِ مَنْ عَاشَ مائةً وعشرينَ سنةً، وهم عَلَىٰ ضَرْبَينِ:

الأَوَّلُ: جماعةٌ عُمِّرُوا هَذَا السنَّ نصفَه فِي الجاهليةِ ونصفَه فِي الإسلَامِ، وهم: حَسَّانُ بنُ ثَابتٍ الأنصارِيُّ، وحويطبُ بنُ عبدِالعزَّىٰ القُرَشيُّ، ومخرمةُ بنُ نوفلٍ، وحكيمُ بنُ حزامِ بنِ خُوَيلدٍ ابنُ أخي أمِّ المؤمنينَ خَدِيجةَ، وحَمْنَن أخو عبدِالرحمنِ ابنِ عَوْفٍ، وسعيدُ بنُ يَرْبوُعٍ القرشيِّ.

والثَّانِي: جَمَاعَةٌ عُمِّرُوا هَذَا السِّنَّ من غيرِ تقييدٍ بكونِ نصفه فِي الإِسلام، وهم: لبيدُ بنُ ربيعةَ العامِرِيُّ، وعاصمُ بنُ عديٍّ العَجْلانِيُّ، وسعدُ بنُ جُنَادَةَ العَوفِيُّ، ونوفلُ بنُ مُعَاويةَ، والمنتجعُ، ولجلاجُ العَامِرِيُّ، وأوسُ بنُ مغراءِ السَّعدِيُّ، وعديُّ بنُ حاتمٍ الطائيُّ، ونافعُ بنُ سليمانَ العبديُّ، والنابغةُ الجعديُّ.

وانفردَ حسَّانُ بنُ ثابتٍ عن نُظَرَائه بأنَّه عُمِّر هذِهِ السِّنَّ، وكذلك أبُوه وجدُّه من قبلُ. وانفردَ حكيمُ بنُ حزامٍ عن نُظَرَائِهِ بأنَّه وُلِدَ فِي جوفِ الكعبةِ، وليسَ ذَلِكَ لغيرِه. وماتَ حسانُ وحكيمُ سنةَ أربعٍ وخمسينَ، عَلَىٰ خلافٍ فِي ذَلِكَ.

وَبَعْدَ إِحْدَى عَشْرَةٍ «سُفْيَانُ» لِمائَةٍ وَنِصْفِهَا «النُّعْمَانُ»
وَ«الشَّافِعِي» الأَرْبَعِ مَعْ قَرْنَيْنَا وَ«مَالِكٌ» فِي التِّسْعِ وَالسَّبْعِينَا
«إِسْحَاقُ»، بَعْدَ أَرْبَعِينَ قَدْ مَضَى وَفِي ثَمَانٍ وَثَلَاثِينَ قَضَى
«أَحْمَدُ»، ....

وتُوفِّيَ الإِمَامُ أبو حنيفةَ النُّعمانُ بنُ ثابتٍ بالعراقِ سنةَ مائةٍ وخمسينَ. **وتُوفِّيَ** الإِمَامُ أبو عبدِ الله سفيانُ بنُ سعيدٍ الثَّورِيُّ سنة إحدىٰ وستين ومائةٍ، بعدَ وفاةِ أبي حنيفةَ بإحدَىٰ عشرةَ سنةً. **وتُوفِّيَ** الإِمَامُ أبو عبدِ الله مَالكُ بنُ أنسٍ الأَصْبَحِيُّ بالمدينةِ عامَ تسعٍ وتسعينَ ومائةٍ. **وتُوفِّيَ** الإِمَامُ أبو عبدِ الله محمدُ بنُ إدريسَ الشَّافِعِيُّ بمصرَ عامَ أربعٍ ومائتينِ. **وتُوفِّيَ** الإِمَامُ أبو يعقوبَ إسحاقُ بن رَاهويه عامَ ثمانٍ وثمانِينَ

ومائتين. وتُوفِّيَ الإِمَامُ أبو عبدِ الله أحمدُ بنُ محمدِ بنِ حنبلٍ الشَّيبَانِيُّ عامَ إحدىٰ وأربعينَ ومائَتينِ.

وَ«الجُعْـفِيُّ» عَامَ سِـتَّةِ .... مِـنْ بَعْـدِ خَمْسِينَ، وَبَعْـدَ خَمْـسَةِ
«مُسْلِمُ»، وَ«ابْـنُ مَاجَـةٍ» مِـنْ بَعْـدِ سَــبْعِينَ فِي ثَلاثَــةٍ بِحَــدِّ
وَبَعْــدُ فِي الخَمْــسِ «أَبُــو دَاوُدَا» وَ«التِّرْمِذِيْ» فِي التِّسْعِ خُذْ مَلْحُـودَا
وَ«النَّــسَئِي» بَعْــدَ ثَلَاثِمِائــةِ عَامَ ثَـلَاثٍ، ....

وتُوفِّيَ الإِمَامُ أبو عبدِ الله محمدُ بنُ إسماعيلَ البخاريُّ الجعفيُّ عامَ ستٍّ وخمسينَ ومائتين. وتُوفِّيَ الإِمَامُ أبو الحسينِ مسلمُ بنُ الحجَّاجِ القُشَيرِيُّ سنةَ إحدىٰ وستينَ ومائتين. وتُوفِّيَ الإِمَامُ أبو عبدِ اللهِ محمدُ بن يزيدَ ابنُ مَاجَه القَزْوِينيُّ سنةَ سبعينَ ومائتين. وتُوفِّيَ الإِمَامُ أبوداودَ سُليمانُ بنُ الأشعثِ السِّجِسْتَانِيُّ بالبصرةِ عامَ خمسٍ وسبعينَ ومائتينِ. وتُوفِّيَ الإِمَامُ أبو عيسىٰ محمدُ بنُ عِيسىٰ بنِ سَوْرَةَ التِّرمذيُّ سنةَ تسعٍ وسبعينَ ومائتينِ. وتُوفِّيَ الإِمَامُ أبو عبدِ الرَّحمن أحمدُ بنُ شعيبِ النَّسائيُّ بفلسطينَ سنةَ ثلاثٍ وثَلاثِمائةٍ.

.... ثُـمَّ بَعْـدَ خَمْـسَةِ
«الدَّارَقُطْــنِي» وَثَمَــانِينَ، نُــعِي خَامِسَ قَرْنِ خَـامِسٍ «ابْـنُ البَيِّـعِ»
«عَبـدُ الغَنِي» لِتِـسْعَةٍ، وَقَـدْ قَـضَى «أَبُــو نُعَــيْمٍ» لِثَلَاثِــينَ رِضَى
وَلِلثَّمَــانِ «البَــيْهَقِي» لِخَمْــسَةِ مِـنْ بَعْـدِ خَمْسِينَ، مَعًـا فِي سَـنَةِ
«يُوسُـفُ» وَ«الخَطِيـبُ» ذُو المَزِيَّـةِ ....

وتُوفِّيَ الحافظُ أبو الحسنِ عليُّ بنُ عمرَ بنِ أحمدَ الدَّارقُطنيُّ سنةَ خمسٍ

وثمانِينَ وثَلاثِمائةٍ. **وتُوفِّيَ** الحافِظُ أبو عبدِ الله محمدُ بنُ عبدِ الله الحاكِمُ الشهيرُ بابنِ البَيِّع سنةَ خمسٍ وأربعِمَائة. **وتُوفِّيَ** الحافظُ أبو محمدٍ عبدُ الغنيِّ بنُ سعيدٍ الأزديُّ المصريُّ سنةَ تسعٍ وأربعِمَائة. **وتُوفِّيَ** الحافظُ أبو نُعيم أحمدُ بنُ عبدِ اللهِ الأَصبهانِيُّ سنةَ ثلاثينَ وأربعمائة. **وتُوفِّيَ** الحافظُ أبو بكرٍ أحمدُ بنُ الحسينِ بنِ عليٍّ البيهقيُّ سنةَ ثمانٍ وخمسينَ وأربعمائة.

وتُوفِّيَ سنةَ ثلاثٍ وستينَ وأربعمائة عَلَمَانِ من أَعْلَامِ الحديثِ: **الأوَّلُ**: الحافظُ أبو عمرَ يوسفُ بنُ عبدِ الله بنِ عبدِ البرِّ النَّمَريُّ القرطبيُّ المالكيُّ. **والثَّاني**: الحافظُ أبو بكرٍ أحمدُ بنُ عليِّ بنِ ثابتٍ الخطيبُ البغداديُّ.

.... هَـذَا تَمَـامُ نَظْـمِيَ الأَلْفِيَّـةِ

نَظَمْتُهَـا فِي خَمْـسَةِ الأَيَّـامِ بِقُـدْرَةِ المُهَـيْمِنِ العَـلَّامِ

خَتَمْتُهَـا يَـوْمَ الخَمِـيسِ العَـاشِرِ يَـا صَاحِ مِـنْ شَـهْرِ رَبِيعِ الآخِـرِ

مِـنْ عَامِ إِحْـدَى وَثَمَـانِينَ الَّـتِي بَعْـدَ ثمَانِمِائَـةٍ لِلهِجْـرَةِ

نَظْـمٌ بَـدِيعُ الوَصْـفِ سَـهْلٌ حُلْـوُ لَـيْسَ بِـهِ تَعَقُّـدٌ أَوْ حَـشْوُ

فَـاعْنَ بِـهَا بِـالحِفْظِ وَالتَّفْهِـيمِ وَخُـصَّهَا بِالفَـضْلِ وَالتَّقْـدِيمِ

وَأَحْمَـدُ اللهَ عَلَى الإِكْمَـالِ مُعْتَـصِمًا بِـهِ بِكُـلِّ حَـالِ

مُـصَلِّيًا عَلَى نَـبِيٍّ قَـدْ أَتَـمْ مَـكَارِمَ الأَخْـلَاقِ وَالرُّسْـلَ خَـتَمْ

إِلَىٰ هُنا يَنْتَهِي هَذا الشَّرحُ، أَسْأَلُ اللهَ تَعالَىٰ أنْ يَتَقَبَّلَهُ مِنِّي، وأنْ يَغْفِرَ لِيَ الزَّلَلَ والخَطَأَ؛ إنَّه سَمِيعٌ مُجِيبٌ، وصَلَّىٰ اللهُ وسَلَّم وبارَكَ علَىٰ نَبِيِّنا وإمامِنا مُحَمَّدِ بنِ عَبْدِ اللهِ ﷺ، وعلَىٰ آلِه وأَصْحابِه أَجْمَعِينَ.

فهرس المحتويات

مقدمة ٣
حَدُّ الحَدِيثِ وَأَقْسَامُهُ ٧
الصَّحِيحُ ٨
مَسْأَلَةٌ ١٣
خَاتِمَةٌ ٢٠
الحَسَنُ ٢١
مَسْأَلَةٌ ٢٨
الضَّعِيفُ ٣٢
المُسْنَدُ ٣٣
المَرْفوعُ، والمَوْقوفُ، والمَقْطوعُ ٣٣
المَوْصُولُ، وَالمُنْقَطِعُ، والمُعْضَلُ ٣٨
المُرْسَلُ ٣٩
الْمعَلَّقُ ٤٥
المُعَنْعَنُ ٤٧
التَّدْلِيسُ ٤٨
الإِرْسَالُ الخَفِيُّ، وَالمَزِيدُ فِي مُتَّصِلِ الأَسَانِيدِ ٥٢
الشَّاذُّ، والمَحْفُوظُ ٥٣
المُنْكَرُ، وَالمَعْرُوفُ ٥٤

المَتْروكُ	٥٥
الأَفْرادُ	٥٦
الغَريبُ، والعَزيزُ، والمَشْهورُ، والمُسْتَفيضُ، والمُتَواتِرُ	٥٧
الاِعْتِبارُ، والمُتابَعاتُ، والشَّواهِدُ	٦٢
زِياداتُ الثِّقاتِ	٦٣
المُعَلُّ	٦٥
المُضْطَرِبُ	٦٩
المَقْلوبُ	٧٠
المُدْرَجُ	٧١
المَوْضوعُ	٧٤
خاتِمَةٌ	٨٠
مَنْ تُقْبَلُ رِوايَتُهُ، ومَنْ تُرَدُّ	٨١
مَراتِبُ التَّعْديلِ والتَّجْريحِ	٩٢
تَحَمُّلُ الحَديثِ	٩٦
أَقْسامُ التَّحَمُّلِ	٩٧
كِتابَةُ الحَديثِ وضَبْطُهُ	١١٤
صِفَةُ رِوايَةِ الحَديثِ	١٢٨
آدابُ المُحَدِّثِ	١٤٢
مَسْأَلَةٌ	١٤٨
آدابُ طالِبِ الحَديثِ	١٥٠
العالي والنَّازِلُ	١٥٥

الْمُسَلْسَلُ	١٥٨
غَرِيبُ أَلْفَاظِ الْحَدِيثِ	١٥٩
الْمُصَحَّفُ وَالْمُحَرَّفُ	١٦٠
النَّاسِخُ وَالْمَنْسُوخُ	١٦٢
مُخْتَلِفُ الْحَدِيثِ، وَالْمُحْكَمُ، وَالْمُتَشَابِهُ	١٦٣
أَسْبَابُ الْحَدِيثِ	١٦٦
مَعْرِفَةُ الصَّحَابَةِ رضي الله عنهم	١٦٦
مَعْرِفَةُ التَّابِعِينَ وَأَتْبَاعِهِمْ	١٧٥
رِوَايَةُ الْأَكَابِرِ عَنِ الْأَصَاغِرِ، وَالصَّحَابَةِ عَنِ التَّابِعِينَ ...	١٧٩
رِوَايَةُ الصَّحَابَةِ عَنِ التَّابِعِينَ عَنِ الصَّحَابَةِ	١٨٠
رِوَايَةُ الْأَقْرَانِ	١٨٠
الْإِخْوَةُ وَالْأَخَوَاتُ	١٨٢
رِوَايَةُ الْآبَاءِ عَنِ الْأَبْنَاءِ، وَعَكْسُهُ	١٨٣
السَّابِقُ وَاللَّاحِقُ	١٨٦
مَنْ رَوَى عَنْ شَيْخٍ، ثُمَّ رَوَى عَنْهُ بِوَاسِطَةٍ	١٨٧
الْوُحْدَانُ	١٨٧
مَنْ لَمْ يَرْوِ إِلَّا حَدِيثًا وَاحِدًا	١٨٨
مَنْ لَمْ يَرْوِ إِلَّا عَنْ وَاحِدٍ	١٨٨
مَنْ أُسْنِدَ عَنْهُ مِنَ الصَّحَابَةِ الَّذِينَ مَاتُوا فِي حَيَاتِهِ ﷺ	١٨٩
مَنْ ذُكِرَ بِنُعُوتٍ مُتَعَدِّدَةٍ	١٨٩
أَفْرَادُ الْعَلَمِ	١٩٠

الأَسْمَاءُ وَالكُنَىٰ ١٩١
أَنْوَاعٌ عَشَرَةٌ مِنَ الْأَسْمَاءِ وَالْكُنَىٰ مَزِيدَةٌ عَلَىٰ ابْنِ الصَّلاحِ وَالْأَلْفِيَّةِ ١٩٣
الْأَلْقَابُ ١٩٥
الْمُؤْتَلِفُ وَالْمُخْتَلِفُ ١٩٦
الْمُتَّفِقُ وَالْمُفْتَرِقُ ٢١٦
الْمُتَشَابِهُ ٢٢٠
الْمُشْتَبِهُ الْمَقْلُوبُ ٢٢١
مَنْ نُسِبَ إِلَىٰ غَيْرِ أَبِيهِ ٢٢٢
المَنْسُوبُونَ إِلىٰ خِلَافِ الظَّاهِرِ ٢٢٢
المُبْهَمَاتُ ٢٢٣
مَعْرِفَةُ الثِّقَاتِ وَالضُّعَفَاءِ ٢٢٤
مَعْرِفَةُ مَنْ خَلَّطَ مِنَ الثِّقَاتِ ٢٢٥
طَبَقَاتُ الرُّوَاةِ ٢٢٦
أَوْطَانُ الرُّوَاةِ وَبُلْدَانُهُمْ ٢٢٧
المَوَالِي ٢٢٨
التَّارِيخُ ٢٢٩
فهرس المحتويات ٢٣٥

تم بحمد الله